珍藏本

纪念版

汉译世界学术名著丛书

实验心理学史

上册

〔美〕E.G.波林 著

高觉敷 译

2017年·北京

Edwin G. Boring
A HISTORY OF
EXPERIMENTAL PSYCHOLOGY
(Second Edition)
Appleton-Century-Crofts, Inc.
New York, 1950
据纽约阿普尔顿—世纪—克罗夫茨出版
公司 1950 年版译出

内 容 提 要

作者 E. G. 波林(1886—1968)是美国哈佛大学教授、实验心理学史的著名学者。本书从近代科学的起源谈起,全面地阐述了近代心理学在科学和哲学思潮的影响下,在西方国家形成和发展的历史。着重叙述了实验心理学的建立和它在德、奥、英、美等国各种心理学派的发展情况。原书多年来一直是美国大学的心理学史的标准课本。我馆 1935 年曾出版过中译本,这次由译者根据 1950 年修定版校订全译出版。

威廉·冯特

汉译世界学术名著丛书
（120年纪念版·珍藏本）
出版说明

2017年2月11日，商务印书馆迎来120岁的生日。120年前，商务印书馆前贤怀揣文化救国的理想，抱持“昌明教育，开启民智”的使命，立足本土，放眼寰宇，以出版为津梁，沟通中西，为中国、为世界提供最富智慧的思想文化成果。无论世事白云苍狗，潮流左右激荡，甚至战火硝烟弥漫，始终践行学术报国之志，无改初心。

迻译世界各国学术名著，即其一端。早在20世纪初年便出版《原富》《天演论》等影响至今的代表性著作，1950年代后更致力于外国哲学和社会科学经典的译介，及至1980年代，辑为“汉译世界学术名著丛书”，汇涓为流，蔚为大观。丛书自1981年开始出版，历时三十余年，迄今已推出七百种，是我国现代出版史上规模最大、最为重要的学术翻译工程。

丛书所选之书，立场观点不囿于一派，学科领域不限于一门，皆为文明开启以来，各时代、各国家、各民族的思想与文化精粹，代表着人类已经到达过的精神境界。丛书系统译介世界学术经典，引领时代思想，为本土原创学术的发展提供丰富的文化滋养，为推动中国现代学术和现代化进程做出了突出的贡献。

为纪念商务印书馆成立120周年，我们整体推出“汉译世界学术名著丛书”120年纪念版的珍藏本，寄望既利于文化积累，又便于研读查考，同时向长期支持丛书出版的译者、编者和读者致以敬意。

两甲子后的今天，商务印书馆又站在了一个新的历史时间节点上。我们不仅要铭记先辈的身影和足迹，更须让我们的步伐充满新的时代精神。这是商务人代代相传的事业，更是与国家和民族的命运始终紧密相连的事业。我们责无旁贷，必须做好我们这代人的传承与创造，让我们的努力和成果不仅凝聚成民族文化的记忆，还能成为后来人可以接续的事业。唯此，才能不负前贤，无愧来者。

商务印书馆编辑部

2017年10月

目　　录

前言

近代心理学在科学内的起源

近代心理学在哲学内的起源

实验心理学的建立

原编者为本书所作的简介

本丛书编者在本书第一版的简介中指出波林希望他的著作的优点 vii
成为它们自己的代言人。现在编者就更难沉默了。即使是吹毛求疵的心理学家，其中也没有一个大胆的批评家会起而否认波林这本历史是一部经典著作。再说，这本书就年龄说，恰恰已经达到了成年期，它关于早期的各章，甚至大部分已经改写了，后期的叙述也已经大加扩充了。任何人都似乎难于再认为有必要去编著一本像波林的这本书那样精确而有决定性的早期实验心理学史。他在他的学科中已经比谁都精通了。他以无比的技巧写成了这部历史。其中有人物和他们的观点，这些人物在有时难以控制的领域中进行实验时的奋斗，他们的胜利，他们的生活小节以及他们留给我们的遗产。我们知道科学心理学将会向前进展，接受未来的日益广泛的挑战。由于我们科学的开头已渐被淡忘了，这本书和附注将会是有关它的早期的参考资料的宝库了。

编者在第一版简介中还说过，他和出版家很高兴地认为波林教授同意他的历史成为世纪心理学丛书的首卷。现在可补述一点历史：也就是波林，他向出版家们建议目前的编者和他们创办这套丛书。现在，这本书成为本丛书的第四十卷，我们对他的谢意就要增加三倍以上了。

R. M. 埃利奥特

第一版序言

艾宾浩斯在多年前说过:“心理学有一长期的过去,但仅有一短期的历史”,心理学史则常忽略其短期的科学的历史而侧重其长期的过去。我开始写作此书系远在五年多以前,那时还没有一个史学家著述前世纪九十年代的“新”心理学,更没有一个史学家不把实验的运动仅视为心灵哲学思想的长期进展的结束。但是,要写作现代的心理学史,可不能仅在前代的历史之后附加数章,便算完事。说来奇怪,现在是可使过去变动的;心理学的焦点和范围既经在目前有所变动,于是前代所有新的部分加入于历史之内,其他部分则被弃而不录了。今天的实验心理学有它自己的历史,虽然历史不尽为实验的记载。系统的问题继续存在,但其表现的形式不同。而且它们加入的程度,其本身也就是历史的事实,这都不是由史学家的意志来决定的。

学术上有无数问题可以使我分心,而我则仍坚持这一工作。我只要讲一两句话说明我的目的。我常以为实验心理学家在其专攻的范围之内也需要历史的知识。若没有这种知识,便不免将现在看错,将旧的事实和旧的见解视为新的事实和新的见解,而不能估计新运动和新方法的价值。关于此事的信仰,我不能不再三提出。由我看来,一种心理学的理论若没有历史趋势的成分,似不配称为理论。

当我开始写作的时候，我以为实验心理学史可以从费希纳1860年的《纲要》和冯特1862年的《贡献》开始。由此说来，实验心理学为时仅有七十年。然而历史的记载须根据新运动的来源以解释新运动。因此，我这部历史把实验心理学看作起源于笛卡尔，莱布尼兹和洛克的哲学，而在十九世纪初期的新的实验生理学中 x
得到发展的。实验心理学的产生即由于这两种运动的结合。

就现代说，显然还没有一种精确的历史前景。我认为1910年后的心理学，我们若详加论列，反为不妥。但是格式塔心理学和行为主义则为例外，因为它们虽都没有丝毫古迹可增加其庄严，但过去之事却可因它们的研究而得到了理解。历史的记载是可以逆溯的，了解历史可以通过它的前因，也可以通过它的后果。

总之，我这部书论述1860至1910年间半世纪的心理学，而兼及其已往的发展和后来的结果——好像是一部纺锤形的历史。我所称的“实验心理学”，自然和冯特或五六十年来的心理学家所称的“实验心理学”意义相同——意即在心理学实验室所表现的一般化的、人类的、正常的、成人的心灵。我选用这个意义，原非欲以拥护任何学说。动物心理学是属于实验室的；心理测验在某一方面上是实验的；变态心理学也可视为实验的。前二者的发展若和实验心理学的发展发生关系，本书便加以论列；但是我可不敢自称对于这两种运动曾有足够的记载。

也许我还得说明本书为什么有这么多的传记材料，为什么讨论集中于学者的人格，而不集中干心理学的传统的章目的起源。我的理由是：由我看来，实验心理学史似全为个人的。人的关系太重要了。有权威者常可支配当世。凡属约翰内斯·缪勒或冯特所说的话几常为重要的，无论其见解有无实验的证据。而且人格又反映于学派之内，学派体系的传统使研究受其影响。人格既占据如此重要的地位，所以心理学家不能不注意心理学史。因此，我们更常有这样的一个问题：就是，假使心理学半以人格为背景，那么人格又以什么作背景呢？我相信我很慎重，不立即作出这种推论；但是这个问题，我从未能挥之使去。

xi 幸运的是，关于本书内容欲求助于友人时，他们即不惜时间惠加指导，我对于他们的感激之忱，远超出于此形式的道谢所能表示者之上。但是读者可不得以我的那些友谊的批评家担负此书的任何部分的责任，因为有时我也不听忠告而坚执己见。H. S. 朗菲尔德教授校读关于斯顿夫的一段，给我以不小帮助。库特·考夫卡教授供给我关于斯顿夫的学生的一些消息。关于 G. E. 缪勒的一段，深受 W. D. 特纳博士的未发表论文的教益，关于传记上的不明了之处，则由缪勒教授的来信加以澄清。R. M. 奥格登教授对于屈尔佩的几段有所指正，书内显示了他的批评的一些影响。他又取屈尔佩的信件择要抄示。大卫·沙科的未发表的关于艾宾浩斯的传记的研究为本书另一段的起点。英国正式的学院方面的实验心理学不为世所知，威廉·麦独孤教授、C. 斯皮尔曼教授、C. S. 迈尔斯博士及 F. C. 巴特列特先生都给我以重要的材料。麦独孤教授又读了英国心理学的全章，由于他的忠告，我作了不少的增订。J. Mck. 卡特尔博士对于我的关于初期美国心理学的问题，亲切地予以答复。1921—1922 年的克拉克大学和 1928 年的哈佛大学的生活对于我补益不浅，虽然我不能具体地说出。我妻不倦地从事

于读稿校样及编制索引。K. W. 奥柏林先生校读了大部分长条样，F. E. 哈斯顿先生读完了全部校样。世纪心理学丛书的主编人埃利奥特教授始终支持我的工作，给我以明智的指示，我的出版家也尽量帮忙。此外还有许多友好，虽未尽列举于此，正式表示感谢，但也应领受我的感激之情。

卷首插图为费利克斯·法伊弗博士所作的冯特铜像的照片。这个铜牌制作于 1905 年，即冯特得博士学位五十周年纪念的那一年。我很感谢法伊弗博士允许我将此像重刊于此，并感谢 K. M. 达伦巴哈教授在康乃耳为我拍摄此铜像。

我以此书奉献于爱德华·布雷德福·铁钦纳，只是表示我在学术上对他最真诚的感谢。本书在审慎，详尽或陈述上若有什么 xii 优点，便尽出于他之所赐，我相信心理学家只有知道了心理学史，才算是功行完满，我这个信念尤其是受了他的影响的结果。铁钦纳在实验心理学中实为一位第一流的史学家。此书本应由他来写，才算合格，由我来写，便不敢自信了。

E. G. 波林

1929 年 8 月 25 日

剑桥，马萨诸塞

第二版序言

xiii 历史可以修订吗？可以的。时过境迁，对于它的解释就可以有第二种想法了。同时还有一些新的发现。当最近的过去转化成较稳定的背景时，它的描绘者就得抛弃他的初步的概略，以便使现在较明了的观点有更加永久性的色彩。而且他还有一种新的最近的过去，需要作第一次的略写，而这个过去则只当他初次试图描绘时，才算是属于未来的。历史常随时间的消逝而需要修订，而当前这一本历史，是要说明心理学如何成为新时代的心理学的，则更加需要修订。心理学成熟起来不像一个个人，个人是决不在年龄加大时得到了新的祖宗的；心理学的发展却象一个家族，家族在子女后代结婚时就很快地加上新配偶所有的祖先了。

现在让我说得具体些。我要在我这本二十一年前的旧著作中作哪些修改呢？

旧版关于科学出现的导言一章已被删改了，因为我要更加深入研究历史的动力学，概述科学为什么出现，又如何出现，论及“时代精神”和伟大人物在科学发展中的决定性作用，并指明关于思想发展和产生的这两种观点不是互相排斥的，而是每一种历史过程的正面和反面。我想在全书内支持这种思想。

第二章至第七章变动不大。关于催眠术的一章，它之所以被保留的原因是由于它可以作为后文新的动力心理学一章的先导。

第九章至第十三章改动也不多。第九章把亚里士多德除外了。对于“思想史上这个最伟大的人物”,与其仅用两页的篇幅轻描淡写一下,不如对他表示静默无言的敬意。

关于全属于十八世纪的苏格兰学派、法国经验主义和法国唯物主义的第十一章,完全是新的作品。把这两种题材放在一起不完全是强拉硬扯的,因为这两个国家之间有了一种潮流,先从法国进入苏格兰,后来又从苏格兰回到法国。我现在还给卡巴尼斯、沙 xiv
可、比纳和让内以相当篇幅,虽然他们仍处在纯粹的实验心理学的外围。

第十三章述及了康德。如果略去了他,则虽有冯特大师的巨眼注视着英国学派,而德国的心理学和生理学还是不能完全理解的。

关于费希纳、赫尔姆霍茨和冯特的几章没有多大的变动。关于布伦塔诺、斯顿夫和 G. E. 缪勒的第十七章加入了海林。这里我要感谢考夫卡的有益的批评,他说海林在此书内应该得到较多的注意。现象学和先天论的全部阵容有歌德、普金耶、约翰内斯·缪勒、海林、斯顿夫;后期的屈尔佩、惠太海默和格式塔心理学。

第十八章已重新组织了。把早期的屈尔佩和后期的屈尔佩分开,使他同马赫、阿芬那留斯及实验主义的关系叙述得更清楚了。

英国心理学的一章现已加以扩充,展延到今天。关于麦独孤,我略有所增加。关于实验心理学的长篇叙述已完全改写了,大部分取材于 F. C. 巴特列特和 C. S. 迈尔斯的历史论文。

关于美国心理学两章中的首章——即它的先锋的二十一章——修订不多，虽然有许多篇新的论文需要引用。从那里开始至末篇为止都完全改写了，因为其余各章的题材在1929年都是新生的事物，写起来是没有把握的，或者是这个修订本所介绍的新材料那时还没有出现。第二十二章，我采取了我主张已久的一个观点——吴伟士似也同意的——就是所有美国心理学，除了铁钦纳以外，都是属于机能主义的。

格式塔心理学1929年到了美国，但没有离开。它已完成了它的任务。我想在第二十三章内叙述它的整个部分。

行为主义似为代表时代精神的一个运动，不是简单的革命。我不给它一个专章，我把第二十四章定名为行为学，从以前几章内，得到了动物心理学和客观心理学的线索，然后通过道地的行为主义达到了较新型的实证主义和有时人们所称的操作主义。

关于脑的机能的第二十五章是历史的动力学的范例，是思想的社会心理学的一章。它从弗卢龙至苛勒考察了这个历史，说明了思想如何发展，又如何慢慢变化，但如何终于不可避免地符合于新的发现。

xv 动力心理学一章自然是完全新的一章。动机心理学主要从1929年以来有权被列为实验心理学的部分。学习和动机，正如感觉和知觉一样，终究要分卷出书的，我想在以后几年内从事这个方面的研究和写作。

在本书末篇的回顾中，我得有一个机会在二十一年后重新给予心理学以评价，对1929年的我，微加谴责，然后讨论伟大人物在时代精神中的作用问题。

我要求简单明了，至少要避免繁琐重复。弗卢龙说，“我要简短。简短还有一个大秘诀就是明了”。但是这个修订是继续发展的。我把实验心理学十年分期的旧的概观删去了。心理学现在已经太膨大了，不能被纳入这样的框框之内了。

总之，新版本约比旧版本的篇幅多了三分之一，有一半是新的著作，另一半利用了旧版本的约三分之二。重印的部分还应有二千处的小变动。第一版和我的《实验心理学史中的感觉和知觉》一书的旧规则依旧有效：这就是，我说到二十年前(1930)的事是有信心的；其次十年的事，信心较小；到了关于最近十年所说的话则属于大胆的假定了。

一年一年地过去了，人事变动很大。第一版后的二十一年间，较重要的人物有十九人去世了，如斯顿夫、G. E. 缪勒、舒曼、冯·厄棱费尔、麦独孤、C. S. 迈尔士、劳埃德·摩尔根、卡尔·皮尔逊、J. M. 鲍德温、卡特尔、贾斯特罗、桑代克，弗朗兹、E. B. 霍尔特、H. S. 詹宁斯、玛格丽特·华许本、巴甫洛夫、惠太海默和考夫卡。在第一版范围之外，但对心理学来说也是巨大的损失，那便是弗洛伊德和让内的逝世。

著作也陆续出版了。墨菲的《近代心理学历史导引》初版于1929年发行，修订于1949年。吴伟士的《现代心理学派别》，1931年版，修订于1948年。费林的《反射动作》，E. 海德布雷德的《七种心理学》，夫吕革尔的《百年心理学史》，戚博格的《医学心理学史》，还有其他许多历史的重要著作都出现于此关键性的二十年间。也就是此书第一版所产生的增加传记知识的需要导致了后来三卷《心理学家自传》的出版，这个计划将要继续贯彻，因为那时中

xvi 年的心理学家已逐渐老大成为过去的人物了。C. 默奇森的《心理学家题名录》(Psychological Register)也出版于1929年以后,使在第一版所列的选定的书目,有若干种在本版中就成为不必要的了。也许我可以自我陶醉地以为我这本书引起了这一切的历史的兴趣,但那种想法是错误的。墨菲是在我以前出书的,毫无可疑,这是时代精神影响了这些作家,也影响了我。我们这些写书的心理学家是心理学向前进展的征兆。

把此书奉献于铁钦纳,现在和1929年都是一样合适的。那时我说过的话如今我是仍旧相信的。

罗伯特·S. 哈珀,亨布尔特·M. 詹金斯,乔治·A. 海斯和詹姆士·L. 莫里常常给我批评和书目上的帮助。他们都是哈佛心理实验室的成员,我对他们表示感谢。在完成这个修订工作中,我特别要感谢荣丽·D. 波林。她除打字、核对事实和插图外,还用批判的技术,永不疲倦的热情和永不枯竭的幽默感,帮助我实现我的写作计划。她对此书倾注了大量的心血。奥德丽·麦克劳德是读校样的骨干分子。我很幸运,在这个工作上,得到了她的细心和聪明的帮助。埃利奥特博士是我的经常的仁爱的编辑,他读了长条校样,不止一次地耐心带笑地使我避免了错误。

也许我要最热烈地感谢我的听众,他们是我的鼓励者,是读第一版的毕业生,我想他们会欢迎这个修订版。假使我对他们的这个信心不过是乐观的幻想,那么它可以像科学上许多错误的学说一样,却也可有助于达到推动行动的目的。现在我的任务已经完成了,我的出版家,具体地说,就是友好的、乐于助人的、聪明隽智的达纳·H.费林,他接受了这部稿子。想到他和埃利奥特在这部手稿内没有得到他们所完全要求的,或甚至他们作为现实主义者所完全希望的东西,我那就不免感到抱歉了。

E.G.波林

1950年1月11日

剑桥,马萨诸塞

前　　言

第一章　近代科学的起源 3

本书想论述实验心理学如何发展成今天的样子。它讲的是历史，但不涉及全部历史的题材，因为它要选述其对今天心理学有重要性的过去。作者心内常产生这样一个疑问，就是历史事件为什么发生；而这些事件又是什么？

科学的进步是创造性精神的产物。但是促进科学进步的创造性精神是受两种限制而进行工作的。第一，它受了无知的限制，因为一种发现是有待于另一种发现开路的。但是发现和发现之为人所接受还要受当时、当地文化的思想习惯的限制，也就是**时代精神**的限制：这个见解在西方文化的前一时期内，显得太奇怪或太荒谬，是无法想象的，只是在一两个世纪以后，才容易被认为正确的。反之，关于什么是重要的事，什么是值得做和说的事，也有一些较浅陋的时髦传说，这种传说更加日新月异，一部分是由于新的发现，一部分是由于最关心这个特殊问题的圣哲的社会交往——如领导人和追随者，主人公和反对者的交互刺激。因此，一个心理学家的心理学史至少在愿望上是一种动力的或社会的心理学，不但要看到人们做什么事，不做什么事，还要知道他们为什么做这件事，或为什么当时不能做这件事。

当我们知道有两种历史的学说即**人格说**和**自然说**时，这个问

题就较易明白了。人格说也就是一种常识的学说，认为天文学的
前进，是因为哥白尼既有慧眼发现，又有勇气主张太阳系的太阳中
4 心说比地球中心说更加合理。反之，自然说以为太阳中心说在启
蒙时期的提出几乎是不可避免的，当人们对自己态度已有所改变时，这个学说就似乎合理了，所以哥白尼只是势所必至的文化进展的代言人或象征。其次究竟是冯特约在1860年前后建立了新的实验心理学，或是时代促进了那些变化，只是由冯特来代为表达呢？哥白尼和冯特对于这些问题的意见帮不了我们的忙，因为谁也不明白他自己的动机或他的真知灼见的来源，而一个具有天才的人当他的最光辉的创造性的真知灼见倏忽来临时，决不至自称他的革新是无因而至的——在近代文化时期，他也不是这样自夸的。事实上，这个难题不是真的，而只是康德的二律背反。哥白尼和冯特的思想本身都是自然现象，而作为科学里程碑的那些天才的真知灼见的倏忽出现却是微妙的神经历程。历史过程的解释在包括这些微妙的神经历程时可依旧保持自然性而不变。所以自然说实即包含人格说。忽视了伟大人物的前行事件就构成了人格说，但一旦查问什么东西造成伟大人物的伟大时，就又复返于自然说了。无论哪一种学说，都存在着具有神经系统的伟大人物，而这些系统的活动就给特别迅速的科学进步提供机会。

当我们问到科学进步的速率时，就发生一个更道地的难题了。科学究竟是在一个高原上前进，然后由于一个重要的发现而飞跃呢，或是稳步而行，常常是不可避免地徐徐前进呢？它是间断的、一步一步的，或是逐渐的、连续的呢？成熟的意见认为照例是分成许多小步伐而前进的。几乎所有伟大的发现都有其预兆，而这种

预兆则是史学家后来挖掘出来的。否定的学说无限期地坚持下来，往往经历一个世纪以上，然后终于为肯定的学说所取代。似乎重要的真知灼见等到时代精神准备接受它时，才能降临，否则它如果在时代精神前，来得过早，就将会为人所淡忘和抛弃，一直到了文化转过来准备给它欢迎时，它才能重现于世。

无疑地，历史的平静的进程，经过分析，终可证明其为跳跃的，含有多次的小突破的进步，记载着这一项的发现或那一项真知灼见的侵袭。当考虑较大件的史实——如一个人的全部贡献，十个年头，或一个世纪的进步——你就看见大步向前了。但也有进步神速的时刻。例如牛顿想象到万有引力的原理，这个思想确实很 5
快地建立于 1666 年，虽然伏尔泰说牛顿看见了苹果落地立即得到这个观念时，也许太夸大了这个重要的真知灼见的神速。无论如何，对于历史进展的描述有必要说明前后的差别，有必要说明那些足够重要而足够巨大的变化，可借以显示知识前进的方向。

科学的出现

科学怎样开始的呢？有一种主张认为在人类史上科学没有一个起点，它是和知觉一样古老的，它在进化阶段上，是以看见一个对象而作出概括的能力开始的。科学和知觉都在观察时注意基本的通则，在被观察的对象中看出自然的一致性。

试以心理学家所称的物的常性为例。所见物的网膜影像随着物体的后退而变小，虽然物质的客体本身及其知觉在大小上保持不变。这里，自然的一致性的规律是：物在其本身运动时或在其观察者运动时，大小不变。这是科学的物理的概括。但人类机体的构造使它的知觉照例服从相同的一般规律：机体看见同一物体，不管它和物体距离的远近，都看到同样的大小。所以科学的概括是机体所能“理解”的，因为它的知觉包含了这个概括作用。这个进行概括的机体可以是人，是猿猴，是小鸡或更低等的动物，因为某种程度的客观概括存在于所有知觉之内。这个类比也许太欠真实了，因为它把最初期的科学家降低到小鸡或原生动物的水平；但这个类似性也足以警告我们不要在人类史上追求科学开始的精确的时间。

现代的科学是在社会的机构之内有许多人互相合作的，是由这一代继承前一代的工作的。这个意义上的科学，就需要书写的语言、书籍、最后还需要图书馆，这一切的东西造成了流通的便利，使下一代人可以请教去世已久的古人。埃及的祭司们对他们的后代传授天国的学问，但单凭口传却有碍于普遍的进步，因为记忆的遗迹随时变化、破坏，并随着死亡而立即消失。科学的进步需要书写的语言和书籍。

6 谁要对科学的出现作一番最长期的观察，就会真正地看到大步的前进——迅速的发现和突破的变化。第一次“突变”起自希腊文化或常被称为“希腊奇迹”的诞生；第二次起自文艺复兴时期，这个时期的兴趣离开了神学的教条而注意自然，并于最后注意实验的方法。

同前期埃及、美索不达米亚和爱琴海的系统化知识对比起来，希腊在公元前三、四、五三个世纪的文化似确为一种奇迹。这些世纪是柏拉图（约公元前 427—347）、亚里士多德（公元前 384—322）和阿基米德（约公元前 287—212）的世纪。亚里士多德是有史以来最伟大的人物，他集知识的大成，还加上他自己的贡献。阿基米德是数学家和物理学家，在讨论自然原理时，实际上是现代科学思维方法的先驱。这个文化是借助于容易书写的语言和书籍而得以保存和改进的。它的总的图景表明在知识和真理上兴趣盎然，而在建筑和艺术上则尽善尽美，使史学家吃惊，史学家虽然描写这些事件，但不能说出它们发生的原因。

然而我们也不应忘记希腊文化与我们自己的文化相比起来还是简陋的。希腊人正如我们一样聪明——没有什么证据可以证明两千年的进化能使人类在超越大猩猩的体积上有所进展。受过教育的希腊人可以过十分丰富的生活——由于他随意运用所有知识和培育起来的艺术，而不受现代人所受的压力去适应一些超出他所能懂得的实际的知识，所以他的生活就愈加丰富了。他基本上生活于此地此时；没有什么历史需要学习和体会。即使修昔底德写的历史也大部分以他自己记忆的广度为限。古代希腊人不必学好什么重要的外文，也不必吸收什么伟大的外国文学，就是本国的文学也不多。他不感觉到有研究他种文化的需要。黄金时代的希腊人生活于从来没有存在过的最优越的文化之中，对他说来，这种文化已使他心满意足了。他不必在旅行游历中接受教育，因为没有比希腊更好的地方可去了。而且路途又似太遥远。希腊的诸神居住于北希腊的奥林帕斯山，不怕有爱管闲事的人来侦察他们的住所。那时又没有钟表。柏拉图学院的讲课迟七分钟开始也没有关系。希腊的经济制度有了奴隶的劳动使上层人物有可能大力
发展一种文化，使现代的西方人受到了无法估量的恩惠。但这可 7
不是适宜于产生实验科学的一种文化。它有利于直觉、真知灼见

和理智的过程，但不利于用机械的设计和实验的技术从自然中挖掘出秘密。那只能是几乎在两千年后才能实现的事了。

在黑暗时期（约 500—1200 年）和中古时期（约 1200—1500 年）内，科学虽在东方拜占庭文化中有了进步，但西欧的文化生活却受了神学兴趣的支配。当一个人的思想不再直接注意他的此时此地时，便关心灵魂的前途和逃避死后炼狱的灾难。哲人也有追求真理的充沛的热情，但当时的价值观使他们认为真理只是依照神的意志才能得到启示，他们便寻求教义以期有所遵循。他们相信七是神圣的数目，在他们看来，上帝只能在最近距离的天空中安置着七个天体——地球、太阳、月亮、金星、火星、木星和土星——伽利略对木星周围的四个月亮的发现是亵渎神圣的。我们每易谴责中世纪缺乏科学，信仰无法证实的教义，不能发展我们所称的文化；然而相等于今天诺贝尔奖金的获得者的哲人，对当时的真理坚持了不屈不挠的态度，和任何科学家卫护他对现实的现代观同样地热烈。中世纪主义和现代主义都信赖许多种先验的价值，本书对于中世纪的兴趣仅仅是由于它提供现代科学所由出现的有关思想。这个出现改变了根本的价值；却当然没有使它们消灭。

在事实上，到了文艺复兴及学术复兴后，近代科学才开始出现了。

新兴的学术

什么东西推动了文艺复兴呢？我们也许无法说明希腊文化奇迹的起源，但是我们确能略述学术复兴的动力，而这个复兴的一个方面就是用对于明显确定的事实的兴趣取代神学认可的教义。新兴的学术之所以可能是由于革新的态度，而革新的态度则常可举出下列五事为其原因。

(1)第一件事是火药的发明及其在战争中的应用(十五世纪)。8
这个变化使封建制过时了，并由于对领主效忠的契约的失效，树立了社会民主的基础。民族整体的加强，牺牲了封建主的房地产，从而扩大了理智的境界，而使学问更加易于获得了。

(2)1444 年印刷机的发明加速了大量出书，使书写语言的发明已经在文化上产生的影响增加了许多倍。

(3)1453 年土耳其人攻陷了君士坦丁堡，标志着拜占庭帝国的灭亡和它的文化向西方的传播。希腊学者从君士坦丁堡到意大利的避难，增进了意大利对希腊文化复兴的兴趣。

(4)1492 年美洲的发现是地理探险和寻求从西欧至远东的一条便利的商业航路的时期。这个事件不发生于哥伦布个人的奇想，而起源于下列这个事实，就是：中古时期正在消逝，而对商业贸易的注意开始胜过了对灵魂和神学教条的兴趣。探险的动机在于追求财富，在十六世纪时，财富不久就被找到了，不仅得之于同西印度人的贸易，而且得之于墨西哥和秘鲁的银子和金子。除了宝贵的金属和贸易的利润外，还有了陆地——是殖民主义者有力夺取和经营的自由陆地。而这个“自由”陆地的存在，则比任何一个单独因素都更有影响于前四个世纪中的西欧和美洲，虽然它必须首先从野蛮人手中取得，又须从自然中取得，然后才可被称为自由的。

有些史学家以为美国的民主主义和实用主义的精神是由于它

移而西向的边疆，越过了边疆之外，无论何人只要有才智和力量，
就常有自由的土地，把自己变成为农业主。这个话也许是正确的，
但是还有一种远较广阔的意义，说明远西和远东的自由陆地使四
个世纪具有一种特殊的性质，即现代性。在中古时期内，权力是由
上帝赐予的——直接通过教会，间接通过国王的神权，或者是一经
建立起来就可以继承下去，成为贵族。有权有势的国王、贵族、封
建主和教会有了土地，这个土地也就成了权力的象征。在新的时
9 代之内，殖民主义者可以用辛勤的工作赢得土地，商人可以用金钱
购得土地。经济势力逐渐使来自继承或神权的社会地位转让给土
地或货物的财富所有权了。这个平民化的过程对科学的兴盛有非
常重要的影响；它既有损于教义创始者的威望，又因科学有商业上
的价值，为科学的促进开辟了道路。

(5)第五项对思想的新时代有决定性的意义，那便是哥白尼学说，此说刊布于1453年，即哥白尼逝世的那一年。宇宙的地球中心说也就是人类中心说，把宇宙看成是围绕地球上的人而旋转的。太阳中心说在科学上更有意义，但贬低了人，使他们属于各行星之一里面的一个不重要的靠边的位置之上。甚至到了今天还有人认为目前精神神经病的流行一半是由于在哥白尼学说的影响下失去了威望和重要性的缘故。哥白尼学说的革命不但剥夺了人在宇宙里的地球中心的位置；还剥夺了他在天堂上的一定的地位，并由于在其他行星上可能有成倍的许多其他灵魂，也就削弱他自己灵魂的重要性了。

我们前曾说过，在这些历史因果的问题上不容易区别原因和结果、或理由和征兆。这些关系有许多是循环的。自由陆地的发

现，印加人的金银和西印度人的财富的发现有助于创立新时代的精神，而新时代的精神反过来又有助于进一步的探索。哥白尼学说既是新的思想方法的结果，又是促进这些思想方法的原因。哥白尼需要人们的理智的新兴趣，去鼓励他推进关于天体的一种较简单而异端的观点；但是他深知教会会反对他，所以他踌躇不决，他提出自己的学说，以为是姑妄言之而已，只是在他死后才公之于世。所以变革的结果使更多的变革更易出现，但进步是缓慢的。此外，我们也许可将宗教改革列入原因之内。路德于 1517 年写成了九十五条论纲钉在教会的正门上，但是他的行动是对教会的日益增加的普遍不满的结果，同时也是引起更加不满的原医。有些史学家把科学的出现列为新时代产生的一种原因。它也是变革的时期的结果和原因。它是新学术的一部分。

近代科学的开始

近代科学的出现常被说成发生于十七世纪，因为这个世纪包括刻卜勒、伽利略和牛顿的惊人的著作，和对新学术的其他重要的贡献。

哥白尼(1473—1543)开辟了一条道路，他提出了太阳中心说(1543)作为没有论证或证据的假设，但是他明确地论证它似较合理。

刻卜勒(1571—1630)于 1609—1619 年以建立行星运动的三条定律而著名：(1)行星运行于椭圆形的轨道，以太阳为焦点(中心)——这是肯定了哥白尼学说的一个原理；(2)一个行星当绕日而行时,它的半径以相等的时间掠过相等的距离,这个定律意味着行星沿着椭圆形的轨道运行时,距太阳越近,运行越速;(3)行星绕日而转的时间的平方和它离开太阳的平均距离的立方成正比例。这些定律后来都被证实了,这是科学中的数学演绎法的好例。它们决非中世纪所能产生,也决非神秘的毕达哥拉斯所能运用的思想。阿基米德对流体静力学原理的发现认为物体在液体内所丧失的重量等于排开的液体的重量,这个发现可以与这种思想相比,但它在希腊文化中是罕见的。

刻卜勒之后有伟大的伽利略(1564—1642),他发现运动物体的动力学的许多原理,如落体定律、摆锤定律、加速度、惯性、抛射物运动的部分。他听到一个荷兰人于 1608 年发明一架望远镜后,于 1609 年也创制一架,用以观察木星,发现了它的四个卫星。这便使太阳系的已知的天体不是七而为十一了,伽利略讥笑那些说七是神圣数目和创世主不创制十一个天体的人们。谁都知道他如何坚持哥白尼学说,在老年双目几乎失明时被迫放弃自己的信仰,只得含糊悔罪。那是在 1633 年。他的许多发现到 1638 年才公之于世,但大半由于同麦森尼神父的大量通信,这些发现已早为大多数人所知道了。伽利略死于 1642 年。

牛顿(1642—1727)就诞生于同一年。他是我们文化中最光辉的人物之一。1665 和 1666 年间,他作为一个二十五岁左右的青
11 年时,他的天才使他达成了下列的真知灼见:(1)他理解了微积分原理,并加以应用,虽然在这方面他的老师艾萨克·巴罗是先有所知的,莱布尼兹也独立地有了同样的发现。(2)牛顿理解了万有引力的原理,从刻卜勒的定律之一得出了平方反比的定律。后来他

建立了运动的定律,其中第三条定律(作用力和反作用力相等)是新发现的,在月球和地球的例子中证明了平方反比的定律,他的《原理》刊布于 1687 年。(3)他在那些早期年间,购得了一面三棱镜,用以布置实验,说明白光是各种不同颜色光线的混合。他于 1672 年在皇家学会报告了这个事实和颜色混合的基本原理,发现他们对白是各色混合的那样"不合理"的一个假设表示怀疑。他于 1668 年创制了第一架反射的望远镜。他在晚年时,得到了许多荣誉,他用他的生命的余年对早年所有精深的见解抽绎出结论,并在数学、力学和光学内得到了其他各种发现。他以其天才的卓识,继之以数学的演绎和实验的证明,出色地表现出科学的理想——至少是物理科学的理想。牛顿成就的性质和方式充分说明了十七世纪的科学的形势。

当我们考虑新时代的这个初步繁荣的世纪的突出事件时,可以确信新科学已在半空中,中世纪的干涉已向后退却了。让我们引证如下:(1)远在 1593 年,伽利略创制了温度计。(2)1600 年 W. 吉尔伯特用拉丁文刊布他的磁力学论文,这是在英国印行的第一部伟大的科学著作。(3)刻卜勒定律出现于 1609 年。(4)伽利略用他的新望远镜发现木星卫星。(5)1628 年哈维发现了血液循环,这是我们为这个新世纪公布的有关生物学的第一个项目。(6)伽利略的发现终于在 1638 年发表。(7)后来在 1643 年伽利略的弟子托里切利把一端封口的装有水银的管子倒置在水银盘内,从而创制了气压计。他证明了水银柱是依靠空气的重量支持的,带管子上山,柱的高度就随而降低。因此,他用一个积极的力学原理取代了"自然害怕真空"的信条。无论什么事例都不比这个事例更

能表明中世纪和近代的科学思想的差异。(8)其次便是“空气弹
力”(“the spring of the air”)的发现，就是这样一个事实，气体扩
展并充满着所有空虚的空间，由此导致了格里凯在 1654 年发明气
12 泵，并用马德堡的两半球①，抽出其中所有的空气，就极难拉开，借
以演示大气的压力。(9)波义耳的气体定律接着发表于 1660 年。
那时科学发展很快，致使科学家在私人通信外需要更便利的交流
的方法。(10)因此 1660 年为了讨论及刊布通信的便利建立了皇
家学会。(11)科学院建立于 1666 年。这是牛顿对天体力学和光
学有了光辉的新卓识的一年。(12)牛顿于 1672 年首次在皇家学
会说明白光是有色光线的混合。(13)1674 年列文霍克借助于显
微镜发现微生物——细菌和精子。(14)最后，牛顿由于他的较早
时期的计算同理论不符，经过长期踌躇以后，终于在 1687 年刊布
他的《原理》。

新世纪科学的特性之一是它的合作性。中世纪的特点是权威主义，那时的科学以尊重亚里士多德的格言为它的特点。在新世纪内，最后的主宰是大自然，科学家日益有效地转向大自然提出问题，相信她的一致性和她的答案的可靠性。合作就使有关大自然秘密的探究有了意义，比在依靠神的启示而不依靠发现以求进步的社会中有了更大的意义。然而合作需要通信，旅行是困难的，书信是很不流行的，杂志是不存在的，图书的刊印是不迅速的。最重要的贡献往往远在其刊布以前，通过信件来往，常仅有部分的流

① 格里凯是德国马德堡市长，他用以试验气压的大盒子叫做马德堡的两半球。——译者

传。一本重要的著作往往在作者晚年时印行或甚至于死后出版。

第一项补救的方法是通信，第二项是科学家的学会。在巴黎，麦森尼神父本人也是不平凡的科学家，他承担责任和许多科学家如笛卡尔、霍布斯，伽桑狄、哈维、伽利略、托里切利通信联系，有时甚至劝说他们进行辩论。住在巴黎的科学家后来养成聚会的习惯，最后终于发展成科学院。在伦敦，有一个对新科学很有兴趣的慈善家塞缪尔·哈特立波，他约在1645年，邀集科学家进行每周一次的讨论。不久这个集会就包括着波义耳和一个史学家称为十七世纪英国达·芬奇的雷恩爵士。他们计划设立一个理科研究大学，13
哲学家就在这个大学里进行各门科学领域的研究和教学。皇家学会就是在他们讨论的基础上发展起来的。

皇家学会成立于1660年，立案于1662年。查理第二对此也有兴趣。（法国）科学院在路易十四（“伟大的路易”）的赞助下建立于1666年。普鲁士在柏林的科学院成立稍后——1700年。这些学院完成了今天所有专业学会的任务：它们邀集科学家交流知识，互相激励。它们又印行接收到的会议报告和通信，从而供应最初期的科学杂志。皇家学会于1665年创办了《哲学汇刊》（法国）科学院于1666年创办了它的《回忆录》。只是到了十八世纪末期，才不依赖学会，独立刊行定期的科学杂志。

必须注意：近代科学的理想的形式是由十七世纪的物理学确定的。二十世纪有人主张心理学应力求成为科学的，而要成为科学的，就必须成为数学的和演绎的，持有这个论点的人们要在物理学史中寻求他们的理由，因为当科学和哲学在牛顿的时期互相分化时，物理学是首先出现的。

科学是否要用演绎法或归纳法，已久成问题了。亚里士多德的方法是演绎法，从一般推论特殊。弗兰西斯·培根在他的1620年的《新工具》一书内企图代以归纳法。观察了许多事实，概括的通则便可明白了。我们常听说，一种年轻的科学必须搜集事实，不要急于发现一般的定律。但是物理学在十七世纪时是很年轻的，我们看到它和数学携手并进，而数学则基本上是一种演绎的工具。牛顿只是发明了微积分以后，对他的万有引力学说才不再迟疑了。他的平方反比万有引力律是从刻卜勒的定律之一演绎出来的，刻卜勒和牛顿的定律都在演绎出来以后，需要观察的证明。

这个方法今天已被称为**假设演绎法**：科学家从假设出发，从而演绎出一种结论，而这个结论则直接在大自然或实验中加以观察。假使预测的观察得到了证明，他便可有了那个事实，并可由演绎的
14 考验加强假设的力量。那么假设从哪里得到起点呢？得自深入各种关系的卓识，得自他种发现的结果，得自没有充分根据的直观（或所谓“预感”）。阿基米德必定由于对关系的卓识领会了流体静力学的原理，然后演绎出有关国王希罗的王冠的结论①。这个故事没有说他后来用实验证实假设。它只暗示着他从沐浴中欢呼“我找到了”的这个卓识太动人了，使他感觉不到求证的需要。但是牛顿就感觉到那个需要了。他只是到了他的万有引力学说为观察所证实时才不再拖延他的学说的公布。物理学在新世纪的起点是由于博学多能的智者的光辉的卓识、由于演绎的推论和善于用

① 作者在第一版中说，“阿基米德在沐浴时，发现了流体静力学的原理，并从而发觉国王希罗的金冠是由金匠搀银制造出来的结论”。

数学完成一些过于复杂而不是较简单的方法所能解答的演绎的过程。两个世纪以后，心理学企图走上同样的道路，但仅有部分的成就。

十八世纪的成绩比不上十七世纪。刻卜勒、伽利略和牛顿的世纪的革命性的进展以后只是较为平坦的高原。正如一位史学家所指出的，牛顿以后，或可望世界上有“许多种生气勃勃的发现”，但实际上落了空，只是“一个长时期的消化前哲的遗产，微有成绩”罢了。思想新习惯正在生根繁殖。但是我们得在这里离开一般的科学史，把注意转向于生物科学的历史，科学心理学终于从这门科学诞生出来了。

生理学的开始

生物科学开始时属于医学，医学在希腊和前于希腊的时期里，是解剖学、外科学和药用植物知识的混合体，而以魔术和神学教条为补充。除特殊情况外，法律禁止人体的解剖，以致解剖的正确知识的发展有赖于动物的解剖。由于解剖知识的缺乏，生理学的知识当然也无法进展。世称“医学之祖”的希波克拉底（约公元前460—370）对医学事实却显示出罕有的客观性，留下来八十七种世所尊重的论文，提供后人研究；但因没有借助于人体内部的解剖观察或实验的理解，他就不能远远地超出他的时代的限制。伟大的艺术家提供了解剖的肤浅知识，但解剖的禁令阻止了重要的发现。

紧接在希波克拉底之后，医学科学进展极微。经过长时期后才有盖伦（约 129—199）加以搜集整理。他是一位优秀的开业医

15 生，一个敏锐的观察家，一个有限的实验者。与他的古代的先辈相比起来，盖伦的某些意见几乎是近代的。他把心灵位置于脑内，而亚里士多德则把它位置于心脏之内。他辨别出感觉神经和运动神经，这个区别后来失传了，至十九世纪才被再行发现。他切断脊髓的实验，从而能够定位某些运动的机能。凡此一切听起来似乎是可喜的科学进步，但同时盖伦也作出大量的查无实证的系统性的信条，这些信条无疑地使古人尊重了他，但当科学随着文艺复兴而前进时，却必须予以排除。所以盖伦在医学内取得权威的地位，和亚里士多德在哲学和其他科学中的地位相同。三百年后的著名医学家仍随声附和地认为盖伦是无可指责的权威。如维萨留斯的老师杜布瓦·西尔维斯（1478—1555）生活在一千多年以后，却以伟大的盖伦的继承者闻名于世。

十六世纪，人体解剖虽然受到教会的反对，但也已有人在进行了。达·芬奇和米开朗琪罗就用这种方法研究人体。维萨留斯（1514—1564）的出现标志着新世纪医学中观察胜服了教条。他在青少年时，开始解剖，持续至在巴黎受训练和在帕度亚终于定居之后。他于1537年间在帕度亚对广大听众讲学，并对热情的学生演示人体解剖。他在1543年刊行《论人体的构造》（De fabrica corporis humani），这本概要以在客观上摆脱盖伦的传统，并以生动正确的木刻为特点。现代解剖的传统开始于维萨留斯，但仅几乎在一世纪后才开始有所进展，因为维萨留斯是超时代的。教会谴责他对传统缺乏敬意，他的著作要等到光辉的十七世纪把它捡拾起来，继承下去。

也是在这个新学术的世纪里，哈维对生理学的贡献等于维萨留斯对解剖学的贡献。哈维(1578—1657)是法布里克斯的学生，法布里克斯是法洛皮乌斯的学生，法洛皮乌斯又是维萨留斯的学生，而这个对解剖学的联系则不仅是徒具形式。法布里克斯知道静脉血管的瓣膜，并用实验证明这些瓣膜准许血液流向心脏而不离开心脏。这个发现削弱了盖伦的所谓血液退潮，在静脉管内向前和向后流动，而由生命精神在动脉管内将它化为稀薄的主张。法布里克斯在帕度亚任教，哈维到那里去完成他的学业。哈维回 16
至英国，继续他的观察和实验。他研究心腔彼此之间以及和肺及动静脉之间的正确联系。这些联系和瓣膜证明了血流应有的方向。由于那时还没有优良的显微镜技术，哈维只能推测组织内微血管的存在以及血液从动脉至静脉管的通路。他的经典著作《关于动物心脏和血液运动的解剖学研究》(De motu cordis et sanguinis)刊布于1628年。

紧接哈维之后，其实一直到十八世纪，科学生理学都没有涌现出优秀的著作。近代科学世纪的图景证明十七和十九世纪的成绩远较优于十八世纪。列文霍克(1632—1723)有一架显微镜，可能他是第一个人观察到微生物和精虫(1674年)，但是直到十九世纪显微镜改进后，才掀起了有关显微解剖学活动的大浪潮。这个巨大的差别不是科学发展的人格说或自然说所能完满解释的，虽然对这个事实的合理说明可不难找到——比历史动力学尤较容易。在物理学内，我们或可说十八世纪要消化十七世纪的成就，然后十九世纪才能前进。关于这个问题，还有一说认为十七世纪新的科学开一个头，需要伟大的天才继承其后，可是这样的天才只有像伽利略和牛顿那样极少数人才能具备。十九世纪的科学是一种连锁

反应，一种发现使另一种发现有了可能，一种热情激发了另一种热情。这种社会的“爆发活动”有赖于这样一种转折点，而这个转折点在十八世纪却没有到达。如此之类的思辨有助于描述这个时期的历史，但以言“解释”则微不足道了。

但十八世纪的生物学也有若干重要人物，如哈勒、林耐和比夏。阿尔布莱希特·冯·哈勒（1708—1777）是伟大的赫尔曼·波尔哈夫的学生，曾被这样一些人称为实验生理学之父，这些人不把这个称号保留给十九世纪的约翰内斯·缪勒。哈勒辑集了解剖学和生理学内累积的知识，辅以他自己的大量实验的结果，在这个领域内提供近代系统理论的手册《人体生理学纲要》（Elementa physiologiae corporis humani），这是1757—1766年间出版的八卷本。几乎在他以前的一个世纪以内，格利森曾证明肌肉有受刺激性，肌肉
17 的收缩不单是由于动物精神流入其内，导致肌肉的膨大，而是受刺激的肌肉发挥收缩力而没有增大整个的容积。哈勒重视这个原理，称收缩力为**原动力**（vis insita）认为这是活的组织的特点，是在自然界的其他场合中找不到的。那时是动物精神的概念让位给**神经引力**（succus nerveus. 博雷利在1680年提出的）或**神经力**（vis nervosa. 昂泽在1770年提出的）概念的时期。还有**活力**（vis viva）一词常应用于神经系统的活动，也常用于无机界，标志着十九世纪所称的动能（kinetic energy）。

卡尔·冯·林耐（1707—1778）是瑞典有名的植物学家，享有动植物近代分类创始人的荣誉。林耐是一位伟大的观察家和分类学家。心理学界知道他，因为他对嗅觉的分类（1752）为后来所有嗅觉体系的先驱，但是他对心理学的真正贡献在于他促成了描述和

分类的重要性。因此，他隶属于亚里士多德传授下来而为培根所助长的归纳的传统，这个事实也就部分地解释了科学生物学为什么落后于天文和物理科学的原因，而天文学家和物理学家则在十七世纪接受了数学的演绎法。我们还可能使林耐归属于歌德、普金耶、海林和格式塔心理学家等优秀的观察家的现象学。这些心理学家都强调了我们所称的归纳观察法的重要，他们受到了训练，在资料中作出了培根式的概括。

十八世纪的第三个重要人物是 M. F. X. 比夏（1771—1802），他生于十八世纪末，十九世纪初，他的《生理学和医学中的应用解剖学》（Anatomie générale appliquée à la physiologie et à la médicine）刊行于 1801 年，在它的年轻作者去世前的一年。比夏的知名由于他对组织的细微构造的描写，他对用以描写生命物质的**组织**一词的创造，以及有关细胞的发现，和所有组织都由细胞构成的观点（哈勒曾经设想过解剖的原素可能就是纤维）。比夏区分出随意和不随意的身体系统，认为肌肉本身是敏感的，他把知觉、记忆、理智的机能定位在脑内，但是把情绪定位于内脏。由于他仅应用一架简陋的显微镜，所以他的观察是有限制的。到了 1830 年复杂的显微镜可以应用时，生物学的观察就进步很快了。

在十九世纪的初期，伦敦的查尔斯·贝尔（1774—1842），巴黎的弗朗西斯马戎第（1783—1855），柏林的约翰内斯·缪勒（1801— 18
1858）和克劳德·贝尔纳（1813—1878）都被称为伟大的生理学家。贝尔和马戎第都将见于下一章，前者由于对感觉和运动神经的实验研究，后者由于对感觉和运动神经的不同机能的发现的优先权是与贝尔有争论的。约翰内斯·缪勒则屡见于本书，他对心理学提

供了神经特殊能的重要学说，而且他对实验生理学之父的称号，还是哈勒的竞争者。贝尔纳是马戎第的学生，是四人中最著名的一位，但在心理学史内却最不重要，虽然他在科学原理上的机智的说明和晚年（多数在1860年后）出版的著作使他成为许多随手可得的著名语录的来源。

德国科学中的现象学

这里值得暂时停留一下，停留的时间之久要足够用以考察全面的场景，要明确心理学为什么常被人们称为“年轻的科学”，又为什么科学的心理学创始于德国。在这个工作中，我们还可知分类的叙述对德国人的气质比对法国人和英国人的气质更加合适，而科学的现象学也创始于德国。现象学一词是在十九世纪初年由F.G.胡塞尔介入心理学而为现代格式塔心理学所采用的。它的意义是指直接经验的描述，尽可能排除科学的成见。有些抱有认识论倾向的心理学家认为它不是科学而是预备科学（科学入门的训练）。他们以为如果所有科学都研究经验，那末经验的描述应附属于各种科学了。关于这个问题，本书下文应更有所论述（边码第601—610页）。现在要理解的是：现象学无论用的是什么名称，在科学史上是起源颇早的。现象学对科学的研究是叙述的、分类的和归纳的方法；是数学的、演绎法的反面。它尤其是适合于苦心钻研、有条不紊的德国人的风度。因此，现象学的叙述盛行于德国，提供了一种情境，使新的实验心理学在公认的科学内掌握了它。

现代有人深憾实验心理学不以人的动机为研究的起点。他们

有时抱怨这个问题，这种对历史的抱怨虽然可以安慰自己的挫折， 19
但对历史动力的作用可不能提供新的解释。实验心理学为什么这样开始，是有充足的理由的，这一假想对这些理由有所说明。

文艺复兴起始于意大利而向西北和正北地区发展。十七世纪在伽利略和笛卡尔的时代，强调力学和天文学的那门新科学局限于意大利和法国。到了意大利开始衰退时，英国出场了，但英国科学更几乎以少数伟大人物的研究为限，其中以牛顿领先。十八世纪，法国领导了其他所有国家，法国科学院和巴黎成为世界科学的中心。这是D.狄德罗和达兰贝尔编辑而由伏尔泰、卢梭及其他许多法国名流赞助的法国大《百科全书》的时代。伏尔泰给法国人介绍英国思想和科学颇有成效。德国人对科学的兴趣创始于1700年柏林科学院的建立，腓德烈大帝多年来曾使柏林成为思想自由的中心，同教会发生争论的法国科学家不止一人避难于柏林。所以西欧科学的名次是意、法、英、德，意大利落后了，在十八世纪末期拉丁语过时了，就让法、英、德三国文字成为重要的科学上的语言。

法国人和英国人在科学内最尊重数学演绎法，即伽利略和牛顿的方法。那时，生物科学不那么容易归纳出像万有引力那样大的结论，然后从这些结论利用数学抽绎出一些事实以求经验的证明。因此，他们就让德国人从事于生物学，推动它前进，因为德国人深信只须有足够的耐心就可以导致进步的。假使康德(《纯粹理性批判》1781)用心细致，不借助于实验法，但也能掌握人的心理那样稍纵即逝的题材，有什么力量可以阻止德国人去发展科学生理学，然后又立即发展科学心理学呢？

所以我们发现一种细心搜集观察事实的现象学产生于十九世纪的德国，这门科学精深细致、认真彻底，但不那么灿烂辉煌，而且很少有大范围的概括。现象经验的叙述太局限于基础，以致不易有广泛的归纳。

20 在这个传统中还可以提到歌德，因为他设想科学应包括在他的光辉思想之内，由于他坚持目前所称的现象学的描述，也影响了科学。他的有关动植物的相等部分的变形原理对进化论作出了贡献。这个原理认为有机体的不同种类的部分是互相对应的：重瓣花有较多的花瓣和较少的雄蕊，似乎是雄蕊变形为花瓣；脊椎动物有手臂、前肢、翼和鳍，一个对应的部分代替了另一对应的部分。歌德深信他自己的专门的观察。因此，他乃对牛顿的正确的颜色说进行猛烈的无理由的攻击，他为了讨论这个问题，写成了两大卷有关颜色的观察报告和理论《颜色说》。刊布于1810年，表明他的信心之强和用力之勤，但除了激发其他较优秀的科学家如普金耶等人外，并没有促进科学的多大发展。

普金耶是捷克一个很重要的生理学家，他于1824—1825年间，刊行了两卷优越的视觉现象学，献给歌德，因为歌德是那时德国最可尊敬的人物之一。普金耶的确不愧为卓越的现象学家，他今天驰名于心理学界，是由于以他为名的夜间视觉的颜色的相对光度变化的现象。这是现象学导致的一个基本的事实。七十年后，这个观察才同解剖学的事实发生明确的联系，原来网膜有圆柱体和圆锥体，而圆柱体则仅在弱光中发生作用。

约翰内斯·缪勒几乎难于被称为现象学家，但是他在1826年的视觉著作中充满着大量的基本观察，令人产生深刻的印象。他

在哈勒之后，刊行第一部《生理学纲要》(1833—1840)，表示出德国
人的描写事实的苦心孤诣。那时，德国已从法国人手里接受编列
事实目录的任务，完成得尤较完善。在其后一百年间，其他德国生
理学手册陆续出版——R. 华格纳的，1842—1853；L. 赫尔曼的，
1879—1882；W. A. 纳格尔的，1905—1910。缪勒的著作说明十九
世纪实验生理学是怎样自行建立起来的。它的方法是归纳多于演
绎，更多地从事于培根向科学推荐的事实搜集法，而这种事实搜集
法也是林耐所赞许的(如果我们注意物理科学的突出的事例)，也
是第谷、布拉赫(1546—1601)向天文学推荐的，从而为刻卜勒以及 21
后来的牛顿提供可用的资料。

关于生理学家的这一切的早期的现象学对我们说来，重要的是它会提供一定分量的心理事实。普金耶和缪勒注意感觉的生理学，为视觉知识准备了某些现象学的基础。稍后(1843)E. H. 韦伯在触觉领域中作出了创始的贡献。这样，实验心理学是先以感觉生理学出现的。因此，实验心理学开始时是现象学，是意识的分类学，那是不足为怪的。它创始于德国也是理所当然的。现象学的传统已无可怀疑了。赫尔姆霍茨决不是一个现象学家，因为他的思想方法类似于牛顿，但是他的主要论敌海林，无论就教育或大学任命来说，都是一位生理学家，但他是普金耶得力的继承人，作为现象学家来说，与现代格式塔心理学派同享荣誉和责任——下文在适当时，当再述及(边码 355 页以下)。

总之，心理学如何加入科学阵营之内的历史有一部分是由于德国人坚持搜集资料，承认生物学在科学界中的地位，而法国人和英国人则因生物学同物理学和天体力学所已建成的科学规格不相

符合，以致犹豫不决。德国人既因爱好生物形态的叙述而欢迎生物学，就不可避免地终于会产生冯特和赫尔姆霍茨都需要的心理的形态学了。也无须说，如果十九世纪初期的心理学完全操在赫尔姆霍茨手里，它或许更类似于物理学。心理学在1860年建立时和1900年汹涌前进时的发展与其说决定于抚育它的学者的意志，不如说决定于它走向哪里去的已成的趋势。1860至1900年间的时代精神也许没有前进得那么迅速，可以使十多位赫尔姆霍茨忙碌不堪。无论如何，现象学即使本身不曾走得多远，可是它是首先出现的。

附　注

科学史

22　随着科学史和思想史的兴趣的增长，好的有价值的教科书就容易得到了。基本参考书是G.萨顿，《科学史引论》(G. Sarton, Introduction to the History of Science)，第1卷，1927年；第2卷，1931年；第3卷，1947年。这本书所讨论的时期起自古希腊人和希伯来人而止于十四世纪。这三卷书可供参考，但不适于继续阅读。分散在各章的引论部分提供了一种极好的资料，从而可获得某一时期和课题的概观。

如果要读大约四千页的全史，或可从罗素，《西方哲学史》，1945年(中译本上下卷，商务印书馆，1976年出版。——译者)开始，这本书论述了思想史而不是发现史。后来就可以读某些标准的教科书，如W.T.塞奇威克和H.W.泰勒，《科学简史》(A Short History of Science)，1921年。至少关于古代的发现，可以用G.萨顿各卷中的某些一般讨论予以补充。如果你能掌握许多还没有失去时效和注意价值的事实，那么，你就可以接着阅读A.沃尔夫，《十六和十七世纪的科学、技术和哲学的历史》(A History of Science, Technology and Philosophy in the Sixteenth and Seventeenth Centuries)，1935年和它的续篇《十八世纪的科学、技术和哲学的历史》(A Historyof Science, Technology and Philosophy in the Eighteenth Century),1939 年,这个续篇提供了大量的明确可信的知识。最后,关于十九世纪,可以参考 J.T. 梅尔茨,《十九世纪欧洲思想史》(A History of European Thought in the Nineteenth Century),第 1 卷,1896 年,第 2 卷,1903 年。所有这几卷书都阐明了发现史和进化史。

为了掌握仅及三百页的现代科学史,一个较简单而完全适当的办法是阅读 H.T. 普莱奇的好书,《1500 年以来的科学:数学、物理、化学和生物学简史》(Science since 1500:a Short History of Mathematics, Physics, Chemistry, Biology),1939 年。这部书是新出的权威著作,或者阅读更早的和更基本的 W. 利比,《科学史引论》(An Introduction to the History of Science),1917 年,它着重于科学中的文化和概念的因素,并且当它出版时就是一部非常重要的书了。J.B. 康南特,《论理解的科学》(On Understanding Science),1947 年,用取自十七和十八世纪的某些历史事例的方法,讨论了科学发展动力学。康南特的书可辅以 I. B. 科亨,《科学,人的勤务员》(Science, Servant of Man),1948 年,在这本书里,还能看到非常详尽的参考书目,可以导致进一步的阅读,315—348 页。

历史决定于自然而非决定于个人的这个提法并不新颖。列夫·托尔斯泰看到了这个问题,并且将它写进了他的《战争与和平》,1866 年(见第二版的跋以及托尔斯泰的其他一些版本中出现的关于战争与和平的一些话)。他的论点是战争超越了发动战争者的意志和决心,他们仅是伟大自然力的代理人。许多其他作者也主张这个观点,包括赫伯特·斯宾塞。詹姆士曾经以一种有限的实用主义方法倡导另一论点,坚持"历史伟人说"(the great-man theory of history),以为相信人的决断作为仍然有效的近因还是必要的,因为只有全知全能者才能超越相对的近因而看到整个决定的系统。当然,詹姆士宁愿承认人能在紧要关头作出决断,作出确定历史进程的决断。参看詹姆士,《伟人及其环境》(Great Men and Their Environment),最初出版于 1880 年,但现在已经载入《信仰的意志》(The Will to Believe),1899 年,216—254 页。人类学家 A. L. 克罗伯已在《美国人类学杂志》(Amer., Anthropol),1917 年,第 19 卷,196—208 页中,反驳超机体的社会的"二元论",如"自由和决定 23

论，个体和社会”。随之而来的有 W.F.奥格本和 D.托马斯，他们提出：这些发现是必然的吗？见《政治学季刊》(Pol. Sci. Quart.)，1922 年，第 37 卷，83—98 页，他们同时列举了一百四十八项独立的科学发现，来说明一个发现将要发生的时候，时代精神起着重要的作用，并说明时代创造了发明者。同样的情况也得到了下列事实的支持，就是：几乎每一项重要的科学发明都可有它的先例；见波林的科学的创造性问题，《美国心理学杂志》(Amer. J. Psychol.)，1927 年，第 39 卷，70—90 页；A.J.依德的科学发现的必然性，《科学月刊》(Sci. Mo.)，1948 年，第 67 卷，427—429 页。R.B.华伦的文章(见下文)，也是与此有关的。至少有两个当代的作者站在詹姆士一边，强调伟大人物(领袖、专家名流)对人类进步贡献的重要性；例如西德尼·胡克《历史英雄》(The Hero in History)，1943 年；埃里克·本特利《超人的崇拜》(The Cult of the Superman)，1947 年。

真理似乎是：思想在文化内是继续发展的，文化的势力是极其复杂的，多重的原因才是规律，一定的决断往往是某种历史事件的必要的原因，虽然不是充足的原因，然而作出决断的人却并不都是必要的。也许有某一个其他的人作出这种决断，也许在这些条件下作出，因而成为当时时代精神的代言人。因此，这些决断才是重要的历史事件，并且即使某一个人未做出那个时代所已经确定了的决断，另外一个人也会作出的。同样，在科学内的重大见解，是使人类取得进步的事件。伟大人物正由于他具有这种重大的见解，所以才变得伟大。假如，在他具有这种见解之前他就死了，也可能有别人具有这个见解，因为时代已经为此做好了准备，伟大的称号将不会赋予那死得过早的第一个人，而会赋予那活着的第二个人，他为时代所已准备好了的一切做出聪明的抉择。

有关这种问题，即究竟科学的进步是连续的或不连续的、渐进式的或突变式的问题，见 G 萨顿，《科学史与新人文主义》(The History of Science and the New Humanism)，1937 年，174—180 页。

关于科学进步和进步障碍的心理学，包括接受概念的惰性或与时代精神相符合时才被接受，以及一个与事实相抵触的旧概念终为一个新概念所代替的情况，见康南特，前引书，88—90，98—109 等页。

科学的出现

关于希腊文明出现的“奇迹”，见罗素，前引书，3—24页；萨顿，《引论》（前引书，1927），第1卷，3—37页。后一参考文献也给我们以希腊、东方和中世纪科学的概观。还可见C.E.K.米斯，《科学之路》（The Path of Science），1946年，特别是1—172页，这给我们以另外很好的概观。

历史学家F.J.特纳，于1893年把美国的特征解释为西移的国境存在的结果，他把这个国境定义为“自由国家的边疆”，见特纳，《美国历史中的边疆》（The Frontier in American History），1920年，它重印了1893年的著名的创始性的论文（1—38页）和其他一些后来的有关论文。现代的观点则认为，美国和远东的殖民事业的开发与财富和贸易的重要性的增加有关，与从贵族到富翁的社会地位的连续的变化有关，与文艺复兴、学术复兴以及现代科学的发生有关，与宗教改革及民主制度的趋势也有关系。例如，华伦有关近代时期即最近的四个世纪从1550至1950年、从哥白尼到爱因斯坦的精辟的讨论。前景的展望，见《美国哲学会活动记录》（Proc. Amer. Philos. Soc.），1948年，第92卷，271—281页。华伦认为：中世纪以后的这个时期，也许可以称之为唯物主义时期，它现在让位于一个新的二十世纪型现代期。

有关哥白尼的革命——即人在宇宙中的位置的革命和地球绕日的革命，见上文所列举的科学和思想史。罗素，前引书，525—540页，清楚地说明了 24
人们如何因哥白尼，刻卜勒，伽利略和牛顿的研究而产生了新的态度。

伽利略的有关音高的研究报告有一篇容易接触到的摘要，见W.丹尼斯，《心理学史读本》（Readings in the History of Psychology），1948年，17—24页。

关于托里切利的“真空恐怖”（horror vacui），冯·格里凯的空气弹力，波义耳与气体定律，见康南特，前引书，29—64页。

关于科学发展中的科学院的重要性，见M.奥恩斯坦，《十七世纪科学协会的作用》（The Rôle of Scientific Societies in the Seventeenth Century），1928年，这是一本有趣而又内容十分丰富的书，附有二百多篇书目。还可见科学史讨论，尤其是利比论皇家学会的开始，前引书，99—113页。

生理学和现象学

关于解剖学和生理学的科学起源;见前引的那些科学史,对于十六、十七和十八世纪,参看迈克尔·福斯特爵士的《生理学史演讲稿》(Lectures on the History of Physiology),1901年;还可见E.诺多斯基奥尔德的《生物学史》(History of Biology),1928年。

关于歌德和赫尔姆霍茨以前的视觉现象学,见波林,《实验心理学史中的感觉与知觉》(Sensation and. Perception in the History of Experimental Psychology),1942年,112—119页。有关现象学和格式塔心理学之间的关系,见该书355页以下和601—611页。

对于有关法国、德国和英国科学的章节,见梅尔茨,前引书,第1卷,89—301页。

近代心理学在科学内的起源

第二章　十九世纪上半叶的心理生理学 27

我们说过十九世纪上半叶实验心理学创始于实验生理学之内，现在应申述这个论断的意义。

1800—1850 年的实验心理学前言

假使我们仅注意心理学上明显而重要的事件，那么 1800 和 1850 年间有九项重大的发展，其中除两项外，余都兼属于生理学史和心理学史。现在我们把这些事项列举于此，然后论述其中四项，让其余五项分述于其次各章。

(1)**感觉和运动神经**：它们是不同种类的神经吗？盖仑说它们是不同的，但常认为它们是动物精神的消极的输送管。反映（反射）动作的观念，意思就是说，动物精神从感觉器官沿着一条神经传入，然后沿着别种神经反射到肌肉上。贝尔于 1811 年私下交流他的这个发现：就是，一条混合神经的感觉纤维通过后面（即背部）神经根进入脊髓，而同一神经的运动纤维则通过前面（即腹部）神经根离开了脊髓。马戎第后来于 1822 年有了同样的发现，他不知道贝尔的研究，因此，对于这个科学的优先权是有争论的。这个发现的后果就将神经生理学区分为感觉机能和运动机能或感觉和运动的研究。本章下文当再来论述这个问题。

(2)**特殊的神经能**:其次便为神经纤维的分类。约翰内斯·缪勒于1826年主张分为五类,五种感官各有一类,他以为不同类的神经纤维有五类不同的特殊能。这个观念不创始于缪勒。贝尔于1811年自行出版的论文中已经提出同样的论点了。托马斯·杨于1801年
28 以为色觉可用三类不同的视觉纤维加以解释。约翰·洛克的副性说(1690)似认为神经不单是所见物属性的消极的输送管,这是缪勒自称他主要反对的论点。缪勒于1838年正式公布他的学说,不多年后,赫尔姆霍茨欢呼它作为一个原理,对心理学的重要象能量守恒论对于物理学的重要一样(那是赫尔姆霍茨在十九世纪四十年代协助建立的另一原理)。后来,赫尔姆霍茨扩大了特殊能说,借以解释每一感官内的不同属性——色觉有三种能,音高有一千种以上的能,如此等等。这整个问题在第五章内当详加论述。

(3)**感觉**:这个时期对感官和感觉现象学获得了大量的优良成绩。多数是关于视觉的。前章曾提到歌德(1810)和普金耶(1825)的贡献。约翰内斯·缪勒通过他在视觉现象的著作(1826)才开始名闻于世。视觉的研究之所以前于其他感觉,主要是由于光学在力学之后在物理学中首先成为专题。而初期光学的兴趣则部分由于受了天文学和望远镜兴趣(刻卜勒承认眼是光学的工具),以及更早时期的数学兴趣(光线的几何学;欧几里得写过一本光学)的影响。从埃及人至刻卜勒和笛卡尔,科学兴趣的发展程序如下:农业,季节,天体,天文学,望远镜,光学,眼睛。

这个时期对于听觉也有一些卓越的实验。欧姆的听觉法则发

表于 1843 年，这个法则认为耳朵对于复杂的声波完成了傅立叶的分析，把它们分化成协调的成分。但是突出的经典的研究是 E. H. 韦伯的触觉研究，这个研究先用拉丁文发表于 1843 年，然后和稍后的研究编在一起，用德文刊布于 1848 年。那是有关定位错误和肤觉的成对刺激的辨别的研究。他利用这些资料，提出他的"感觉圆周"(sensory circles)说，这个学说是空间知觉投射说的先河。

关于感觉的这种初期的研究分述于第六章。

(4)**颅相学**：加尔约于 1800 年开始他的探究，表明所有不同的心理机能都各有赖于脑内特殊的、相应的区域，一种机能的过度的 29
发展是脑内(也就是头颅内)相应区域增大的结果。观察人们的头盖就可以对他们的人格作出快速的诊断，这就使这个特殊学说大受欢迎，引起了许多科学家的攻击，也激发他们进一步探究脑机能定位的性质。第三章将讨论颅相学的历史和科学家对它的评论。

(5)**脑机能的定位**：感觉、理智、情绪之类的心理机能在身体上的定位问题是一个很古老的问题，但在十九世纪，由于直接受到颅相学的刺激，生理学家决定接受盖伦的脑是心理器官的主张，开始试用实验方法决定如何使脑机能有更加特殊的定位。这个廿纪初期最著名的是弗卢龙。他反对加尔，认为特殊的机能虽在脑内有狭义的定位，但也有一般性的机能依靠较大部分的脑子。心理机能没有太特殊的定位之说一直流传到这个世纪的中叶以后，那时 P. 布洛卡于 1861 年报告他已经找到了语言的特殊中枢，G. 弗里奇和 F. 希齐格于 1870 年证明在大脑皮层一定区域的一系列地点上的电刺激产生了不同肌肉组织的特殊活动。关于这些问题及其后的发展，都请读第四章。

(6)反射动作:动物的运动,人的某些运动可能是自动的和不随意的。这个想法起源于笛卡尔(死于 1650),后来为法国唯物论者如拉·美特利(1748)和卡巴尼斯(1802)等人所支持。具有现代生理学意义的反射一词始于 1736 年。关于反射动作的第一种重要的实验结果 1751 年为罗伯特·惠特所刊布。十九世纪的重要人物为马沙尔·荷尔。他于 1832 年坚持随意和不随意动作的区别,因此,在脊髓反射有无意识的问题上,生理学家普夫吕格尔和哲学家、心理学家洛采之间展开了争论。普夫吕格尔认为脊髓反射有特殊的功用,因而表现出目的性,由于有目的性,一定是有意识的。洛采主张脑是意识的器官,仅在脊髓中进行的动作因而一定是无意识的。在那些时期里——其实在其后的整个世纪里——人们以为意识是存在或不存在于一定事件之内的某一东西,而不是用以
30 为表示某种函数关系如辨别反应的一个名称。关于反射动作的历史,本章下文当再加论述。

(7)神经冲动的电的性质:第一种湿电池组是一条蛙腿。在关于电的研究方面,物理学和生理学是互相协助的。十八世纪时,人们已知道摩擦的机器可用以产生静电,莱登瓶可用以储集电量。富兰克林于 1774 年的雷暴雨中用风筝做了一次实验。但是神经冲动那时却被看作动物精神,血液力、生命力或神经力。后来在 1780 年,伽伐尼发现蛙腿肌肉内外连续地和两种不同的金属连接起来时,就引起了抽搐。1791 年时,伽伐尼用蛙腿构成湿电池组的部分。1800 年伏特用两爿金属片堆叠起来,并于其中放置浸了盐水的纸板,就可以制成一种直接发生电流的电堆。1811 年电流计造成,不久就更加敏感了。后来,1827 年欧姆提出了他的简单

电路的法则，1831年，法拉第发现了磁电感应，因此也发现了实验生理学用为神经刺激的感应电流的方法。也就在这个基础之上，杜布瓦-莱蒙完成了有关动物电的著名研究(1848—1849)，这种研究利用电流计证明了神经的电的冲动，后来伯恩斯坦称之为通过神经的阴电波(1866)。这些早期的想法，到了十九世纪末年，导致了不易控制性的原理，不久又导致了传导的“全或无”的学说。本章下文当再讨论这个问题。

(8)神经冲动的速率：直至约翰内斯·缪勒时的科学家，包括缪勒在内，都相信神经冲动的传导也许是即时的，否则也一定是很迅速的。缪勒以为它可同光的速率相比。这个信仰和内省的推断是互相符合的，内省没有觉得自己的肌肉运动的知觉落后于运动肌肉的意志的意识的行动。但是赫尔姆霍茨于1850年测量了蛙的神经传导的速率，发现它每秒钟不到五十米，也就是每小时不到一百英里，因此少于音的速率的八分之一。他的发现起先引起人们的怀疑，不久便让位给这样一个信仰：心灵及其身体的执行者神经系统的某些神秘现象也许可以接受实验的控制和测量。赫尔姆霍茨的这项研究本章后当再加讨论。

(9)人差方程式：同时，天文学家曾发现人的反应时间是迟缓 31
的易变的。要估计对于星体经过的观察时间正确到一秒的几分之几是有困难的，因此，他们开始互相比较，写下了一个天文学家和另一个相比起来，他的观察时间平均落后多少秒的等式——他们称之为人差方程式。那是十九世纪二十年代的事情。后来电磁路的发展使精密计时器的制造有了可能时，他们在十九世纪五十年代测定了他们所称的绝对的人差方程式，也就是一个被试在知道

一个信号以后尽可能快的作出运动的反应时间。这个心理过程需要时间，而这个时间可以测量的发现则大有助于反应时间的研究和十九世纪下半叶新心理学的心理时间的测量。第八章将论述人差方程式和这个运动的开始。

这就是这半个世纪实验心理学简史，那时的历史事件发生于生理学内，或发生于物理学和天文学内。这些人从来不以为自己是心理学家，也不以为他们的题材是心理学。他们是生理学家、物理学家或天文学家。只是到了1860年后，才有科学家自称为心理学家。但是在传统的心理学发展史上，却一直有哲学家对心理和认识问题的探究，如英国的经验主义者和联想主义者，法国的笛卡尔及其传统，德国的莱布尼兹、康德和赫尔巴特。我们终于可以看到自然科学和心理哲学如何在十九世纪中叶结合起来，产生后来所称的新心理学、实验心理学或科学心理学。但是首先我们必须考察这些事件，它们既然是十九世纪上半叶的所有物，就构成了那个时期的心理生理学的知识和实验心理学。

感觉神经和运动神经：贝尔和马戎第

查尔斯·贝尔爵士(1774—1842)是一位卓越的生理学家，解剖学家，外科医生和讲师。他出生于爱丁堡，成名于伦敦，到了六十二岁，退居于爱丁堡，以期多得时间从事研究。他在科学家中的威
32 望，最初仅局限于英国，后来也传布于法国。他发现了感觉神经和运动神经的差异，在约翰内斯·缪勒之前，预知神经特殊能的原理，确定了肌肉感觉为感觉的一个部门，并叙述屈肌和伸肌的交互刺

激的事实。

这个有关感觉神经和运动神经在解剖和机能上的对立有时被称为贝尔的法则，但较常称为贝尔—马戎第法则，因为马戎第独立地完成了这个发现，虽然为时稍后，他并作了更有说服力的实验。这个法则认为脊髓后根（背部的）只有感觉神经纤维，前根（腹部的）只有运动神经纤维。这两种纤维也可混合于一神经之内；只在和脊髓的连接中，它们常互相分离。后来贝尔在把他的研究扩展到脑神经时，又指出某些神经是纯感觉的，某些神经是纯运动的，某些是混合的。他还观察到运动纤维从来没有通过一个脊髓的神经节。他以为神经的这个差别表明脊髓有分离的感觉神经和运动神经的通路，在脑内也可能找到各别的区域。

这些发现在神经系统生理学上的重要性是很少有过高估计的危险的。从那时以后，神经不再被视为混合地传导感觉和运动的能力了。贝尔确立了感觉的和运动的机能的基本对立性以及后人所称的神经系统的前进律，也就是说，神经传导正常地只有一个方向。这个法则乃是反射动作和反射弧概念的基础。贝尔甚至在他还健在时，就已和哈维齐名了。传说贝尔访问法国著名的生理学家鲁（P. J. Roux）时，鲁就下课了，他喊道："诸位，够了，你们已看到了查尔斯·贝尔。"

早在1807年，贝尔就已经对脊髓神经根得出了结论，他从事研究直至深夜，早晨就热诚地讲述他的发现。他说，切断神经后根，没有导致肌肉的激变，但是当他用刀接触前根时，就导致了肌肉的激烈的动作。他在1811年在一本小册子里刊布他的成果，这个小册子，他只印了一百本分赠他的朋友。马戎第不久也进行了

类似的实验，他可不知道贝尔的研究。马戎第切断后根，然后刺压
33 肢臂，可没有引起运动，他几乎要断定动物自发地运动肢臂时，肢臂却已经麻痹了。后来，马戎第认为肢臂不是麻痹而是麻醉。他于是试验切断前根，发现了麻痹，因为他没有引致任何运动，不管后根是否已被切断，除非他刺激那远离前根伤口的一端。马戎第的实验比贝尔的实验更加细致，因而有更大的说服力。这个发现的优先权引起了热烈的争论，历史解决了这个争论，把脊髓神经根的定律定名为二人共有的法则。

贝尔既明确了神经根的基本差别，所以无怪他要对神经作进一步的区分。他在 1811 年的这本小册子内，预见了缪勒明确规定的神经特殊能说。他认为五种感觉各自归因于五种神经，1826 年他在名单中增列第六种感觉，即肌肉觉。贝尔还论述了他所称的“神经圆圈”，证明来自肌肉的感觉是良好的肌肉控制所必需的。他又观察到伸肌和屈肌之间的交互刺激的事实，但是他以为这个交互影响的机构位在外周而不位在中枢神经系统之内，因而忽视了抑制的事实。

当贝尔作为英国第一流生理学家时，弗朗西斯·马戎第(1783—1855)乃是法国首屈一指的生理学家。这两个人在气质上彼此相反。贝尔为一热烈的、引人注意的研究家。至于马戎第则迟缓而慎重，保守而思前顾后，贝尔在神经根的研究上领先可能是由于他较富于冲动性，还可能由于他比马戎第大九岁。这个较细心的马戎第毕竟是较有说服力的。那个长于社会交往的贝尔私下刊布他的结果，“供他的朋友们的考察”，至于马戎第则刊布他的结果于标准的科学杂志。无怪马戎第不知道贝尔的研究。马戎第于

1819 年正在他研究神经根之前，被推举为法国科学院院士。1831 年他受命担任法兰西大学解剖学讲座。他完成了重要的研究——例如在血液方面——但是他名列本书之内，仅仅是因为他确立了感觉神经和运动神经的区别。

约翰内斯·缪勒的《纲要》

约翰内斯·缪勒对于贝尔的关系略有似于冯特和赫尔姆霍茨
的关系。贝尔为一著名的研究家，他的研究的成功使某些基本问题 34
有修订的必要。缪勒也是一研究家，但是他的出名是由于他写了一本系统的著作《人类生理学纲要》(1833—1840)。此书约计七十五万余字，详述当时的生理学，并叙述了大量的创造性的观察。他于 1822 年在波恩大学获博士学位，也就是马戎第刊布其关于脊髓神经根研究的一年。他在波恩留校任讲师和教授。到 1831 年，移任柏林大学解剖学和生理学教授，这是一个极为光荣的讲座，足以表明缪勒是当时生理学界的最大权威。他的《纲要》作为一本系统的著作，立即译成了英文。他的影响因而相应地增大了。后来成名的赫尔姆霍茨，布吕克，杜布瓦-莱蒙和路德维希都是他的学生(这四位年轻的卓越的生理学家如何在 1845 年一致同生机论者作斗争，见边码第 708 页)。

读者了解了解剖学和生理学从盖伦(约在 175 年)至维萨留斯(约在 1550 年)、哈维(1616 年)、哈勒(1752 年)、贝尔(1811 年)的发展简史，可不要认为我们已经把这种知识的充分发展尽述无遗了。尤其是在以前两个半世纪中间，学者曾做了大量的耐心研究

的工作。读者若读约翰内斯·缪勒的《纲要》便可知十九世纪四十年代已有大量的生理学知识可供参考，而且大致和今天公认的生理学互相一致。他还可以由附注得知这个世纪头七十五年所有大量够格的生理学研究。

缪勒的《纲要》范围很广；书分八卷，由其内容看来，可知那时生理学知识的广度。第一卷论述血液和淋巴液的循环（计共 288 页）。第二卷论述呼吸、营养、生长、生殖乳糜造成及排泄等的化学问题（计共 308 页）。第三卷论神经生理学（计共 207 页）。第四、第五、第六，三卷的内容或可被称为那时的实验心理学，第三卷或也可附属于此。第四卷论述一般的肌肉运动，特别是发音和讲话（计共 248 页），此外还有关于反射动作的讨论，是一个新的概念。第五卷专述五种感觉，而以著名的神经特殊能说为首（计共 256
35 页）。第六卷以“论心灵”为题，讨论了联想、记忆、想象、思想、感情、激情、心体问题、幻想、行动、气质及睡眠——这确是心理学的一章（计仅 82 页）：最后两卷讨论生殖以及胚胎期和产后的发展（计共 170 页）。

就心理学史说，这本书的心理学部分最为重要，但是缪勒对于感觉和感觉生理学的讨论，当在后文再述。现在可要特别讲述反射动作的问题。

反射动作

反射的全部现象已早为学者所知。甚至盖伦就曾描写过现代所称的瞳孔反射。J.阿斯特律克首先在 1736 年使用**反射**一词，它的意义只是“被反映着”或“反映”，如在镜子里一样。阿斯特律克以为动物的感觉精神因脊髓或脑而反射出来，通过其他神经，而产生运动。“以光为例，入射和反射的角相等，动物精神撞击（脊髓的）纤维柱而产生的感觉也反射于恰恰位在反射线上的那些神经管内而产生运动”。

1751年一个苏格兰人罗伯特·惠特（1714—1766）刊行一篇《论述动物的生命及其他不随意的运动的论文》。他叙述了有关蛙的实验，证明脊髓被切离脑子后，脊髓是反应刺激的许多种自动运动所必需的，不需外助，自给自足。他还证明只要一部分脊髓依旧有效，反射运动就能够发生。他强调指出由于意志行动而产生的随意运动和“没有时间运用理智”的不随意的（即自发的、自动的）运动的区别。惠特相信由于刺激而引起的运动有赖于神经本质的“感性原理”，而这个原理则是同心灵共存的。因此，他认为反射运动是不随意的，依靠脊髓而不依靠理性和意志，但仍依靠这个感性原理。就是说，由惠特看来，反射几乎是，但不完全是无意识的。

不随意运动有无意识的问题已久为心理学的一个难题。由于
受了笛卡尔和使不朽的灵魂有别于死灭的身体的神学必要性的影 36
响，心体关系的观点在十九世纪中叶平行论得势以前，常常是属于交感论的。身体影响心灵，心灵也影响身体。那时很难理解一种感觉在进入心灵后，如何产生运动，除非有了意志的干预。惠特以他的关于不随意运动的专篇反驳这个意志干预的信仰，颇为彻底。他指出习惯的动作如步行不需要意志的连续的干预，也不需要动作者的知觉，但是他仍坚持他的“感性原理”的概念，以为即使这个动作单靠脊髓来完成时，而在感觉支配的动作中也有这个原理的

影响。

此外还有其他三位学者对十八世纪有关反射动作的知识和理解作出了贡献。阿尔布莱希特·冯·哈勒(边码第16页以下)刊布论文在惠特之前,也在惠特之后。他描述了从机体内切除出来的肌肉的动作,尤其注意小肠和心脏肌肉的持续的动作。这些观察导致哈勒用他自己的原动力说代替F.格利森的刺激性说(边码16页以下),这个原动力说是一个动作的原理,由于是局部的,所以是不随意的和无意识的。其后J.A.昂泽(1727—1799)于1771年讨论了哈勒的学说,报告了切除蛙的神经和脊髓的实验结果,再一次强调了随意运动和不随意运动的差别。1784年G.普洛查斯卡(1749—1820)描写了更多的有关蛙的脊髓切断的实验,认为这种动作依靠两种因素即神经力和共同感觉器sensoriumcommune。凡是神经都无不有神经力,但它不独立活动。在反射动作中,神经力是通过脑和延髓及脊髓内的共同感觉器而活动的。普洛查斯卡以为由此产生的动作是自动的,不是随意的。

在十九世纪上半叶,荷尔和约翰内斯·缪勒对反射动作的知识是主要的促进者。荷尔于1832年报告了他的研究,1833年刊布了这个研究。缪勒的第一次报告,见于他在1834年刊行的《纲要》的第二部分,承认荷尔的优先权。荷尔认为反射仅仅依靠脊髓,不依靠脑,常常是无意识的。缪勒以为某些反射是通过脑的。除此以外,他们的见解是一致的。

马沙尔·荷尔(1790—1857)苏格兰人,是在伦敦工作的著名医
37 生,他在伦敦向皇家学会作了许多次重要的生理学研究的报告。他研究肺部的血液循环,并为这个目的,用断了头的蝾螈进行实

验，发现无脑的蝾螈也能反应皮肤上的刺激。他后来又试验蛇，将蛇的第二和第三脊椎骨之间的脊髓切断。从脊髓切断时起，它（蛇）完全静卧不动，仅有时喘气和微转其头而已。很明显，它若不受外在的刺激，这种静卧的姿态可持续很久。现在它若受刺激，它的身体便开始作大力的运动，持久不止，每一次位置的改变便是使它的身体表面有了某些新的部分同桌子或其他物体发生接触，从而接受新的刺激。最后，它又静卧如前；如果慎重地保证它避免外界刺激，它便不再移动，临死时依旧保持其最后取得的位置。

荷尔根据这种实验，试图澄清有关随意和不随意，有意识和无意识的运动之间从十八世纪传下来的混乱思想。他区分出四种身体运动：(1)随意运动，这是有赖于意识和大脑活动的；(2)呼吸运动，这是属于不随意的运动，依靠延髓的生命中枢；(3)不随意运动；这是有赖于肌肉在直接刺激下的刺激敏感性（格利森的刺激敏感性，哈勒的原动力）；(4)反射运动，这是有赖于脊髓，而不有赖于脑和意识的。这个学说在当时是有意义的。它区分了反射和他种运动，强调指出反射运动是感觉刺激的结果，因此为后来反射弧概念准备基础。

马沙尔·荷尔是一位热情的学者，赢得了一些追随者，也引起了反对的意见。有关他的发现的报告受到了猛烈的攻击，以为他除了惠特和普洛查斯卡所描述者外，没有发现新的事实。他从医学和外科学会借阅普洛查斯卡的专刊的日期也被引以为证。（事实是：他宣读第一篇报告是在他于 1832 年被选入皇家学会的时候，1833 年刊布这篇报告，1835 年阅读普洛查斯卡的专刊，1837 年刊布第二篇报告，没有提起普洛查斯卡。）很清楚，荷尔确实没有 38

关于反射动作的重要发现。惠特、昂泽和普洛查斯卡都已证明反应刺激的动作可被和头切断的脊髓所引起。但是荷尔的实验也是惊人的，蛇的长条的脊髓是宜于截断的好材料。荷尔确实澄清了有关反射的、不随意的和无意识的问题的思想。似乎他的人格的力量使这整个研究取得了重要性。这个争论也有助于注意一个重要的问题。任何促进者或宣传家都知道为了引人注意，反驳似比积极的支持为佳，当然比熟视无睹为更佳了。

荷尔认为脊髓反射是无意识的结论于 1853 年受到了德国生理学家普夫吕格尔的攻击。普夫吕格尔认为意识是所有神经动作的机能，脑的动作和脊髓的动作是不能有所区别的，因此脊髓反射应被视为有意识的。他指出这些反射都有目的性，因为它们对机体来说有特殊的位置和用处。蛙腿恰恰在皮肤受酸刺激的一点上抓搔，后来，在同一年间，哲学家洛采正从事于建立新的生理心理学，检阅了普夫吕格尔的专著，支持了反面的观点。他注意到意识有赖于脑的这个论证和人们对许多不随意运动的无意识性质的证据，以及反射虽在经常情境中有效，但不能适应变化了的情境的那个事实。1853 年离开条件反射的发现还有半个世纪之久。洛采认为意识的动作有目的性，因为它使机体适应新的事件。生理学家普夫吕格尔自然求证于所有神经动作的类似性，哲学家洛采也很自然地求证于内省。

当然，这个问题是无法解决的，因为它的答案有赖于意识的定义而定。你可给意识下一定义，或排除脊髓反射于外，或兼举脊髓反射于其内。你也可以通过诡辩法把铁锉子对磁铁的反应表现为意识的。但是，在洛采和普夫吕格尔写作的时期，心体二元论被公

认为基本的真理。他们决不会相信他们所讨论的是仅仅随定义的
选择而异的一个“虚假的问题”。那时，所谓精神就是心灵、意识、 39
意志和灵魂，它的生理的相应东西的确定是很重要的。

十九世纪下半叶，新心理学已经开动了，虽被称为生理心理学，但实即意识的心理学。荷尔的反射是无意识的结论为大家所公认。这些无意识的反射应被移交给生理学，而新心理学则忙于研究随意动作，特别是反应时间。在几个十年间，学者易于相信有意识和无意识的界线是清楚的，而且这个界线还可用以划分心理学（甚至“生理心理学”）和生理学。由于巴甫洛夫发现了无意识运动可以习得（条件反射），弗洛伊德发现了多数动机和某些思维是无意识的，还由于行为学的兴起反驳了笛卡尔的二元论所给予新科学的“唯心主义”，所以这个区分便随而垮台了。

神经冲动的电的特性

我们刚指出电流和神经冲动的知识是一起发展的，尽管神经冲动不是一种电流。十七世纪提供了产生静电的方法，十八世纪由于莱登瓶的创造（1745）便使它更适用了。到了那个世纪的末期，伽伐尼开始用电流刺激蛙腿（神经肌肉装备）的实验。1791年，他发现用不同金属的两条杆把割伤的一端和表面的部分相连起来，便可引起脚踢。他的初步发现是有神经和一部分脊髓相连着的腿子，用通过一段脊髓的铜钩把它挂在铁架子下，则当发电机或莱登瓶的电流发生于附近之处或雷暴雨中电光闪闪时，便使腿抽搐了。后来，他又发现任何时间，只要用一金属杆接触神经，用

另一金属杆接触腿脚，两杆连在一起，便可引起脚踢。他在这里实际上有了一套湿电池组供应电流，使肌肉抽搐。一条蛙腿用铜钩吊着它的神经，和地面相连，而以它的脚触及地面上的银盘，它将无休止地继续踢着，因为每一次脚踢便切断了联系，并让腿落入银
40 盘之上，又接通了电路。伽伐尼断言动物组织产生了电，他于1791年写出《肌肉运动的电的特性》(De viribus electricitatis in motu musculari)的著作。

那便是相信动物电的起点。那时对“动物的磁性”早已有了兴趣。麦斯麦曾在1766年及其后用磁铁治疗病人的疾病，他又发现不用磁铁也能收到相同的疗效。他认为这应归功于他自己的动物磁性(边码117页)。伽伐尼不知道他已制成第一种电池组，更不知道它所产生的那种连续的直接电流终被称为伽伐尼电流，而不被称为动物电。电仍旧是带有神秘性的。

证明这种电不需要肌肉组织也可以得到的人是伏特。1800年，他创制了后来所称的伏特电堆——是一堆银圆盘片——浸了盐水的锌薄板；银，潮湿的锌薄板；银，锌薄板，如此等等。电堆在顶盘和底盘之间保持了伏特数。伏特以为创制了这个无机的电池组就已经否定了动物电的事实，但是约翰内斯·缪勒于1834年，依旧认为神经冲动可能是属于电的，尤其是因为它的传导达到这样迅速的程度。

伏特产生电流方法的发现导致了电流计的创制，用以测量电流，后更精益求精。有几位生理学家不久就注意了动物电的问题。1841年马特锡向法国科学院献上了一篇论文，证明电流计连接肌肉表面和肌肉伤口时，就显示出一道电流，这道电流后被称为损伤

电流(current of injury),也叫做休止电流(current of rest),因为它流动时没有可见的肌肉收缩。约翰内斯·缪勒把马特锡的这篇论文转示他的卓越弟子杜布瓦-莱蒙,杜布瓦后来继承了缪勒的柏林大学讲座,他立即注意了这个问题。他在 1843 年刊布了他论动物电的第一篇论文,在 1848 至 1849 年间又刊行他论述这个题材的两卷本,不久就成为经典著作了。他提出了动物组织的极化学说,以为肌肉和神经带有电荷的微粒,一面为正电荷;反面为负电荷。他认为这些微粒本身是有这样的方向的,并假定磁化的微粒构成了一个大磁石,北极为一端,南极为另一端。杜布瓦的学说是错误的,但是他促进了思想的发展,因为他提出了电流的极化 41
概念。

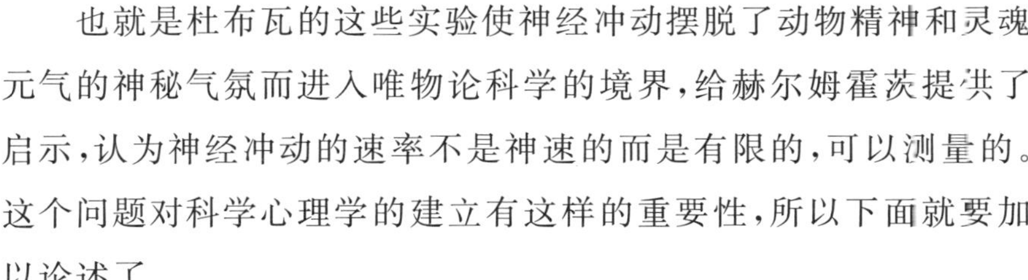

也就是杜布瓦的这些实验使神经冲动摆脱了动物精神和灵魂元气的神秘气氛而进入唯物论科学的境界,给赫尔姆霍茨提供了启示,认为神经冲动的速率不是神速的而是有限的,可以测量的。这个问题对科学心理学的建立有这样的重要性,所以下面就要加以论述了。

神经冲动传导的速率

从前学者曾假定神经冲动的传导非常迅速,几乎难以测量。约翰内斯·缪勒在他的《纲要》内提出了过去测出的三个数值。“哈勒估计神经液流动每分钟的速率为 9,000 英尺;索维吉估计它的运动率为 32,400 英尺,另一生理学家估计为每秒钟 576 亿英尺。”我们知道哈勒估计每秒 150 英尺,十分接近于真理,因为神经速率每秒钟从3至400英尺，随传导纤维的直径而异。缪勒证引的最后数值几乎六倍于光速。这个数值的求得是由于假定动物精神在神经管内和血液在动脉管内的流动，只要导管大小相同，它的速率也无不同，和管子的大小成反比例。缪勒不相信这个逻辑，但承认一般的信仰，以为传导速率极为迅速，可能达到了光速。他写道："我们将永远不能有测量神经动作速率的能力，因为我们不能有象测量光速的那样通过无限空间测量它的散播的机会。"

但是没有多少年之后，他的老学生赫尔姆霍茨（边码297—315页）就测量了这个速率，发现它甚至远较慢于声音，每秒钟仅约有九十英尺，蛙的运动神经更少于这个数值。当他在柯尼斯堡任生理学教授时，完成了这个实验，在肌肉伸缩测量器上用不同长度的神经测量肌肉抽搐的延迟，这个肌肉测量器是他所新创制的。自从贝尔和马戎第定律建立以后，不宜再假定感觉神经有与运动神经相同的性质。赫尔姆霍茨为了测定感觉神经的时间，就建立了反应实验。这种实验在天文学内已早被用以决定人差方程式（边码140—142页）。他刺激一个人的脚趾和大腿，记录其反应时
42 间的差异。他用这种方法，测定感觉冲动的传导率每秒钟在50至100公尺之间。杜布瓦-莱蒙更正确地测量这些时间并加以纠正。

神经冲动传导的速率可说是不甚迅速，而比较迟缓。这个发现在科学心理学上的重要性是不能轻视的。在我们讨论的这个时期之内，学者已经认为心灵主要等同于脑，但人格似乎是整个有机体的问题。那时每一个人都以为他的手属于自己的一部分，与现在一般人的思想相同。有意地运动手指是心灵本身的活动，可不是心灵前一活动事后产生的事件。如果把运动在时间上与产生运

动的意志区分开来，在某一意义上说，就是把身体同心灵并几乎同人格或自我割裂开来。无论如何，赫尔姆霍茨的发现是在身体运动的分析中跨出了一步，使它由迅速的出现变成了后继的事件，这便助成了十九世纪科学对心物有机体的唯物主义的观点。缪勒的神经特殊能说也服务于类似的感觉分析的目的。赫尔姆霍茨的实验为后来的实验心理学所有关于心理活动和反应时间的测量作好了准备。但是这个实验以及后来的一切研究的最重要的影响似乎使灵魂时间化了，测量了无法形容的东西，实际上通过自然科学的艰苦劳动抓住了心灵的实质。

在赫尔姆霍茨之后，伯恩斯坦在 1866 年就能够把冲动描绘为通过神经的**阴电波**，他发现冲动通过时，神经的表面对冲动前头和冲动后头的表面来说成为阴电性的。由于神经损伤部位对正常表面来说也是阴性的，冲动的活动就像一种损伤在神经上迅速往下移动。但是一种损伤不过使神经内部直接感受外面电极的影响。伯恩斯坦在 1871 年前就知道冲动是阴电荷从神经内部传播于外部阳性的神经。这个观点于 1902 年在伯恩斯坦的支持和新发明的毛细管电流计的帮助之下就成为神经传导的薄膜说，也就是把阴电波解释为电力去极化的电波的学说。利用这些术语不但能测量冲动的速率，而且也测量了它通过的时间。

生理学家接着发现了**不应期**，就是紧接冲动通过以后，神经有 43
一个短暂时期不能兴奋，并立即恢复其兴奋性。1874 年克洛内格尔描述了心肌的不应期。1876 年，马雷提供了**不应期**的名称。但只是到了 1809 年，戈奇和伯奇才发现同样的原理适用于神经的兴奋。后来于 1912 年，艾德里安和卢卡斯利用改善了的仪器能够区

别绝对的不应期和紧随其后的相对不应期。在绝对的不应期内，任何强烈的刺激都不能使神经兴奋，在相对的不应期内，受刺激性增加，终于(在经过超常期以后)复返于正常。他们甚至画出了恢复曲线。整个过程就蛙的神经来说需时约为 0.03 秒。

同时全或无原理又被发现了，也就是这样一个事实：一条肌肉或神经纤维给冲动供应精力，如受刺激就会完全发动起来。鲍迪奇于 1871 年证明这个原理对心肌说是有效的。卢卡斯于 1905 年证明它也适用于骨骼肌。他于 1905 年给它定了名称。卢卡斯和艾德里安共同证明这个规律适用于神经。卢卡斯忽于 1916 年去世，艾德里安刊布了他的演讲。

神经传导的薄膜说随有关传导性质的这些发现而向前发展。奥斯瓦尔德曾于 1890 年提出这个学说。伯恩斯坦于 1902 年予以扩充，并使它建立起来。R.S.李利于 1909 年开始一系列实验去支持它。这个学说说明了不应期和全或无传导的事实，在 1920 年赢得了生理学家的承认。

神经生理学是科学进展的标志

我们可于此暂停一下，注意这些事实如何可用以说明科学进展的性质。

(1)从广阔的历史背景来看，所有进展都是连续的，但是从短小的时距加以考察，所有进展就会是间断的，无规则的。有几十个年头没有什么重大的变化，但从 1790 至 1920 年仍有稳定的发展。

(2)现在的发现有赖于过去的发现。伽伐尼——伏特——杜布瓦-莱蒙——赫尔姆霍茨——伯恩斯坦——卢卡斯——艾德里安——李利，这个名单标志着连续的发展，指出八个接连着的突出特点。较欠重要的和在主要趋势以外的学者如克洛内格尔、鲍迪奇、奥斯瓦尔德，在较详细的记述中可能也是会提到的。 44

(3)平行的发展有时互相接触，并互相促进。物理学和生理学在这里就是这样地互相联系的。伽伐尼由于一条蛙腿偶然制造出第一套电池组，但是神经传导知识的后期进步便有待于电流和敏感的电流计的供应。杜布瓦不能提早在三十年前完成他的发现，因为他的工具还没有齐备。同样，伯恩斯坦也必须推迟三十年(1871 至 1902)等待毛细管电流计的发明借以证实他的有关神经冲动性质的观点。

生理学和心理学之间也有类似的关系。赫尔姆霍茨的神经冲动费时较多的发现支持了另一种发现：就是反应要有时间。而且在某种情形之下，对刺激的反应可能在神经系统内延迟了。早期的实验心理学家全神贯注于意识，有与生理学家长时间失去联系的倾向，因此，心理学家落后了近十年之久，才知道神经纤维传导的全或无学说，意味着他们也许不再能解释感觉强度的变化，而归因于一条单独的感觉神经纤维的兴奋程度了。

(4)为了一个指定的课题而构成特殊的时代精神的基本概念，在新发现的压力之下慢慢地、反抗阻力地、但也不可避免地发生了变化，新的概念推翻了旧的概念。十九世纪心理学的重大事件是科学工作者发现自然科学的方法可用以测量心灵活动的时间。这个世纪在开始时，接受康德的心理学不能实验的信条。赫尔巴特于 1824 年说心理学可为科学，但不能实验，1850 年约翰内斯·缪勒怀疑赫尔姆霍茨对神经冲动速率的测量，部分原因在于他认为灵魂是统一的，不能被分割的。在世纪结束时，有些重要心理学家（詹姆士是其中之一），主张由内省感知的意识实体：感觉没有程度的差异，而只有种类的不同。詹姆士说“我们的粉红色感觉决不是深红色感觉的一部分”。但是测量和分析赢得了胜利，作为心灵代表的神经系统，继续受到测量和有限的控制就最能促进这个进展了。

从较广阔的历史背景看来，就可知赫尔姆霍茨对神经冲动速
45 率的测量，一个自然地介于杜布瓦的早期研究和伯恩斯坦后期的研究之间的实验，在十九世纪五十年代——或至少六十年代——的某种力量支配之下几乎是不可避免地要发生的事件，即使那时赫尔姆霍茨不具有我们现在看来是这样地简单明了的见解。但是这个发现仍然是心理学史上的一个紧要关头。这个测量完成于前世纪的中叶，确切地说是在1850年，正当心理学准备向哲学和生理学宣告独立的时候。也就在1850年，费希纳想要测量感觉。他的辛勤的实验多半完成于前世纪五十年代，他的《心理物理学纲要》发行于1860年。年轻的冯特在五十年代晚些时期正在讲授生理心理学这门新的实验科学如何可能形成的经过。在赫尔姆霍茨进行这个实验时，冯特还仅有十八岁。赫尔姆霍茨从1852年起忙于视觉的实验心理学。神经速率的实验肯定地没有产生这一切的活动；它只是这个活动的一部分。但是它这样地引人注意，以致它比任何他种研究都更有利于宣告这样一个事实：就是心灵不是不可以言传的，而聪明才智足以想出必要的研究方法的人，就可以把它造成实验控制的适当的对象。

附　注

贝尔和马戎第

贝尔爵士的关于脊髓神经根定律的名著，题为《脑的新解剖学：供他的朋友们参考》(Idea of a New Anatomy of the Brain：Submitted for the observations of His Friends)。这是一部私人印刷的专刊，仅印一百本，发行于1811年。马戎第不知道这本小册子，那是不足为奇的。其后1869年起重刊于《解剖生理杂志》(J. Anat. and Physiol.)，1869年，第3卷，153—166页，并附有关的通讯及注释(147—182页)；此外，还有一个德文译本，《新的脑解剖学》(Idee einer neuen Hirnanatomie)，1911年；最近又刊载于丹尼斯，《心理学史读本》，1948年，113—124页。

关于这个法则的发现，究竟以谁为先，还有第三位竞争者——这就是亚历山大·沃尔克，他的著作发表于1809年。但他是剽窃贝尔的演讲写成文章的，且将前根和后根的机能互相倒置，错得令人吃惊。

关于这个争论，关于贝尔对于生理心理学的贡献，关于贝尔的传略，和关于这些问题的参考资料，均见L.卡米启尔的极好评论，"贝尔爵士：对生理心理学史中的贡献"，《心理学评论》(Psychol. Rev.)，1926年，第33卷，188—217页。并参看埃克哈德，脊髓神经根的研究史，见《埃克哈德对于解剖生理学的贡献》(Beiträge Anat. Physiol von C. Eckhard)，1883年，第10卷，135—169页。

1798年，贝尔刊布了一部系统的解剖学教科书。1804年，为他的兄弟所合编的"人体解剖"(Anatomy of the Human Body)写作关于神经系统部分。由我们的观点看来，贝尔最重要的著作是《表示的解剖》(Anatomy of Expression)，1806年，及《人体神经系统》(The Nervous System of the Human Body)，1830年，后一本书总结了他自1807至1829年的研究。 46

马戎第对于脊髓神经根的机能的第一篇文章，见《实验生理学与病理学杂志》(J. Physiol. expér. Pathol.)，1822年，第2卷，276—279页，366—371页。他对于贝尔的领先和他自己的独创的声辩，见369页以下。由我们的观点看来，他的最重要的书是《神经系统的机能与疾病》(Leçons sur les fonctions et les maladies du système nerveux),1839 年。

约翰内斯·缪勒

关于约翰内斯·缪勒的传略和书信,见 W.赫伯林,《约翰内斯·缪勒传》(Johannes Müller:Das Leben des rheinischen Naturforschers),1924 年。关于缪勒在生理学界地位的评价,见 T.L.W.比肖夫,“约翰内斯·缪勒及其与现代生理学的关系”(Ueber Johannes Müller und sein Verhältnis zum jetzigen Standpunkt der Physiologie),1858 年;R.微耳和,《约翰内斯·缪勒传》(Johannes Müller:eine Gedächtnisrede),1858 年;杜布瓦-莱蒙,《柏林科学院论丛》(Abh. berl. Akad. Wiss.),1859 年,25—191 页。关于缪勒的神经特殊能学说的重要贡献,见第五章。

《人类生理学纲要》,出版于 1833 至 1840 年间。缪勒在波恩的最后几年和在柏林的最初几年,继续撰著此书。第 1 卷第 1 编出版于 1833 年,第 2 编出版于 1834 年。第 1 卷的第 1 版已不易见,但是此卷第 1 编在 1837 年有第 3 次修订本,第 2 编出版于 1838 年,两编合订一本发行时,兼具这两个年份。同时第 2 卷分三部分开始刊行:第 1 编出版于 1837 年,第 2 编出版于 1838 年,第 3 编及整个第 2 卷出版于 1840 年。其修订的及时和新著作征引的增多,都可证实实验生理学的研究已日趋于活跃。这种书籍的需要和缪勒的权威,立即产生了 W.巴立的英译本,第 1 卷刊行于 1838 年,第 2 卷刊行于 1842 年。1840 年,第 1 卷的译本作第二次的修订,译者于各版中附加关于最近发现的注释。

反射动作

关于反射动作的历史,见 F.费林,《反射动作:生理心理学史的研究》(Reflex Action:a Study in the History of Physiological Psychology),1930 年,(本书列有 554 个标题的书目);见富尔顿,《肌肉的收缩和运动的反射控制》(Muscular Contraction and the Reflex Control of Movement),1926 年(本书列有 1066 个标题的书目),尤其是 3—55 页。较为经典的著作是埃克哈德的“反射学说发展史”(Geschichte der Entwicklung der Lehrevon den Reflexerscheinungen),载《埃克哈德对于生理解剖学的贡献》1881 年,第 9 卷,20—192 页;G.S.荷尔和 C.F.霍奇的“反射动作史大纲”(A sketch of the history of reflex action)，载《美国心理学杂志》，1890 年，第 3 卷，71—86 页，149—167 页，343—363 页。

罗伯特·威特，《论动物的生命及其他不随意运动》，1751 年，第 2 版，1763 年，重新刊行在《威特文集》(The Works of Robert Whytt) 中，1768 年，1—208 页。关于他在心理学上的重要性，见卡米启尔，“威特：对生理心理学史的贡献”，《心理学评论》，1927 年，第 34 卷，287—304 页。

冯·哈勒的“论无意运动及肌肉收缩”(on involuntary movement and the vis contractilis musculis insita)，见他的早期的《神经纤维生理学》(Prima lineae Physiologiae)，1747 年，以及其后各版。1764 年英译本及其后各版中随处可见，当然，在其名著《人体生理学原理》(Elementa physiologiae corporis humani)，共八卷，1757—1766 年，此书在第 4 卷，第 11 编，第 11 节随处可见有关本问题的讨论。

J. A. 昂泽和 G. 普洛查斯卡的早期论文是：昂泽的《动物本性的生理学基础》(Erste Gründe einer Physiologie der eigentlichen thierischen Natur thierischer Körper)，1771 年，和普洛查斯卡的“论神经系统的机能”(De functionibus systematis nervosi)，1784 年(尤其见第 2、第 4、第 5 章，随处皆有)。确实，普洛查斯卡后来的讨论已经见于他的《学术论评》(Adnotationem academicarum fasciculi tres)(同上书)，第 3 卷(1780—1784)。昂泽和普洛查斯卡两人的著作都已由 T. 列科克在 1851 年译成英文，并在其引言中对他们的深远意义作了一番评述。

马沙尔·荷尔于1832 年向动物学会的科学委员会报告他的观察的结果， 47
1833 年在皇家学会中宣读他的论文：关于延髓和脊髓的反射机能，见《哲学汇刊》(Philos. Trans.)，1833 年，第 123 卷，635—665 页。他后来的讨论是在 1837 年宣读的论文中，并于 1837 年刊布为《神经系统研究回忆录》(Memoires on the Nervous System) 的第一部分的第二篇论文，冠以“脊髓和兴奋运动的神经系统”的标题，见费林的前引书，128—135 页。

爱德华·普夫吕格尔的专著为《脊椎动物的感觉机能与反射传导的新学说》(Die sensorischen Funktionen des Rückenmarks der Wirbelthiere nebst einer neuen Lehre über die Leitungsgesetze der Reflexionen)，1853 年 R. H. 洛采对这篇专著的明智评论也标以同样的标题而见于《哥廷根大学科学通

报》(Göttingische gelehrte Anzeiger),1853年,第3卷,1737—1776页。关于洛采早期对随意、不随意和反射运动的评论,见他的《医学心理学》,1852年,第2编,第3章,第24—25节。

缪勒的《纲要》(1838—1842)英译本中以反射运动(reflex motion)及反映运动(reflected motion)二词互相通用。英国十八世纪用reflex来表示镜中反影之意,这种用法于1830年见于丁尼生的诗,那时荷尔方在著作。在此前后,二词都作为光线的形容词。reflected和reflection都较为通用。reflex和reflection在德文中也有相同意义,而reflection更为常用,缪勒所用的也正是此词。也许英德文留有那较不太常见之字为一侥幸的事情,因为那以脊髓反映动物精神表示光线的反影的原意,现在已证明为错的,因而此词的历史理由已不复存在了。

关于缪勒的反射运动的讨论,见第3编,第3部分,第3章(1834);第4编,第2部分,第1章(1837)。作者在1833年所刊行的第1卷中没有采用Reflexion一词,但是缪勒以为他在讨论呼吸时已陈述其要义;见第1篇参考资料首页的脚注,他在那里让荷尔居先。

神 经 冲 动

为了对这问题有个完整一些的概略,见波林,《实验心理学史中的感觉和知觉》,1942年,52—68页,91—93页。

伽伐尼和伏特的故事已成为科学史中讨论得很多的范例,因为,它作为例子说明了偶然的发现(伽伐尼),说明了进步得自初期的错误理论(动物电),后来深入了解到两个基本的东西(两个金属板和一个电极)而抛弃了非本质的东西(动物组织),从而达到明确的进步(伏特和他的电池)。见J.B.康南特,《论理解的科学》,1947年,65—73页,136—138页,关于这个课题还有可供参考的十二种评论,请参考132—134页。路易吉·伽伐尼(1737—1798)的原始参考资料是“肌肉运动的电的特性”(波隆那科学院报告的一部分),1791年,363—418页。有关译文及其后托马斯和科亨英译本的注释,见康南特,前引书,133页。亚历山德罗·伏特(1745—1827)关于伏特电堆和伽伐尼链的重要信札,已用以“研究仅仅不同种类的导电表面相接触而产生电的方法”发表了,见《哲学汇刊》,1800年,第90卷,403—431页。伏特的著作大多数是书信，于 1900 年编成两卷出版；见波林，前引书，91 页。

约翰内斯·缪勒于1841 年给杜布瓦-莱蒙看过的那篇论文是 C. 马特锡的题为“动物电现象的札记”（Note sur les phénoménes électriques des animaux），发表于《巴黎科学院通报》（C. R. Acad. Sci. Paris），1841 年，第 13 卷，540 页以下。杜布瓦-莱蒙（1818—1896）以其关于所谓青蛙电流和电动鱼的 48
科学研究的当前状况而开始其电生理学方面的著作，见《物理化学杂志》（Ann. Phys. Chem），1843 年，第 134 卷，1—30 页。他的经典著作卷数为“动物电的研究”（Untersuchungen über thierische Elektricität），第 1 卷，1848 年，第 2 卷的第 1 部分，1849 年；第 2 卷的第 2 部分，1860—1884 年。关于杜布瓦-莱蒙的著作，见富尔顿《肌肉的接触及运动的反射控制》（Muscular Contraction and the Reflex Control of Movement），1926 年，39—41 页。

赫尔姆霍茨将他的对于神经冲动传导速率的第一次记录送交杜布瓦-莱蒙，在柏林物理学会（The Physikalische Gesellschaft）中宣读，以便证实他是发现此事的第一人。见赫尔姆霍茨，《柏林皇家普鲁士科学院报告》（Ber. königⅰ. preuss. Akad. Wiss. Berlin），1850 年，14 页以下。柯尼希和哥尼斯贝格尔都误引为《柏林月报》（Berliner Monatsberichte）；那报告刊行于 1836 至 1855 年之间，而月报则紧接其后，刊行于 1856 年。杜布瓦-莱蒙立即请洪保德将此项记录公布于巴黎；见《图书评论》（Comptes rendus），1850 年，第 30 卷，204—206 页；1851 年，第 33 卷，262—265 页。赫尔姆霍茨在夏季中更详为发表，见（缪勒的）《解剖生理学文献》（Arch. Anat. Physiol.），1850 年，276—364 页，特别见 328—363 页；又两年后，同杂志，1852 年，199—216 页。1850 年这篇论文的英译本又见于丹尼斯，前引书，第 197 页以下。

哈勒于 1762 年由于考虑舌头在发 R 音时的运动速率而偶然发现了近似的正确值，见哈勒的《人体生理学大纲》（Elementa physiologiœ cotporis humani），1762 年，第 4 卷，373 页。他的每分钟 9000 步（pedes）等于 45.4 米/秒，这便正相当于赫尔姆霍茨为蛙所定的较高的值。

缪勒对于这个问题的讨论见《人体生理学纲要》，第 1 卷，第 3 编，第 2 节，导言，因为此卷的最后版发行于 1844 年；故史家常说缪勒的传导速率不能测量一语仅比实际的测量早了六年。

光的速率约为 297,500,000 米/秒；声之速率约为 330 米/秒。最近测定的神经传导速率的值对最大的神经纤维来说，其最高值为 120 米/秒，而对最小的神经纤维来说其最低值为 1 米/秒。因此，光速为神经传导速率的一千万到一亿倍。

赫尔姆霍茨对蛙的神经的测定为 60 毫米/0.0014 秒，50 毫米/0.0020 秒。此两数可各化为 42.9 米/秒和 25.0 米/秒，这些数值都位于由现代方法所确定的范围之内。

杜布瓦-莱蒙收到赫尔姆霍茨的头两页记录表示十分钦佩。杜布瓦-莱蒙试以此转向缪勒说明，但缪勒对于赫尔姆霍茨的结论则坚加驳斥，以为赫尔姆霍茨未将肌肉收缩的时间除净。杜布瓦-莱蒙致函赫尔姆霍茨说洪保德最初不肯将此种记录送巴黎发表。杜布瓦-莱蒙先代为编次，然后洪保德加以赞许，始将此项记录发表于《图书评论》，并在上面附加一个说明性的注释。夏时，缪勒也赞许了，于是赫尔姆霍茨才公布其较长的论文，兼述肌肉收缩的时间的测量，和神经冲动速率的新的测定。他对感觉神经速率是较后测定的。

当时反对这个发现的态度见赫尔姆霍茨的父亲致赫尔姆霍茨的信，他的父亲是一个文科中学的古代文学和哲学的教师，赫尔姆霍茨将他的发现向其父作短略而热诚的报告，他的父亲回信说："你的研究的结果最初颇使我惊异，因为我认为一个观念及其身体的表示为非继续的，而为同时的，乃是单个生命的活动，只是由于回忆，才觉其为身体的及心理的：我不能相信你的见解，正犹如我不能相信亚伯拉罕时代的一个流星到现在仍为人所见一般。"

关于赫尔姆霍茨的传记和研究，见第十五章。有关神经冲动传导的速率
49 的测量，见 L. 哥尼斯贝格尔，《赫尔姆霍茨》，1902 年，第 1 卷，116 页以下；英译本，1906 年，第 1 卷，62 页以下；J. G. 麦克德里克的《赫尔姆霍茨》，1899 年，第 6 章。

正文简单地提到鲍迪奇，克洛内格尔，马雷，奥斯瓦尔德，戈奇和伯奇，卢卡斯，李利和艾德里安等人的贡献。还有一些注释和原始参考文献在波林前引书的第 92 页都已列出了。

第三章　颅相学与心体问题

1850 年，如果有人否认赫尔姆霍茨的神经传导不速的证明， 50
以为观念和身体的表示是同时的，是“同一个单独的生命动作”，那便可以知道现在将心和脑视为一物的常识，那时还没有为一般人所承认，甚至心灵在脑内的定位这一件事，也还是有人怀疑的。

但是，我们在颅相学内，却看出这样一种运动，这个运动和前章所论列的发展几乎属于同时，它要确立脑为“心灵的器官”，甚至以脑的特殊部分为各种心理官能的特殊器官。

这两个观念中的较普通的一个不完全是新创的。亚里士多德不赞成这个观念，以为生命的位置在于心脏之内。埃及人把思想定位在心脏内，而把判断定位在头颅或肾脏内。但是毕达哥拉斯以脑为心灵及理智的住所，柏拉图也作类似的主张。毕达哥拉斯的学说却流传于世。亚力山大的解剖学家也相信这个学说，甚至主张更特殊的定位。埃拉西斯特拉托以为感觉位于脑膜，运动位于脑实体内。希罗费罗斯以脑室为生活力的储藏室，盖伦证明此说，以为动物精神由脑室流入心脏，复由动脉管而分布于全身。

甚至对于特殊定位的信仰也是古已有之。阿尔伯特·马格努斯(1193—1280)把感情定位在脑的前部，有时把记忆定位在脑的后部，想像的位置变化无定。其后几世纪之内，类似于此的学说不在少数。威利斯(1621—1675)是牛顿时代之前的解剖学家,他把记忆和意志定位于脑的回转内,把想像定位于胼胝体内,把感官知觉定位于纹状体(corpus striatum)内,而把某些情绪定位于大脑的基部。

51 当解剖学的生理学家寻求心灵的器官时,哲学心理学家也要确定灵魂的位置。笛卡尔(1596—1650)以为灵魂分布于全身,但尤集中于脑的松果腺(the pineal gland)内,在那里和身体发生关系,这是谁都知道的一个事实。但是他可未曾将脑和心灵视为一物。他主张一种彻底的二元论,以为松果腺只是心灵支配而改变动物精神流动的处所。灵魂是非物质的,不能占有空间,但需要一个处所,可用以和空间的脑互相接触。洛采在他的1852年的《医学心理学》内,也主张一种类似的学说,可没有指定一个特殊的位置。

这些揣测都仅是哲学的而非经验的,十九世纪以前,还没有一种有力的运动,将脑视为心灵的器官。但在十八世纪的后期,这个运动却已有了某种特殊准备,那时,本杰明·拉什(1745—1813)在美国,威廉·图克(1732—1822)在英国,菲利普·皮内尔(1745—1826)在法国,分别提倡改善狂人的待遇。在这些人之前,狂人为众所弃,社会以为狂人是由于魔鬼附身所致的,因此特将他们锁铐下狱。这些改良家以为魔凭狂是一种疾病,因此对于狂人的解放和同情的待遇颇多成就。改良的工作进行甚缓,即在1826年皮内尔逝世的时候,还没有从巴黎推行到法国各省。但这是一个有巨大影响的重要运动,能够确立精神病的概念以反抗魔鬼附身的概念,至少依据一般人的迷信,患者为鬼怪所附是咎由自取的。承认心灵可以感受疾病,如再前进一步,就要承认心灵有赖于身体,而身体则是疾病的经常的承担者。不过这个重要性是指这个运动本身而言，不是指它对于本章所说的心体问题的特殊影响而言的。

颅相学

弗朗茨·约瑟夫·加尔（1758—1828）提倡颅相学，即以此为背景。他是一个解剖学家，专从事于头和脑的研究。他做学生的时候，便相信自己已在同学们的心性和头颅的形状之间，看出一种关 52
系，尤其是眼睛明亮的人，必定长于记忆。他长大成人时，仍抱这个见解，继续进行研究。他先观察牢狱和疯人院内的各级社会中人，因为他们既因精神的异常而达到这种地步，那么他们的心理特征就得到证明了。譬如头骨隆起，颅相学以为是贪得官能的符号，加尔认为是扒手的特征。后来，加尔复研究他的朋友以及心理特征已为他所熟知的那些人的头颅。他原籍德国，在维也纳演讲人相学的新学说，1800 年，得施普茨海姆为弟子。1802 年，政府因教会的请求，命令他停止讲演，但是他的学说仍颇引起一般人的注意。那时施普茨海姆已和加尔合作，他在德国作一次旅行演讲后，1807 年定居于巴黎。他们师徒二人共同刊布著作，但在 1813 年合议拆伙；加尔仍在巴黎继续讲演，著作和研究，施普茨海姆则在法，英及美国宣传这个新学说。

关于颅相学的第一部著作，刊行于 1819 年，系由加尔所著，首两卷和施普茨海姆合著。书名为：Anatomie et physiologie du système nerveux en général, et du cerveau en particulier, avec observations sur la possibilité de reconnaître plusieurs dispositions intellectuelles et morales de l'homme et des animaux par la configuration de leurs têtes[神经系统及脑部的解剖学和生理学，及以人和动物的头颅的形状，测定其智力和道德的品性之学]。1822 年至 1825 年，加尔将此书修订发行，改名《大脑机能》(Sur les fonctions du cerveau)。

《神经系统的解剖学和生理学》一书比现在轻蔑颅相学的许多人所设想的还要保守和科学一点。它的第一卷刊布于 1810 年，附以图解，泛论神经系统，对于脊髓，小脑，五官，及较重要的神经，都有很细心的讨论。最后三卷专论脑的生理学，且兼述颅相学，虽然这个名词，加尔还没有应用过。学者对于加尔的生理学虽严加指摘，但也承认他对于神经系统的解剖学的贡献。传说 1808 年，加
53 尔和施普茨海姆把他们的新科学专刊送呈法兰西学会，那时居维叶方任物理科学部的终身秘书和评议委员会主席，为拿破仑所阻以致未能提出赞同的报告。拿破仑不喜欢肯定外国人的成就。后来于 1826 年，远在滑铁卢战役之后，法兰西科学院(学会的继承者)提名加尔为会员，但仅有一票赞成。

施普茨海姆(1776—1832)采用颅相学(phrenology)一词，而使颅相学取得近代的品质。加尔的学说通称"脑和头盖说"(Hirnund Schädellehre)，加尔则称之为人相学和头盖学(physiognomy and craniology)。施普茨海姆与其说是科学家，不如说是一个宣传家，他和加尔合作的时候，提高颅相学的声望，使它研究人类的高尚品性，更多于研究囚犯和疯人的特性。可能他是第一个看出它对社会的较重要的关系，从而使加尔体会到这个扩大研究的必要。和加尔分离之后，施普茨海姆写出了颅相学的许多细节，

确立了头盖的一种新的更详细的部位，将表示官能的名词重加修订，写作许多书以陈述其学说，力驳对颅相学进行的讽刺性的破坏。最后他在美国宣传其学说；死于波士顿。

加尔和施普茨海姆的颅相学显然有三个基本的命题。第一，这个学说必须证明头盖的外部结构和内部及脑的结构相关。加尔以为确有这种相关，以为脑的形状，至少在幼时即已决定，头盖的形状与脑相仿。他的见解似不很正确，因为它们之间存在着小量差别，因为头盖骨的厚度有明显的、偶然的和很大的变化。第二，他们的学说如属可信，就必须假定心灵可完满地分为许多官能或机能，还必须完成这种分析，近代心理学却不能证实任何这种单元，但是加尔准备采用苏格兰学派的官能（参看边码第 205—208 页）。加尔据 T. 黎德和 D. 斯图尔特的目录，将心灵分析为三十七种心能和倾向，最后，这个学说还有一个中心的观念：就是，心灵的官能和心能分别定位于脑内，任何官能的过度发展都与脑内相应部位的加大有关。脑（与脑相应的头盖）若有一部分凸出，则与此 54
部分相当的官能发展过分，反之，脑若有一部分陷入，则与此部分相当的官能发展不足。

颅相学者的工作一般集中于相关问题；必须承认，假使这种相关，可以完满求出，那么我们便得承认它是一个很重要的事实了。反之，如果发现头盖的外形和脑不相符合，我们便得另用他种方法解释头盖形状和心灵性质的关系。确立了的相关本身，或便足证明心理分析的妥适了。

现代的人体测量者（the anthropometrist）在证明这个中心论题时，可因方法太欠完满而吃惊。今天我们必须避免选择例案以

55

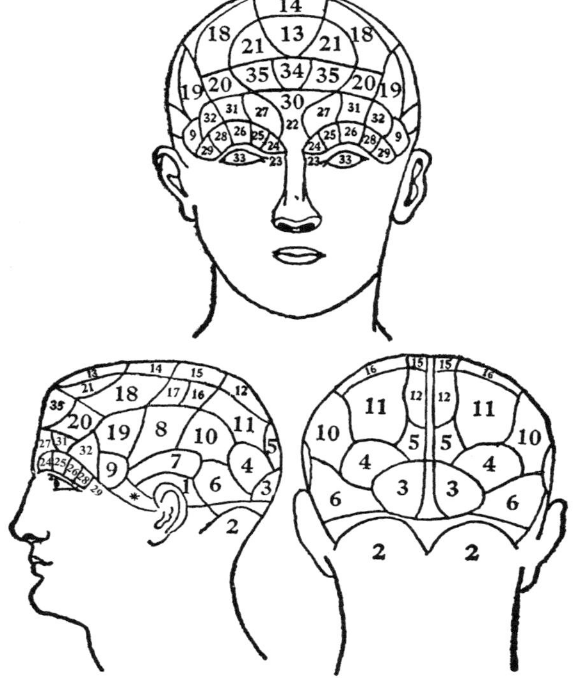

第一图。“心灵的器官及能力”，据施普茨海姆的《颅相学》，1834。

感情的官能		理智的官能	
倾向	情操	知觉的	思考的
? 生存欲	10 谨慎	22 个性	34 比较
* 饮食欲	11 认可	23 外形	35 因果
1 破坏性	12 自重	24 大小	
2 多情性	13 仁爱	25 重量及抵抗力	
3 慈爱性	14 尊敬	26 颜色	
4 友情	15 坚决	27 地位	
5 乡土情	16 良心	28 次序	
6 好斗性	17 希望	29 计算	
7 秘密	18 惊异	30 结局	
8 贪得	19 理想	31 时间	
9 建设性	20 愉快	32 音调	
	21 模仿	33 语言	

求适合这个学说，避免的方法是事先选定一群“未经选择”的人们，正确测量他们的头颅的隆起部分，而在没有头颅的测量知识以前，据公认的官能目录估计官能发达的程度，然后再决定两种资料的相关。加尔那时虽然缺乏现代的相关数学或因素分析，却也可能这样做；然而一百年前的生理学，还停留在这样一个阶段，那时，个人的观察、控制和种种保证，与其说依靠科学公认的规律，不如说依靠研究者的态度的谨严。

加尔的相关，由施普茨海姆加以增补和修订，其所承认的“心能”计共三十七种，和心灵的器官的数目相当，这些器官的发展便可使头盖增大，因此，头盖被划分为大大小小的三十七个联络的区域，而和这些区域相当的心能则列成一表，心理分析的工作先将心能分为感情的和理智的两种，而这两种又各分为两组。第一有所谓“倾向”，感情的心能，如“破坏性”，“多情性”，“慈爱性”等。这些都位于头后的下部和耳官之上的两侧。其他感情的心能则为“情操”，“谨慎”，“仁爱”，及“希望心”，都位于头的后部，两侧及顶部，而在“倾向”之上的一个区域之内。理智的心能都和前额有关，大半属于知觉的心能，如大小知觉、重量知觉、颜色知觉、时间知觉及声调知觉。思考的心能也隶属于此，计共两种，即“比较”及“因果”（“comparison” and “causality”），位于前额的中心。

评价这些相关的证据是不可能的。例如“友情”（为“倾向”之
一种）的区域所以指定在脑后两边的缘故，系因有一富于友谊的女 56
子来见加尔，她的头后相当部分异常发展，又因传说互相爱悦的朋友，当他们聚首的时候，即以此区域为接触的部分。（这个区域恰恰是头后中间的一边。）但是颅相学者自称，这些可疑的初步的结

果是可被接受的，因为它们有一切人作证而无例外。哲学家托马斯·布朗以为此说决难被接受，因为无论何人只须一看他人的头颅就可以测验出来了。施普茨海姆回答说，这就是其说易于取信的原因。

颅相学者的信仰的认真和诠释方法的危险，或可于其后一个颅相学家所著的加尔传内求得例证。这个作家在结束其传记的时候，详察加尔的人格及二十四种官能与头颅的相关。他说："加尔的多情区，慈爱区，友情区，好斗区，破坏区都极发展。他的保守秘密的区域也颇扩大，但他从未因此作恶。他知道自己的理智力太清楚了，所以决不以欺诈的手段，达到他的目的"。关于他的好斗区的发展，我们只须略知加尔的为人，便可知其故。破坏区似乎也可了解。有一学生，头上的破坏区异常突出，性喜虐待动物，成为一外科医生。又有一制药师，他的破坏区也很发达，成为一行刑者。然而作传者本人也觉得保守秘密的部分也有解释的必要。这里也许就是这个诠释法的基本的误谬：假使有一种特殊的相关显难求证，他们便释以他种更占势力的官能，以为此种官能可阻抑那种相关，或改变它的方向。

颅相学大为一般人所称赏。无论何人，其所最不易了解的就是他自己，其次就是别人。颅相学似为一把打开神秘的钥匙，一把形成于科学实验室而易于运用的钥匙。它在实际上成为一种新的理智的福音。同时，除了加尔和施普茨海姆以外，还有许多其他名人拥护它。最重要的，或当首推库姆(1788—1858)。库姆为苏格兰人，初本蔑视颅相学，后为施普茨海姆所感化，从1817年起到1858年去世时止，为颅相学宣传甚力。他于著述之余，复从事于颅相学的多次演讲，且和施普茨海姆相同，赴美游历宣传这个学说。爱丁堡大学的逻辑讲席，后虽为威廉·汉密尔顿爵士所得，其 57
初可曾以他为有力的候补者。颅相学在英在美都很发达。在美宣传以福勒兄弟为主。颅相学学院几年前至少至1912年为止还留存于纽约，过去在大不列颠曾有二十九个颅相学学会，还有若干关于颅相学杂志。有一学报，名《颅相学杂志》(Journal of Phrenology)，1823年创刊于爱丁堡，到了1911年，才在费城绝版。颅相学的兴盛总算有一世纪之久了！

但在科学界里，颅相学从未为一般科学家所承认，当加尔在世时，颅相学虽然似不合理，但还有可能的科学性，查尔斯·贝尔爵士，威廉·汉密尔顿爵士，托马斯·布朗等人即加以指摘和蔑视，其后，当脑的生理学知识使颅相学没有可能再成立的时候，它可仍为一般人所拥护，只是受到有科学知识的人的讥讽而已。它的地位早就类似于今日的心灵研究(psychic research)，它用非科学的方法，大肆宣传，因为没有可能证明，致为多数科学家所鄙视，但也没有人证明它的绝对的谬妄。

由我们看，颅相学的重要在于对那时科学思想的影响。对于官能和头颅发达部分的相关，有许多人表示怀疑，对于其他两种基本原则，电复分别加以攻击。生理学家不相信头颅外部和脑的相关，而哲学家则反对将心灵分析而为界限分明的特殊器官的官能。这种概念似足破坏心灵统一的原则。笛卡尔以松果腺为心灵动作的中枢，因为脑内其他器官都一边一个，据颅相学，则三十七个器官，每个都成一对，笛卡尔能不加以攻击吗！在十九世纪的时候，心灵统一的观念仍深入人心，致不易遵守颅相学的分析。我们已知道赫尔姆霍茨测量神经传导的速率时所遭遇的反抗也以此为主因。

加尔和施普茨海姆的学说，在基本上，虽很错误，但其正确之处也还足以促进科学的思想。它的第一个贡献在以脑为“心灵的器官”（这就是加尔的名词）——否则如果说这是不对的，那么至少
58 因为成立了这个信仰，心理学科才得以自由发展，从而产生了生理心理学。只要灵魂的位置仍旧为形而上学的思辨问题，而不以经验的根据去肯定或否定它，那么心灵的研究便没有科学方法可以应用了。反之，只要这个形而上学的抗议能被克服，思想上不成问题，那便为脑的生理学和感觉的心理物理学准备了条件。

颅相学对于科学的第二个影响，在于它的脑机能的定位说。颅相学的相关虽不正确，然而我们仍可有理由，揣想脑的各部分可以有不同的生理的，或心理生理的机能。建立这个信仰，当然是一个重大的事件，但关于本问题的首次讨论，须留待次章再述。

总之，颅相学作为**时代精神**的原因和标志，起着重要的作用，那个时代精神正由非实体的笛卡尔的灵魂概念走向较物质的神经机能的概念。颅相学的错误仅在细节方面和它的支持者的热情方面。一种学说在科学发展上的重要性，往往超出了提倡者的假定或希望！

附　注

笛卡尔关于灵魂位置于松果腺之内的讨论，见他的《情绪论》（Les passions de l’âme），1650 年，第二十——五十节。此数节多已译成英文，见 B. 蓝

德《心理学家文选》(Classical Psychologists),1912 年,173—183 页。还可参看,丹尼斯,《心理学史读本》,1948 年,25—31 页。

我们要注意灵魂既然是无展延性的,不占有空间,所以笛卡尔不以它局限于松果腺。灵魂和身体发生关系,可不寄寓于身体之内;松果腺不是灵魂的储藏室,而是灵魂用以影响身体的器官。笛卡尔的人体机械观,使他不难接受赫尔姆霍茨的关于神经冲动的传导需要时间的证明;但是,笛卡尔由于坚持灵魂的统一说,所以他终难相信赫尔姆霍茨的结果。关于洛采的见解,参看他的《医学心理学》,1852 年,115—122 页。

皮内尔以解放狂人的运动著称于世,他的弟子厄斯歧洛尔在他之后,继续他的工作。英国的改革为图克的生活史中的重要事件之一。美国为新兴的国家,传统的势力较英法为小,所以改革也较英法为易。拉什主要因为是弗兰克林的朋友而著名,他是独立宣言的署名者之一,而且是一个热心于人道主义改革的外科医生。图克和拉什都是教友派的教徒。拉什于 1812 年写作一书,名《心灵的疾病》(Diseases of the Mind)。

关于颅相学在心理学上的过去历史,见本特利的论文,发表于《心理学专
刊》(Psychol. Monog.),1916 年,第 21 卷,第 92 期,102—115 页。他回顾了 59
由洛克至法国感觉主义者的发展的线索,对于加尔的工作作了很适当的评
价。还见斯波尔的官能与特性:加尔的解答,《性格与人格》,1936 年,第 4
卷,216—231 页,他指出加尔如何从苏格兰学派的黎德和斯图尔特那里取得
官能的目录。

加尔与施普茨海姆

F.J.加尔于 1796 年开始其在维也纳的演讲。他未发表著作以前,他的学说因他和其后施普茨海姆的讲演,又因听讲者刊布演讲的记录,故传播于世。

加尔和 G.施普茨海姆因欲为法兰西学院的候选会员,故呈送一篇科学论文的报告:题为"关于一般神经系统尤其是大脑的研究"(Recherches sur le système Nerveux en général,et sur celui du cerveau en particulier),1809 年。这是第一次刊布的重要论文。论文呈送于 1808 年 3 月 14 日,院中指定五人组织一委员会,审查这个研究及其学说:以居维叶为主席,皮内尔亦为该委员会中委员之一。拿破仑虽反对这个学说,但曾否加以干涉则无从测定。居维叶的五十一页的详细而否定的报告,态度慎重而保守,可见他的委员会也深知他们在讨论一个争辩难决的问题。报告书的结论说:“为了向公众解释起见,我们须再三声明:本报告书中所讨论的解剖问题和加尔先生的关于脑的各种部分的机能和相对容积的影响的生理学学说,没有一种直接而必然的关系,我们对于脑的构造的发现的真伪不足用以拥护或推翻这个学说,因为这个学说只能用其他方法加以判断。”换句话说,居维叶及其委员会为欲推卸此困难的地位,乃判定加尔和施普茨海姆的重要的学说和该学院的数理组范围没有关系。关于居维叶的报告见《法兰西学院的数理科学组的记录》(Mémoires de la classe des sciences mathématiques et physiques de l'Institut de France),1808 年,109—160 页。关于拿破仑和加尔,见卡彭的书(书名详见下文),第 1 卷,22—26 页。

[加尔的《论文报告》系送呈我们现今所称的科学院,旧科学院 1793 年为革命政府所封闭,法兰西学院则是 1793 年拿破仑所创立。至 1816 年,该学院的数理组始复称科学院。假使那 1803 年为拿破仑所封闭,至 1833 年重又设立的道德和政治科学院存在于 1808 年,也许可使居维叶的报告具有法律的功效。]

我们已知道《解剖学与生理学》,四卷发行于 1810 至 1819 年间,施普茨海姆对于前两卷也曾帮忙。1825 年,加尔完成其《大脑及其各部的机能》六卷。这部大著取《解剖学与生理学》的许多部分,重又修订,删去描写的解剖学,加入许多和人相说有关的新材料。1835 年,路易士将此书译成英文。编辑者 N. 卡彭加一传记于译文之前,第 1 卷,1—52 页。并参看 F. J. 默比乌斯的“加尔”,见《默比乌斯选集》,1905 年;这里也有一传记,3—17 页。

施普茨海姆于 1813 年,和加尔分手后,以英文刊布著作多部。内有《加尔与施普茨海姆的人相学》(The Physiognomical System of Gall and Spurzheim),(1815 年 T. 福斯特方始提议用颅相学一词);《颅相学或人的心理学说》(Phrenology or the Doctrine of the Human Mind),1825 年;《人脑的解剖》(The Anatomy of the Human Brain),1826 年;《颅相学纲要》(Outlines of Phrenology),1832 年。第二部书的引论涉及了颅相学及施普茨海姆
60 和加尔的关系的历史(第 3 版,美国版,1834 年,第 1 卷,9—12 页)。本文的

图及传说都采自此书。

后期颅相学

库姆的著作更多于施普茨海姆。他的第一部书为《颅相学论文》(Essays on Phrenology),1819 年。其他颅相学著作继续刊布于 1824,1825,1827,1839 及 1847 年。并参看 C. 吉本的《库姆传》(Life of George Combe),1878 年。

O.S. 福勒(1809—1887)著颅相学书多种,其弟福勒(1811—1896)著作较少。他们合创《美国颅相学杂志》(American Phrenological Journal),1838 年,颅相学之得成立于美国尤以他们的功绩为最大。英国《颅相学杂志》刊行于 1823 至 1847 年之间。美国的杂志后也更名《颅相学杂志》,于 1880 年和英国的《颅相学杂志》合而为一。至 1911 年刊布了第 124 卷时停刊。

近至 1938 年,俄亥俄州仍存在着颅相学会,出版过一种杂志,但是在一般情况下,可以说:群众对颅相学的兴趣已给这样一些反科学的团体吸引去了,这些团体现在自称对理解人性和解救人类痛苦能够提供更直接的方法。

61 # 第四章　脑的生理学：1800—1870 年

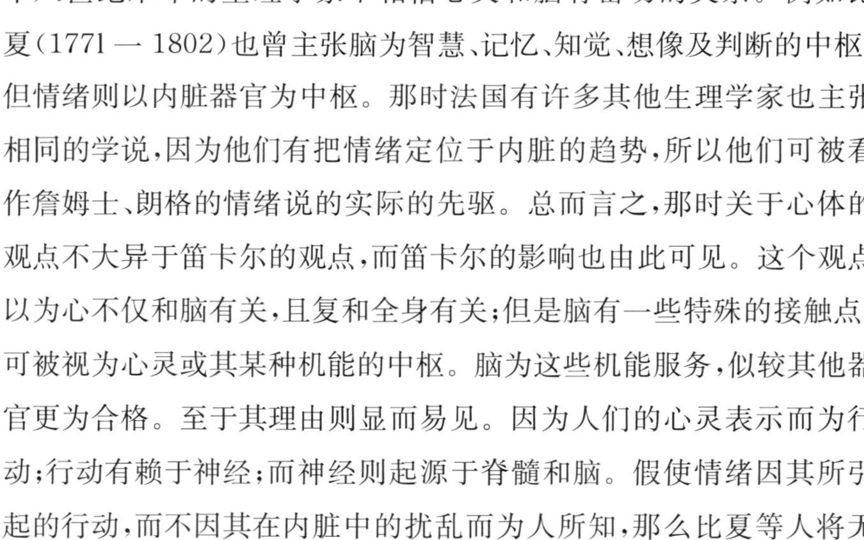

我们虽看重加尔把心灵定位在脑内的研究，可不要因此以为十八世纪末年的生理学家不相信心灵和脑有密切的关系。例如比夏（1771 — 1802）也曾主张脑为智慧、记忆、知觉、想像及判断的中枢，但情绪则以内脏器官为中枢。那时法国有许多其他生理学家也主张相同的学说，因为他们有把情绪定位于内脏的趋势，所以他们可被看作詹姆士、朗格的情绪说的实际的先驱。总而言之，那时关于心体的观点不大异于笛卡尔的观点，而笛卡尔的影响也由此可见。这个观点以为心不仅和脑有关，且复和全身有关；但是脑有一些特殊的接触点，可被视为心灵或其某种机能的中枢。脑为这些机能服务，似较其他器官更为合格。至于其理由则显而易见。因为人们的心灵表示而为行动；行动有赖于神经；而神经则起源于脊髓和脑。假使情绪因其所引起的行动，而不因其在内脏中的扰乱而为人所知，那么比夏等人将无疑地并以脑为情绪的中枢了。至于这种粗陋的解剖的分析可否解释整个心灵，那时显然不是一个生理学家的问题，正如今日的生理学家也不为心理学所接受的一切事实去求解释是一样的。

加尔的特殊的心理生理学成就了两件事。第一，颅相学既很流行，而加尔又为一优越的解剖学家，所以因为他的努力，心和脑

相关的问题引起了科学家的注意。第二，加尔既远趋极端，致使较
欠极端的学说似有守旧之嫌。弗卢龙若没有加尔，也许永远不想 62
探求大脑，小脑，延髓，脊髓的不同机能了；同时，弗卢龙以一个守旧派出现，改正加尔和施普茨海姆的伪科学，于是他在学术上的地位就更臻稳固了。谁都知道，因袭的信仰沿着这个方向而离开真理，而有力的夸大则沿着另一方向而离开真理，二者相抵相消，就较接近于真理，这乃是谁都熟悉的常例。科学家虽然不故意自陷误谬，但科学的真理可能经历着一个世纪，然后发现某些缺陷，所以真理往往是一个只被接受的错误见解与一个借以破除惯例的夸大见解的二者的折中。

皮埃尔·弗卢龙

弗卢龙为最重要的生理学家，他使脑的生理学一方面离开太浮泛的笛卡尔的传统，一方面又离开颅相学家的太特殊的学说。但是，我们首先须叙述罗兰图，即脑内洛兰图沟的发现者。

路易吉·罗兰图（1770—1831）喜从事于脑的解剖及病理学的研究，但也喜作生理学的实验和玄想。他的研究刊布于 1809 年，所以他可说是在弗卢龙之前，正确地划定脑的各部分的机能——何以说是“正确的”呢，因为他和许多科学家相同，驳斥加尔定位的不确。据罗兰图的观点，脑的两半球为“睡眠，癫痴，中风，忧郁及疯狂的近因的主要的位置”。这个话无异于将较高等的心理机能定位于大脑之内，虽说弗卢龙以为这不曾将知觉及智慧完全定位于脑叶之内。罗兰图引病理的观察和尸体的查验为证。他又主张

大脑活动起源于纤维的运动，因此，他误将运动归诸纤维，将白质，而不将灰质视为心理生理机能的基础。但他又将感觉定位于延髓之内，而不定位于大脑之内。这个意见已有解剖的证据，因为除了嗅觉神经和视觉神经之外，一切感觉神经都进入延髓（三叉神经的机能为运动而兼感觉的，但感觉的机能则尚未为人所知；否则便可
63 有正确的信仰了）。那时已知，延髓含有“生命结”，而为生命的要素；罗兰图以为感觉的主要的中枢也位置于此。然而他的主要的论点是针对小脑而言的，因为由他看，小脑乃为神经力的储备和分泌的器官。其证据则得自实验。伏特于 1800 年制造一电堆以产生电流。罗兰图利用这种电堆以刺激脑，知道电极愈迫近小脑，则肌肉的收缩愈趋激烈。他的实验至为简陋，我们不能由此推知其刺激究在哪里为有效，然而愈迫近小脑则运动也愈上劲，这可已成一显然的事实了。因此，他乃以小脑为神经能所由发生的源流。

假使罗兰图的实验没有说服力，学说又嫌模糊而不正确，那么皮埃尔·弗卢龙（1794—1867）的手术高明，文章深入浅出，而结论又大致稳妥——至少，他在方法和事实上，都为现代所承认的真理开一端绪了。他在巴黎时，很早受到了居维叶的提拔，他在那里演讲感觉生理学，颇引起时人的注意。他对于脑的重要研究，在 1822 年和 1823 年，由居维叶向科学院介绍，后来辑订刊行，附以解释的序文，成为他 1824 年的第一本大著。1825 年，他又汇辑几篇论文，另印一本小册子。1828 年因有空缺，被举为科学院院士。1833 年，以居维叶临终时的请求，继居维叶之后而任终身秘书。那时他又在皇家花园的博物院中任比较解剖学教授，1840 年复被举为法兰西科学院院士胜过了雨果，他在那几年内，以著述之余，

也曾略从事于政治活动。1842 年，将 1824 年至 1825 年的论文，刊行一修订本，更著《评颅相学》（Examen de la phrénologie）一书，以笛卡尔的学说，驳斥加尔的学说，而创立科学的脑生理学。1855 年，被任为法兰西学院自然史教授；十二年后去世。

总之，他的治学的方法总是有条不紊。他的文章简明而有力。他为其《评颅相学》作序说："我为文务求简短。惟其简短，故能明了。"因此，他仍能心平气和地推翻罗兰图或加尔辈反对派的论点。

他的实验也同样地精确而简单。他的手术干净利落，从未伤
及其他组织，以几个慎重规定的原则，而使其手术的结果有肯定其 64
说或否定其说的效力。他的问题在欲测定脑的各部分的机能。他有两个主要的原则。第一个原则是：实验对于结论须有直接的贡献；换句话说，他要直接观察脑的一部分和它的机能的相关，而不欲以已有的病例或合理的历程作浮泛而间接的推论。他的方法就是部分毁除法（the method of extirpation of parts）。他看重直接的观察，意即侧重有计划的实验而反对偶见于内伤或疾病的"自然的实验"。换句话说，他主张实验室的观察而反对临床的观察。他的第二个原则是要将机能已经测定的部分移去。要满足这个原则，先须对于其所要研究的机能的关系，有一个明了的观念。弗卢龙以解剖的根据，承认两半球，小脑，四叠体，延髓，脊髓，神经为六个研究的单元。他的实验既有此明确的界限，于是他的方法便仅为手术的问题了。那指定的部分须干净地移去，不仅割去而已，且也不得伤及其他部分。弗卢龙便有这个手术上的技巧；无论如何，居维叶及其同时的学者都如此推重他。

现在若将他的结论和二十世纪的心理学问题的关系作一节

略，便更可明白弗卢龙的研究结果的重要了。

“**脑叶**的机能为意志，判断，记忆，视觉和听觉，一言以蔽之：知觉而已”。脑叶如尽被移去，则意志的动作立即消灭。动物在此种状况之下，可静卧不动，以致于饥饿而死：鸟在这种状况之下，除非有人将它放在空中，否则决不自动飞去。知觉也因此消灭。动物当脑叶移去之后，虽有目而不能见，虽有耳而不能闻；对于平常视觉或听觉的刺激，都没有反应的可能。但仍能感光，瞳孔因强光而收缩。据现代的观点，我们或可说知觉消灭之后，感觉的辨别保存无恙。就他种感觉而言，也有相同的区别，虽然这种区别不易见于触觉的方面。知觉对于感觉或纯粹的感受性，处于超级的关系，正
65 犹意志对于直接产生运动的原因一样。因此，大脑是知觉、智慧和意志的中枢。

“一切知觉，一切意志动作都在这些器官中占同一位置。知觉或意志的官能基本上都只是一个单元的官能”。十九世纪后期的生理学，将大脑划定为若干中枢是对弗卢龙的这个学说的挑战；但二十世纪的研究的趋势则先和弗卢龙的学说相合（拉施里的均能原则），后来又返于机能的比较精确的定位了。

“**小脑**的机能为运动的调节”。动物在小脑移去后，虽欲行走，但终至跌仆。它能感觉能运动，有知觉和意志；但不能调节它的行走和飞翔的复杂协调的运动，也不能维持其姿势。这个结论现仍可信。

延髓为保存生命的器官。它是机体，包括神经系统的“生命结”，我们无论在延髓之下，或延髓之上，将神经系统分为两部分，结果总是远部分死亡，近部分生存。可知延髓乃是神经系统的生

命中枢。感觉当未被知觉之前,先由延髓安排它们;意志当未实现而为运动之前,也先由延髓激发它们。

四叠体的机能为视觉;动物若缺乏四叠体,则其大脑虽即无恙,结果也成盲目。脊髓管理传导,**神经**则管理兴奋。

“据最后的分析……这些神经系统的不同部分都各有其特殊的性质,适当的机能,和个别的效果;但是他们仍合成一个单独的系统”。神经系统有统一性,因为各部除有其**特殊的**动作外,还有一个**共同的**动作,任何部分的消除,都可减少其他部分的能力。“神经系统中有一点激动,使其他各点也都激动;有一点无力,使其他各点也都无力;总之,它们在反应、变动、能力上,都有一共同性。统一是一个占优势的大原则;它随处可见,控制一切。因此,神经系统即为一有统一性的系统”。这段引语在一个世纪前预先说出了拉施里的均能和大片动作(mass action)说(根据他自己和弗朗兹对大脑的研究)以及格式塔心理学者(惠太海默、苛勒、考夫卡)
所主张的,大脑是作为整体而活动的,而且它的机能应以场的学说 66
加以理解。

弗卢龙将脑分析为主要的部分,这个分析虽以解剖的理由为基础,但也为事实所证明:就是,各部分在机能上确彼此有别。他复以为下面的发现也可证实其分析的正确:就是,鸦片可产生脑半球移去的结果,在脑半球的表现上引起可以观察的变化;颠茄(belladonna)对于四叠体,酒精对于小脑都有同样的关系。

弗卢龙以为神经系统的各部分有统一性,每一部分在实质上都仅代表一种机能,弗卢龙更可以下面的发现为证:就是那些部分“它们的物质可以损失一部分,而其机能的行使不至于损失”,而且

“它们完全损失了一个机能之后，复可获得这个机能”。这些事实，这些关于机能在毁灭后得到恢复的事实，即为大脑心理生理学的主要的问题，也就由于这些事实，理论的摆锤动摇于严格的定位与场的学说，特殊的动作与共同的动作之间。

很明显，弗卢龙的学说系反抗颅相学的机能的原子主义。但是他的学说是以实验法为证的，因此，与加尔相反，因为加尔缺乏实验的控制；与罗兰图相反，因为罗兰图未将各因素作界限显明的隔离，特别是在临床的材料方面；与哲学家相反，乃因他们推论灵魂的性质和位置，而不曾安排关键性的经验的测验。他发现机能的统一性和差别性。就六个主要部分的特殊的动作而言，似有近于加尔的分析；但就这些部分的共同的动作而言，则有近于哲学家所主张的统一说。他的地位与其说是两种相反学说的协调，不如说是弗卢龙的实验使他引入经验的中间阶段。

因此颅相学者和生理学家在十九世纪的前半期，定脑为心灵的中枢，而脑的各组织的心理机能成为脑的研究的主要的生理学问题。例如马戎第虽有意于研究神经，而相信心理机能的问题属
67 于观念形态，智慧的问题属于形而上学，但也代表那时一般的见解。他以为感觉的位置不在于大脑和延髓而在于脊髓，这个理论在他是很自然的，因为他和贝尔同为脊髓神经后根的感觉机能的发现者，他的论点在某种意义上也不能算错。他所引以为证的现象，即我们今天的所谓反射，乃为脑和小脑移去后所发生的现象。但是这个见解也就是弗卢龙所持的见解，因为弗卢龙以大脑管理的是知觉而非感觉，马戎第也承认大脑知觉了脊髓的感觉，他又以为大脑能将这些感觉重复引起，所以大脑为记忆的中枢，而记忆的

种类很多,有专名的记忆、有实质名词的记忆、有数目的记忆等。这些不同的记忆在大脑内是否有不同的器官,他可未曾加以窥测。他反对加尔的学说,期望观念形态论者能对此问题予以较完满的说明。因为动物的脑随其在动物界中发展水平的差异而不同,所以马戎第又以为脑的沟回的数目或可和“理智力的完全或不完全”的程度成正比例。脑是心灵器官的原则,由马戎第的学生德穆兰作了进一步的说明(对接受颅相学的公众是无此需要的),他在1825 年刊行一书,包括这样一个发现:就是老人的脑较轻于一般成人的脑,因此,乃能以衰老归因于脑的衰萎。然即在科学家之中,也没有人承认这个观点,因为他的研究报告,遭到科学院的怒斥。

我们知道这整个问题是存在着分歧的,普夫吕格尔主张脊髓是有意识的,因为它发出了含有目的性的反射,至于 R.H.洛采则坚持较简单的观点,以为意识只是与脑动作相应的(参看边码第37—39,46 页以下)。

神经系统的组织学

在上述时期之后,脑的生理学的研究复发生一种新兴趣,并照例有一种新方法相随而起。这个兴趣间接对于机能定位的问题也有贡献,但支配它的可不是这个问题。我们已知道 1830 年前后显 68
微镜的进步,使其后十年,关于组织的研究非常兴盛。1824 年,罗兰图开始将脑的组织切成薄片,以化学的方法,使它硬化以供显微镜的实验。稍后约翰内斯·缪勒发现重铬酸钾是保存组织而使之坚硬的一种好材料。一个薄片自然不能使我们理会其立体的构造，到了 1842 年斯蒂林始创一法切成连续的薄片，使可由薄片的平面，推知种种组织，如神经纤维。1833 年，当使显微镜精益求精的利斯特描写了细胞之后，R. 雷马克不久便发现脑的灰质为细胞所构成，同年 C. G. 埃伦伯格描写白质的纤维。但是到了 1858 年 J. G. 格洛克才发现洋红染色法，使显微镜的制片看得清楚，这新发现的一个方法，引起研究组织的微细构造的兴趣。只是到了那时以后，神经细胞才为人目所能见。

在同一时期内，复有一研究法为学者所应用。1839 年 Q. 纳斯发现一个切断的神经干，只有边缘的部分衰萎。1852 年沃勒得一结论，以为每一神经纤维都和神经细胞相连接，神经纤维和细胞距离较远的部分才有此“从属的衰退”现象。因此，沃勒乃创一追溯神经路的方法，一个神经路若被切断，便可由那衰萎的痕迹而追踪其离开神经细胞外的路线，无论其纤维的路线是否通过脑和脊髓的复杂的构造。

这里我们的目的在仅要研究十九世纪后半期的开端所有神经系统的生理学状况，那时“生理心理学”一方面脱离生理学，他方面脱离哲学，而成一独立的学科。关于这个有趣的发展，我们可只要记得 C. 戈尔基到了 1873 年，才发现以硝酸银使神经组织染色的方法，而且只是 1873 年以后，他才提出一种理论，以为神经系统是由干状纤维及其分枝的网状物组成的(他以为枝状纤维仅有营养的功用)。突触(the synapse)可显示枝状纤维的真机能，复可显示每一神经细胞及其纤维为一独立的单元，这个性质只是到了 1889
69 年 S. R. 卡杰尔的研究之后才可明白。因此，卡杰尔便成为 1891

年 W. 瓦德耶尔所称的神经原说的始祖。那时，学者以为纤维仅编成一个复杂错综有分有合的网状体，至于心灵之生理学的说明，则有待于这个网状体的进一步研究而取得的知识。

这种组织学的研究，初看起来，对于心理学似乎没有多大的影响；其实也有很密切的关系。弗卢龙的研究告诉我们，脑是一个相当简单的器官，仅含有若干部分，主要的为大脑，小脑及延髓，这些部分都各有其特殊的机能。由他看，脑的机能尚欠分化。知觉，意志和判断同定位于大脑之内，只算是大脑的一个心理机能的几个不同的名称。就这一点来说，弗卢龙支持了哲学家对于心灵统一性的主张。譬如，大脑既然仅有一个机能，而大脑的任何部分都可掌管这个机能（这是由于手术受伤后的恢复所可见的）。所以，对于大脑或其他主要的部分，大可不必研究其机能的分化。但是这个意见现在可因组织学的进步而动摇了。由组织学的研究，我们知道脑是由无数分离的细胞组合而成的。每一细胞都有若干枝干，而这些枝干，有时还有细长的纤维，而这些纤维则在脑内通过确定的区域，将整个区域编成一个复杂的网状体。因此，脑似乎为一纤维网，网中有大量的细胞，宛若一串细珠，整个网的排列有一定的方式，至于其用途如何，则不大为人所了解。

我们后来应当知道联想心理学为那时哲学中盛行的心理学，而联想主义者所设想的心灵的图案，和那时所视为脑的图案相当类似。由联想主义者看来，心灵成自无数个别的观念，正和脑由无数细胞组合而成相同，这些观念更因无数的联想，联合而成更复杂的观念或更高等的心理历程，也正如神经细胞因纤维而互相联络一样。我们有联想的法则，也有神经联络的法则，虽然它们都尚未

充分确立起来,不能互相解释。其要点是:由非心理学的组织学的
70 研究技术所发现的脑的新图形和由联想主义推想而得的心的新图形非常相似。细胞和观念在数目上似有相关,可是那时的学者却没有明白主张一个细胞相当于一个观念,但只以为脑既然可细分为许多小单位,那么心或许也可分析而为种种局部的心理机能如观念等。

言语中枢

脑的生理学知识的第二次的进步又直接有关于机能的定位。1860年,费希纳既刊行其《心理物理学纲要》,而为科学心理学创立了其唯一的实验法,1861年,保罗·布罗卡(1824—1880)复以为有一个言语中枢位在左脑的第三个前额沟回的基部。因此,这一时期常被视为第一次在脑的主要部分的特殊区域里,发现一种心理机能位置的时期。弗卢龙的大脑统一说,到了这个时候,才受到了有力的挑战。应当承认布罗卡的“发现”终于引起了争论。言语是太复杂的一种机能,不能把它定位在一个单独的大脑中枢。而布罗卡那时的发现却是这样重要的一个发现,以致它的优先权也引起了其他两位竞争者的争论。

1825年,J.B.布伊岳曾以临床的证据,主张把有音节的言语中枢,定位在脑叶的前部。布伊岳是一位医生,他虽非颅相学家,却颇钦佩加尔。他反对弗卢龙的大脑统一说,以为脑内有个别的运动、知觉、理智的器官存在。他又在科学院中提出若干实验证据以为大脑的前部有别于后部,后部移去可不能使感觉消灭。然而

布伊岳的学说不为人所置信，达克士（M. Dax）在 1836 年提出类
似的学说，也同归失败。布伊岳却坚持他的观点，对于心脏治疗的
知识，又作出有价值的贡献，至 1865 年，即在布罗卡的发现之后四
年，而在他自己的发现之后四十年，在医学会中提出一篇组心写成 71
的论文，褒扬加尔，以颅相学比拟科学的心理学，而复证实他自己
有前于布罗卡的发现权。布伊岳似乎偶然接近于真理，但布罗卡
的结论较正确而稳妥。也许是布伊岳对于颅相学异常崇奉，以致
得不到科学家的重视。

布罗卡的著名观察很简单。1831 年，在巴黎附近的俾舍特耳疯病院内，有一人没有其他病症，只是不能说话，他住在俾舍特耳院内，总共三十年，到了 1861 年 4 月 12 日因患疽而就诊于外科医生布罗卡。布罗卡细心地在病者身上作了五天检查，结果发现他的喉头肌肉及发音器官都不足阻碍正常的运动，也没有其他瘫痪的症候可以妨碍发音，而且他还很聪明，必不至于不能说话。这也许是科学上的幸事吧，病者死于 4 月 17 日；布罗卡当天检查尸体，发现左脑的第三个前额沟回有一内伤，因此乃将其脑保存于酒精之内，以献于人类学会。

这个方法可不是新的方法。法国的外科医生，尤其是那些和萨尔柏屈里埃医院（系政府办的一所女医院，院内有许多病人是疯子）有关的医生们，许多年来，曾怀疑弗卢龙的神经系统的统一说，相信神经系统内的机能必有较特殊的定位。就精神病而言，运动、感觉及理智的机能的扰乱，既然不必联在一起，于是他们便在不同的病症之内，企求发现脑内不同的损伤。布伊岳的学说，虽不为人所赞同，但学者确曾郑重提出几种机能的位置。布罗卡的优点，第

一在能对偶然碰到他的手里的病人，作细心的检查，第二在能直接了解其意义。

他复引其他病例为证，又说明病者的缺陷不在于肌肉的运动，最后作出结论如下：即他所研究的是文字记忆的缺失，而左面第三个的前额沟回之内则有言语中枢。他又以为脑的沟回可用以作为
72 解决定位问题的明确标志。在从前，不同的动物或甚至于不同的哺乳动物的脑的差异，使生理学家无法辨认脑内一个指定的部分。现在脑的沟回忽然可用以定某些器官或中枢的位置，而且不同动物的脑的差异可能表示其心理机能的不同。

但比这些结论更加重要的就是他的机能定位的通则，他以为这个通则是他的发现的必然结果。他说："脑内大区相当于心灵的各大机能。"这是科学研究者一个最可寻味的史实。大约三十年前，加尔和施普茨海姆曾力主脑内心理机能的定位，一般人虽颇接受，但科学家则不愿置信，其反对的理由开始时根据一般性的考虑，后来便借助弗卢龙的特殊的实验证据。现在的科学界便不同了，既接受定位说为一大发现，又愿意倾听布罗卡对于弗卢龙的攻击："我们若一旦证实一个理智的能力位置于脑内某一定点之内，那么神经中枢的统一说便将被推翻，而且每一沟回之为特殊机能所影响一事，即使不很正确，也未必是不可能的。"从前如彼，现在如此，难道科学常在变动吗？这却不然，科学之所以变动是因为方法的不同。弗卢龙和布罗卡的主张虽有分歧，但同有贡献于科学的进步，因为他们都力持实验的方法，而不欲超越于观察的范围之外，所以都为加尔所不可及。今天我们不承认弗卢龙的含混的共同动作。也不承认这样复杂的机能如言语的特殊定位。观点的摆

锤摇来摆去,从加尔的严格定位摇到弗卢龙的共同动作,到布罗卡以后的那些人的特殊定位,到拉施里的大片动作,到可供选择之用的联络路的概念。即使我们复返于前曾知道的某些东西,但是我们总是所知日益加多了。我们总是没有止境的。弗卢龙说,“科学不对头,它走入了歧途”。

运动中枢和感觉中枢

布罗卡的主张是以临床的证据为基础,不久便由实验生理学提供了另一种根据。1870 年,弗里奇和希齐格自称通过实验在大 73
脑皮层内发现运动机能的位置。这个结果提示出当时科学意见的一个非常引人注意的问题。前半世纪以来,生理学家几乎都相信大脑皮层没有受刺激的可能。在动物的大脑上,虽用手术,也不能产生运动。而且在意识明了的人们的脑上,虽用手术,也不能引起感觉或其他意识的现象。各种机械的和化学的刺激都曾试过,但都没有结果。可见脑对于当时生理学家所知道的任何直接的刺激,都不能感受。马戎第、弗卢龙,及许多其他较近时的著名生理学家都同意这个观点。这是公认的信条,但不是普遍的研究结果。据哈勒的报告,以一仪器冲入大脑两半球的物质之内,便可引起抽搐的运动,此外也曾有分见于几处的报告说脑可受直接的刺激。罗兰图用电刺激他所认为的小脑。弗里奇和希齐格解释这个信条以为它有两种可能的根据。他们发现脑内只有一个小区域有运动中枢,而且因为除了有意识的人类之外,感觉仅可由运动推想而知,所以由那些消极的结果看来,似乎仅仅可以说:大脑的全面积

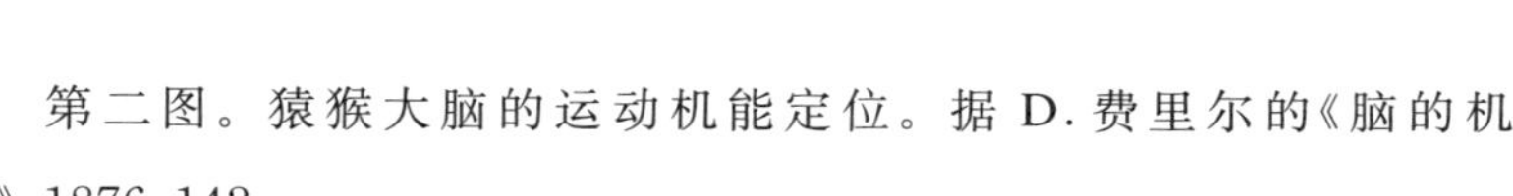

第二图。猿猴大脑的运动机能定位。据 D. 费里尔的《脑的机能》,1876,142。

1. 相反方面的腿之前伸。
2. 股,腿,足的运动。
3. 尾的运动。
4. 相反方面的手臂的退缩。
5. 相反方面的臂,手,及手指的擒拿的运动。
6. 前臂的屈曲。
7. 嘴角的下垂和高举。
8. 鼻及上唇的上举。
9. 口张舌伸。
10. 口张舌缩。
11. 相反方面嘴角的退缩。
12. 眼开,瞳人扩大,头及目转至相反方面。
13. 眼向上及向相反方面。
13'. 眼向下及向相反方面。
14. 相反方面的耳之耸竖,头及目转向相反方面,瞳人扩大。
15. 唇及鼻孔向同一方面转扭。

以上图与第一图相比较,不但表明新旧颅相学所列各机能区域之种类及范围有不同且又表明依实验方法所示,此种区域的界限较欠明确,而与加尔和施普茨海姆之无控制的经验主义所示者相反。

既未经过有系统的检查,则只能否定右面区域的刺激。他们又发

现出血(hemorrhage)减弱或竟消灭皮层的受刺激性,死亡立即消灭受刺激性。有些消极的结果或可据此解释。我们若记得出血和死亡都没有妨碍运动神经的受刺激性,那么学者试验之时,也许未能防止这两种现象的发生。无论如何,弗里奇和希齐格以为信条和实验冲突要归因于技术,他们说,"方法产生了结果"。

这个著名的联合的实验始于希齐格的观察;用电刺激一个人的皮层即可引起眼的运动。他又以此试验兔子,也得到相同的结果。其后,由于弗里奇的帮助,对于狗的大脑皮层的电的刺激,作过系统的研究。他们发现皮层前部分的某一区域之内,常可引起运动。假使电流很强,则其所引起的运动也激烈而普遍,任用弱电 74
流的刺激,他们也能发现不同组的肌肉有不同的"中枢"——第一次实验得有五个中枢:第一个管理颈部,第二个管理前腿的伸展,第三个管理前腿的屈曲,第四个管理后腿,第五个管理面部。

因此,产生了新的科学的"颅相学"。新方法的大量实验也立即开始。弗里奇和希齐格研究的结果得到了证明,几年之内,运动中枢就有更加详细的图。早期著名的研究者在英国有 D.费里尔,在德国有 H.诺特纳格尔,在法国有 C.卡尔维尔和 H.杜雷。第二 75
图是费里尔于 1876 年所描绘的猿猴大脑皮层中前部分运动机能的图,稍后就有 F.L.戈尔茨和 H.孟克的研究,分别见于前世纪最后二十五年间。孟克支持严格的定位,戈尔茨则远较接近于弗卢龙的主张,二者之间存在着很大的争论,今天我们已经知道它的原因了。在某一观察时间所有某一机能的定位,在变化了的身体条件下,也许随而变化,也许见于其他一点,也许丧失了又重新恢复,也许因受太激烈的刺激而再出现了。

运动中枢刚有人以为得到了证明，就复有人寻求感觉中枢了。1870年，约翰内斯·缪勒的神经特殊能说，相信确有五个中枢的存在。视觉中枢先被确定，触觉和听觉的中枢紧随其后。

从两个网膜出发的神经纤维投射于脑内“感觉中枢”(the sensorium)的证据是由来已久的。盖伦(约在公元175年)根据视觉纤维有一部分在视交叉处交叉，有一部分不交叉的事实，借以解释两眼视觉的单一性。他以为来自两侧相应点在实际上是结合的。视限(horopter)的概念(F.阿吉洛尼厄斯，1613年)意即谓来自两眼网膜的纤维是配对相应的。牛顿(1717年)特别支持这个意见：就是两眼视觉的单一性是由于来自两眼相应点的纤维的结合。D.哈特莱受了牛顿的影响，1749年拥护类似的学说。W.H.沃拉斯顿是托马斯·扬的同时代人物，于1824年自述在过度用功后，他如何在视野半边两次失去了感觉力。我们有理由相信视觉神经在视交叉处的半交叉的意义是来自两个网膜左半的所有纤维都导致脑的左半边的共同处所(即“中心”)，反之也是这样(这些纤维接受视野右半的影像，因为视觉的投射颠倒了左右的网膜影像)。

费里尔首先把视觉中枢定位在枕叶。他发现枕叶割除了的猴子就发生不正常的眼动，它在动作时，似乎割除枕叶的相反一边的眼睛是完全盲目的。孟克(1881年)证明枕叶的割除没有使两眼全部失明但产生了双半盲，两眼各有一半视野是看不见的。戈尔茨怀疑这些事实，但是孟克是正确的。

76 在十九世纪末年，听觉被定位于颞叶，体觉被定位于运动区后面的中后区域。味觉和嗅觉的中枢不能确定。

弗卢龙和戈尔茨的传统在十九世纪内为弗朗兹(约在1902年

及其后)和拉施里(1917 年及其后)所继承,他们证明皮层机能的定位是暂时的和不严格的。1929 年拉施里总结了他和弗朗兹的二十多年的研究,提出了均能和大片动作的原理,均能意即谓皮层的某一部分与其他部分一样地有助于执行某种机能,如学习和“智慧”,大片动作意即谓所有均能的部分都是共同工作的,而一个部分的毁损,不问毁损位于哪一部分都随毁损部分的大小而按比例减少其效能。老鼠皮层割除的部分尽管多少不同,但是它们学习走迷津的能力,都符合于这两个原理,然而拉施里没有证明均能不是代替的机能,也没有证明脑子在正常的动作受到了阻碍时,就没有另一种代替的反应,虽然是一种较欠有效的反应方法。例如一只狗的多数机能似乎为它的大脑两半球所同具,看来这一半球可以是另一半球的备用物。但也有许多机能无法互相代替。拉施里证明老鼠的模型视觉(pattern vision),当视觉皮层毁坏时,也便随而消灭了,虽然它仍然能正确地辨别明暗的差异。就人来说,视觉皮层的毁坏就可使与毁坏的区域相应的视野部分全看不见。人的皮层兼司模型视觉和明度辨别。

关于大脑皮层的共同动作和特殊动作的新近研究的现状,读者可参考心理生理学课本。这里我们只能满足于简单的历史回忆了。

生理心理学家依旧要寻求中枢,找到了它们,讨论了它们,但从来没有说什么是中枢。一般地说,这些人都是连接主义者,相信神经纤维的机能是把兴奋从一个神经原传达到另一个神经原,最后,从一个感觉器官的受纳器传达到肌肉或腺的效应器。根据这个观点,一个中枢只等于一个瓶颈口、一个机能所需要的兴奋,就必须通过这个瓶颈口,它是一个必不可少的区域,它的损坏就会使

机能消灭。这是近时妥善的科学观。但关于中枢的思想，却容易和旧世纪笛卡尔的灵魂，感觉中枢，头脑里叫做终极的“我”等遗物
77 混淆起来。难道脑内不常有某一点对意识的机能说来，类似于松果腺对笛卡尔灵魂的关系吗？如果这个观点肯定地过时了，那末脑内有没有特殊的神经原，它的兴奋常与意识相关，而在脊髓内的下层神经原发动起来就没有意识相伴随吗？寻求中枢和寻求脑内边缘兴奋的特殊投射区似乎反映着较老的观点，以为意识过程在脑内应当有一个指定的座位，而不是一系列的连接。这个中枢与其说是一个通道还不如说是一个终点的观念无疑地正在消逝了，但是连接主义的神经学，经历了半个多世纪以后，这些观念依旧存留下来，可见它们的衰亡是非常缓慢的。

附　注

自亚里士多德至弗里奇及希齐格(1870)的脑生理学，尤其是关于脑机能定位的历史，J.苏理在“大脑”(“Cerveau”)一文中记载得最为完善，见C.黎歇的《生理学词典》(Dictionnaire de physiologie)，1897年第2卷，547—670页。苏理后于1899年将此文扩充成两卷，称为《中枢神经系统》(Système nerveux central)，共计1863页。读者倘查此二书，便可知本书中的讨论非常简略了。

关于比夏，可参看X.比夏，《生命与死亡的生理学的研究》(Recherches physiologiques sur la vie et la mort)，1799—1800年(上引书第8卷)，英译本，1827年。关于法国生理学家作为詹姆士及朗格的先驱，而把情绪定位在内脏之内的，见铁钦纳，《美国心理学杂志》，1914年，第25卷，427—447页。

关于罗兰图的实验及理论，见L.罗兰图，《神经系统的机能》(Saggio sopra la vera struttura del cervelloe sopra le funzioni del sistema nervoso)，

1809 年。科斯忒用法文为此书作了一个节录，名为《关于人与动物的神经系统的实验》(Expériences sur le systéme nerveux de l'homme et des animaux)；意大利文刊布于 1809 年，法文重刊于 1822 年，见《普通医学文献》(Arch. gén. méd.)，1823 年，第 1 卷，359—418 页。弗卢龙的论文发表于 1822 年，他虽未注意到意大利文原著，但在其书中也曾转载罗兰图的实验，作了许多订正，参见 P. 弗卢龙的《实验的研究》(Recherches expérimentales) 等文(详见下文)，1824 年，273—302 页。

弗　卢　龙

关于弗卢龙著作的略述，见苏理前引书，1897 年，616—619 页，或 1899 年，第 1 卷，518—522 页。苏理深佩弗卢龙思想的明晰。他说，虽然中枢神经系统的构造和机能很复杂而难解，但是，弗卢龙成功地叙述其复杂性而不觉其难解。

基本的参考书为 M.J.P. 弗卢龙的《脊椎动物的神经系统的性质与机能的实验研究》(Recherches expérimentales sur les propriétés et les fonctions du système nerveux dans les animaux vertébrés)，1824 年，共计 331 页。补充记录刊布于 1825 年，名为《神经系统的实验》(Expériences sur le systéme nerveux)，1825 年，共计 53 页。这两部书的第 2 版，都采用第一部书的名称，出版于 1842 年。弗卢龙在序言中认为修订是必要的，但读者会发觉其基本的部分都未更动。该书都自具节要；最明显的是在序言中，1824 年，1—26 页，前三种记录的结束，1824 年，121 页以下，及称为"神经系统的统一"一章(De l'unité du systéme nerveux)，1824 年，236—241 页。有些英文版中的摘录已由韦恩·丹尼斯出版了，见《心理学史读本》，1948 年，129—139 页。

为求遵从弗卢龙的"以简短求明了"的规则，本书把感觉和感知二字在与
大脑有关时译为"知觉"。法文里感觉一词的模糊是众所周知的，而弗卢龙引 78
用此词可有两种意义，根据上下文常可加以辨别。属于延髓及四叠体中的感觉是赤裸裸的感觉，如在瞳孔反射之内可以作证。有一处，对延髓说，他称之为"感知"(sentiment)。大脑的感觉是与知觉、判断及意志有关的感觉经验。弗卢龙确曾说过："大脑各叶为感觉、知觉及意志的专用区域"，但他又说过："脑叶也是意志、判断、记忆、视觉、听觉等，一言以蔽之，即意识的中枢"；我们

必须记住:这些历程不是分立的,而"确实是一种能力"。大脑的感觉显然就是现代所说的知觉,因此,约翰内斯·缪勒在总结弗卢龙的研究时,发觉在大脑中感觉不仅是纯粹知觉,而且是一种观念和想象。以应用于感受时的 sensation 和 sentiment 两字的模糊不明,见 E.B.铁钦纳的释 sensation 和 sentiment,《美国心理学杂志》,1914 年,第 25 卷,301—307 页。

很清楚,弗卢龙已赋予官能的位置问题以积极的意义,使仅在二十五年前比夏所提出的情绪位于内脏之内的主张成为过时的东西。关于比夏的这个观点,参阅弗卢龙,《论生命与智慧》(De la vie et de l'intelligence),第 2 版,1858 年,142—160 页,251—261 页。

要了解弗卢龙关于加尔的学说的要领见弗卢龙,《颅相学评议》(Examen de la phrénologie),1842 年。此书引科学以反对颅相学,也就表明颅相学已引起科学家们注意的严重程度。弗卢龙在序言中写道:"十七世纪崇拜笛卡尔哲学;十八世纪崇拜洛克和孔狄亚克的哲学;难道十九世纪应该崇拜加尔的哲学吗?……我屡引笛卡尔,且还将我的书奉献给他。我写文章反对不好的哲学而拥戴好的哲学。"因此,弗卢龙请出笛卡尔来贬低加尔。

弗卢龙的重要研究和本文无关的就不列举了。1824 年的研究(最早发表于 1822 年),系叙述有关神经方面的实验,表明神经主要是根据感觉和运动的机能区分的,因此,弗卢龙证明了马戎第在同一年独立发现了贝尔所发现的相同法则。弗卢龙关于半规管的实验(1824,1830 年),与普金耶的研究(1820,1827 年),同为前庭均衡觉的先驱研究。

脑 生 理 学

读者如果要获知十九世纪的第二个二十五年间的生理学的图景,请参阅约翰内斯·缪勒的《人类生理学纲要》,第 1 卷,第 3 编,第五部分,第 3 章,或英译本中的论述。他可从而注意到缪勒主要是从弗卢龙和从病理学那里得到知识。关于马戎第,参阅他的《生理学要义》1816—1817,尤其是第 2 版,1825 年,英译本 1826 年;还有他的《脑的比较解剖学》(Anatomie comparative du cerveau),1826 年。关于安托因·德穆兰(1796—1828),参阅他的《脊椎动物神经系统的解剖学》(Anatomie des systémes nerveux des animaux vertébrés),1825 年,尤其是第 2 卷,595—637 页。马戎第为德穆兰此书中生理学部分的合著者，虽然他常以第三人称见于此书之中。

虽然从属的衰退的发现应归功于 O. 纳斯，见（缪勒的）《解剖生理学文献》，1839 年，405—419 页，但此事常和“A. 沃勒”之名相连在一起，有时称“沃勒”的衰退，因为他曾用它为追溯神经路之一法。见“沃勒”，《哲学汇刊》，1850 年，423—429 页。戈尔基的 1873 年的原文系意大利文，但是他后来的书译成德文：即戈尔基的《中枢与外周神经系统的细致构造的研究》（Untersuchungen über den feineren Bau des centralen und peripherischen Nerven- 79
systems），1885 年，德文译本，1894 年；卡杰尔以西班牙文著作；我们只能利用第二手的参考资料。有人说关于神经突触的主要参考书为《显微镜季刊》（Riv. trimestr, micrograph），1889 年，第 1 卷，2 页以下。神经原说为瓦德耶尔所规定，有关“中枢神经系统解剖范围中的几种新的研究”（Ueber einige neuere Forschungen im Gebiete der Anatomie des Centralnervensystems），1891 年。关于戈尔基和卡杰尔的研究的略史，参看苏理的“中枢神经组织学的现代学说史”（Histoire des doctrines contemporaines de l'histologie du systéme herveux central）；“神经原论”（Theorie des neurones），见《神经学文献》，1897 年，第二丛书，第 3 卷；戈尔基，95—118 页；卡杰尔和神经原说，281—312 页。

关于这个时期显微镜学和细胞学的一般发展及十九世纪三十年代显微镜进步对研究的影响，参看 E. 诺登斯基奥尔德，《生物学史》，1928 年，389—405 页。

言语中枢

布伊岳关于言语中枢的原来的论文名为“临床的研究，用以证明语言的丧失相当于脑前叶的损伤，并证实加尔对于语言器官位置的意见”（Recherches clinique à démontrer que la perte de la parole correspond à la lésion des lobules antérieurs du cerveau. et à confirmer l'opinion de M. Gall Sur le siège de l'organe du langage articulé），《普通医学文献》，1825 年，第 8 卷，24—45 页。他后来对于定位说的辩护于 1865 年宣读于医学院（Académie de Médecine）。关于这个问题的优先权的另一申请人是 M. 达克士，他于 1836 年在蒙彼利埃医学会上宣读了一篇论文，此文在 1865 年才出版于《医学周

刊》(Gazette hebdomadaire méd. chir.),1865年,第二丛书,第2卷,259—262页。关于布罗卡的原始论文,参看布罗卡的《解剖学会公报》(Bull. Soc. anat.),1861年,第二丛书,第6卷,330—357页。

定 位 说

关于大脑定位说的历史,参见苏理,“大脑”,黎歇的《生理学词典》,1897年,第2卷,898—952页。对那个时期作过一个基本的精辟的讨论,见詹姆士的《心理学原理》,1890年(中译本,唐钺选译,商务印书馆1963年9月出版。——译者),第1卷,41—62页。又参见富尔顿,《神经系统的心理学》(Physiology of the Nervous System)的历史的参考章节,1938年,340页,347页以下,365页,376页以下,397页以下。

关于早期的论文,见弗里奇及希齐格,《关于大脑的电刺激》(Ueber die elektrische, Erregbarkeit des Grosshirns),(Reichert und du Bois-Reymond's)《解剖生理学文献》,1870年,300—332页;费里尔,《脑的机能》(The Functions of the Brain),1876年,第2版,1886年,综述了1873年开始的研究;诺特纳格尔,[微耳和的]《病理学解剖学与生理学文献》(Arch pathol. Anat. Physiol.),1873年,第57卷,184—214页,1873年,第58卷,420—436页;1874年,第60卷,128—149页;1875年,第62卷,201—214页;C.卡维尔和H.杜雷,《生理学文献》,第二丛书,第2卷,352—491页;F.L.戈尔茨,《论大脑的工作》(Ueber die Verrichtungen des Grosshirns),1881年(采自1876—1881年间的四篇论文);H.孟克,《论大脑皮层的功能》(Ueber die Functionen der Grosshirnrinde),1890年(是1877至1889年间的十七篇文章)。

关于他们本人在1912和1929年的著作的总结,见S.I.弗朗兹,“新颅相学”,《科学杂志》,1912年,第35卷,321—328页;K.S.拉施里,《脑的机构与智慧》(Brain Mechanisms and Intelligence),1929年,尤其是23—26页,86—89页,157—174页。W.S.亨特在他对拉施里的脑动作的均能说的考虑中,把摆锤推回去,离开了共同动作(action commune)的理论,见《普通心理学杂志》(J. general Psychol.),1930年,第3卷,455—468页。

关于这个定位问题的目前状况,见C.T.摩尔根,《生理心理学》(Physiological Psychology),1943 年,70—84 页,330—353 页及其他各页;富尔顿,《豪厄尔的生理学教科书》(Howell's Textbook of Physiology),第 15 版,1946 年,178—547 页及其他各页。

80

第五章　神经的特殊能

我们已知道贝尔—马戎第关于脊髓神经根的感觉机能和运动机能的法则的建立如何立即在生理学内区分出这两种机能，并在神经系统内创立了主要的两分法。在上面两章论述运动的发展时，我们又注意到运动生理学走在感觉生理学的前头，主要是因为动物给生理学家提供了便于实验的资料，而动物的运动可以为实验者所看见，至于动物的感觉则只能推测而知。因此，关于反射的一些知识发现较早。从伽伐尼至杜布瓦-莱蒙的神经动作的研究之所以可能，是由于运动神经的兴奋引起了可以看得见的肌肉收缩。脑内运动中枢被图示出来较先于感觉中枢，因为某些皮层点的刺激引起了某些肌肉组的运动。

相反，生理学家不易处理感觉的问题。他没有机械的纪录器可以钩住一个动物的感觉神经的中端，但是他在他自己身内却有可以接触到的直接经验。歌德、普金耶、约翰内斯·缪勒、E. H. 韦伯，以及后来的费希纳，A. W. 福尔克曼和赫尔姆霍茨都就他们自己受了刺激后的经验求出法则。牛顿更远在其前，用同样的方法发现色的混合的法则。这些生理学家采用后来心理学所称的自我观察或内省：他们在控制的条件下报告他们自己的直接经验。下章将论述这种感觉生理学如何在十九世纪前半叶兴盛起来，但首先必须研究神经特殊能的基本原理。

贝尔和缪勒论神经特殊能

缪勒所称的神经特殊能说是较早的几十年间的感觉生理学的最重要的法则。这个法则与缪勒之名有特殊的联系，因为他对它 81
讲得最多，也最加重视，所以应被称为约翰内斯·缪勒的学说以示有别于赫尔姆霍茨的扩充。

但是细心的研究证明此说没有一个单独的原理是由于缪勒所新创的，所有重要的各点都已为贝尔爵士所指出，贝尔对于这些问题，其见解的明了，实不亚于缪勒。因为这个缘故，所以有些学者以为这个学说理应以贝尔称，而不应以缪勒称。但假使如此，批评家似也不难指出，关于此说的要点也已为贝尔之前的学者所知；而且，那两个最重要的原理，亚里士多德曾默认其一，其他一个至少自笛卡尔和洛克以来，即已为哲学内的一个大家熟悉的学说。换句话说，这里我们所讨论的只是思想的连贯性，我们往往不易指出某一发现的日期，或将某一学说归功于它的创始人。即就特殊能说而言，在十九世纪以前，也确已有充分的知识可为成立学说之用。贝尔收集前人的各种观察而明了其意义，这也确是他的功绩。所可憾的，他未将这个观点造成一个明白的学说，也未制定一个术语以为其说的名称。假使他对自己的成就和著作的刊印，不如此谦逊，我们或已视此说为贝尔的法则之一了。缪勒既在贝尔之后，所以其创见的功绩应在贝尔之下；假使此说当贝尔著作于 1811 年时，已为有思想者所易见的事实，那么当缪勒初著述于 1826 年，或正式加以系统的讨论于 1838 年时，其说必将更为显而易见的事

实了。

似乎很明显，假使没有缪勒，那么已经发生的许多事实，也许不会发生了。缪勒始予此说以明确的规定。他的《纲要》全卷有百分之二讨论神经的特殊能。学说的名称几乎也为缪勒所始创。他且以其伟大的权威，增加其说的重量，并公布其重要的摘要。总之，他虽没有新贡献，但曾给此说以流通证。假使没有他这番努力，我们或将不能有现在已经成为经典的赫尔姆霍茨的听觉说，也
82 可能没有赫尔姆霍茨或海林的视觉说。皮肤上的觉点或也无发现的可能，因为这些研究都显然为特殊能说所引起。此说几乎及时地成为信条。这个事实目前没有人了解，有一部分原因是感觉中枢说代替了它，另一部分原因是“能”字的意义随着能量守恒说的确立而有了根本的变化。缪勒的能就是质，我们现在仍旧认为所有神经冲动即使应被视为相同的，而不同的神经刺激也引起不同的感觉性质。

缪勒将神经的特殊能说规定为十个法则。现代读者不需要反对缪勒那时的一般人的信仰，也许以为这些法则似嫌重复。不过这些法则，还有他种书籍可供参考，我们可不必征引原文，但讨论其所包含的原则（从第一至十），而列举其每一原则所有经验的和历史的背景。

（1）此说的中心的和基本的原则是：我们所直接觉知的不是外物，而是我们自己的神经；换句话说，神经系介于所觉知的外物和心灵之间，因此，赋予心灵以它们自己所有的特质。

缪勒说：“感觉中枢因神经的媒介，复由外力作用的结果，其所觉知的，不是外物的性质或状态，而是感觉神经本身的性质或状

态”;所谓感觉即此而已(第五)。“那些直接为我们所觉知的物体,只是神经内的特殊状态,由神经本身或感觉中枢感受而成感觉”(第八)。

贝尔的主张也复如此:“我们不承认物体或物体的影像能进入脑内。我们确不能相信颜色可传导于神经之上,或声波可保留于脑内:然而我们可相信视听嗅味的时候,有一种印象印入体外感官之上。”“心内观念是眼或脑刺激的结果,这种刺激虽为外界的印象所引起,可没有任何外物与之相当。心内种种作用,不因物之有限而受限制。乃因感官数目之有限而受限制。”

这个神经介于外界和脑之间的观念并非创见。它既为希罗费 83
罗斯和埃拉西斯特拉托(约在公元前 250 年时)所曾主张,且复自盖伦(约在公元后 200 年)以来,已成普遍的学说。直接原因的唯物主义观点和脑为心灵的器官说的结果当然要认神经赋予心灵以它们自己的性质。在认识论上,缪勒的这个原则有人称为“自笛卡尔至康德及费希特以来的新哲学人类中心说的产物”,也有人称为“在生理学方面相当于一个康德的范畴的东西”。贝尔也许在不知不觉间承受了英国经验主义的传统思想的影响。

哈特莱在他的 1749 年出版的《论对人的观察》(Observations on Man)书内有下面这一段话,主要是讨论这个同样的问题:“脑的白质也为以观念呈现于心灵的直接的工具;换句话说,这个物质内若有任何种的变化,则我们的观念之内也起有相应的变化。”“外物既印入感觉器官之上,于是受其影响的神经,先引起震动,然后在脑内引起髓质微分子的微小的震动。”

心内观念(据贝尔说)不是由神经接受外物的任何东西的结果

（据缪勒说）；“感觉的神经不仅为输送外物的性质到感觉中枢的传导体”；这两层意思都曾见于洛克在1690年所发表的副性说（doctrine of secondary qualities）之内。洛克说：“我们若要发现观念的性质，而加以明白的说明，则莫如将它们区别而为两种：一即心内的观念或知觉，一即使我们引起这些知觉的物体的本质的变化；我们可不以它们为某物的影像或相似物；其实，心内的大多数感觉观念之不能视为体外某物的相似体，正无异于相当于观念的名称之非观念的相似体一样，只是听到那些名称每易引起那些观念而已。”观念和所看见的物体，就本性（primary qualities）说，虽极相类似，但就副性说则否：“这些性质，不存在于物自身之内，但能用其本性或其不能感觉的部分的体积，图形，组织及运动以唤起色，声，味等各种感觉，这种性质，我乃称之为副性。”“假使外物使心内
84 引起观念的时候，不和我心合为一体；又假使它们单独呈现于我们的感觉器官之前的时候，我们便可觉知其原来的性质，那么我们的神经，或我们的身体的某部之内，必有一种运动或动物精神传至脑际或感觉的中枢，使我们的心内引起其所有的特殊的观念。”

（2）除了这个神经和心灵相关的概念之外，还有一个概念也甚重要，那就是特殊能的原则。神经共有五种，每种都予心灵以其特殊的性质。

缪勒说：“感觉中枢接受一些关于感觉神经的性质的知识，那便是感觉；这些性质随不同的感觉而异，每种神经都有特殊的性质或能”（第五）。“每种感觉神经都仅能产生一种感觉，可不能产生他种感觉器所有的感觉；因此，甲种感觉神经不能代替或完成乙种感觉神经的机能”（第六）。

贝尔的意见也复如此："感觉器的数目既属有限，所以心的机能也受了限制。""假使网膜感觉光波，乃只因为有更精于触觉神经的感觉力，那便不免有种种扰乱了；反之，假使它不感受痛，而仅将光和色的印象传达到心灵之内，那便可有种种便利了。""视觉神经之不感受触觉，也正犹触觉神经之不感受光波一样。"

这个原则只算是在第一原则之后，加上了一个概念，以为各个感官都有其不变的机能，特殊的性质或能。凡此种种，其实都曾见于亚里士多德原来的五官说之内。我们现在可直引其言如下："在讨论任何种感官知觉的时候，必须先述感觉的对象。……所谓'感觉之特殊的对象'，意即谓每一感觉的性质都隶属于一种特殊的感官，非他种感官所能领会，例如色为视官的特殊的对象，声为听官的特殊的对象，味为味官的特殊的对象。但触觉则能辨别几种感觉的性质。反之，他种特殊的感官只能认识特殊的对象，有视官以辨色，有听官以辨声。……特殊的和相当的感觉性质，系隶属于感觉的对象，每种感官自然即以辨别这些性质为其要务。"我们若缺少某种感觉，当然也缺少某种感官。"此说已早为一般人关于感官 85
的信仰。我们要知道亚里士多德以为触觉会有几种感觉的性质，可见十九世纪对于触觉的几种特殊能的发现，实以亚里士多德的话为其先驱。

(3)特殊能说的第三个原则系讨论前两个原则的经验的证据。据说同样的刺激，若影响不同的神经，便可引起各种神经所应有的不同的性质；反之，不同的刺激，若影响同样的神经，则常可产生那一神经所有的特殊的性质。

缪勒对于这个问题，提出三个法则。"同一内因可在不同的感官之内引起不同的感觉；——是每一感官所特有的感觉”（第二）。“同一外因在每一感官之内，随神经性质的不同，而引起不同的感觉”（第三）。“各种感觉神经所特有的感觉可由几种内因和外因而引起。”为了拥护这些法则，缪勒举出了许多简单的经验的证据。头受一击便可引起耳鸣眼花之感。“眼球受压也可引起色觉。”一个电的刺激，据缪勒所接受的证据，可随其影响这一神经或那一神经，而为五种感觉的原因。缪勒对于这种证据更不厌详举。所以感觉的性质不因刺激的性质而定，而因其所影响的神经的性质而定。

贝尔的证据纵不及缪勒所举的那么丰富，但其坚决的态度也不亚于缪勒。他说：“用同样的仪器刺激两个不同的感觉神经，就产生两种不同的感觉；因此而起的观念也仅和受刺激的器官发生关系。”“用手术拨除白内障的时候，……其痛觉乃由针刺外层而起，非由视觉神经受刺激所致，……但……当针刺入眼的时候，病者便起有火光一闪的感觉。”眼球旁边受压的时候，我们便可见有种种带色的光。其实，头受一击的结果，也可使我们知道感觉系有赖于受刺激的器官的活动，而不有赖于外部器官所受的印象；因为
86 “头受一击之后的震动，虽没有光和声的存在，但也可使耳鸣目眩”。由贝尔看，舌受机械的刺激，也可辨别触觉和味觉。

这些事例有来自近代技术的，也有来自常识的。属于前者，如贝尔加于眼球之上的手术，又如以电流刺激感官的各种实验（1800年电堆的发明家伏特对于这些实验曾有所记载），又如马戎第以针刺入网膜、视神经及嗅神经，不能引起痛觉的实验，又如 C. T. 图尔塔耳割除人眼时，视神经的切面可以引起光觉的实验。但缪勒

则深信这个观念由来已久。他以为柏拉图即已略知除了光以外的刺激也可引起光觉和色觉。他且引亚里士多德的论梦以为证,又说斯宾诺莎也知道看了太阳光之后,虽没有光的刺激,却也可有光觉。有一历史家更进一层,以为亚里士多德知道光觉可紧随机械的刺激之后。

贝尔和缪勒对于此说的贡献即在于此。远在他们之前,关于这种事实的证据,虽不缺乏,但散漫而无系统。他们搜集了许多新证据,有时且复加以实验。

(4)我们若依这个顺序讨论此说,那么第四点似属无关重要了。在缪勒看来,内的刺激和外的刺激的等值,甚属重要。因为那时“心灵位置于脑内”之说刚成为一个无可置疑的学说,除非心灵寄居于身体的某一小部分之内,否则内的刺激可直接使心灵受其影响,而不必假道于神经了。

于是,缪勒乃以其第一法则专论此点。“凡属外的刺激所可产生的感觉,也都可产生于内的刺激,引起神经状态的变化。”因此之故,他乃将上述的第二法则和第三法则分而为二,以便分述内因和外因。贝尔未注意及此,因为他仅承认脑为心灵的器官:“一切观念都起源于脑,而观念的产生则为感觉神经末端受了激动或印象的间接的结果。”

脑为心灵器官说的全部历史是这个观点的必要准备。这个问题一经解决,这个观点就变成多余的了,虽然缪勒首先论述这个问 87
题,借以避免多余的印象。

(5)如果说心灵只能直接觉知神经的状态,那么它又如何领略外在的客体呢,这个关于知识的基本问题便立即可以引起。缪勒首先在神经和外在客体的关系上，求这个问题的答案。神经和一切其他客体相似，对于外在的客体有明确的关系。一个外在的事物，若没有某种属性，就不能影响或只是破例地影响一个特殊的神经。例如眼能感光，而不能感压。有时在例外的状况之下，也许可以感压；但是那时压又感而为色了。他种感觉也莫不如此。

缪勒对于此点的表示有如下述："因为感觉神经是物质的东西，也具备占有空间的物质的属性，既能感受震动，也能因化学及热和电的作用而起变化，它们就借助于这种外因所产生的变化，不仅将它们自己的状态，且复将外在客体状态的性质及变化，传达于感觉中枢。由此而获得的关于外界性质的信息随各感官及神经的性质或能而不同"（第八）。缪勒还借用格利森的肌肉刺激性的概念（1677 年）论述感觉器的"特殊刺激性"，格利森的概念后来通过哈勒，成为大家熟悉的概念。

贝尔对于这个问题几乎也有明白的表示。关于那些"起源于脑"的观念，他说："它们都是脑的相当感觉器官变化或活动的直接的结果。……感觉神经的末端，各能接受物质的某种性质之一；而外面感官的印象和内面器官的活动之间，复建立起一种关系，使被引起的观念和我们的周围各物的性质，有一种恒久的相关。"

应当指出，这个有关客体的正确知觉的观点依存于**特殊刺激**性的概念或谢灵顿所称的**适宜刺激**。很明显，眼自然是最易感光；耳自然是最易感声；皮肤自然是最易感压；余类推。压力虽非视觉之不适宜的刺激，但它为视觉的较欠适宜的刺激，那是无可置疑的。视官也许可以感声，但比感压更觉不易。换句话说，因为刺激
88 对于神经有一重要而更适宜的关系，所以我们见物实借助于神经。

一个不适宜的刺激如果有效，结果便成错觉。

因此，缪勒的学说把客体知觉的老问题，也就是唯心主义哲学的基本问题，从利用实物表象性质的解释（参考洛克的本性，见边码 174 页以下）转移到利用那些不必互相类似的项目（客体及其知觉）的特殊函数关系的解释。因此，这个学说不但是谢灵顿的适宜刺激说，且复为格式塔心理学同型说（isomorphism）的先驱（边码第 615 页）。

（6）此外还有一个问题，就是：特殊原则的轨迹究竟位置于神经之内或位置于此端或彼端之上？缪勒对于这个问题没有明确的答案。他说："每一感觉神经的特殊能的要因，究竟位置于神经本身之内，或和神经联络的脑或脊髓的部分之内，那是尚未可知的；然而脑内神经的中心部分可以接受其特殊的感觉而不必借助于那和外面感官相连的较边缘的部分，那是毫无可疑的"（第七）。贝尔也说："我们这里还没有证据，可以证实感觉位置于脑内而不位置于外周感官之内。但神经的断面若受接触，则痛觉似若位置于割断的末端之上。"至于贝尔的"一切观念都起源于脑"及"它们（指观念）都是脑的相当感觉器官变化或活动的结果"等语，则已在上文中引过了。

这个附则将特殊性位置于脑内，所以很是重要。由切断神经的近端的刺激看来，可见特殊性不位置于感觉器之内，也不位置于神经的边缘部分之内。如果它不在边缘的部分之内，却也有人否认它在中央的部分之内，那么根据排除法，就将在中央的末端了。有些人以为机能的位置系在脑内，他们自然要利用这个观点了。再进一步便相信五官都有感觉的中枢。这个信仰那时可不是流行

的观点，不是因它太新，而是因它在颅相学内太为一般人所熟悉了。弗里奇及希齐格（1870 年）之后，“新颅相学”既经成立，于是科学就预备接受关于这种中枢的信仰。为了求取它们定位的证
89 据，有时且用严格的实验。因此，缪勒的第七个法则就预示十九世纪末年的信条了。

（7）我们最后只须略述缪勒在其第七个法则之内，于特殊能外，更讨论心灵的选择力。这是一个完全不必要的附则；由这个附则看来，可以推知缪勒在他的节略内，究竟如何地力求完满。心灵对于感觉“有一直接的影响”，“予感觉以强度”；换句话说，我们对于视觉野，可专注意于这部分而拒斥其他，或专注意于触野的部分；或就听觉而言，对于时间也可作同样的选择。进一层说，心灵又有“给予某一感官以优势活动的能力”。当然，选择，注意，或决定始终是心理学内一个问题。生理学家的缪勒不能避免这个问题，那是值得我们注意的；但是缪勒也许应被我们视为十九世纪初期的实验心理学家，因为他的《纲要》的八个主要部分之一系以“论心灵”为标题，专论现在所称的“较高级的心理历程”，而不讨论感觉和运动，因为感觉、运动已在其他部分中讲过了。

缪勒的学说意义广泛，又不厌求详，照例要引起批评，而就此例说来，批评则来自洛采、E. H. 韦伯等。尤其是用以证明其说的事实证据更有受批评的可能。有些事实是不易证实的，其精确的性质始终可疑。刺激这个名词好像简单，但刺激的效应是否也像这样简单，那是不常明显的。韦伯就怀疑过声的电刺激也许是因为中耳的肌肉受了电的刺激，而这个刺激或可影响鼓膜，而在鼓膜上产生与声相等的机械的结果。虽说是不适宜的刺激也可有效，

但最不适宜的刺激完全无效，那是显而易见的。譬如光决不是听，味或嗅的刺激（虽也可为温热的刺激）；热或冷决不能引起视觉，听觉或味觉；而嗅味的刺激也不能产生视觉或听觉。不然，便难免错觉太多而对现实的知觉将受严重的妨碍了。

这种批评没有使依靠这些事实来支持的中心的理论有所改变。但是它有助于证明适宜刺激和不适宜刺激的区别的素朴性。假使一条金属棒在触觉神经上产生压觉，在味觉神经上产生味觉，90
那也只是因为这条小棒兼有味道和重量的缘故。一块白糖在皮肤上引起压觉，谁都不会感到惊奇的。假使声音有时为我们所感觉，那也只是因为它们包含着震动，而既然是震动，它们就兼为机械的和声音的刺激了。换句话说，整个关于“不适宜”刺激的论点，只是反映了那时这个通俗的概念：就是，神经传达到脑的似乎不是客体的实在的性质而是客体的无形的摹本。这个学说在当时虽有哲学上的巧妙的思辨性，但缪勒和贝尔都公开地反对它。与这个观点相反，我们必须看到神经一受影响，完全不同的客体可因相同的神经而引起相同的效应，而相同的客体则可因不同的神经而引起完全不同的效应。的确，这种批评清除了一种引入歧途的认识论，虽然它无损于这个学说。很明白，这个学说基本上等于这样一个事实：就是，某一神经，不管它如何感受影响，但只要一受影响，就得随着这条神经的特点而产生一种性质的感觉。因此，适宜刺激的问题变成了另一问题，由此可知二者的关系不参照客体在常识上的分类而参照刺激的物理性质及其效应去了解它们。生理学家重新回忆起洛克的副性说，副性有赖于客体的“能力”（“powers”），而“这个能力则在实际上不存在于客体本身之内”。

洛采及其他批评缪勒的学者认为感觉神经应当是一致的，没有不同种类的“能”。缪勒宁可承认质的特殊性存在于神经之内而不存在于中枢末端的特殊部位之内，洛采等人针对缪勒的这个偏爱证明是一种正确的批评。缪勒没有走得够远。他用特殊能代替古旧的神经力，用感觉器的特殊激动性的固定的兴奋的关系解释知觉。我们现在知道质的差异不在于神经本身而在于它们不同的中枢的效应。神经系统的活动不通过传导性质的差异而通过这个神经原对次一神经原的不同的机能的效应。

91

特殊的神经纤维能

当学者正在进行此种批评时，缪勒的学说却已开始其所谓扩充了。扩充的方法只是要将质的差异依存于特殊神经的原理应用于一个感觉模式之内的质的差异。因为赫尔姆霍茨于其听觉说内曾这样有效地利用它，所以特殊能说的这个发展往往归功于赫尔姆霍茨。其实，扩充此说的第一人不是他，乃是纳汤生。纳汤生在1844年提出这个意见，仅在缪勒公布完整的学说于其《纲要》的六年之后。福尔克曼紧随其后，发表类似的观点。如果缪勒的学说是特殊神经能说，那么赫尔姆霍茨对此说的扩充就是特殊纤维能说。

纳汤生立下一个基本的原则，以为神经系统的每一器官都仅有一个单独的机能。因此，器官的数目应和机能——或感觉性质——的数目相等。因为有了这个原则，于是纳汤生假定温觉，触觉，及抵抗的知觉，甜、酸、苦等味觉，简单的嗅觉（当然，那时他不能说出名称），和红、黄、蓝等基本的色觉都各有不同的神经。换句话说，感觉五种，他已将其四分为简单的感觉。在听觉方面，他还不能作这种分析，赫尔姆霍茨大胆假定了几千种的特殊的听觉能，纳汤生可还没有这个勇气。

但是赫尔姆霍茨的视觉说没有什么大胆的假定，这个学说刊布于 1852 年，载入他的《生理光学纲要》(Handbuch der physiologischen Optik，1860)第二卷。这里，他扼要说明他的学说，而以它归功于托马斯·杨。“眼有三种不同组的神经纤维。第一组的刺激引起红色感觉，第二组的刺激引起绿色感觉，第三组引起紫色感觉。”很明显，赫尔姆霍茨知道他在扩充缪勒的学说以解释一种单独感官的性质。他不详述这个较精微的特殊性也许是由于他不认为这个扩充说是新颖的，因为他已经把它归功于托马斯·扬了。

在实际上，托马斯·扬提出不同类颜色的特殊性就预言了贝尔和缪勒的不同类感官的特殊性的更一般的学说。托马斯·扬先在1801 年宣读、后在 1802 年发表的一篇论文内陈述了他的观点。他说，“网膜的每一感觉点”一定含有“少数的微粒”，响应 92
“红、黄、蓝三种主要颜色”的频率而震动。这些微粒刺激神经，而“神经的每一感觉的纤维微丝可各有三个部分，相当于每一原色”。扬甚至指出红、黄、蓝波动的大小相当于 8，7，6 的数目。他于 1802 年把这些数目正确地更正为 7，6，5。如果贝尔于 1811 年注意到扬在十年前所说的话，是否吃惊，是可以怀疑的。贝尔以为神经特殊性是显而易见的，他可能愿意扩充纤维特殊性的原则。相反，约翰内斯·缪勒于1826 年可能不会走得这样远。他的支持神经特殊性的论点证明他决没有想到纤维对质的

辨别的特殊性。

赫尔姆霍茨关于听觉的共鸣说最初刊布于1863年。他在此说内公然利用缪勒的学说。持续的一致的声音可分析而为和谐的成分。共鸣器能作这种分析,我们在内省时,也能作同样的分析。因此,他要在耳内寻求一组共鸣器,使各能引起一种声音的感觉。赫尔姆霍茨(在他的《听觉说》〔Die Lehre von den Tonempfindungen〕的第一版内)举出科蒂氏的弧形体(the arches of Corti)。其后他复以为底膜(the basilar membrane)的横纤维较为近似,然其论点则依然如旧。据估计所得,外面弧形的纤维为数约共四千五百。假使这些纤维各能响应每一不同的频率,那么声音的听觉不就有一种完善的解释吗?这是当然的,假使我们"和缪勒的较大范围的解释采取同一的步骤",以为每一弧形的纤维刺激一个不同的神经纤维,于是各个声音的感觉,及耳官对于复音的和谐的分析,便都可解释了。这就是说,要假定有四千五百种的听觉特殊能(后来的探究将这个数目加上两倍),这是逻辑上应取的步骤,赫尔姆霍茨就不复迟疑了。

我们这里只须附述此说的后来的发展。关于质的差异的生理学的解释,多年来只有此说可供应用。布利克斯和哥德斯瑟德于
93 1883—1884年各自发现皮肤上温、冷、压的不同觉点,有意识地从事于不同的神经末梢的探索,因为这些末梢似乎是这个学说所需要的。味觉分析为甜、酸、咸、苦,可见味觉也有四种特殊能。海林的视觉说假定了六种视觉能——这又是视觉说的进一步的修改,因为神经纤维的一对,可因一种视觉物质的两种相反历程而起作用:一个物质的同化(assimilation),因刺激相当的纤维而引起绿

色觉；同一物质的异化（dissimilation），因刺激另一种纤维而引起红色觉；其他两对也复如此。

特殊能说的接受可有一重要的结果，那就是对于大脑定位说的赞助。我们已知道缪勒断定特殊差异的位置应在脑内或神经的中枢部分之内。赫尔姆霍茨于1863年以电报系统比喻神经系统，以为神经都一样地是刺激的传导体，特殊性应位置于脑内。杜布瓦-莱蒙对于神经传导的电力性质的研究，给他以发言的权利。他也持同样的见解，且复以为听觉神经和视觉神经如有相接的可能，我们便可以耳见声，而以目听光了。

反对此说的人，自然也不在少数。洛采以为特殊性的轨迹位置在外周的感觉器内，海林也持同样的见解。传说孟克首提缪勒和赫尔姆霍茨的学说对于大脑定位的“新颅相学”的关系。据缪勒的学说，五种不同的感觉中枢应在脑内，这些中枢后来被确定地或不确定地一一指出。赫尔姆霍茨的学说恰符合于戈尔基的网状说（the network theory）：在每一感觉中枢之内，可有一个细胞或一组细胞掌管一种感觉的性质。缪勒虽未公然主张这个极端的见解，但此见解实为缪勒说的逻辑的结论，所以每当讨论质的差异的生理学时，即被默认为然。

我们同时要注意特殊能说演化的结果也难使人有明确的观念。至少就视觉和触觉而言，空间差异的知觉和质的差异的知觉发生了一定的矛盾。近代有关空间知觉的投射说要求网膜影像点对点地投射在皮层的视觉区上。色觉的心理生理学要求纤维不能少于三组，每组相当于质的视觉系统的每一成分。这两种系统究 94
竟如何与一幅有色图画的统一知觉发生关系呢？对于这个问题，

现在还没有满意的答案。

附　注

关于神经的特殊能说的优秀的历史和评论，参阅R.温曼的《感官能量说》(Die Lehre von den Sinnesenergien)，1895年。其他参考资料还有A.哥德斯瑟德，《感官的特殊能说》(Die Lehre von den specifischen Energien der Sinnesorgane)，1881年；M.德索尔，《解剖生理学报》，1892年，196—232页；W.纳格尔，《人类生理学纲要》(Handbuch der Physiologie des Menschen)，1905年，第3卷，1—15页。英文只有一部完全的参考书，但也不十分完满；A.J.麦克格，《痛觉与感觉特殊能说》(The Sensation of Pain and the Theory of Specific Sense Energies)，1902年；此外，尚有几种记载散见于各教科书，E.B.霍尔特在其1912年的《新实在论》(中译本，伍仁益译，商务印书馆1979年出版。——译者)，314—330页中的半属哲学的讨论，尤足予人启发。

关于特殊神经能的简短讨论，它在特殊神经纤维能的讨论方面的扩充，它与大脑机能定位及皮层的投射区的关系，以及最后这些学说在格式塔心理学的同型论中的现代的终结，参阅E.G.波林，《实验心理学史中的感觉和知觉》，1942年，68—90页，93—96页。又见此书第二十五章，664—691页。

贝尔和缪勒

关于约翰内斯·缪勒的学说，见他的《生理学纲要》，任何版本或英译本，第2卷，第5编，绪论的部分，《纲要》的这一部分初刊布于1838年。十个法则中的前八个及其讨论，见英译本，兰德，《心理学家文选》，1912年，530—544页。缪勒初倡此说于《视觉的比较生理学》(Zur vergleichenden Physiologie des Gesichtssinnes)，1826年，44—55页。并参阅他的《视觉的错觉》(Ueber die phantastischen Gesichtserscheinungen)，1826年，6—9页。

贝尔在私人印行的一本专著中，提出类似的学说，分赠亲友。我们在讨论脊髓神经根的法则时，也曾提起此书；书名《脑的新解剖学》，1811年。有人以为贝尔首创特殊能说即以此书为根据。《解剖生理学杂志》1869 年，第 3 卷，154—157 页，曾重刊贝尔的学说。其英文的原著也曾重刊发行，附 E. 埃布斯泰因的德译文，题名：Idee einer。neuen Hirnanatomie，1911 年；丹尼斯的《心理学史读本》1948 年，113—124 页。卡米启尔（见下文）也几乎完全重刊其重要的几段。

卡米启尔，《心理学评论》，1926 年，第 33 卷，188—217 页，尤其是 198—203 页，称贝尔的发现较前于缪勒，是贝尔优先权的辩护士。德索尔（前引书），202 页也称道贝尔；温曼（前引书），则不然。史家不得不推重"缪勒说"，因为贝尔虽较在前，缪勒的学说则为世所知名而有重大的势力。贝尔的观点和发现如果没有形成学说，详加解释，对心理学史将不可能有同样的势力。缪勒的学说尽管得之于贝尔，但仍将不失为缪勒的学说，因为它发挥了这么大的影响。

关于缪勒，还可参阅 G. 墨菲，《近代心理学历史导引》（Historical Introduction to Modern Psychology），第 2 版，1949 年，92—97 页（本书 1972 年修订版中译本，林方、王景和译，商务印书馆 1980 年版——译者），又于 1912 年重新刊布的摘要，见兰德的《心理学家文献》，1912 年，530—544 页，丹尼斯，前引书，157—168 页。

哲学家的话系引自亚里士多德的《论生命的原理》（Treatise on the Principle of Life），哈蒙德的译本，1902 年，第 2 编，第 6 章；第 3 编，第 1 章；约
翰·洛克，《人类理解论》1690 年（中译本，关文运译，商务印书馆 1959 年 2 月 95
出版——译者），第 2 编，第 8、第 9 两章；D. 哈特莱，《论对人的观察》，1749 年，第一部分，第 1 章，第 1 节。这些也都见兰德，前引书，59—62 页，242—249 页，315—320 页。并参阅温曼，前引书，11—21 页，76—94 页；关于洛克的副性，尤须参看霍尔特，前引书，313—321 页。

关于洛采的批判，见他的《医学心理学》，1852 年，182—197 页，并参阅温曼的书，39—42 页上所征引的其他参考资料。关于韦伯对于本问题的意见，见他的《触觉与普通感觉》（Der Tastsinn und das Gemeingefühl），载 R. 华格纳的《生理学纲要》（Handwörterbuch der Physiologie），1846 年，第 3 卷，第 2 编，505—511 页（1905 年分印本 37—46 页）。

神 经 纤 维 能

学说的扩充始于纳汤生，《生理医学文献》（Arch. physiol. Heilkunde），

1844年，第3卷，515—535页；及A.W.福尔克曼，见华格纳的《纲要》（前引书），1844年，第2卷，521—526页。

赫尔姆霍茨对于色觉理论和特殊神经纤维能的讨论，见他的“颜色的共同法则”（Ueber die Theorie der zusammengesetzen Farben），《生理化学学报》，1852年，163页，45—66页，特别是47—49页［重新刊布在他的《科学论丛》（Wissenschaftliche Abhandlungen），1883年，第2卷，1—23页，尤其是第6页以下］；《生理光学纲要》，第1版，第20节，1860年；重刊于第3版，1911年，可参考英译本，1924年；还可见同书，第2版，1896年。

托马斯·扬的色觉说和神经纤维特殊性的简单提示，见他的关于光和色觉的学说（宣读于1801年11月12日），《哲学汇刊》，1802年，第92卷，20页以下；《论文集》，第1卷，146页以下；一向未被叙述过的色觉产生的一些情况说明（宣读于1802年7月1日），《哲学汇刊》，1802年，第92卷，395页；《论文集》，第1卷，176页以下；《演讲集》（演讲于1802—1803年间），1807年，第1卷，440页；第2卷，617页。

关于本章的最后三段，见温曼，前引书，31—35页，63—68页。霍尔特，前引书，321—330页，认为性质的差异决定于兴奋的频率而不决定于纤维的不同。

特殊性与定位

赫尔姆霍茨在《声觉说》内主张神经系统的“电报说”。他认为神经或其传导的性质没有特殊的差异，神经好似电线，被动地传导电流。因此，特殊性应存在于终点之上，也好像电线的末端之上可附以不同的仪器。可以注意的是赫尔姆霍茨因主张神经末端的特殊性说，把神经看作被动的传导体。缪勒差不多为了同一理由，否认神经为被动的传导体的信念，但其目的在于抵抗一个较古老的学说。

读者可不得根据本文以为这个特殊性存在于脑的学说，为赫尔姆霍茨所新创。我们已知道缪勒曾明确地让这个问题悬而不决，虽然有些作者以为他用神经一词常将其脑内的末端除外。上文所引韦伯的评论，题名《脑之特殊器官的感觉神经的末端》（Endigung der Sinnesnerven in besonderen Organen des Gehirns）。贝尔后来虽然讥斥加尔和施普茨海姆的颅相学，但在1811年时也曾主张过这个学说。那时他说：“观念或知觉存在于神经所附着的脑的部分”(前引书,154 页)。“心灵的活动位于大脑之内,而感觉神经所到的脑的部分实为感觉的位置,为脑内的感觉器”(前引书,157 页)。

第六章　感觉的生理心理学：
96 1800—1850 年

神经特殊能说虽曾在感觉的心理生理的问题上起了重要的作用，但此说究竟是学者注意感觉的结果，而非注意感觉的原因。在十九世纪的上半期，关于感觉法则的知识有了长足的进步。这个进步自然是由于学者对于神经系统的生理学，特别是对贝尔—马戎第法则所规定的边缘神经系统的运动神经和感觉神经的区分日益发生兴趣的自然结果。这个关于感觉的研究，多以感觉器的物理学为对象，并且几乎完全和近代感觉的实验心理学的发展路线互相一致。因为这个缘故，本章的目的在于仅欲略述十九世纪中叶以前的实验的心理生理学的发展，所以对于此种感觉的研究不能详加考察。德国的系统学者的各别的发现及其组织，那就应属于五种感觉的专史了。

很明显，这个研究与心理学的关系更加密切的部分就采用了一种非正式的内省法；换句话说，就是利用人类的感觉经验，经常是实验者本人的经验。这种缺乏批判的内省法若能产生任何其他科学家都易于证明的结果，我们便不必将此法精益求精，也不必予此法以一名称，更不必提出现代行为学所提出的唯我主义的问题，说那些材料不是观察者的经验，而只是他的关于这些经验的报告。近代的科学家尽可能避免这种认识论的问题。譬如牛顿发现蓝色

光和黄色光相混，便现为白色；塔蒂尼发现高低不同的两个音调若
同时发音，便似若伴有另一低音；韦伯发现皮肤上的两点，如很接
近，便可感而为一；这些学者完成了这种种观察，可都没有对于其 97
中一个因素即经验的性质作批评性的讨论。

最初，对于经验和它的生理条件的关系的这个兴趣，也只是偶然发生的。对于感觉问题的生理学研究，就在于搜集解剖和物理的知识，因为物理学和解剖学对于光及视官和声及听官都已经有了进展。所以感觉生理学也先扩充到视觉和听觉。读者也许以为可以求助于力学，以便扩大触觉的知识，因为力学的进步不次于光学和声学；但就触觉而言，我们可还没有详细的解剖学，借以纳入物理的知识。解剖学已证明眼为视觉器，而耳为听觉器，但对于皮肤，则不能详举其构造。他如嗅味两觉则更属模糊；就是我们现在关于这些器官的一知半解，也多是十九世纪末年后才有的。

感觉生理学的发展也因科学手册的需要的增加，而得到了促进。科学的知识既增加很快，于是关于科学知识的摘要也日益重要了。常有人说科学的进步是不平坦的，知识的前线是不整齐的，未知的区域常位置于已知的前线之间，而进步的条件则是无规则的。这些话虽不错，但系统的摘要的组织可用以暴露现有的空白，而引起学者的注意。要填补这个空白，也许需要一种敏锐的天才，或一种中肯的思想，然而系统化作用整理了散乱的事实，揭露了已知的区域和未经探究的区域，所以它的重要是不能忽视的。

系统的生理学教科书却也不少，因为是系统的，所以不得不讨论感觉。1803 年，查尔斯·贝尔刊布其《人体解剖学》(The Anatomy of the Human Body)(此书系和其兄弟合著的)的第三卷。此

卷专论神经系统和感觉器，为那时感觉的知识作一个简赅的节要。这里贝尔觉得对于视觉及听觉所可说的话十倍于其他三种感觉。然而精于节要的尤当首推德国的学者。就德国说，除了讨论一种感觉的著作之外，在本世纪的初年，还有若干种讨论一般的感觉：
98 例如斯坦布赫在1811年，普金耶在1823至1825年，图尔条耳在1827年。约翰内斯·缪勒的《人体生理学纲要》(1833—1840)更属重要，那是我们已经知道的。这些书有百分之十五以上专论感觉，三分之一以上专论“心灵”。这部《纲要》对于视觉和听觉论述最详；对于其他三种感觉仍讲得很少。但其后便跟着有华格纳的《生理学词典》(Handwörterbuch der Physiologie，1842—1853)，内载有E.H.韦伯“论触觉及一般感觉”(Der Tastsinn und das Gemeingefühl)的文章，从而，补填了这一个缺陷。这种研究持续至十九世纪末年。赫尔曼的《生理学纲要》(Handbuch der Physiologie，1879—1880)以超过一千页以上的全卷讨论感觉；其各段乃由海林、V.亨森、M.V.文希高及那时的其他著名生理学家合著而成。E.A.沙费尔的《生理学课本》(Text-Book of Physiology 1900)是性质相同的新书，但是实验心理学及其在感觉方面的研究的成熟，在本世纪内有在生理学课本里取消关于这些问题的讨论的趋势。

视　觉

视觉在五种感觉里最为人所熟知。一个世纪以前牛顿的《光学》(1704)的刊行，无疑是这个事实的原因。此书和物理学家晚些时候的著作,不仅使折光的定律和光学的仪器有相当完备的知识,可以应用于眼的问题,而且那本《光学》,特别是关于色的部分,也供应了一些有关心理学的次要知识。

在十八世纪时,视觉的心理生理学没有太多的发现。1759 年威廉·波特菲尔德出版他的两卷集《论眼与视觉的方式和现象》(A Treatise on the Eye,the Manner and Phaenomena of Vision),共计 885 页,成为这个领域的标准课本达五十年之久,不久就有 J. 普里斯特利的《视觉、光和色的发现的历史和现状》(The History and Present State of Discoveries Relating to Vision,Light and Colours)予以补充,此书共计 812 页,刊行于 1772 年。他的 1878 年的视觉书目,十八世纪的充其量只征引了大约六十种参考资料,而在十九世纪前七十五年的资料则达到七百种以上。

托马斯·扬改变了本世纪生理科学的图景。他的单眼对距离
的顺应的论文公布于 1793 年他的较后而更重要的论文公布于 99
1801 年。他对于色觉学说的贡献——后被称为扬—赫尔姆霍茨的三色说以及不同颜色为不同类的神经纤维所引起的有关概念的要点的贡献——这些见解是卓越的,因为它们来得早,很少受到时代精神的影响,时间是在 1801 至 1807 年间。

稍后就有光辉而博学的诗人歌德,他是德国十八世纪后期和十九世纪早期的学术史中的最受尊敬和最有影响的人物之一。歌德曾对牛顿不快,因为他对牛顿的色觉说(1791—1792)的攻击得不到科学界的同情。这个挫折所产生的愤懑终于在 1801 年产生了歌德的一千四百十一页的《色觉学说》(Zur Farbenlehre),满载概括、思辨、轶事和格言,一个较小的人物如果编著这样一部书也许需要半生的光阴。今天谁也不会想到这个插曲,除非是用作一个实例来说明个人的自豪如何曲解证据的引用,挫折的情绪如何促进科学的活动,但是谁也没有讲到伟大歌德的这一琐事,虽然,赫尔姆霍茨仅在四十年后提起了它。相反,歌德却推动了颜色的探究。

他激发了普金耶,普金耶在 1819 和 1825 年的关于视觉的几卷,上文曾证引过了。第二卷献给歌德,可以说歌德和普金耶提倡并有助于建立心理学的现象学的传统,而这个叙述性的研究法后来就由海林和格式塔心理学持续下去(见边码 18—21 页)。歌德也使他的朋友叔本华注意颜色,叔本华的色觉说发表于 1816 年。

普金耶之后为约翰内斯·缪勒。缪勒于 1826 年刊行他的《视觉的比较生理学》(Zur vergleichende Physiologie—des Gesichtsinnes)和《想象的视觉表现》(Ueber die phantastischen Gesichtserscheinungen)。这两部书含有他的神经特殊能说的开端,那是我们已经知道的。第一部书的范围比一本单纯的比较生理学远较广博,因为它也讨论外界的关系问题,两眼视觉中两个视野的统一,辐合作用和顺应作用,甚至涉及歌德的色觉说。第二部书的范围大为缩小,只研究较纯粹的心理学问题。

G. R. 特雷维拉努斯在两年后所刊布的关于视觉器的著作,对于不同动物的眼的大小和他种视觉常数列出了一个很完备的表
100 格,对眼这个视觉系统作了数学的处理。我们知道即使弗卢龙在他的粗陋的脑解剖学中也不能不辨别我们所称的感觉和知觉的差异。1855 年,希尔曼发表他的《视觉感觉到与视觉观念》(Die Bildung Gesichtsvorstellungen aus Gesichtsempf indungen)更细述

了这个区别。1836 年福尔克曼著《视觉生理学的新贡献》(Neue Beiträge zur Physiologie des Gesichtssinnes)，两年后缪勒在他的《纲要》论述视觉时常参考这本书。这个福尔克曼(和 1865 年著《生理学教科书》的福尔克曼不是同一人)在华格纳 1846 年的《生理学词典》内写了视觉章。1841 年，C. A. 布洛发表了另一本重要的书，论述人眼的生理学和物理学。此书讨论了眼的运动和辐合及顺应的问题。至实验的观察则多载入专章之内。这些著作都是视觉生理学进步的里程碑。

在这个时期之内，关于视觉的每种论述几乎都是以刺激的物理学，眼的解剖学及两种题材的关系为主题——也就是说，以眼为一光学的仪器。贝尔的论述是典型的，但仅在三十五年后，到了缪勒手里，其着重点就已经转移了。就刺激说，除了它常为光的一般事实之外，我们还知道有为屈折，反射，传导，干涉等作用所产生的色。人类的眼的一切重要的组织，除了水晶体的曲度的变化之外，全都属于已知。眼的比较解剖学的研究是有它本身的理由的，但也因为关于非脊椎动物的简单视觉的知识，似可导致有关脊椎动物视觉的更重要的元素的认识。

从物理学和刺激出发关于视觉知识的进步是由外而内的。譬如影像成于网膜之上，结果产生视觉，眼究竟如何形成这种视觉的系统，那便是一个重要的问题了。贝尔(1803 年)曾详加论列。特雷维拉努斯(1828 年)以研究这个问题为其主要的工作。缪勒(1838 年)也复如此，其所讨论的问题有水晶体等的折光作用，视觉系统的无色系，近视眼和远视眼的缺点及其纠正等。就华格纳《生理学词典》而言，除了福尔克曼论视觉的篇幅(1846 年)以外，还有利斯丁讨论屈光学(dioptrics)一文(1853),内有关于退化眼的原则及利斯丁的影像和网膜曲度及眼球转动的相关律。那时的问题已将双眼视觉及眼球运动也包括在内。赫尔姆霍茨对于光学
101 的生理学的分析(1866 年)即以此为背景。冯特(1862 年)和海林(1868 年)也讨论了这个问题。这原来就是关于视觉的基本问题。

这些事实是基本的,部分的原因是由于神经的特殊能说已引起了知觉机制的问题。我们现在如果依照缪勒的哲学的简单的水平,我们可仅陈述当时生理学家所看到的问题。那时一般的见解,以为知觉就是神经用某些方法将被知觉的外物的性质传达到脑,缪勒以为我们所直接知觉的不是外物的性质,而是神经本身的性质。那么,我们究竟如何精确地知道外物呢?那便是因为神经的状态相当于外物的状态,其经过的情况可以规定为某种一定的法则。这就是说,我们因视见而知觉的,不是外物,甚至不是来自外物所发射出来的光线,而是视觉神经及其扩大部分网膜的状态。除了色以外,视觉知觉的最明显的事实是它对于空间大小,形状及位置,给我们以正确的信息。这个事实是由于眼作为视觉的器官投射所见的影像于网膜之上,这个影像虽然是一个平面图形,但仍为外物之一正确的副本。所以由缪勒及其他生理学者看来,网膜的影像,若证明其和外物相似,那么知觉就几乎可以解释了。假使神经上的刺激为一模型,而感觉中枢又直接觉知视觉神经的状态,那么它知觉一个模型是毫不足怪的;假使这个模型为一外物的视觉的影像,那么它有正确的知觉,也不足惊怪了。

缪勒当然也知道网膜有时可使外在的空间反映失实。以网膜的不适当的刺激为依据的所有特殊能的论点,都证明错觉是可能

的，就是说，感觉中枢不常接受正确的信息。感觉中枢所直接知觉的为网膜；所以视野的大小仅仅是网膜影像的大小。绝对的大小因此决定于网膜影像的大小——换句话说，决定于视觉的角度，而非决定于外物的大小。方向的知觉，决定于网膜上受刺激之点——相对的和绝对的。网膜的影像是颠倒的。但由缪勒看来，我们见物何以不颠倒，那是不成其为问题的。由他看来，很明白，所谓"上"者，意即网膜底部因刺激而产生的感觉；只是一个有生理光学知识的人，才于直接知觉其网膜时，知道这个感觉来自网膜的 102 底部。于此，我们可以体会缪勒的意思是说"上""下"的区别是由经验学来的。就一般说，我们虽知道知觉的大小和视觉的角度不完全互成比例，但缪勒的学说现仍为良好的学说。

由缪勒看，视觉的学说显然只是网膜接受视觉影像刺激的学说。依照这些术语，他乃以哺乳动物的视觉和较低等动物的视觉互相比较。马戎第曾以实验证明，眼所投射的影像可见于一人造的屏幕之上，缪勒征引这个实验而推知水晶体和虹膜的机能。他坚持网膜的圆锥体为重要的器官，以为视觉的锐敏有赖于圆锥体的丛密，而圆锥体的数目则在网膜的中心较多于在网膜的边缘。他甚至提出空间觉阈的问题。中央窝的两个圆锥体对向着成 40 度左右的角的弧线，缪勒引福尔克曼及韦伯的话，以为为这个角度所分离的两点刚可辨别为二。特雷维拉努斯的锐敏阈（threshold of acuity）就圆锥体的面积说来便太微小了。

网膜在视觉神经入口之处是盲目的，因此，网膜又以它的性质强加于外界的现实。但在这个时期以前的一百多年时，学者旦已知道盲点的存在了。E.马里奥特发现了它，并在 1668 及 1682 至

1683 年之间加以描写。传说查理二世(卒于 1685 年)曾以此戏弄他的朝臣,可见盲点已成当时的常识。

在这半个世纪内,学者对于色觉的法则也略有所知。牛顿(1704 年)创立色的混合的头两个法则,这自然要涉及补色的知识。生理学家也曾知道这些事实,H.格拉斯曼在 1853 年立下了第三个法则。1760 年范·穆森布勒克首以色盘旋转引起色的混合,1853 年 J.普拉托求得这种混合的法则,1857 年 C.马克斯韦尔改善了这个方法。所以色盘常被称为马克斯韦尔盘。

贝尔知道了赫舍尔对于光谱的测量(1800 年);他说光谱的颜色明度是不相等的,最大的明度位置于黄绿之间。后来,J.v.弗朗荷佛 1815 年应用一种简单的却不太容易的多色光度测量法,测定光谱在八个大相隔离的弗朗荷佛线上的相对明度,这是*发光曲线*
103 的第一次制定的图示。维洛特在 1869 年完成了类似的测定,但是这些曲线是没有意义的,因为那时还没有办法测定光的绝对能,这个缺点最后是在 1883 年 A.G.兰利的微量放射能测量器的发明得到了补救。

普金耶于 1825 年描述了照度从黑夜到白天的变化(或傍晚时相反的变化)对颜色的影响,从此以后,心理学家承认了这个现象学的精致的描写,就称它为普金耶现象。有许多学者证实了这种现象,直至 H.奥贝特在 1865 及其后的观察为止。

使发光体旋转便可见一光圈,牛顿描述过这种现象(1704),他知道感觉在刺激消失后继续存在。在牛顿之前,十七世纪有若干人提到这个现象,包括波义尔(1663)。布丰(1743)新创偶然色(accidental colors)一词并举正负后像和缺乏刺激时所发生的色的飞舞以及类似的色的变化。富兰克林(1765)证明闭眼时,在黑暗视野中的后像如何会是正的,而在睁眼时,在白纸视野中的后像如何会是负的。这个证明后被称为富兰克林的实验,引起了科学家的多次讨论。1786 年,达尔文的父亲 R. W. 达尔文译述了视觉光谱,这是用光谱一词称后像的第一次。光谱(英文原名来源于 spectre,鬼魂)是一种表现(来源于 apparition,鬼魂出现)。牛顿用此词以称见于黑暗中的鬼样的色带,那时三棱镜上的白色光线已经消逝了。关于后像的主要事实,在十九世纪初年都已被掌握了。

明暗适应的现象直至奥贝特于 1865 年对它们进行探究,又有海林于 1872 年继承其后时,才有适当的了解。至于同时对比的知识则始于达·芬奇为画家所定的规则(1519 年以前)。那时对于有色的阴影有浓厚的兴趣,可不懂得阴影缺乏轮廓和实物性,特别容易感受色的诱导。海林卓有成效地利用阴影说明色的对比,但正确的解释应归功于二十世纪。

关于盲点的知识又激发了**边缘视觉**的兴趣。托马斯·扬
(1801)测定视野可见度的范围,描写了边缘锐敏度的减弱。现象
论者普金耶(1825)证实了扬的结果,说明刺激的颜色从网膜的中 104
心到边缘时可先变化色调,后来就不可避免地成为灰色。V. 索达
尔斯基(1842)首先认为网膜可被分成不同的色觉区域,奥贝特
(1865)完成了有关区域变化的彻底的实验测量。

1684 至 1777 年间有人描述了缺陷的色觉,但对这个缺陷的性质到 1794 年才有所了解,那时教友派化学家 J. 道尔顿描写了他自己的缺陷,这个缺陷后来就被称为道尔顿病。托马斯·扬和歌德都讨论过这种色盲，A.西贝克于1837年认为有两种色盲——在事实上确有两种。1845年赫舍尔以为道尔顿病是两色病，只有黄和蓝而缺乏红和绿。到了十九世纪后半叶，色盲就有了理论上的重要性，因为这个缺陷的实际性质是评判色觉的互相敌对的学说特别是赫尔姆霍茨说和海林说的试金石。

在赫尔姆霍茨和海林以前，重要的色觉说只有托马斯·扬(1807)、歌德(1810)和叔本华(1816)的学说。德国生理学纲要的作者提到了歌德学说的次数最多。但是缪勒批评了它。赫尔姆霍茨(1852年及其后)在德国肯定了扬说的十足重要性。海林直到1874年后才宣传他自己的学说。此后一个时期以内有许多其他学说，其中也许以拉特—富兰克林(1892)的学说最为著名。

双眼视觉是这个领域内最难解答的问题之一。试以两手触物，一般似有两个触觉，除非我们只想及接触到的物体。但以两眼看物则几常仅有一个视觉，尽管我们想及物体或想及看物体的眼睛。双眼视觉如何得到了单一映象呢？这里就存在着三种学说。天文学家刻卜勒(1611)曾经说过视觉的单一性是由于看的活动投射于所见物之上，这个客体说适用于触觉，一支铅笔被握在两个手指之间时，感觉起来似仅一只。物理学家G.B.波塔认为(1593)两个网膜影像在知觉内是更迭出现的，先是这一个，后是那一个，好像现在所知道的网膜竞争的现象。解剖学家和颅相学家加尔也支持了这个观点。但是正确的观点应当是解剖学的。每个网膜都各有半数纤维在视神经交叉处交叉，而另一半则不交叉。这个事实意味着两个网膜通过神经纤维而在脑子上的投射是重叠的，视
105 觉的单一性是在一个脑模型和另一脑模型完全一致而产生的结

果。远在二世纪时，盖伦就已经想到了这种视交叉的机能了。牛顿在 1717 年也说明了这个观点。我们发现缪勒在十九世纪承认了它，并使它更加周密。

阿吉洛尼厄斯于 1613 年对视限(the horopter)的发现和定义支持了两个网膜是由对应点构成的观点。所谓视限就是双眼视觉中所有看成单一的各个点的轨迹，也就是所有如下的这些点的轨迹，这些点的影像都落在两个网膜的对应点之上。它在水平的平面上，是经过两眼的注视点和两个中心的一个圆周。维茨于 1818 演示了它，缪勒于 1826 年详细说明了它，说明得卓有成效，以致视限成为“缪勒的圆周”。

视限的发现当然会使人知道不在视限之上的视野部分不引起单一的视觉。十七和十八世纪对于为什么我们在平常的情形之下看不到双像的问题引起了许多讨论，是否因为视觉的更迭或物体的投射呢？惠斯顿于 1833 年发现双眼视差所产生的网膜不对应性就由神经系统综合而成立体知觉。他创制了实体镜借以证明他的论点，在 1838 年才第一次公布了它，因此失去了纳入缪勒《纲要》的时机。稍微晚些时候(1843)布鲁斯特爵士发明了他的实体镜，霍姆斯制造了手提实体镜(1863)，成为维多利时代那么多的宫廷会客厅的玩艺。霍姆斯以为在实体镜上看到风景片的实体性将可使旅游外国没有必要了。

两眼在注视不同距离的实物时有不同的辐合的事实，应当是研究过视觉的任何人所知道的。阿吉洛尼厄斯(1613)，笛卡尔(1637)和贝克莱(1709)描写过这种现象的几何学，后二人认为距离在意识上的线索可能是由于辐合的程度提供的。这些事实已在十九世纪内为人所承认了。

但眼究竟如何调节它自己去注视不同的距离呢？在早期中还很少一致的意见。刻卜勒(1604)曾证明透明体不是眼的感受性的物质，而是在感受性的网膜上形成一个影像的水晶体。十七、十八世纪间所产生的学说以为**顺应**只是由于瞳孔大小的变化，由于眼
106 因外在肌肉的紧张而延长，由于角膜在这些肌肉作用之下而引起的曲度的变化，由于眼球内水晶体前后的运动，或竟由于水晶体形状的改变。最后的学说是正确的。它得到了笛卡尔(1637)、亨特(1794)、托马斯·扬(1801)、普金耶(1825)和赫尔姆霍茨(1866)一系列极为卓越的学者的支持。主要的证明在于注视远近的变化时，从角膜反映出和从水晶体前后面反映出的一个火光的影像的距离的变化这一项观察的结果。这些影像首先是根据普金耶的观察(1825)，后来便根据 L.J.桑森(1838)和 A.克拉默(1851)的观察。这些影像以桑森为名，虽然桑森不是它们的发现者，它们的学说以赫尔姆霍茨为名，虽然赫尔姆霍茨不是此说的创始人。

在十九世纪早期的所有这些讨论中，生理学家依照他们的气质的差别，在不同的程度上涉及心理学的问题。甚至贝尔原来有意识地避免不明确的思辨，但也有时不能不引“注意”为解释的帮助。缪勒比谁都接近于一个实验心理学家，当然在解释中求助于心灵。他讨论了视觉现象的注意会反抗其他感觉现象的注意，而在视野之内也会选出其中某一物体予以特殊的注意。由他看来，物体和外在世界的空间关系不是视觉本身的问题，而是“判断”的问题。因此，他说，知觉的形式不但有赖于感觉，而且有赖于联想；而距离的知觉也不但有赖于感觉，而且有赖于推理。就网膜竞争

而言,注意赞助了某一影像的持续而压制了另一影像。这种陈述虽不明确,但是,我们要记得每一种陈述都涉及心理学的问题。我们不久可以更深刻地懂得生理心理学如何取得独立的存在,假使我们先明白生理学如何不能逃避心理学的问题。

听 觉

在视觉以后,感觉生理学家对听觉最有兴趣。物理声学在1800年左右已相当进步,外耳及中耳的解剖,内耳构造的概略也已可了解。然而就大体而论,关于听觉的知识确较视觉为少,因此关于听觉的著作也较为少见。贝尔对于听觉所可说的,仅当视觉之半,斯坦布赫,约当四分之一;缪勒则约有四分之三。哈利斯在华格纳1853年刊行的《生理学词典》内写作了关于听觉的部分。107
这些著作所采用的种种观察多曾见于专篇和论文。我们若研究约翰内斯·缪勒的生理学便可推知这个时期的概况了。

教科书都侧重物理声学:如声学在固体,液体及气体中的传导,发声体如弦线及气柱等的物理学,音波的反射和干涉,共振,传导率等。缪勒做了许多实验,使声由此传导体而传导于另一传导体,以便分析耳官的听觉性质。他又使耳的解剖和声学发生关系。贝尔和缪勒都详述耳的比较的解剖学及不同动物的听觉的性质。外耳显然是掌管收集声音以刺激鼓膜,鼓膜则因受声的刺激而震动。贝尔和缪勒都证明中耳的一系列小骨系用以传导声音而达到卵圆窗。贝尔正确地认识圆窗的机能——当卵圆窗向内和向外运动时,圆窗就作向外和向内的运动。没有圆窗,卵圆窗就不能运动了。缪勒以为声音传导是这样进行的,声音的震动传导于固体,不是通过小骨作为杠杆系统运动的。他以为镫骨紧靠内耳的不能压缩的液体之上,所以决没有运动的可能。他不像贝尔,他不知道内耳的构造可使圆窗解除卵圆窗所受的压力,所以整个的运动也属可能。他对于鼓室肌(tensor tympani)的机能的揣测却颇不错:那就是对于鼓膜的紧张性的维持和适应。他用实验证明低音和高音要好好地通过鼓膜,便需要不同的紧张,以便对鼓膜作最良好的传导,他的结论以为鼓室肌在这种适应中作反射的动作。他相信自己能随意收缩这个肌肉,他自认对于中耳的其他肌肉如镫骨肌的机能尚无所知。耳咽管的机能更是使他迷惑。他举出了九种学说,却颇赞成下列正确的学说:就是,此管的构造为了使中耳和大气间的气压互相均衡。据他的实验,气压如不均衡,则听觉的能力随而减弱。

缪勒对于内耳的学说,和真理相去很远。脑神经的第八对,引入耳官,所以又名听觉神经。听觉神经既分布于耳蜗及三半规管,
108 于是缪勒乃相信耳蜗及三半规管都为听觉的器官。也许因为它们都是满装液体而不和外面相通的小管,所以缪勒以为它们都没有很好的听觉能力。据他的推想,声音可以有两条路通过中耳;它可由鼓膜经过小骨而入卵圆窗,也可经过空气而入圆窗。他以为前一条路对半规管较为有效,后一条路对耳蜗较为有效。因为据缪勒的实验,声音由固体(小骨)传入液体较易于由气体(空气)通入液体。因此,他乃深信圆窗仅为一效用较小的补助物而非听觉的要素,譬如蛙耳没有圆窗,也不妨碍其为听觉器。但在人类,圆窗必不无效用,因为他虽损失了中耳内的小骨,可是也能由一窗或两

窗感受听觉。假使这个机制的听力很弱,它也可因听神经的布置而略得补偿,因为听神经分布于螺旋板(spiral lamina)之上,与声的震荡可有扩大面的接触。于是,缪勒乃得使声音入听神经,也像他在讨论视觉的时候,其主要的目的在欲使光线通过视觉器而入视神经一样。这就是特殊能说的倡导人的主要的问题,那是我们已知道的。但把它应用于听觉,其解决便似较少把握,因为缪勒对于听觉器构造的知识不及网膜构造的丰富。眼的知识较耳的知识为先进。

关于听觉刺激的性质,缪勒所能说的,都不出物理学中声学的范围。他以为声音可通过颅骨而引起我们的听觉,但是这些震动直接影响颅骨呢,还是影响鼓膜而使颅骨间接受影响呢,他可没有明确的见解。他前曾以主观的声音为其特殊能说的证明,这时当然又引以为证了。

关于乐音和连续的噪音的问题,缪勒便援引 F. 萨瓦尔的实验为一参证(1831)。在作这些实验的时候,实验者以一纸片和一转轮的轮齿接触而发声。一齿所发之声为非乐声的单音。数齿可发一嘎嘎声。但依相当的速率,数齿或仅两齿也可发一乐音。

缪勒又引萨瓦尔的话,以示听觉的限度。他以较高限为每秒 24,000 周或再高一点;较低限为 16 周或再低一点。J. B. 比奥(1814)和 C. 德斯普雷茨(1845)还作了不同的测定。

关于差别阈限,那时和 1888 年前冯特实验室内都还没有作出系统的测定。C. E. 德勒仁(1827)证明这个阈限小于八度音阶的 109
1/120,西贝克(1846)求出了不同值,都小于 0.5 周。

复波分析的问题大致决定了赫尔姆霍茨的听觉说,但是缪勒未能予以完满的讨论。他以为波长决定音高，波幅决定强度，波长相同的两个音，将可互相助长而产生一更强大的音。波长不同的两个音，我们所以都能听见，他以为是，因为耳能感受两音的极量。他在这个讨论中，用以代表频率的为一系列连续的小点而非波形。以为在两音中，知觉其一，较难于仅有一音的知觉。贝尔虽甚欠明确，但是当他以耳官为成自长短不同的弦线的乐器的时候，赫尔姆霍茨以他为较近真理。

1822年，傅立叶证明任何无规则的周期波形都可被化为正弦组成部分，从此时以后，这个问题的解决就有可能了。必要的了解还来自1843年，那时欧姆应用这个定律于听觉，指出耳官将无规则的或复杂的波形听作傅立叶的正弦组成分。这就是欧姆的听觉法则。当然，它后来成为赫尔姆霍茨听觉共鸣说的基础，因为共鸣的分析和傅立叶的分析得到相同的结果。缪勒写作时可没有这种知识。

节拍对缪勒不成问题。它们似可用干扰作物理的解释。差音的事实，那时称为塔蒂尼音，缪勒陈述了它，没有加以解释。塔蒂尼于1714年描述过这些音。J.B.罗米厄于1751年认为差音由于节拍而引起，它是由于节拍频率而产生的音高。维茨于1805年把这些现象称为合音。G.G.霍尔斯托罗姆于1832年扩充了罗米厄的学说，包括高级的差音——如发生器和第一个差音之间的差音以及差音和差音之间的差音等等。这都是欧姆律流行之前的事。赫尔姆霍茨于1856年发表了合音的经典的研究，报告了有关总和音的发现，证明了高级差音的事实。

此时关于声音定位所知很少。E.H.韦伯(1846)证明左耳和右耳的听觉的辨别是即时的,也是明确的,但只是在十九世纪七十年代以后,这方面才有所进展。

这就是上世纪前半叶的听觉的心理生理学的图景。扩充修订 110 都有赖于赫尔姆霍茨(1863),他对视觉也完成了同样的任务。

触 觉

当视觉和听觉的心理生理学方在发展的时候,关于触觉则似少有人谈及。贝尔和缪勒都仅以数页篇幅谈到了触觉。有时触觉和嗅味合称简单觉。简单倒确是简单的。因为物理的刺激似直接作用于皮肤或其他组织的神经末梢之上。视觉听觉的学说多数都要使刺激和神经接触——就是说,研究视觉影像在网膜上的投射,和声音传导到内耳听神经末梢。至于触觉的刺激——为压力,温度,运动及其他——则直接作用于皮肤内的神经之上,用不到什么传导的机制。

恩斯特·海因里希·韦伯(1795—1878)是莱比锡大学解剖学教授后又为生理学教授(1818年以后)。是他才把触觉的事实和问题提到相当突出的地位。这些事实大多数是韦伯实验的结果。1834年,他乃以拉丁文的专册,刊布其关于触觉的实验,书名《论触觉》(De tactu annotationes anatomicœ et physiologicœ)。然而现在被誉为他在感觉心理学中的经典著作之一的《触觉与一般感觉》(Der Tastsinn und das Gemeingefühl, 1846),是华格纳《词典》中论触觉的一篇。现在可讲述韦伯对于触觉的见解。

第一,他不得不限制其问题的范围。Touch〔触觉〕究竟是一个浮泛的名词。皮肤的各部分及身体的内部都满布感觉的纤维，和脊髓的背部神经根相连。因此，感觉性几甚普遍，Gemeingefühl〔一般感觉〕一词在实际上可为触觉的同义字。但是韦伯则阐明此二词的区别。触觉属于皮肤；一般感觉则为皮肤及内部器官所同有；且复将一切痛觉包含在内。

触觉含有三种感觉：即压觉，温觉及位置觉。韦伯虽屡称压
111 觉，温觉及位置觉，但由他用来，这些名词可没有确定的涵义；它们都不外为触觉的一部分。他以温、压为触觉的两种，位置觉虽有别于其他感觉，但仍有赖于这些感觉，然后才可引起。热和冷，韦伯以为是温觉的积极的感觉和消极的感觉，和视觉中的明暗相同。他又举出一个不能辨别冷热的病态的例子为证。至于触觉的温、压的关系，他以为可示以下面的一个事实：就是，冷的物体似较重于同分量的热的物体。韦伯用德币（the Thaler）的实验，那是谁都知道的。他把这些钱币之一，由冷水中取出，置于被实验者的前额之上，复以同样的钱币二枚由温水中取出，置于被实验者的前额之上，结果是前者较重而后者较轻。此外他也注意到连续对比的事实中的冷和热的关系（即洛克所曾讨论的事实）。

要了解韦伯对于位置觉的见解，便不得不明白这个感觉不是其他感觉的一个重要的部分。位置觉和压觉似有很密切的关系，譬如当两指前后为物所触时，我们便以为有两个不同的感觉。韦伯以为我们若以此指触彼指，便可更好地了解：那时两指交受刺激，我们乃只有一个感觉。据韦伯的主张，感觉本身可仅在性质和程度上有所变化；其空间的特性则有恃于心灵的活动及各感觉的关系。

但由韦伯看来，以位置觉划归心灵，不是说它没有研究的可能。他用他的著名的“两脚规试验”为这个问题的研究之助，这个实验后便成为两个印象的阈限的测量。他发现，两点知觉的阈限随身体的各部分而大异；譬如就上臂说，其两点知觉的阈限大于小指的内面达三十倍之多。他以为这些差异是由于神经纤维的疏密的不同，而神经纤维若愈丛密，则其空间的辨别也愈精确。假使皮肤上神经纤维可受刺激的部分为一圆周，那么皮肤便可分为许许多多的感觉圈。两脚规的实验若以两点置于同一感觉圈之内，将仅有一个纤维可受刺激，因此只能引起一点的知觉。不然，两点若 112
置于两个附近的感觉圈之上，则附近的纤维可受刺激而引起一条线的知觉。但只当受刺激的感觉圈是互相分离的时候，被试验者才可有两点的知觉，这便是韦伯对于位置觉的见解。心灵的功用系对刺激的模型作空间的解释。

韦伯对于触觉作缕分条析的讨论，对于一般感觉可不能如此细密。他以为一般感觉分布于全身，可以补充皮肤的触觉；而且其他感觉器——如眼，耳，鼻，舌等，——都有这个感觉。在皮肤及肌肉中最为精妙。痛觉便为它的最特殊的属性，可因宜于触觉的刺激而引起。皮肤上的力和牵引，可引起压觉，也可引起痛觉。同理，冷热也可有相同的效力。韦伯复细心求得痛的热阈。此外尚有其他感觉，如战栗觉和瘙痒觉，也属于一般感觉，但关于这些感觉，所可说的很少。

韦伯承认肌肉也有感受性，因为肌肉感觉是属于体内的，疲劳在性质上似有近于痛觉，而肌肉的收缩（如子宫的收缩）有些是很痛苦的，所以他将肌肉感觉归入一般感觉。贝尔对于肌肉觉或后来所称的第六觉的讨论，韦伯似尚无所知。传说肌肉的感受性，从亚里士多德以来，已早为世人所知。贝尔不过是阐说此觉的机能而定其名称而已。他在1811年著论文以讨论脊髓神经根的法则时，即略及肌肉感觉，然而其重要的论文则刊布于1826年。但缪勒和韦伯在讨论肌肉时，都未道及贝尔。其他讨论过肌肉觉的人如斯坦布赫(1811)，比夏(1812)和布朗(1820)也都不提贝尔。

韦伯对于皮肤觉的知识都是其大量实验的结果，详载于《触觉与一般感觉》内。他根据他自己的测定，知道同样的重量，置于皮肤的不同部分之上，便可引起不同重的知觉，又知道辨别重量和温度的能，也和位置觉一样，随皮肤的各部分而不同；又知道摄氏半度的差异不难知觉，而刺激愈大则辨别也愈易。他说，同温度的刺激若其面积愈大，则其所引起的温觉也较强大，因此他的结论以为
113 脑内必有一种累积作用(summation)，而此累积作用则以对附近的纤维而言为最大。

这些关于感受性测量的最值得注意的实验，便为费希纳所称的韦伯律的基础。韦伯1834年，在《论触觉》中曾报告其研究的结果；此时乃略加扩充。他没有规定特殊的法则。他仅说明两种重量间的最小可觉差，可写成两种重量间的比例，而这个比例则不随那些重量的大小而异。他又应用其重量的创始性实验，以研究视觉对于线之长短的辨别，和听觉对于音之高低的辨别。据研究的结果，最小可觉差，就重量说，为1/40；就线说，为1/50或甚至1/100；就声说，约为二分之一微音差(musical comma)或1/160。韦伯深信自己已形成了一个重要的通则，可是他从未知道这些简单的实验终至于造成整个的心理物理学。

关于触觉的生理学，韦伯所知甚少。他以为皮肤和发根的绒状突起必即为触觉器，他深信触觉系仅以皮肤为限，因为他不能由内部器官及因伤而暴露的底层组织中，引起压觉温觉和冷觉。他以为一般感觉遍布于全身，虽然腱和软骨及骨等是没有感受性的。触觉和一般感觉的神经通入脊髓；那么是否也通入脑内呢？韦伯以许多事实证明这些神经之应以脑为终点。

韦伯不像缪勒好作心理学的空论；然而他既以为触觉的刺激可以传达到脑，便不得不以为触觉的刺激也受心灵的影响。知觉自然是心灵的机能之一；韦伯以为知觉的职司系将感觉归入空间、时间及数目的范畴之下。但就大致而论，他确欲避开形而上学的问题而不谈，当说明心灵影响感觉的时候，他愿征引天文学家贝塞尔对于人差方程式的实验。

味觉与嗅觉

在十九世纪初，味觉和嗅觉的知识的欠缺和触觉相同。到了十九世纪中叶，这些感觉的精密知识仍旧很少。这种进步有待于
十九世纪八十年代和九十年代。十九世纪的初年，关于嗅觉，曾有 114
一篇很周密的论文；题名《论嗅觉》(Osphrésiologie)，共计七百多页，作者名 H. 克洛克，其刊行的时期约为 1821 年。依法国的惯例，此书有二分之一专论嗅觉的病理学。后人关于嗅觉的著作都以此为基础。至于味觉，则未有类似于此的著作。

贝尔(1803 年)知道舌之味蕾为味觉的器官；没有味蕾，便没有味觉。霍恩(1825 年)证明不同的味蕾掌理不同的味觉。这虽可用以提示机能的差异，但仍不能为味觉作一适当的分类。恶心(nausea)那时也视为味觉的属性。

就嗅觉说，林耐将气味分为七类，哈勒分为香甜，浊臭及中和的三类；但是没有细致的组织可和这些类别相当。嗅觉器也没有机构可为分类的线索。

味的正常刺激为溶解物。缪勒以为气体及机械的刺激也可引起味觉。嗅觉的正常刺激似为气体。或空气中分解很细的物质。缪勒以为粘膜须湿润，然后才可接受刺激。

附 注

读者要记住本章只能讲述感觉生理学的概略。有关这个时期(1800—1850)更详细的情况，读者可继续阅读贝尔(1803)的论感觉的部分，缪勒的《纲要》，华格纳的《纲要》中的若干段。一般情况，可见波林的《实验心理学史中的感觉与知觉》一书，1942年，其中所有这些问题都作了更为详细的讨论。

显然这种概略的记载，不能把全部参考书列出，但在波林的前引书中，几乎列举了全部的参考书。我们将其中较重要的著作重述于下：

视 觉

I.牛顿，《光学》，1704年。C.贝尔，《人体解剖学》，1803年，第3卷，224—372页；全书共四卷，为约翰·贝尔和查尔斯·贝尔所合著。托马斯·扬，《自然哲学和力学技术教程》(A Course of Lectures on Natural Philosophy and the Mechanical Arts)共二卷，1807年，这是他的第一本著作。但他在1801—1802年间的最重要的著作，已收集在1855年出版的三卷本《托马斯·扬论文集》的头两卷中。J.W.歌德，《色觉学说》(Zur Farbenlehre)，1810年，二卷本。A.叔本华，《论视觉与颜色》(Ueber das Sehen und die Farben)，1816年；第二版，1854年。J.G.斯坦布赫，《感觉生理学》(Beytrag zur Physi-

ologie der Sinne)，1811 年，140—270 页。J. E. 普金耶，《感觉生理学的观察与实验》(Beobachtungen und Versuche zur Physiologie der Sinne)，共二卷，1819—1825 年；副标题是“贡献”和“对于视觉知识的新贡献”。J. 缪勒，《人 115
与动物视觉的比较生理学》，1826 年，462 页；以及《视觉的错觉》，1826 年，共 177 页。C. T. 图尔塔耳，《人的感觉》(Die Sinne des Menschen)，1827 年。G. R. 特雷维拉努斯，《人与动物的感觉器的解剖与生理》(Beiträge zur Anatomie und Physiologie der Sinneswerkzeuge des Menschen und der Thiere)，1828 年；此书的第一部分专论视官(眼睛)，其他部分显然未曾刊印。希尔曼，《视觉感觉与视觉观念》(Die Bildung der Gesichtsvorstellungen aus Gesichtsempfindungen)，1835 年。A. W. 福尔克曼，《视觉生理学新论》(Neue Beiträge zur Physiologie des Gesichtssinnes)，1836 年。缪勒，《人类生理学纲要》，1838 年，第 2 卷，第 5 编，第 1 节(英译本，1088—1214 页)。C. A. 布洛，《人眼的生理学与物理学》(Beiträge zur Physiologie und Physik des menschlichen Auges)，1841 年。V. 索卡尔斯基，《色觉的生理与病理》(Ueber die Empfindungen der Farben in physiologischer und pathologischer Hinsicht)，1842 年。A. W. 福尔克曼，R. 华格纳的《生理学词典》，1846 年，第 3 卷，第 1 编，264—351 页。J. B. 利斯丁，同上书，1853 年，第 4 卷，451—504 页。赫尔姆霍茨，《生理光学纲要》，共计三卷，1856—1866 年，英译本，1924—1925 年。H. 奥贝特，《纲膜生理学》，1865 年。E. 海林，《光觉学说》(Zur Lehre vom Lichtsinne)，1878 年。见波林，前引书，97—311 页。W. 丹尼斯，《心理学史读本》，1948 年，使读者有可能参阅这一领域中的某些具有经典价值的篇幅：如“牛顿论颜色”，44—54 页；托马斯·扬，“论适应”，96—101 页，和“论颜色”，112 页；道尔顿，“论色盲”102—111 页。

有关普金耶，见 E. 汤姆森，“论普金耶”，见《斯堪的拉维亚生理学文献》(Skand. Arch. Physiol.)，1918 年，第 37 卷，1—116 页。

听　觉

贝尔，前引书，373—453 页。施坦布赫，前引书，270—300 页。缪勒，《纲要》，前引书，第 5 编，第 2 节(译本中的 1215—1311 页)。C. 哈利斯，华格纳的《词典》，前引书，1853 年，第 4 卷，311—450 页。E. H. 韦伯最初在莱比锡

时即注意听觉。他曾写过耳的比较解剖学,《人类和动物的耳官及其听觉》(De aure et auditu hominis et animalum),1820年;以及1825年的声的物理学,见波林,前引书,312—436页。

有关十九世纪以前听觉的早期历史,见G.V.贝克锡和W.A.罗森布利兹听觉的观察和学说的早期历史。见《美国声学学会杂志》,1948年,第20卷,727—748页。

触　觉

贝尔,472—480页;施坦布赫,53—140页;缪勒,第5编,第5节(译本1324—1332页);书名均同前引;韦伯,《触觉的解剖与生理》(De tactu;annotationes anatomicœ et physiologicœ),1834年;《触觉与普通感觉》(Der Tastsinn und das Gemeingefühl),华格纳的《词典》,1846年,第3卷,第2编,481—588页。此文后于1851年分印单行。见波林,前引书,463—573页。还可见1834年和1846年的韦伯著作选录和丹尼斯的前引书,155页以下,194—196页。

嗅　觉

贝尔,454—457页。施坦布赫,303—307页。H.克洛克,《嗅觉器官与嗅觉》(Osphrésiologie, ou traité des odeurs, du sens et des organes de l'olfaction);第二次增订版发行于1821年,1824年刊印德译本。缪勒的第5编第3节(译本1312—1318页),F.比德,华格纳的《词典》,1844年,第2卷,916—926页。见波林,前引书,438—449页。

味　觉

贝尔,458—471页,施坦布赫,300—303页,缪勒,第5编,第4节(译本,1318—1323页),比德,华格纳的《词典》,1846年,第3卷,第1节,1—11页。见波林,前引书,449—462页。

第七章　催眠术 116

十九世纪的上半期，实验心理学的要领虽都起源于生理学，但是这个时期也有两种心理学上重要的发现起源于其他方面。其一为天文学家关于人差的发现，当俟下章细述。其二即为本章所要讨论的催眠术，它的早期的研究几乎构成动机的实验心理学的起点。

催眠状态是一种很古老的心理现象，虽不像知觉那样古老，但同社会关系、睡行及宗教的狂欢一样地古老。它似可于野蛮人的礼式中随意召致。然而最初导致科学研究的可不是这种现象。

原来磁力久已被视为一种神秘的自然力。物理学家及神秘主义者P.A.帕拉塞尔苏斯(1493—1541)以为磁石和星相同，因为有一种透过空间的微妙的流出物(a subtle emanation)的帮助，能使人体受其影响。J.B.范·赫尔蒙特(1577—1644)提倡动物磁力说，以为无论何人都放散一种磁石的流质，可随意运用这种流质以影响他人的精神和肉体。在赫尔蒙特之后的一百五十年之间，欧洲就有许多人以共手的抚摩或竟不必接触，也能为病者产生神秘的治疗之效。V.格雷特勒克(1629—1683)系爱尔兰人，尤为著名，他在英格兰对于许多人的治疗引起一般人和科学家的注意。然而除了粗陋的动物磁力说之外，这些现象仍被拒于科学之外，而没有解释的可能。

麦斯麦术

到了弗里德里希·安东·麦斯麦(1734—1815)手里,此事就更加突出了。他发现了如何引起这些现象的方法,所以这个方法就被称为“麦斯麦术”(mesmeirism)。麦斯麦是维也纳的一位医生,其所持的见解和赫尔蒙特的很相类似。他早年的见解是想解释星
117 体对于人类的影响,即星占学的基本的原则。他以为贯串于宇宙之间的必有一种有效的原则,这个原则也许就是电力或磁力。这个信仰使他从事于实验磁力对人的影响,他以磁石按摩人们的身体,或通磁于他们的身体之上,发现他常能引起现代所称的催眠状态。1760 年他刊行了一本书,讨论这些事实和这个观点,因为他是医生,所以又用磁力法治疗某种疾病。麦斯麦本人在 1779 年说过,他从来不认为精神磁力是他治疗的要素;但仅承认动物磁力、铁的磁力和行星影响也许有类似或相同的性质。无论如何,他于 1776 年放弃了精神磁力的应用,此后只是像在他以前的赫尔蒙特等人那样,谈及**动物磁力**。他于 1774 年利用精神磁力治疗精神神经病患者而奏效,不久以后,他便仅用他本人为磁力的源泉,收到治疗的效果。

1775 年,在有许多疗效可归功于他之前,麦斯麦通函各科学研究院提出动物磁力。各研究院都置之不理,只有一处予以驳复。他的学说在维也纳引起不少论敌,因此,1778 年,麦斯麦移居于巴黎。

他在巴黎，创一 baqueto。这个 baquet 似为一橡树制的柜子，内装化学物品及许多铁器。受术者围柜而坐，各以手相握或以绳相连。据说麦斯麦已通磁于此柜，而此柜乃通磁于受术者。（这个围坐或即为现代神秘姊妹的围坐的先河。）放 baquet 的房间半明半暗，四面有镜；柔和的音乐时奏时止；麦斯麦出，有时作魔术家的装束，四周走过，以手触一人，通磁于另一人，瞥视第三人。其影响为情绪的或其他；受术而愈者不少；催眠状态在这些疗效中显然占一重要的地位。他常用眼注视一个人，告诉他："睡吧……"那人似乎立即睡觉了。巴黎社会人士对于此事大感兴趣。科学院委员会 118
奉命调查这种现象，作了否定的报告（1784）。就是说，他们虽不否认其效力，但在所谓"动物磁力"中，找不出矿物中所已知的磁力的性质。其实，这样一个报告和麦斯麦本人所持的见解，没有很大的差异。

其次就是文字在人事中的力量的评论。麦斯麦曾放弃磁石，以为非其术的要素，但是他仍保持那"动物磁力"一词，以为他的新力量一定与磁力相类似。但是审查员发现这种新力量和磁力完全没有关系，因此反对"动物磁力"一词，认为它决非磁力。但是那种现象则又不是由麦斯麦和受术者捣鬼所致，可见其背后必有某力的存在，你若说它不是磁力，那么它究竟是什么呢？这个"什么"的问题，当时学者认为是麦斯麦的秘密，因为他既能引致那些结果，难道不知道其所以然吗？法国政府以二万法郎购此秘密，但麦斯麦拒而不受。老实说，他也没有可以宣布的秘密：他知道自己可用某一方法引致某些结果，深信这些结果的引致由于他本身所有的一种磁力，此外便无话可说了。然而他从头便为医生及科学家所反对，现在既不愿宣示其秘密，便逐渐丧失其名誉，终至被斥为骗子，只得由巴黎迁居瑞士，至1815年郁郁而死。

考察麦斯麦术的由兴起而衰落的原因是很有趣的，特别是因为这个小戏后来还再三演出过。问题是科学和医术的急进主义和保守主义的冲突。麦斯麦在寻求新发现，和当时科学家从事发明正相类似；但是他所发现的新东西似乎太新了，因为麦斯麦不正确地提出的原理背离了大家公认的科学和医术。假使他仅埋头研究动物磁力的性质，也决不至于引起冲突。然而他的发现似乎有立即应用于实际的可能，麦斯麦的性情又尽量使他充分利用这些力量，而不再努力去了解它们的性质。这个消息传开了，请求治疗的机会便随而加多。群众所欢迎的，谁能加以拒绝呢？也许是麦斯麦适应当时社会爱好神秘和术柜巫咒的要求。另一方面，他也许
119 知道这是引致“磁”效的一个重要条件了。

科学家相信魔术已早被推翻，现在麦斯麦的方法既有类于术士之所为，就引起了他们的反对。假使麦斯麦能自知其成功的秘密，他也许略可进行辩驳，然而要懂得那一秘密，便不得不先有一种当时尚未存在、一百五十年后还未完全揭露的心理学知识。总而言之，麦斯麦那时必须抵御科学的保守主义的攻击。尽管发明是科学的份内事，但科学的新发现是缓慢的。由作者看，这也是势所必至，理所当然的。科学的进步，若成于新旧的冲突，则稳妥可期。麦斯麦和加尔的学说都太粗疏，以致不为世人所置信，同时也为科学界所排斥；然而他们二人也不是完全错误的。我们现在虽排斥了麦斯麦术和颅相学，但仍承认催眠和大脑机能的定位，不过关于后者的承认略有一个限度而已。就历史的远景看来，守旧的

科学家只是在 1784 年和 1808 年完成了批判的职责。

埃利奥特森与麦斯麦术

在十九世纪的前三十年中，实施现在叫做麦斯麦术的人为数很多，但没有像麦斯麦那样引起一般人的注意，它的实践也没有引起科学家的反对。稍后，麦斯麦那出戏又按较小的规模演出于英格兰。争论的诱因则为约翰·埃利奥特森（1791—1868）。

埃利奥特森在 1837 年是伦敦大学医学教授，并任大学附属医院的高级医生。那时他已为二十年来医学界中的先进，看不起旧的，只深信新的种种可能。他先为圣托马斯医院的医生，并作诊疗的讲演，稍后受大学的聘任，对于附属医院的设立至有劳绩。他富于想像及新观念，以为过去因袭的见解仅足为进步的障碍。然而他不是幻想家，他的理想以属于稳健的为多。大学医院的设立就 120
是这些理想之一。他看见了一个今日谁都承认的事实，就是，医学院须有一个附属的医院，以为示例及研究之助。守旧的教授们虽力加反对，但是他的斗争胜利了。听诊器曾发明于欧洲大陆，英国用听诊器的以他为第一人。他竟因此为同僚所鄙视和讥讽。他们贬斥他的所谓巫术，有一个人说到听诊器："啊，这正是埃利奥特森过分夸大的东西！"埃利奥特森也引进了几种用药的新方法，医学界初虽加以排斥，后来终于采用了。总而言之，他虽在气质上显然为一急进者，但从医学发展的观点看来，他是一个卓有成效的急进者。无怪他既为人所鄙视或讽刺，他也以鄙视和讥讽的待遇奉还他人。他毫不迟疑地指斥当时传统医术的荒谬，因此，乃以争论和

反驳树立起来的成见的鸿沟,模糊了前进的方向,阻碍了他所期望的进步。

1837 年,埃利奥特森看见杜波泰实施麦斯麦术而复引起其想象。他曾于 1829 年看见过麦斯麦术,但是到了 1837 年似才注意此术的效能。他施麦斯麦术于医院中的病者,对于某些神经病的治疗却产生了重大的疗效。然而麦斯麦术那时正为科学界所鄙弃。他的同僚既不想参观他的演示,又以许多小动作使他难堪。院长以为医学院的名誉比科学的探讨和医术的进步更重要,因特请他不再施行麦斯麦术,但埃利奥特森则怒加拒绝。1838 年,大学会议通过一个议案,不许“在医院内实施麦斯麦术或动物磁力”。埃利奥特森本为那医院的创办人之一,此时就立即辞去大学及医院的职务,其后竟不再回到这两个机构。他所抱怨的是该会议既未就此事和他进行过讨论,也未参观麦斯麦术的表演。

这个事件使埃利奥特森决心进一步研究和运用麦斯麦术,因此,也更加引起医学界的敌视。但是埃利奥特森也不是孤立的。布雷德对于麦斯麦术的兴趣始于 1841 年,在印度的埃斯代尔则始
121 于 1842 年。1842 年,W.S.沃德在英国以麦斯麦术切断病者的大腿,并在皇家医学会作了报告。据说病者于受术时不感痛苦,但该会不予置信。研究反射动作的先驱马沙尔·荷尔,以为病者必是一个骗子。于是该会的纪录遂删去沃德宣读论文一事。有人更以为此法如果是正确的,也难免为不道德的,因为痛感本为“自然的一种妥善的安排,病者当受外科治疗时,理应感受苦痛。”八年后,荷尔向医学会报告,以为病者自认欺骗,但说这个消息的来源是间接的、机密的。然而据病者所签字的宣言,受术时实未感有痛觉。

1843 年，埃利奥特森主编一刊物，名《Zoist》，自称为“一本脑生理学及麦斯麦术，并用以促进人类福利的杂志”，凡属生物学，甚至社会学的新知创解都可在此自由报告讨论，而不受传统观念的掣肘。因为那时科学的杂志或会刊曾屡拒登载关于麦斯麦现象的论文。《Zoist》继续刊行至 1856 年，自以为完成了使命，宣告停刊。

1846 年，创自哈维的演讲，恰轮到埃利奥特森。他虽为人所力拒，但他终于接受邀请，同意讲演，他追述科学反对医学的伟大发现的历史，并提及哈维对于血液循环的发现。哈维创办这个讲演时，曾主张讲演者“须力劝听讲者也以实验研究而探索自然的秘奥”。埃利奥特森在他的演讲结束时，也劝听众对于麦斯麦术做实验的研究。

1849 年，有一麦斯麦术的医院创设于伦敦，不久，大不列颠的其他都市也创办类似的医院。在爱克塞特，有一外科医生自称曾以麦斯麦术治疗一千二百个病者，完成了二百次的无痛手术。凡属这种活动，都为医学杂志所不载，《Zoist》遂得为有志于麦斯麦术者的机关报。

埃利奥特森与麦斯麦相同，最初本仅注意于麦斯麦术的治疗价值，其后则渐觉可用此术为麻醉之助。就实际说，歇斯底里病既未为人所了解，我们也许可期望麦斯麦术的麻醉的功用，比它的治疗功用，更可引起医学界对于麦斯麦术的承认。医学界对于上述 122
沃德的手术虽进行过批判，但也渴望减少外科手术的苦痛。可是，一种较属可靠、较易理解、而较“受尊重的”麻醉药恰巧在这个时期内被采用了。有些药品的麻醉效力，虽似已为世所知（例如荷马指出猪笼草的效力），但近代外科的应用则仅以 1846 年采用乙醚为始。

1844 年，美国有一牙医韦尔斯利用氧化亚氮（nitrous oxide），自拔其牙，没有感觉到疼痛。后因在波士顿当众演示失效，使他不能继续他的无痛拔牙的计划。另有一美国牙医莫顿，1846 年在波士顿用乙醚气体而奏效。英国人数月后闻此消息，立即试用乙醚为麻醉剂，于是乙醚成为外科手术通用的药品。三氯甲烷（chloroform）的应用始于 1847 年。十九世纪四十年代中叶，乙醚、三氯甲烷及氧化亚氮在医学舞台上的戏剧性的出现使麦斯麦术作为麻醉的效力不易博得医学界的承认。我们今天不用催眠为麻醉剂也是由于药物更加可靠的缘故。

此时另有一个历史事件也足影响麦斯麦术的地位，那就是灵学的勃兴。千里眼（dairvoyance）虽素为科学所蔑视，但似乎也有可能。埃利奥特森欲沟通千里眼和麦斯麦术，这也是他太求急进的自然的过失。1848 年，纽约的海得斯维尔有福克思修女们创招魂术，产生了灵学。福克思修女们后来移寓于罗彻斯特活灵活现地表演这些现象，一般人以为她们以某些人为“神媒”而和死者互通消息。“神媒”一词便用以称有这种能力的人，而且为引致这种现象的目的，常产生新的神媒。这个灵学运动传播很快，1852 年，传入英格兰，1853 年，传至欧洲大陆而成拍桌术（tabletipping）。埃利奥特森否认灵学，而略信千里眼。但是灵学的现象和千里眼的现象之间，尤其是灵学召亡术的性质和麦斯麦术柜的性质之间，
123 有显著的类似之处。因为这个缘故，复兴的麦斯麦术更为社会所不齿了。

埃斯代尔与麻醉

在英格兰发生这种事件的时候，詹姆士·埃斯代尔（1808—1859）正在印度施行麦斯麦术。在印度的英国政府比英国医学界较为宽大。埃斯代尔曾读埃利奥特森的著作，至1845年，乃试施麦斯麦术于一深受痛苦的病者。结果出乎他的意料之外，他竟能引致麦斯麦的状态而使病者毫无痛苦。自此以后，他乃用麦斯麦术为麻醉之助。他通函医学委员会细述其研究，但医学委员会置之不理。其后，他既有一百多个病例可供说明，便呈送一报告书于政府，政府乃委派一个委员会查询其事。委员会的报告颇为慎重，但也鼓励继续探究，因此，政府于1846年在加尔各答创设一麦斯麦术的小型医院，使埃斯代尔继续其研究工作。几满一年之后，政府的参观者乃深信麦斯麦术有麻醉和减少手术惊悸的部分功效。加尔加答有三百个印度市民上书政府，请允许该医院继续治疗，但政府卒令该院停办。1848年，有一新的麦斯麦医院以私资创立，请埃斯代尔主持院务。但未满六个月，政府又令埃斯代尔调任另一医院，让他将麦斯麦和普通医术结合起来。他任职于此，至1851年因气候不适离开印度时，才行告退。他回国后，卜居于苏格兰，仍从事于麦斯麦术的研究，并和埃利奥特森常相通信，至1859年去世为止。埃利奥特森比埃斯代尔大十七岁，死于1868年。

假使印度政府不赞许埃斯代尔的研究，他也许和埃利奥特森的命运同样艰苦。印度医学杂志纷纷攻击他，以为他的成功由于

印度人喜爱其术以讨好埃斯代尔所致。埃斯代尔在离开印度之
前，曾施行三百次左右的大手术，及无数次的小手术，都成于麦斯
麦状态之下，受术者似无所苦。印度人如有受手术的必要，刚莫不
趋就埃斯代尔。其他医生所不敢尝试的手术，在埃斯代尔则无所
忌惮。阴囊肿疡症手术的死亡率本约为百分之五十，似乎由埃斯
124 代尔减少到百分之五。施手术时，受麦斯麦术的病者静卧不动。
你若说他们仅欲以此讨好于埃斯代尔，便未免太不近情理了。

印度和大不列颠的医学杂志都拒载埃斯代尔的研究。因此，关于他的研究的参考材料仅见于他送呈印度政府的报告书之内。但他于 1846 年及 1852 年也曾刊行一书，以记述他在印度的研究。詹姆士·辛普森爵士为发现而利用三氯甲烷的麻醉性的先导，曾力促埃斯代尔刊印其后来的报告，然而埃斯代尔的文章仍为各医学杂志所拒绝。

埃斯代尔对于麦斯麦术的麻醉性既深感兴趣，所以他宁愿取麦斯麦术而放弃新发现的乙醚和三氯甲烷。这也许是由于已往的成见，但也因为乙醚及三氯甲烷留有有害的副作用，不善使用，也许可以危及生命。至于麦斯麦术则似无此种危险。当美国议会于 1853 年，欲以一万美元赏赐乙醚的麻醉性的发明者而以乙醚为第一种的麻醉剂时，埃斯代尔虽不求赏金，但也通函抗议，以为麦斯麦术当在乙醚之先。在事实上，谁先谁后是不大重要的。重要的事实略如下述：沃德在英国于 1842 年在麦斯麦术所引起的睡眠状态下切断一腿。韦尔斯在美国于 1844 年用氧化亚氮无痛拔牙。埃斯代尔在印度于 1845 年创用麦斯麦术以为外科手术中的麻醉剂。莫顿在美国于 1846 年用乙醚麻醉无痛拔牙，同年共法传布于

英格兰。辛普森于1847年介绍三氯甲烷为麻醉剂。

布雷德与催眠术

现在须转述詹姆士·布雷德(约为1795—1860)。布雷德为催眠术的创始者,比埃利奥特森或埃斯代尔都更著名。布雷德和他们不同,从未跟医学界发生决裂,因而给我们提供机会借以了解保守派反对麦斯麦术的原因。

第一,我们要知道布雷德从未自视为麦斯麦术者,而麦斯麦术者也从未以布雷德为同道中人。他称麦斯麦术的昏睡为神经性的睡眠,而另创 neurypnology[系 neuro-hypnology 的缩写]一词以称其基本的学说。此词的前一语渐被删去,因此乃造成 hypnotic,
hypnotize 及 hypnotism[即催眠的,催眠及催眠术]等词。埃利奥 125
特森为一麦斯麦术者;布雷德则为一催眠者。文字在人们的讨论和理解中的地位至为重要。我们已知道麦斯麦虽已知道他所引起的现象与磁力无关,但不能放弃"磁力"一词,以致其发现的重要,不为自己及他人所了然。反过来说,布雷德既创造了"催眠术"一词,于是他的学说就有别于麦斯麦术了。

但是除文字外,也还有较重要的事实值得我们注意。布雷德既创造一新名词,那么他本人必也有过人之处。我们可将他和埃利奥特森作一比较。埃利奥特森在此二人中较为优越是无可怀疑的,他曾是几个重要的医学事实的发现者,同僚中的领袖(当他说服同僚愿为他所领导时),但也是一急进者。布雷德为曼彻斯特城的好医生;异常地、但不突出地精于外科的手术;他仅以催眠术的研究见知于世；他可不是一个急进者。据我们所知，他一生中最冲动而最富于戏剧性的行动，就是那一次拉封丹在曼彻斯特一讲台上公演麦斯麦术，布雷德仅以五天短时间的准备，即在同一台上宣示其学说，且公演其术以驳斥拉封丹。在此次争辩之后，他的环境、他的气质都迫使他成为折衷派的健将。一方面医学界对他不免侧目而视；他方面麦斯麦派不以他为同道。但他则埋头继续其研究和著作，常思以科学的意义诠释其研究的结果，因此，他和医学界的隔膜从而减小。但是他和医生的裂痕愈小，则其和麦斯麦派的裂痕愈大。埃利奥特森经常不将他放在眼上，《Zoist》杂志也曾有两次公然对他表示轻蔑。其实，在现象上或竟在学说上，布雷德的兴趣显然和麦斯麦派相一致。可见医学和麦斯麦术的裂痕，终究是由于私见而不是由于科学。假使埃利奥特森在受了不公平的待遇之后，能适应其环境，改良其有违碍的名词，而继续埋头研究，同时培养同僚们对他的好感，则麦斯麦术或可有不同的际遇也未可知。布雷德对于拉封丹的攻击不能不算是科学史上的一幸事；因为攻击的结果便可使布雷德和麦斯麦派在开始时就有裂痕，而这个裂痕则足以保全他在科学界中的名誉。我们现在可略述布
126 雷德那时的动机和他的故事。

1841年，拉封丹在曼彻斯特公演其麦斯麦术。那年正是埃利奥特森辞去大学教职之后的第三年，《Zoist》开始刊行之前的两年，埃斯代尔在印度引致麦斯麦现象之前的四年。社会人士对于这些表演非常注意；这个问题本常可引起兴趣，但就那时而言，《曼彻斯特导报》则先曾予以驳斥的批判。第一次到会的人数不多，但其后则增加甚速。布雷德在第二次表演时到会，据说曾大声驳斥

他弄虚作假。其他到会的医生也应声而起;但听众则同情于拉封丹。因为拉封丹的试验常以其所同来的二人为对象,所以很易使人怀疑其欺诈。但是布雷德到了拉封丹下次再表演的时候,忽觉其所引起的现象必非由于欺诈。据他自称,其所以有此结论,乃因他看见被试验者之一不能打开他的眼睛。据另一在场医生的报告,布雷德曾以针力刺被试验者的手指,但不能引起她的痛觉。曼彻斯特的第一流的眼科专家,也在场参观,据说当强启被试验者的眼睛时,其瞳孔缩小而成小点,于是他也改变了他的初意。布雷德前既反对拉封丹及麦斯麦术。现在却已有临床的事实证明这些现象并非伪造了。

他在这里表现出科学的公正态度,终使他发现麦斯麦术背后的真理。他也许继续攻击麦斯麦术,将自己的所见秘而不宣,然而他太坦直了,不能昧心地那样做。反过来说,他也许竟像从前库姆之于颅相学,完全接受了麦斯麦术;然而他也太守旧,不能舍己而从人。因此,他乃细心观察下一次的表演,然后回家计划实验,创造学说以使这些事实和科学的生理学发生相当的关系。

麦斯麦学说如果配称为学说的话,它的主张就是这些现象的原因存在于实施麦斯麦术者的身上;换句话说,就是动物磁力。此说似太浅薄而神秘,不能使布雷德满意;他以为总得有一种更直接的生理的原因存在于受术者的身上。他请他家中人和朋友们注视于视线之上的一个发光体,结果竟能引起一种不自然的睡眠,这不 127
能不使他惊异了。因此,他乃断定“注视既久,便可使眼睑的上举肌麻痹而引起不自然的睡眠”;麦斯麦的现象只是这种睡眠的证据。他既因此发现而大为兴奋,乃仅于拉封丹停演后的数星期之内，在同一台上，在多数深感兴趣的观众之前，使许多人受麦斯麦术，而提出一种生理学的解释。他所表演的现象类似于拉封丹的现象，但因他的学说和传统的生理学信仰不相违背，又因他的表演是用以攻击麦斯麦术，所以他不以麦斯麦术者见称于时。也许是因为这个新学说没有把理论家抬高为有特殊权力的一个人，所以较易为群众所容许。谦逊产生了同情，一个自夸的学说，虽很合理，也难免引起反抗。埃利奥特森的失败即以此为主因。

布雷德及为布雷德作传者都以此说的成立为催眠术的诞生。布雷德以发现者所应有的热情，从事于实验和著作以求其学说的发展。可是他不久也即引起医学界、麦斯麦派，甚而至于一般人的敌视。他的第一部著作为一小册子，题名《评撒旦的代办与麦斯麦术》(Satanic Agency and Mesmerism Reviewed, in a Letter to the Rev. H. McNeile, A. M., of Liverpool, in Reply to a Sermon Preached by Him at St. Jude's Church, Liverpool, on Sunday, April 10th, 1842.)。1843 年，他复刊布其基本的著作：《神经睡眠的理论基础》(Neurypnology, or, the Rationale of Nervous Sleep; Considered in Relation with Animal Magnetism), hypnotism [即催眠术]一词及其衍生词都肇始于是年。以后十年之内，他又刊行了六、七册其他书籍及许多篇杂志上的论文。其后，反对之声逐渐消逝，他的刊物也从而减少；至 1860 年暴卒。在未死前，他听说他的著作为法国 E. 阿赞所称许，又知道布罗卡呈一论文于科学研究院以讨论这个问题，结果乃有一审查委员会的组织，这都使他很高兴。

布雷德对于催眠术的早期学说侧重感觉的凝注。这是很自然的，因为他引起催眠状态的方法是使受术者注视某物。但自视觉的凝注而变为注意的凝注，在思想上便算进了一步，当他以“单一观念”(monoideism)一词描写催眠状态的时候，他便已怀有这个
较为广泛而较属于心理学的见解了。稍后，他更明白承认暗示为 128
引起催眠的要素，他的学说的重心就更由生理方面转移于心理方面了。关于意识的区分，他似也有明确的见解，因为他知道记忆可由这一催眠状态而仍存在于另一催眠状态之内，只是受术者醒觉后不复记得罢了。他既为折衷派的战士，就必须抵御两个方面，但是他不是宣传家，他只是一个对于催眠现象的性质感有研究兴趣的人，因此，我们与布雷德一起，跨进了一大步，由空论和意气之争进而为催眠现象的分析研究。总之，催眠的科学知识创始于布雷德。

就其全体来看，催眠的历史约可分为兴趣浓厚的三个短时期，而间以兴趣较为淡薄的长时期，但在此长时期之内，沿着最近期发展的路线绵延不断地进行了一定分量的实践。麦斯麦在十八世纪八十年代活跃于巴黎；但不久其名声即已丧失，半世纪以来，麦斯麦术变成了少数忠实信徒和多数冒牌分子的财产。到了十九世纪四十年代，麦斯麦术在医学内复兴起来，而有催眠术的新学说。十九世纪五十年代，兴趣又复减退，因为催眠术的治疗价值既未为群众所公认，而其麻醉的应用又远不及乙醚和三氯甲烷，至其为论辩的题材，则自布雷德指出催眠状态的性质之后，也即不再能引起一般人的注意了。这个消声敛迹的时期可能仅有二十年左右，至十九世纪八十年代以后乃为催眠术的复盛期。

这里只有布雷德的时期最为重要。在此期内，我们要看见十

九世纪中叶的生理学竟如何处理麦斯麦术的问题，而这个问题却不仅仅是神秘的，所以在实质上也就是心理学的问题。我们本来不能说催眠的发展直接有助于生理心理学的成立。但是我们可以说这个发展是生理心理学兴盛时代的思想的征兆。自此以后，催眠的方法和事实就渐为心理学所拾取，而尤以在法国者为甚。

后期的催眠术

关于催眠的后期历史，我们目前不必细述，因为十九世纪六十
129 年代发展起来的有关动机的实验心理学或生理心理学在事实上已被移交于变态心理学的领域，似乎是不很“科学的”，是带有几分神秘和魔术的污点的题材。人们要发生这样一个疑问，历史的进程能否与实际有所不同呢？下一章要说明天文学家在明白他们的观察不能不引进人差方程式而感到不安后，如何发现了反应时间，把他们的新事实和方法转赠给心理学家，几乎同（在艾宾浩斯 1885 年试验记忆以前的）任何他人作出一样多的贡献，使实验心理学不单单是感觉和知觉的研究。这些人要问，医学家能否在十九世纪六十年代把他们对于催眠的不受欢迎的发现送到心理学家的门口；因而形成一种科学的动力心理学，不必使科学等到沙可，弗洛伊德、让内和 M. 普林斯出来才使动力心理学在二十世纪二十年代成为不仅仅是变态心理学的题材呢？

如果你开始揣想一个历史事件的发生可以与事实相反，那就不能阻止你揣想更多的事例了。但作者的意见认为，十九世纪六十年代还不是动机的科学心理学的成活期。感觉、知觉和记忆的

课题，有一部分在生理学内，有一部分在哲学内，都已经有过一个半世纪的考虑。人的反应需要时间，那确实是一种新的思想（见边码 42 页），而赫尔姆霍茨 1850 年的发现竟如此迅速地开花结果，是值得大家注意的。但是在那个领域里面，神经传导的概念也已有过长期的准备，现在又与电报机及电流的应用互相协调。至于实验心理学家则在能够以动机为研究的课题以前，不得不习惯于采用连接主义的观点。只是在那时以后，才能在其上建立**态度**、**姿势**、**适应**、**决定趋势**、**愿望**（弗洛伊德）和**暗示**（催眠）等动力概念。这至少就是作者的观点，是与历史符合的一个满意的观点，比对历史意志的反抗似远较合理了。

法国科学院受到阿赞及布罗卡的激励，于 1860 年讨论了催眠
术，布雷德就死于这一年。自此以后，一直到 1878 年，才有重要的
事件可供记载，迪朗·德·格罗斯于1860 年创“布雷德术”（Braid-
ism）一词以代替催眠术，因为关于催眠状态的记述，其重心已由睡
眠而移于暗示。A. A. 李厄保于 1860 年开始其对于催眠术的研 130
究，到 1864 年，定居于南锡（Nancy），自此以后，将近二十年来实
施催眠的治疗。同时，布雷德的著作，在英国被淡忘了，在大陆也
默默无闻。1875 年，黎歇在法国注意催眠的现象，证明其并非伪
造。1878 年沙可表演催眠术，他对于催眠的见解是他所领导的萨
尔拍屈里哀派的一个重要学说。几乎与此同时，德国对于催眠术
也产生了兴趣。R. 海登海因的研究也属于这几年之内，到 1881 和
1882 年之间，普累叶将布雷德的著作译成德文。1882 年，李厄保
使 M. 伯恩海姆转化过来，采用这个新方法。原来伯恩海姆所不
能治疗的一个坐骨神经痛症，用李厄保的治疗法而奏效。伯恩海

姆此后的研究形成了催眠术的南锡派。因此,布雷德的著作被忽视后,又复兴盛了。那时的兴趣是由争论促进的,但是所争辩的不是催眠状态的真伪问题。催眠现象作为事实,已为人所公认,只是关于它的性质尚有所争论而已。南锡派的学说,和布雷德后期的见解约略相似,以为这种现象可用暗示解释,因此,乃纯属常态的现象。萨尔拍屈里哀派以为这种现象在性质上和歇斯底里症相同,应也为变态的症候。现代学者多赞同南锡派的主张。然而这个争辩是有利于心理学的发展的,因为有了这个争辩,然后学者才不复以催眠为非科学研究的相当的题材了。(见边码 696—699 页)

附　注

关于催眠的事实有几种很好的叙述如下:A.比纳和 C.费勒,《动物的磁性》(Le magnétisme animal),1887 年,英译本,1888 年;A.莫尔,《催眠术》(Der Hypnotismus),1889 年及其后的四个版本和英译本;J.M.布拉姆韦尔,《催眠术:它的历史,实践和理论》(Hypnotism,Its History,Practice and Theory),1903 年。上列各书都述及催眠的历史。比纳和费勒,第一章至第三章记载催眠术的起源最为详尽;莫尔,第一章虽甚详细,但忽略前后的关系;布拉姆韦尔,3—39 页,多记载埃利奥特森,埃斯代尔,及布雷德。关于布雷德请阅下文。

本书的叙述为求明了前后的关系而未详述,但是读者须知道催眠的全部文献至为浩繁。德索尔的 1888—1890 年间的书目列有作家 774 人,著作 1182 种;德索尔,《现代催眠的书目》(Bibliographie der modernen Hypnotismus,1888 年),1890 年增加一个"附录"。兰德在鲍德温的《哲学与心理学词典》1905 年,第 3 卷,第 2 编,1059—1067 页上举出 411 个标题的书目。并参看布拉姆韦尔的书目,440—463 页。

关于催眠最近还有三种以上的叙述；P.让内“心理医药学：关于心理学方法在心理学和临床方面历史的研究”（Les médications psychologiques： 131
études historiques, psychologiques et cliniques sur les méthodes de la psychothérapie），1919年，第1卷，第4—8章，英译本，1925年，这是一本优秀的历史，明智的评论，有趣的叙述。共计217页；C.L.赫尔，《催眠和暗示：一种实验的研究》（Hypnosis and Suggestibility：an Experimental Approach），1933年，有是关这方面的经典的实验著作；A.杰纳斯在J.McV.亨特的《个性和行为失调》（Personality and Behavior Disorders），1944年，第1卷，第15章的“催眠术”中列有近期文摘和120项标题的参考书目。并参看G.齐博格的讨论，书名为《医药心理学史》（A History of Medical Psychology），1941年342—369页。

麦　斯　麦

麦斯麦在未发现磁铁不是治疗的重要因素之前，他的早期著作是《天象仪的影响》（De planetarum influxu），1766年。他自己对于动物磁性说或麦斯麦术的起源的叙述，见他的《动物磁性的发现史》（Mémoire sur la découverte du magnétisme animal），1779年，德译本，1871年，英译本，1949年。英译本的标题是《麦斯麦术》C.弗兰考有一绪言，略述它的历史。他在绪言中指出，政府没有给麦斯麦二万法郎换取他的秘密，但是玛丽·安托万内特为了劝他不离开巴黎，给他二万法郎。关于麦斯麦有许多传说，但不是全部可信的。麦斯麦后复著有几部书，其最后一部为总述，名《麦斯麦术》，1814年，刊行于他在巴黎被放逐之后，距死前的一年。丹尼斯《心理学史读本》，1948年，93—95页，重刊了麦斯麦在1779年关于动物磁性的评论，共计二页。

埃　利　奥　特　森

关于埃利奥特森，见布拉姆韦尔，前引书，4—14页。他的所有关于麦斯麦术的著作几乎不得不发表于《Zoist》，因为医学杂志不予登载。在伦敦和费拉德尔菲亚，他曾刊布一小册子，除描写其他事件外，并述沃德以麦斯麦的麻醉法进行断肢的手术：《在麦斯麦的麻醉状态下，无痛的外科手术举例，并批判皇家医药学会许多会员和外科医生反对接受麦斯麦术的无限福利》(Numerous Cases of Surgical Operations without Pain in the Mesmeric State; with remarks upon the opposition of many members of the Royal Medical and Chirurgical Society and others to the reception of the inestimable blessings of mesmerism),1843 年。他的哈维演讲词(Harveian Oration)也于 1846 年刊布于伦敦,附一拉丁的英译本。

埃斯代尔

关于埃斯尔,见布拉姆韦尔,前引书,14—21 页。他的著作有若干种现在颇不易见;见布拉姆韦尔的书目,456 页。他的《流行于印度的麦斯麦术及其在外科与内科医学上的应用》(Mesmerism in India, and Its Practical Application in Surgery and Medicine),1846 年(第 2 版,1847 年),尚易看见,对于他的研究有完善的记载。1852 年的论文,本为辛普森请他为某一杂志而作,但为其他编辑所拒,故另印发行,其标题为《论述麦斯麦术介入印度医院而为麻醉剂及治疗剂的经过》(Introduction of Mesmerism, as an Anœsthetic and Curative Agent, into the Hospitals of India)。

麻醉剂

美国麻醉剂的发现,见 C. A. H. 史密斯,《科学月刊》(Scientific Mortthly),1927 年,第 24 卷,64—70 页。韦尔斯和莫顿在早期医牙时曾互相联系,但在这个发现上却没有直接合作。韦尔斯不善于使用氧化氮,于 1845 年在波士顿不能证明它的麻醉作用,以致受到他人的讥笑,退出医疗工作,从而间接地导致他的自杀。莫顿虽为牙医,但曾于 1846 年在波士顿的马萨诸塞普通医院内利用乙醚为外科手术的帮助。他成功了,然而怪得很,报纸舆论对他进行激烈的攻击。有一教士以为他消除病觉系干涉神的意志(与从前反对
132 沃德用催眠断肢同一论调),此外也有许多医生群起而攻之。这一事件与埃利奥特森的遭遇相同,所不同的是较开明的外科医生不久就采用这个新方法了。几年之内,这个发现的重要为人们所共认,以致莫顿和一度作过他的赞助人及顾问 J. 杰克逊互争首先发现权,因为有这场争论,所以埃斯代尔要求获得催眠奖金时,没有得到美国国会的准许。

布 雷 德

关于布雷德,见他的《神经睡眠》(Neurypnology 1843),在1899年的重印本内附A.E.韦特的编辑增页。此书还载有韦特所作的布雷德传,1—16页。布雷德在他的著作的第一章内讲述他如何看拉封丹的表演和催眠说的开端(并参考布拉姆韦尔关于拉封丹在曼彻斯特的表演会的另一种叙述,465—467页)。韦特为布雷德增列著作34种,364—375页。布拉姆韦尔,460—464页,列举布雷德所著的书籍及论文49种,同时代人的关于布雷德的论著二十七种。W.普累叶将布雷德译成德文,题名《论催眠》(Der Hypnotismus;ausgewählte Schriften),1882年。J.西蒙有一法文的译本,题名《神经睡眠》(Neurypnologie),1883年。史学家说布雷德发现催眠术于1843年,后乃有四十年为学者所淡忘,大概是即指这个1880年左右的复兴。原书刊布后四十年有德文的译文。四十一年后有法文的译本。丹尼斯,前引书,178—193页,重新刊布了布雷德所作的关于他和赖兴巴赫男爵1846年有关磁力和催眠术的早期研究的讨论。

布雷德始创"催眠术"一词及其常见的变式。他可未尝用hypnosis,此词后来见于十九世纪八十年代。参看A.勒曼,1889年的演讲《论催眠》(Die Hypnose),1890年。此词在十九世纪七十年代,医学上用以称麻醉的睡眠。

"布雷德术"一词为J.P.菲力普斯所创,其意和"麦斯麦术"相似。菲力普斯的笔名为"格罗斯",其书的标题为《布雷德术的理论与实施》(Cours théoretique et practique de Braidisme, ou hypnotisme nerveux considéré dans ses rapports avec la psychologie, la physiologie, et la pathologie),1860年。

后期的催眠术

李厄保的第一种著作称《睡眠及其类似的状态》(Du sommeil et des états analogues considérés surtout au point de vue de l'action de la morale sur le physique),1866年。他于1883年及其后,还刊布其他关于催眠的书籍,但是他为实行家,甚于其为著作家。他对于这个新方法则有科学家的热情,因为他在南锡以催眠治疗穷人可以免费,他种治疗则仍收费。

催眠术的复兴始于黎歇的论文“被催眠的睡行”(Du somnambulisme provoqué),《解剖生理学杂志》(J. anat. physiol.),1875 年,第 11 卷,348—378 页。沙可对于他的演示的第一次记载,见《公民与军人医院公报》(Gazette des hôpitaux civils et militaires),1878 年,第 51 卷,1074 页以下,1097 页,1121 页;又《生物学会图书评论报》(Compt. rend. soc. biol.),第六丛书,1878 年,第 5 期,119 页,230 页;但萨尔拍屈里哀学派由他的稍后的著作才为世所知:见他的《全集》,1890 年,第 9 卷,213—480 页,那里有二十七篇关于催眠和金属疗法的论文重复刊印于此。伯恩海姆为李厄保所感化之后的第一部书为《催眠与清醒时的暗示》(De la suggestion dans l'état hypnotique et dans l'état de veille),1884 年,其后还著有不少书籍。

催眠在德国的复兴,似始于海登海因的动物磁性论(Der sogenannte thierische Magnetismus),1880 年,此书似于一年内印行四版。普累叶于 1878 年刊行其《昏厥与动物催眠》(Die Katapledie und der thierische Hypnotismus),1881 年刊行其《催眠术的发现》(Die Entdeckung des Hypnotismus)。他是布雷德的德国的诠释者。

133 这个对于催眠的新兴趣的结果由法国 1887 年的《催眠学报》(Revue de l'hypnotisme),及德国 1892 年《催眠术杂志》(Zeitschrift für Hypnotismus)的创立即可想见。在英国关于催眠的研究多刊载于《灵学研究会会刊》,该会成立于 1892 年。

第八章　人差方程式 134

当生理学家研究神经传导及脑机能定位和感觉，而医学家力驳催眠的麻醉和疗效的时候，天文学家方注意于其观察的一种生理的或心理的误差的原因，也就是，注意于观察星体运行时间的天文学家和天文学家之间的个别的差异。格林威治天文台的皇家天文学家 N. 马斯基林虽曾于 1795 年从事于这种差异的观察和记载，但人差的发现究应首推 F. 贝塞尔。贝塞尔是柯尼斯堡的天文学家，他知道了格林威治的事件的重要，于十九世纪二十年代调查这个问题。结果使某些天文学家在以后十年间从事于所谓**人差方程式**的测量，而设法纠正。到了十九世纪四十年代，这个调查时常举行，天文学家设法消灭由人差而起的误差。以后十年间，计时器（chronograph）和其他消除观察者的方法逐渐改良，然而十九世纪六十年代天文学杂志中关于人差的记载，尚比任何时为多，即至九十年代，这种兴趣仍持续未衰。

天文学家们考虑到，生理的误差是随着感觉产生的，但这种明显的生理上的误差，必然会成为新生理心理学的特点。

马斯基林与贝塞尔

这也许是心理学家谁都知道的一回事：1796 年马斯基林辞退

了他的助手金内布鲁克,因为金内布鲁克观察星体通过(或星之中天)(stellar transits)的时间,比马斯基林迟约一秒钟。马斯基林深信1794年间,他们的观察从未相歧。1795年8月,金内布鲁克所记录的时间比马斯基林迟二分之一秒。他对此种误差大加注
135 意,且似曾力求纠正。然而其后数月,这种误差仍复增加无已,至1796年1月,竟达十分之八秒,于是马斯基林辞退了他。因为钟表的准确有赖于天象的观察,而他种时空的观察又有赖于钟表,所以马斯基林认为此种误差是严重的。

那时观察星体通过的方法为F.H.布雷德利的“眼耳”法。望远镜的视野因测镜网内平行的交叉线而划分。观察者须记录某星跨过某线的时间,达到十分之一秒。其手续可略述如下:(一)先看钟表,(二)注意其时间的秒数,(三)依其所听得的钟摆之声而计秒,(四)守候某星跨过望远镜的视野。而这个手续又可以分为下列各点:(a)注意其闻钟摆之声于某星未到某主要线之前,该星所占据的位置,(b)注意其闻次一钟摆之声于该星跨过该线之后,该星所占据的位置,(c)以两种位置之间的总距离的十分之一,估计该两位置之间的铜线的地位。(五)将这些十分之一秒的数目加上该星未到铜线之前,他依钟摆默计而得的秒数。这显然是一种很繁难的判断。不仅眼耳须互相合作,且须根据一个固定的位置(铜线),一个动体刹那间所占的实际位置,及一个不复存在于实际而仅存在于记忆之中的位置,而下一空间的判断。然而天文学家都深信布雷德利法为精确的方法,至多也只能有十分之一秒或十分之二秒的误差。因为有这个信仰,所以金内布鲁克的十分之八秒的误差可为一重大的误差,而马斯基林说他“师心自用,不依法行

事”而将他辞退，也有相当的理由。

假使没有贝塞尔（1784—1846），则此一段公案，虽曾载于《格林威治天文观察报》（Astronomical Observations at Greenwich）的篇幅之上，恐也不免从此埋殁。1816年，B. A. 范·林特诺著格林威治天文台史述及此事，而刊布于《天文学报》（Zeitschrift für Astronomie）之内，因此引起了贝塞尔的注意。他是柯尼斯堡的天文学家，1813年，该处设一新天文台而以他为主任。他为人异常聪敏，为近代天文学较精确的测量的先进人物，而尤注意于测量因仪器而致的误差。伟大的人物本不受传统观念的约束，所以马
斯基林和金内布鲁克的事件，在他看来，或许是布雷德利法所不能 136
避免的一种个人观察的误差。他以为金内布鲁克既自知其误差，必曾力求纠正，然而终至失败，可见其误差或非人力所可改。C. F. 高斯前任职于哥廷根天文台，于1809年，曾创一学说以解释观察的误差，贝塞尔也许曾受此说的影响。他终于通函英国索阅马斯基林的观察的案卷，研究了这些案卷之后，他乃欲考察这种个人的差异，就方法的精确性来看，似乎大得出奇，但可否也见于比金内布鲁克更有经验的天文学家之间。

1819年他往访J. F. 恩克和林特诺，这是他的第一次试验，为阴晴的气候所阻，致未遂愿。但一年之后，他就有机会将他自己和柯尼斯堡瓦尔贝克的观察作一比较。他们选定十个星；各于某夜观察五个星的中天，次夜观察其他五星的中天，如此轮流至五夜为止。结果贝塞尔的观察常较早于瓦尔贝克，其平均的差异为1.041秒，其他各数与此平均数相差不远。假使金内布鲁克的0.8秒的误差为不可信，则此差异为尤甚，虽然据贝塞尔说：“我们观察的结

果，深信双方都没有相差十分之一秒的可能。”

饶幸得很，差异既如此之大，于是贝塞尔引起了继续研究的兴趣，当结果刊布于 1822 年时，立即吸引了学者的注意。在实际上，这个差异的数目之大也曾有人怀疑。估计相隔一秒的钟摆之间的微小的时距，究如何能差异至一秒以上呢？有人以为贝塞尔和瓦尔贝克的计摆之法必不相同。当指针由此秒移至次一秒时，钟摆便从而发声，也许是此人以钟摆记指针所已离开的一秒，另一人则以钟摆记指针所将至的一秒。还有些人以为这个差异在记录上虽几为一最大的数目，究竟只是个人差异由 0 而至一秒的极限。此说的理由就是：以为此精于观察的贝塞尔决不至疏忽了计算方法的差异。无论如何，贝塞尔因此继续其研究，总不能不算是学术史上的幸事。

1823 年他有机会和 E. W. A. 阿革兰特尔共同观察。此次贝塞尔请阿革兰特尔观察七个星，他自己则由观察决定钟表的纠正。
137 根据这些资料，星体上升的正确时间被计算出来，与 1821 年同样星体的类似的观察和计算作一比较，那时贝塞尔观察星体，又作了钟表的纠正。这两位天文学家的人差可以下列等式表示之：$A-B=1.223$ 秒。贝塞尔自始至终都用这个方法表示差异，最后两位观察者的相差被称为“人差方程式”。

贝塞尔后来又要间接以第三个观察者决定人差方程式。他尤欲与多尔巴特的 O. W. 斯特鲁维作一比较，因为斯特鲁维和他自己相同，都比瓦尔贝克及阿革兰特尔二人更精于中天的观察。与斯特鲁维的直接比较一时苦无机会，但瓦尔贝克于 1821 年经过多尔巴特时曾和斯特鲁维互相比较，阿革兰特尔于 1823 年也因游多尔巴特而得和斯特鲁维相比。因此，下列的前四个等式是已知的，据代数的方法，将瓦尔贝克及阿革兰特尔消去，结果便可不必有直接的观察，也可得贝塞尔和斯特鲁维的关系；例如：

据直接的比较：$W-B=1.041$ 秒(1820)

据直接的比较：$W-S=0.242$ 秒(1821)

因此，间接的：$S-B=0.799$ 秒

据直接的比较：$A-B=1.223$ 秒(1823)

据直接的比较：$A-S=0.202$ 秒(1823)

因此，间接的：$S-B=1.201$ 秒

由 $S-B$ 的两值的差异看来，可见人差方程式也复为一变数。贝塞尔终于证明此变数之为事实。1825 年 F. C. F. 克诺阿对于多尔巴特和柯尼斯堡的访问予 $S-B$ 以另一间接的价值。只是到了 1834 年，贝塞尔和斯特鲁维才有直接相比的机会，但 1814 年，在贝塞尔听到金内布鲁克的辞退之前，也曾和斯特鲁维作共同的观察，那时比较的结果又予他以一精确的数目。因此，从 1814 年至 1834 年 $S-B$ 计共有五个数值，间接的三个，直接的两个。以秒计，其值如下：

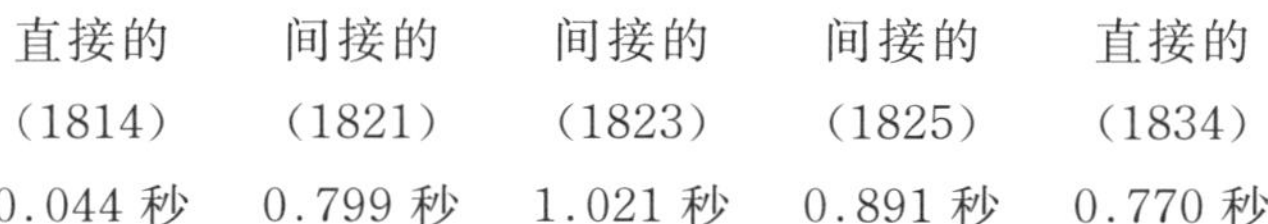

直接的	间接的	间接的	间接的	直接的
(1814)	(1821)	(1823)	(1825)	(1834)
0.044 秒	0.799 秒	1.021 秒	0.891 秒	0.770 秒

因此，贝塞尔可说是不仅发现了人差方程式，还发现了此式的变数。他发现了大误差，所以他以为无论何人都不能自信地纠正其他观察者的误差。

贝塞尔的兴趣可不以此为止。他复发现了下列二事：(1)他的误差可因采用半秒发声的时钟而减小，(2)一个星的运动速率不足 138

以使误差受到影响。但第二点未经证实。他又讨论“眼耳”法的观察的性质，但关于此事，可待后文再述。

贝塞尔的第一种结果，显然可使天文学家从事于人差方程的决定而加以纠正。我们绝没有理由可以相信人差方程的变数不至于大到使纠正完全无用。就 1821 至 1834 年 $S-B$ 的四种价值看来，可见贝塞尔的观察常较早于斯特鲁维达到 0.770 至 1.021 秒之多。显然没有一种纠正可以正确到十分之一秒，但由一秒左右减为四分之一秒，则似属可能。

人差方程式在天文学上的应用

1830 年左右，爱尔兰的阿尔马天文台主任 C. 鲁滨孙测定太阳边(the sun’s limbs)的观察的机误，好久以后刊布其报告，把这些数值作为人差方程。1833 年，德国高斯所主持的哥廷根天文台中，有天文学家 J. P. 沃尔弗斯和内胡斯二人测定其相对的差异，而纠正其观察。1837 年马尔堡天文台主任格尔林(Gerling)和哥廷根的高斯及曼海姆的 F. B. G. 尼古拉共同计划研究他们三个天文台经度的差异，而这些天文台的位置则适成一个三角，其一处附近的高山为其他两处所可见。他们白天要观察日光反射信号机的信号，入夜则观察火药的发光。格尔林于计算其结果之前，先往访问其他两个天文台，测定他和高斯及尼古拉观察光和星的中天时所有人差方程式。除了三个主任之外，还有高斯的助手和格尔林的助手也加入观察；因此，他们计共有五人，而格尔林和其他四人之间的人差方程可将一切观察的结果化成格尔林的时间。

1838 年，格林威治的皇家天文学家 G. B. 艾里从事于记载各人观察中天时的差异，都和马斯基林同用钟表校准来计算。这个实验持续至 1853 年，他求得了美因和罗杰森十四年来的每年差异的变数及美因和亨利十三年来的每年差异的变数。此外在十九世
纪四十年代的初期中，为矫正起见而测定的人差方程也有三项：成 139
于刻特雷的，是关于布鲁塞尔和格林威治的经度的比较；成于斯特鲁维的，是关于普尔可伐和阿尔多纳的经度的比较；成于古乔恩的，是关于太阳直径的测定。假使人差和其他观察的误差相同，也很少变化，那么测定和纠正的实践当已有成果了。然而由屡次测定的结果，可知其随时变异，于是天文学家转而注意于其控制和消灭的方法了。

研究人差或测定人差的种种方法，早就有人提倡了。柊尔林于上述的研究之中不观察星，而观察一个弹簧摆子的通过，以测定人差，此法虽兼可测定实在的时间和观察而得的时间，但此问题只是到后来计时器完成后，才能面对这个问题。1843 年，D. F 阿拉戈要打破“眼耳”法的注意分散所引起的困难。他嘱一观察者在望远镜中看见星跨铜线时，发出一个声，另一观察者要估计此声在时钟两摆之间的时间的位置。因此，第一个观察者只须注意视觉的刺激，第二个观察者只须注意听觉的刺激。在这种情形之下，人差差不多消灭了，但此法终未流行。阿拉戈不以此自足，且更欲将第二个观察者根本取消。他创造一法，使观察者在望远镜中见星通过时，立即拉机，而使计时器的指针在日晷上画一符号，于是一秒的几分之几便可一览而知。1849 年，M. 费耶记述一摄影法，尤可用以测日（因为日光富于光量）：对视野包括交叉铜丝进行快速摄

影，有时用电测定，因此即观察者也可完全取消了。1852 年，有人在格林威治造成一种两眼镜片可使两个观察者同时观察同一个星的通过。此法不必以时钟校准为要素，因为时钟纵有差错，而当两人听同样的钟摆，则估计十分之一秒时的人差也即可显而易见。但此时适有一种完满的计时器可供应用，于是天文学家不复注意于这些新的方法了。

1828 年，Q. P. 勒普索在汉堡天文台中试创一计时器，但运动
140 的速率时有快慢，两年之后，仪器尚未完成，勒普索便去世了。到 1850 年左右，美国海岸测量局职员始造成一比较完善的计时器。该局局长 A. D. 贝奇主持此项工作，但其事之完成，则应归功于六个属员的合作。

1854 年，计时法（the chronographic method）采用于格林威治。计时器只是现代记纹鼓（kymograph）的先驱，是一鼓形之物，以一指针于其上画一细长的螺旋线。另有一电磁石，和报秒钟相连，使指针每一秒中在线上画一钩形。观察者于看见星之通过时，以手指击一键，使另一指针在鼓上画一线与第一线平行，也成一钩形。天文学家比较此两线，便可记录星之通过的时间，而测量至一秒的几分之几。观察者手续的简单和阿拉戈拉机以使时计的指针于秒分区间的日晷之上画一符号，不相上下。格林威治天文台于采用计时器的头两年内，即发现此器可将人差减少而为十分之一秒弱，这就是天文学家原来所设想的目标了。

但是计时器可使绝对的人差易于测量。从前天文学家只能测量两个观察者的相对的差异，可不能指出此二人到底与真实相差几许。到了电磁法发明之后，手续敏速，乃可列一人造的星体或光

点通过望远镜的视野，且当共为有关的交叉铜丝所等分时，能自动地记载于计时器之上。而天文学家也可用随心所欲的任何方法以观察此人造星体的通过。他可用“眼耳”法，也可于看见通过时击键以画一符号于计时器上。自此以后，一个天文学家可自记其人差，而不必与他人比较，且复可将各种观察化为“实在”值，而不必化为以一人为根据的时间系统。

这个新方法虽未为普拉兹莫斯基所应用，但似于 1854 年为他所始创。1858 年米切尔报告他从 1856 年以来的类似的实验，证明绝对的人差量约在十分之一秒和十分之二秒之间。除测定了他 141
所称的“眼的绝对品格”（“absolute personality of the eye”）外，复以听觉和触觉的刺激，研究“耳的绝对品格”和“触的绝对品格”。同年（1858 年），J. 哈特曼刊布其以类似方法所得的结果，这些结果是值得注意的，因为它们表明变化如果仍旧存在的话，可被部分归结为仅有一个的心理条件。

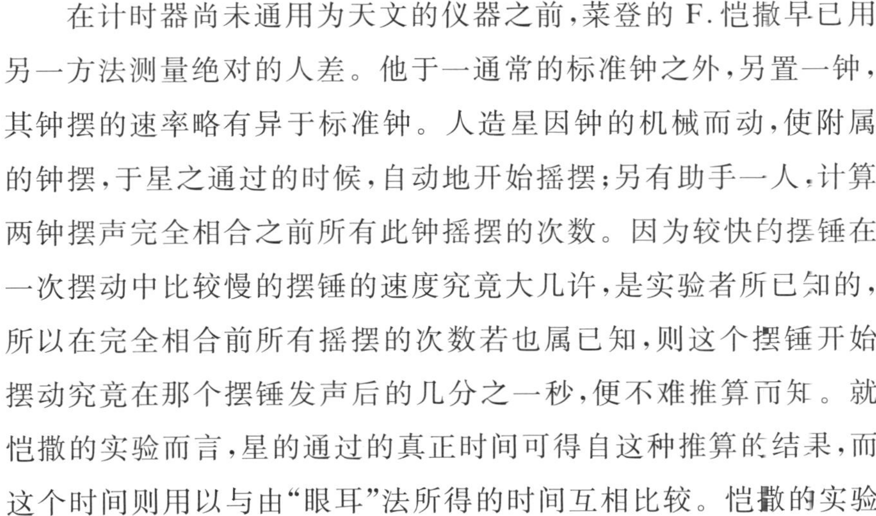

在计时器尚未通用为天文的仪器之前，莱登的 F. 恺撒早已用另一方法测量绝对的人差。他于一通常的标准钟之外，另置一钟，其钟摆的速率略有异于标准钟。人造星因钟的机械而动，使附属的钟摆，于星之通过的时候，自动地开始摇摆；另有助手一人，计算两钟摆声完全相合之前所有此钟摇摆的次数。因为较快的摆锤在一次摆动中比较慢的摆锤的速度究竟大几许，是实验者所已知的，所以在完全相合前所有摇摆的次数若也属已知，则这个摆锤开始摆动究竟在那个摆锤发声后的几分之一秒，便不难推算而知。就恺撒的实验而言，星的通过的真正时间可得自这种推算的结果，而这个时间则用以与由“眼耳”法所得的时间互相比较。恺撒的实验始自 1851 年,终于 1859 年,四年之后始刊布于世。

在十九世纪六十年代中,关于人差方程的研究方登峰造极,学者常以人造星的通过和计时器或微时计从事于绝对人差的测量。希普的微时计(the Hipp chronoscope)可用以测量千分之一秒的时间,是心理学家谁都熟悉的仪器,A. 赫希(有了 E. 普兰塔摩的协助)在 1862 年,用它测量人差。但那时研究的兴趣已集中于人差方程的变化。以新方法的帮助,此种变数已大为减少。假使这个方法早被采用,不但金内布鲁克不至于在格林威治天文台被辞退,而且贝塞尔也不会因观察不正确而吃惊了。但科学测量的精益求精本无止境,所以天文学家仍欲发现此变化的原因,而求所以消除它或解释它的方法。

十九世纪六十年代至七十年代间,学者由这种兴趣所引起的研究采取了测量人差大小和各种天文条件的关系的测量形式。据
142 研究的结果,人差方程式随日、月或星,日,月的第一边和第二边,星的大小,运动的方向及速率,和其他较欠重要的差异而不同。

天文学家发现了变化的天文条件既如此之多,就不免想到那里也许存在着更多的这种条件以致全面处理似不可能,而且很明白,这种变数与其说需要天文学的分析,不如说需要心理学的分析。假使人差方程式随着太阳和星或竟随着星的大小而不同,那么它必有赖于视觉的光度了。又假使它随着星的运动速率而变异,那么时间的原素究如何侵入观察的本身,也为我们所欲知之事了。我们已知道贝塞尔曾承认这些差异所以随人而异的重要,因此乃定此问题为一心理学的问题。总之,天文学给新的实验心理学带来了两个后裔——即复合实验和反应实验。现在可转述这两种实验。

复合实验

1816年，赫尔巴特创立了复合一词，意即指一种精神的混合物，包括二种以上的感觉过程。根据这个定义，天文学家的“眼耳法”是一种复合，冯特应用赫尔巴特的这个术语称呼他以天文学家的发现为根据的心理实验，他是从1863年开始讨论这个实验的。

天文学家对于人差的心理生理学的解释早就感有相当的兴趣。贝塞尔于1822年讨论这个问题时说：“假使加于眼耳之上的两种印象在一刹那间不能互相比较，又假使观察者二人用不同的时间使此一印象加于彼一印象之上，那就是引起人差的原因；倘更使一人由视而听，另一人由听而视，则此差异更从而增大。假使仅有两种感觉器之一所受的一个印象，在发生的同时或差不多相同的时间，为观察者所觉知，又假使只有第二个印象的加入可因它的性质的不同而引起不同的干扰；那么，不同种类的观察能够改变这种差异，便似不足为怪了。”

这里就含有“先入说”(the theory of prior entry)的萌芽，而先入说后来就成为完善的心理学说。假使某一个事件，据某些人 143
的观察较迟于另一些人的观察，那么较迟的观察的延迟便需要解释了；然而这两种观察，在机制上实属相似，可见双方都有迟误，不过此方的迟误尤较彼方为甚。问题在于这个迟误的原因和轨迹。1822年间，对于此事曾有所考虑的学者，多深信神经冲动的传导非常迅速，而由最粗疏的内省，也足见心理过程耗费时间。因此，

贝塞尔定时间的轨迹于心灵之内，以为迟误系由于“此一印象推迟了彼一印象”。

但1830年，天文学家尼古拉则以为迟误或可由于神经，不然也可至少由于眼耳的反射时间。关于人差，他曾有下面的一段话：“在我看来，这仅由于外面的眼耳的印象所引起的心理反射，随各人而不同。因此，我们可相信就此人而言，其起源于眼的心理反射比起源于耳的心理反射要早些，或者换句话说，此人对于其同时入目和同时入耳的同一物体，先有所见而后有所闻；我们还可以相信就另一人而言，这两种反射的参差程度较小，或发生于同时，或竟反于上述的次序（即起源于眼的反射比起源于耳的反射要迟些。）因此，各人报告的现象便可被完全解释而无复疑义了。这个学说若可成立，便可有一重要的结果：就是，两个意识器官的对立的交互作用不是十分迅速的。”

尼古拉也许没有承认迟误的原因在于神经，因为他曾称“心理的反射”，然而约翰内斯·缪勒却确是这样理解他的。缪勒相信神经动作的传导实很迅速，那是上文已经说过的。所以他在1834年引了尼古拉的话之后，以为感觉中枢非刹那间即能感知印象，迟误之故或由于此。他说：“感觉中枢不易以同样明确的程度知觉两种不同的印象；当若干种印象同时加于神经之上的时候，感觉中枢可只能识别其一，不然也仅前后加以识别。所以我们若同时视听一物，
144 便不得不先闻而后见。但两种知觉之间的时距可随人而异：有些人能同时接受而觉知许多印象，有些人若要如此，便需要一较大的时距。”由此看来，缪勒也几以“先入说”为注意的一个条件，因为他虽未举出注意，但是他的解释，实曾乞助于注意范围的限制。

1850 年，缪勒的神经传导迅速的信仰，虽因赫尔姆霍茨的神经冲动速率的测量而被否定，然仍为冯特的“复合作用”（complication）的心理学的基础。赫尔姆霍茨的发现既与计时器的完成同年，乃为绝对人差的单义解释开辟道路，于是人差的原因仅仅在于反应的时间。假使神经的传导甚至比声音还慢，那么反应时间便有一简单的生理学的涵义，而不必引虚渺的心灵历程以为解释的帮助了。

天文学家此后的研究又发现了许多关于人差的新的事实，提出三种不同的解释如下：

第一是以网膜为边缘的解释。C. 沃尔夫于 1864 年刊布其以人造星的通过为对象的绝对人差的细心的研究，欲以实验证明人差的一个重要因素或可为视觉影像在网膜上的持续。他的学说从未为学者所赞同，因其内容复杂，未可详述于此。S. 纽科姆于 1867 年，D. 吉尔于 1878 年承认人差随星的大小而不同，他们的学说虽彼此稍异，但都相信巨大的星在迫近一交叉线时，将较早与线相合。因为它的影像的边缘与线相近的时间比较小的星的边缘要早些。

其次为感觉方面的解释，以为听觉印象和视觉印象的传导可能需要不同的时间。但赫尔姆霍茨虽曾证明神经传导的速率有测量的可能，而且比较地迟缓，然而尼古拉的两种感觉时间的个别差异说，从未为人所置信。计时器，微时器和反应时间测量法的发现本可有利于此说的研究，但天文学家的兴趣仍多集中于人差方程 145
式而少集中于反应的时间，以致这个问题的要点反为所蔽。例如沃尔夫要观察人造星的通过的实在时间是已知的，沃尔夫宁愿采

用“眼耳”法，而放弃反应法。

但是沃尔夫证明人差随星的运动速率而异，反对贝塞尔对于速率的消极结论，因此，他对于本问题的解释曾有间接的贡献。这个结果和尼古拉的学说也互相抵触。假使星行愈速，而观察的误差也愈大，那么迟误的主要原因似应求之于脑内，或如沃尔夫的主张求之于网膜之内。此种误差或似由于星行太速，而常非观察的速率所可及。假使这仅由于视觉的神经传导和听觉的神经传导的不同的速率，那么星的通过的速率将必不能导致差异了。那种以传导速率为根据的学说，便不得不先假定可供观察的刺激乃是持续不断的线上所选出的一刹那，因此，可以不随线上的变化而异。

最后，乃有中枢的解释。其理由有二：(一)上述两种解释都不免欠缺，(二)据 1858 年哈特曼的实验，“期望”实为人差方程式的一个很重要的成分。贝塞尔也发现此项方程式就突然呈现的现象而言则较大，就本在意中的事件而言则较小。以“眼耳”法观察星的通过，则可有两种有节奏的事件，即时钟的连续的节拍，及星和测镜网的交叉线的连续的相合。哈特曼用一旋转的圆盘中的一点发光，圆盘既不断地旋转，于是光便隐现于相等的时距之内，造成了人造的中天。他用“眼耳”法发现绝对的人差，就平均说，甚为微小，而观察的时间则有时为正，有时为负，就是观察者有时似见其相合于未相合之前。由此看来，可见实验时，观察者系反应其基于已往的节奏而起的期望，有时或竟预料其事于未来之前。此后，心理学家对于简单的反应时间也发现相同的事实：在刺激之前的一个有定的短时间之内，发出一个警号，则反应时间有时为负，其平
146 均数很小。那时观察者所反应的不是刺激，而是意料中的时距了。

读者若记得人差实验最起劲的时期属于十九世纪六十年代至八十年代间，即生理心理学诞生的时期，则此天文学的研究在实验心理学上的重要便显而易见了。那时学者已知道这个问题是心理学的问题，以期望、预备及注意为解释的原因。

这个解释也引起了观念和印象的反应时间的问题，而这个问题最初引起了冯特的注意。1861 年，冯特造成一个简单的钟摆，此摆沿量表而摇摆，使一弹簧在摆到某一点时发出咔嗒之声。1863 年他在讲演动物和人类的心灵时，曾详述这些实验。在其名著《生理心理学》的第一版（1874）内，以专章讨论此事，章名"观念的进程与联合"（Course and Association of Ideas），又述一新造的钟摆的功用，此摆现仍应用于许多实验室之内，称为冯特复合钟。但复合实验和反应实验往后才有明确的区别，虽其结果仍同以注意或态度的倾向为解释的帮助。

复合实验的要点不是立即可以明白的。心理学家的首次实验是冯·戚希在圣彼得堡所完成的。他利用冯特的复合钟，有一指针在刻度计上掠过，一个钟在预定点上发音。观察者要注意他听到钟声时，指针正指向刻度计上的哪一处。冯·戚希发现了许多条件可以改变视觉和声音似乎相合的那一点，他特别感到麻烦的是似乎有负的推移的事实，例如指针指向 4 时，钟就似乎发音了，但据实际所知，只当指针指向 5 时，钟才发声。冯·戚希似乎在实际上相信这个奇迹：就是你能闻钟声于未发之前，这就是詹姆士在他的 1890 年《心理学原理》中讨论这个问题时所讥讽的论点。这个问题通过 P. H. 盖格的实验研究（1902）和 H. C. 斯蒂文斯的干净利落的演示（1904）终于弄清楚了。

先入现象就是这样的一个情况:注意的倾向导致了明了知觉的提早出现。假使你在盼望着钟声,并且倾听着,声音进入意识就
147 较快于指针的视觉的出现,反之也是如此。假使钟确于指针指向于5时发音,又假使你注意听钟时,声音比视觉快过一倍,指针指向于5时,钟发音了,但任何事情都要有一定时间。当指针指向于6时你听到了钟声;但是当指针达到了6,你看见它复返于4,因为视觉出现比声音出现需要加倍的时间。因此,你报告闻钟声于4,虽然在实际上,它鸣于5,因此,似乎有了一个单元的负的推移。反之,假使你的期望寄托于指针而不寄托于钟,把两者的时间颠倒过来,那么在你听到钟声时,指针已达到了7,但是当指针指向于7时,你看见它复返于6。这是一个单位的正的推移,因为你现在看见钟鸣于6,虽然实际鸣于5。后来K.邓拉普(1910)试以眼的运动解释这个先入的现象,但是S.斯通(1926)证明这个关系也适用于声和触。

这个实验证明关于心灵和神经系统的思想从1850年至1900年发生了怎样大的变化。1850年赫尔姆霍茨用实验消除学者对神经冲动需要时间运行或甚至较声为更缓慢的怀疑。半个世纪以后,心理学家就容易接受这样一个原理:知觉的潜伏时间有这样大的变化以致注意的倾向可以使一种传入的冲动在脑子内打圈等待注意准备去接受它。

下列一点也是值得指出的,就是:这个实验和有关的反应时间实验一样,都证明了知觉有赖于倾向——或态度,这是我们今天的名称,动力心理学就重视了这个事实。

反应实验

天文学家对绝对人差方程式的测量实际上就是反应时间的观察。用反应法和减除手续对各种心理历程的时间的测定是新心理学和十九世纪八十年代冯特实验室的突出的心理活动的一种，但是冯特没有创造这个技术，虽然他后来把它发展得过头了，以致他的年轻的同僚屈尔佩指出这个手续怎样带有一个根本的错误。可是十九世纪后期还应当是**心理的时间测量期**。

从天文学家那里取得反应实验的是荷兰生理学家 F.C. 唐得斯，他对视觉的研究是已经出名的。在现在被称为的**简单反应**中，被试用一个预定的运动反应一个预定的刺激。1868 年唐得斯以 148
为这个简单反应可因增加他种心理过程而使它复杂化。如果反应时间加长，那么这个增加的数目就是任何加入的过程的时间量数。

唐得斯以选择时间的测量为始。他不使他的被试常用一种运动 a 反应刺激 A；他加上了其他刺激，每一种都各要引起不同的预定的反应：刺激 A 引起反应 a；刺激 B 引起反应 b；刺激 C 引起反应 c；余可类推。由于时间因这种变化而增加，他便可从加长的时间减去简单反应的时间而算出纯粹选择的时间。

其次唐得斯以为这些选择时间应当包括辨别和选择，因此，他随机采用许多刺激如 A，B，C，D，但只许用反应 a 对付刺激 A，借以测量辨别。因此被试必须在反应以前从其他所有刺激中识别出 A 刺激。后来冯特说，这确是对反应和不反应的选择。唐得斯借助于减除得到了选择，辨别和反应的时间。这就是减除法。总之，反应时间就由于这种复杂化而增加了，但是这种时间不是很稳定的，就由于这个不稳定性，它们就终被放弃不用了。

假使我们将冯特的七种反应时间列入一表，他的反应的混合就较易被了解了。这个表的左端的短语是被直接测量的混合反应的名称。右端的短语是心理历程的名称，这个历程的时间是表内相应的混合反应时间与前一项反应时间之差。右端的括弧表示哪一个项目减去哪一个项目以便求得这个历程的时间。为了简单起见，冯特的辨别和选择反应都被删去了。

149	1.反射	遗传的感觉-运动反应	反射(1)
	2.自动动作	习得的自动动作	有意冲动(2—1)
	3.简单的肌肉反应	一个刺激，一个运动，注意指向运动	知觉(3—2)
	4.简单的感觉反应	一个刺激，一个运动，注意指向刺激	统觉(4—3)
	5.认识反应	许多刺激，每一个刺激都被明白知觉到，一个运动	认识(5—4)
	6.联想反应	许多刺激，反应带有联想	**联想**(6—5)
	7.判断反应	许多刺激，联想后有判断	**判断**(7—6)

在实际上，减除法从来没有良好的效果。时间是太不可靠的，时间的差数就更不可靠了。但只是屈尔佩才于1893年有说服力地论定这些完整的历程，不是由于分别的部分时间的原素混合而成的，判断不是反射加冲动加知觉加统觉加认识加联想加判断的总和。(实验的)任务和导致动作的态度的变化改变了整个历程而不是仅仅加上了一个附加的部分。朗格的感觉和肌肉的简单反应在构造上不是由于仅仅加上一个统觉的成分而有所差别的。因此屈尔佩能够证明朗格实验的根本意义，就是说，倾向(态度)改变了随着发生的知觉和反应的过程。这个早期的结论后来在屈尔佩的符次堡实验室内得到了H.J.瓦特(1904)和N.阿赫(1905)的支持，他们都工作于屈尔佩的符次

堡实验室内(见边码 403—406 页),同时这个结论是屈尔佩帮助心理学离开冯特的原素主义而走向相反阵容的整体主义(holism),而这个整体主义则起自詹姆士而一直传至格式塔心理学家。

因此,天文学家的人差方程式的发现以及其后他们测量绝对人差方程式的成就导致了新的实验心理学的复合实验和反应实验。虽然这两种实验所引起的早期的兴奋是没有充分的根据的,但是据目前的情况看来,它们可被视为态度倾向对知觉和反应的影响的早期示例,也是动机的实验动力心理学的原始事实。(见边码 715 页以下)

附　注 150

关于人差方程式的历史,写得好的至少有三种,它们各在其特定的时期内是比较好的。(1)C. A. F. 彼得斯,见《天文学公报》(Astronomische Nachrichten),1859 年,第 49 卷,2—30 页,尤其是 16—24 页;或稍经修改的《亚尔多纳与许威林的经度差异的测定》(Ueber die Bestimmung des Langenunterschiedes zwischen Altona und Schwerin),1861 年;(2)R. 拉多,(卡尔[Carl]的)《物理学提要》(Repertorium für physikalische Technik),1866 年,第 1 卷,202—218 页,306—321 页,次要的为 1867 年,第 2 卷,1—9 页;1868 年,第 4 卷,147—156 页;或相当的法文记载即《克尼微尔博士科学报》(Le moniteur scientifique du Dr. Quesneville),1865 年第 7 卷,977—985 页,1025—1032 页,1866 年,第 8 卷,97—102 页,155—161 页,207—217 页,1867 年,第 9 卷,416—420 页;(3)E. C. 桑福德,《美国心理学杂志》,1888—1889 年,第 2 卷,3—38 页,271—298 页,403—430 页,桑福德列举 108 种著作。S. 埃克司纳的论文详述人差方程式的生理学和心理学而忽略其历史,见《生理学文献》(Arch. ges. Physiol.),1873 年,第 7 卷,601—660 页;1875 年,第 11 卷,403—432 页;或其节略,见赫尔曼的《生理学纲要》,1879 年,第 2 卷,第 2 编,255—277 页。

马斯基林与贝塞尔

马斯基林对于金内布鲁克的屡戒不改的误差及其后免职的记载，见《格林威治天文观察报》(Astronomical Observations at Greenwich)，1799 年(1795 年部份)，第 3 卷，319 页，尤其是第 339 页以下。

关于贝塞尔的发现，见贝塞尔，《柯尼斯堡天文观察》(Astronomische Beobachtungen in Königsberg)，1823 年(系关于 1822 年的)，第 8 卷，iii—viii 页；1826 年(系关于 1825 年的)，第 11 卷，4 页；1836 年(系关于 1832 年的)，第 18 卷，3 页；《评论报》(Abhandlungen)，1876 年，第 3 卷，300—304 页。贝塞尔会看出马斯基林的关于金内布鲁克的记载的意义，这是不足为怪的，因为那时学者对于观察及仪器的误差和误差的数学理论非常注意。拉普拉斯是误差理论方面的先驱，然而高斯的贡献尤为重大，因而常态的误差律常称为"高斯律"[这似乎是不对的，因为有 de 莫甫耳和拉普拉斯两人在他之前]。高斯是哥廷根天文台台长，我们在本章内容中已知道德国各天文台台长之间常交流情况。高斯的有关误差的数学理论是在他的《天体运动学说》(Theoria motus corporum cœlestium，1809 年)提出来的。关于他的基本原则在天文及地质观察上的应用，见他的《最小四方形法的讨论》(Abhandlungen zur Methode der kleinsten Quadrate)，1887 年，54—91 页(1826)，92—117 页(1809)，129—138 页(1816)，139—144 页(1822)。换句话说，观察误差的控制和测定是一个纷纷争辩的问题。我们甚至有关于高斯和格尔林的人差方程式。

天文学的应用

T.R.鲁滨逊初期以日球的边测定人差方程式，见他的约近三十年后的报告《阿尔马天文台所观察的 5,345 颗星的位置》(Places of 5,345 Stars Observed at the Armagh Observatory)《阿尔马天文台的第一个星图一览表》(First Armagh Catalogue of Stars)，1859 年，第 10 页以下。关于沃尔弗斯及内胡斯 1833 年在亚尔多纳时的方程式，见彼得斯(后任亚尔多纳天文台台长)，前引书，1859 年，第 18 页。关于格尔林的实验，见《天文学公报》，1838 年，第 15 卷，250—278 页，尤其是 259 页以下。艾里嘱咐天文观察者从 1838 年起，将天体通过的观察在格林威治加以记载，用最小四方形法估计。

1846—1853 年间美因和罗杰森及美因和亨利的平均人差方程式。1841—1845 年则由彼得斯加以计算。见彼得斯，前引书，19 页以下。关于十九世纪四十年代初期人差方程式应用的他种实例，见 R. 希普香克斯和 A. 刻特雷，《格林威治与布鲁塞尔天文台的经度的差异》(Sur la différence des longitudes des observatoires de Greenwich et de Bruxelles)，尤其是 4—13 页，载于《布鲁塞尔皇家科学文艺学会的新纪录》(Nouveaux Mémoires de l'Acaddmie Royale des Sciences et Belles-lettres de Bruxelles)，1843 年，第 151
16 卷，第 1 期；O. W. 斯特鲁维的《普尔可瓦与亚尔多纳之间的经度的测定》(Détermination de la longitude entre Pulkova et Altona)，1843 年；J. J. E. 古乔恩，《图书评论》，1849 年，第 28 卷，(1835—1848 年的观察)220—223 页。

天文学家要从观察中排除了常变的观察者。当然，这样一种欲望是一种矛盾；因为没有了观察者也就没有观察了。但是大多数的设计，是要使观察转化为对视觉空间的有闲暇时的从容观察；这就是物理学者所常做的事——将观察自动地化为一个量表的视觉的阅读。这种阅读在各种的感觉辨别中最为敏锐，而最少变化。阿拉戈的方法见《图书评论》，第 36 卷，1853 年，276—284 页。费耶的摄影法见《图书评论》，1849 年，第 28 卷，241—244 页；1858 年，第 46 卷，705—710 页；1860 年，第 50 卷，965—967 页。此外尚有其他方法，本书未加论列。有一法系使交叉铜丝有节奏地断续发光，调节发光的时间和速率，好使星体于连续闪光时跨过连续的铜丝。通过的时间据闪光的调节加以计算。另有一法系用钟表机将望远镜随星以同速率移动，调节望远镜的位置务使星为主要的铜丝等分为二。通过的时间可因观察望远镜被调节的位置而加以计算。这些方法在实际上不是要排除观察者，而仅仅使他可以从容地作视觉空间的阅读，因而使观察者留下来，确保最大的精确度。

计时器与微时计

关于计时器和微时计的一般描述及其在反应实验中的应用，见冯特，《生理心理学纲要》，1911 年，第 3 卷，359—388 页；铁钦纳，《实验心理学》，1905 年，第 2 卷，第 1 编，142—167 页；第 2 编，326—356 页。贝奇及其同事美国海岸测量人员，制成了一种满意的计时器，见 B. 皮尔司，《美国文艺科学学会会报》(Proc. Amer. Acad. Arts and Sci.)，第 4 卷，1859 年，197—199 页。

微时计作为实用的仪器，存在于计时器之前。C.惠斯登曾于1840年制造一微时计，用来测量炮弹的速率。M.希普本为一钟表匠及机械匠，1842年怀有一微时计的观点，在看见了惠斯登的样品后，于次年也创造一微时计。此十年间，惠斯登和希普这两种微时计经过几度改良，至1849年，厄尔施勒格记述许多种以新的希普微时计测量落体时间的实验。凡此种种都发生于计时器的完成之前，但是微时计，似延至1862年赫希的实验时才被天文学家所采用。关于微时计的早期历史，见B.埃杰尔和W.L.塞姆斯，《英国心理学杂志》，1906年，第2卷，58—62页，86—88页及其所列举的参考资料。

天文学的后期发展

第一个提议测定绝对人差方程式的，据说是普拉兹莫斯基，见《宇宙杂志》(Cosmos)，1854年，第4卷，545页，参看勒•韦立埃，《图书评论》的有关章节，1854年，第38卷，748页以下。米切尔的实验，简略地报告于《皇家天文学会月报》(Roy. Astron. Soc. Monthly: Notices)，1858年，第18卷，261—264页，和《佛兰克林学院杂志》(J. Franklin Inst.)，1858年，第66卷，349—352页。J.哈特曼的研究见格鲁涅特的(Grunnert's)《数学物理文献》(Arch. Math. Physik.)，1858年，第31卷，1—26页，及(略加删节的)《天文学消息报》(Astron. Nachrichten)，1865年，第65卷，129—144页。

关于恺撒的复尺摆锤的方法，见《阿姆斯特丹皇家自然科学会报》(Verslagen en mededeelingen der koninklyke Akademie van wetenschappen, Amsterdam, afdeeling natuurkunde,)，1863年，第15卷，173—220页；第2卷，第2编，1868年，216—236页。第一篇论文是以荷兰文写的；第二篇则是德文。恺撒以为他在用游尺的原则，桑福德游尺微时计用两个摆锤的视觉的合
152 一，而不用听觉的合一，正是据此仿造的；参看桑福德，《美国心理学杂志》，第3卷，1890年，174—181页；1898年，第9卷，191—197页。

赫希第一次应用希普的微时计以观察人造的中天，见《纳沙特尔自然科学社公报》(Bull. Soc. Sci. nat. Neuchâtel)，1863年，第6卷，365—372页。

人差方程式随许多天文学的变量而定，关于此事的详细讨论，见桑福德，《美国心理学杂志》，1889年，第2卷，271—298页。

复合实验

贝塞尔对于一种印象可使他种印象迟误的讨论，见于他的有关人差方程式的第一篇文章，前引书，1822 年，第 vii 页。尼古拉的人差方程式的理论和记述，见特雷维拉努斯，《爱西司杂志》(Isis von Oken)，1830 年，第 23 卷，678—682 页。约翰内颠·缪勒对于本问题的讨论，见他的《人类生理学纲要》，第 3 编，第 3 节，导言。(无论哪一版本或英译本)。

较后的实验有 J. 哈特曼的前引书及 C. 沃尔夫，《巴黎皇家天文台报》(Annales de l'Observatoire Impérial de Paris, Mémoires)，1866 年，第 8 卷，153—208 页。后来有关星体大小及人差方程式的讨论，见 S. 纽科姆，《天文与气象的观察，美国海军天文台》(Astron. and Meteorol. Observations, U. S. Naval Observatory)，1867 年，附录三，第 27 页，及 D. 吉尔，《皇家天文学会月报》，1878 年，第 39 卷，第 98 页。

冯特对于这个问题的初期的讨论及其对于他的 1861 年复杂的振子的记述，见他的《关于人类与动物心灵的演讲》，1863 年，第 1 卷，第 23 讲，此讲第 2 版增加篇幅，1892 年，第 28 讲(或英译本)。我们要注意冯特在 1861 年演讲于施佩耶尔，以为视觉和听觉都有个别差异；参看铁钦纳，《美国心理学杂志》，1923 年，第 34 卷，第 311 页。关于系统的生理心理学更正式地包括这些资料，见冯特，《生理心理学纲要》，1874 年，第 19 章，尤其是 727—780 页；比较其后各版的相当章节，例如，1911 年，第 3 卷，44—79 页，357—451 页。詹姆士对于冯特的见解，有明晰的节略和批评，见《心理学原理》，1890 年，第 1 卷，409—416 页，427—432 页。还可参阅铁钦纳的讨论，《关于感情和注意的基本心理学的演讲》(Lectures on the Elementary Psychology of Feeling and Attention)，1908 年，242—259 页，371—375 页。

关于复合实验及先入说的参考书，本章中引用的部分(并由安吉尔和皮尔斯补充的)是冯戚希的"论以复合法研究单一或复合概念的统觉的时间关系"(Ueber die Zeitverhältnisse der Apperception einfacher und zusammengesetzter Vorstellungen, untersucht mit Hülfe der Complicationsmethode)，见《哲学研究》(Philos. Stud.)，1885 年，第 2 卷，603—634 页；S. R. 安吉尔和 A. P. 皮尔斯，"关于注意现象的实验研究"，见《美国心理学杂志》，1892 年，第 4

卷，528—541页；M.盖格，“新的复合实验”，见《哲学研究》，1902年，第18卷，347—436页；H.C.史蒂文斯，“质的研究中一个简单的复合实验的摆锤”，见《美国心理学杂志》，1904年，第15卷，第581页；K.邓拉普，“复合实验及其有关现象”，见《心理学评论》，1910年，第17卷，157—191页；S.A.斯通，“听觉复合实验中的先入现象”，见《美国心理学杂志》，1926年，第37卷，284—291页。

反应实验

关于复杂反应及减除法的发明，参见唐得斯，《心理历程的速率》(Die Schnelligkeit psychischer Processe)，见《解剖生理学报》，1862年，657—681页，其中叙述唐得斯如何将反应历程分析为十二种假定的连续的生理事件。

就在此时，冯特正如我们所知道的那样，以更大的兴趣注意复合实验。关于在他的《生理心理学》第一版中复合实验的重要意义(1874，前引书)，还不是太清楚的，但是在第二版中就十分明白了，1880年，第2卷，196—260页，尤其是247—260页。至1911年间，在屈尔佩和时代的影响下，他已经多
153 少改变了他的立场，还可见他的1911年第6版，第3卷，388—451页，尤其是424—451页。

路德维希·朗格的经典实验，关于两种类型的反应几乎说是动机实验心理学的开始，朗格的“关于触觉的单一反应和印象的新实验”(Neue Experimente über den Vorgang der einfachen Reaction auf Sinneseindrücke)，见《哲学研究》，1888年，第4卷，479—510页。然而，这是在后来研究混合反应时期出现的。关于冯特实验室在这个领域和这个时期内的主要成果，见E.蒂舍尔，M.特劳特施科德和M.弗里德里希，J.Mck.卡特尔，G.马修斯和E.B.铁钦纳，见冯特的《哲学研究》，1883—1892年，第1至8卷。关于屈尔佩对朗格的提示的最初发展，见O.屈尔佩的《心理学基础》(Grundriss der Psychologie)，1893年，421—437页；英译本，1895年，406—422页，但是对混合反应论的最后一击是来自屈尔佩的符次保学派。

一般地说，关于复合反应论，见J.贾斯特罗的《心理现象的时间关系》(Time-Relations of Mental Phenomena)，1890年，间接一些的见铁钦纳，《实验心理学》，1905年，第2卷，第1编，185—195页；第2编，356—392页。

近代心理学在哲学内的起源

第九章　近代心理学的肇始：笛卡尔、莱布尼兹与洛克 157

读者此时当已知科学心理学的问题发生于科学之内，在发展的自然过程中，不能不引起科学家的注意。但心理学之为学科，在十九世纪的中叶以前，不隶属于科学，而隶愿于哲学。在希腊时，哲学和科学本没有显著的区别。例如亚里士多德不需要区别理性的方法和经验的方法。到了后来，二者互相分歧，那是我们知道的；更后，约当洛克时(1690)，哲学在主要意义上是心理学的，而使心理学成为哲学的，而非科学的。但这些区别究竟是人为的，仅表现于知识的表面。它们在本质上是为着人类在一特定的时间为规定知识的便利。知识在基本上是统一的。

这种本质上的统一不能不导致正式的综合，那正是十九世纪的心理学史所证明的一个事实。一方面为经验的科学，其发展既很敏速，而收获也很丰富，经常面对着新的困难的问题。尤其是神经系统的生理学的进步，常引起许多心理学的问题，有时也能予以解决：例如感觉、感觉神经和感觉器官、脑及其机能，“心理器官”等问题。科学的其他部门对于心理学也有附带的贡献：在物理学为色和声的知觉律；在医学为催眠现象；在天文学为人差的事实及其部分的解释。发现这些事实的学者可都不自称为心理学家。另一

方面，这个时期还有一种心理学，一种本质上的理性的心理学，是哲学家的所有物，它的名称由来已久，似乎比科学家所称的“心理
158 的知识”还要古老些。新的“科学心理学”只是这两种心理学的融合——即哲学家的心理学和生理学家的心理学，加上脑生理学，反射学、颅相学、催眠和人差方程式，这些都来自其他科学的领域。

现在若定1860年为科学心理学肇始的一年，那也只是选取一个便利的日期，即费希纳的《心理物理学纲要》出版的日期。科学思想史中本没有一种突然发生的事件。洛采于1852年曾著一本《医学心理学》，但大致不外形而上学。约翰内斯·缪勒于1840年，曾以“论心灵”命名一章目，但结果究竟不能胜过一般哲学家。自哈特莱(1749)或笛卡尔(1650)以来，这两种心理学的混合虽已肇始；但只是到了十九世纪的中叶，有了费希纳，尤其是有了冯特之后，学者才正式地认知这两种心理学在主要意义上的一致性，因为哲学家的心理学称“心理学”，科学家的心理学称“生理学”，所以生理心理学的诞生乃为一种自然的结果，在心理学史中有极端的重要性。

因此，我们在本书内，须回顾哲学的心理学，以便知道它如何和生理学结合而产生生理学的实验的心理学。但是我们也不必侧重这个前科学的心理学就像先前侧重“前心理学的科学”一样，理由是一半因为早期哲学的心理学已为世所熟知，一半因为我们对于实验心理学的优先的兴趣使我们较注意于科学方面的事实。但是我们不需要追溯到笛卡尔。

我们甚至差不多敢于不理睬亚里士多德(前384—322)这个曾被说成思想史上最伟大的人物和百科全书式的天才。他的格言和学说在近代科学出现于1600年以前的许多世纪的西方文化中，

一直支配着一切哲人学者的思想。教会承认了亚里士多德。当人
们主要关心于拯救他们不朽的灵魂，不断地追求权威，通过启示，
以便发现真理时，亚里士多德的话就是最后的裁判。后来在文艺
复兴时期，生活的问题比不朽的问题变得更加重要了，科学的方法
代替了权威，成为到达真理的道路。但即使在那个时候，亚里士多 159
德的智慧并未过时。它在今天的某些价值判断或其他问题上依旧
流行于世，成为当前某些思潮的历史的先导。

也就是这个亚里士多德宣称心灵是统一的，因而影响了笛卡尔，使赫尔姆霍茨不易证明神经冲动的传导需要时间，并在元素和整体之间从詹姆士到格式塔心理学一直持续着的论战中支持着全体说的论点。也就是这个亚里士多德宣称灵魂是自由的，因此反对完全决定论的心理学，一般说来，支持了哲学家，而反对那些愿使灵魂服从自然规律的科学家。也就是这个亚里士多德加强了形式与作为一切唯物主义思想特点的物质的根本对立。亚里士多德说心灵是一块**白版**，一个空白的纸片，经验还没有在它的上面写字，因此，支持了经验主义学派，而这个学派则始于霍布斯和洛克。亚里士多德奠定了记忆的根本原理如类似、对比和接近，这些原理现在仍支配着学习的理论。亚里士多德说有五种感觉，其中有一种（触觉）比其他感觉更加复杂，这个基本的区分现仍通用，尽管这五种又可以再行划分。关于心理学史曾多次为第六觉提名，但没有提出第七觉，因为谁也没有坚决承认第六觉。最后，亚里士多德说，灵魂的位置在于心脏，但是他在这里所说的话由现代人看来就似乎毫无意义了。盖伦以为脑是心灵的器官这个观点流行已久，与亚里士多德相反，今天我们自然已经有了充分的证据，认识到我

们在主张心灵是否位在脑内时，究竟有什么意义了。

十七世纪或刻卜勒、伽利略和牛顿的世纪之内，哲学脱离了亚里士多德的教条。这个脱离始于笛卡尔对“古人”的背叛和他对于人的心灵的半为自由而合理和半为机械性的自动的概念的修订。笛卡尔是心理学内二元论思想和反射的生理心理学的始祖。它因英国的经验主义而持续着，这个经验主义始于霍布斯，主要由洛克规定了方向，洛克创始了观念联合说，而这个联合说后便成为冯特的新心理学和十九世纪后期的其他实验心理学家的主要基础。莱
160 布尼兹是洛克的论敌，他主张心灵的主动过程说，因此他就成为所有反对冯特元素的学者如布伦塔诺的先辈。笛卡尔给近代心理学以心体二元论，但他认为二者互相分离而互相影响。莱布尼兹给近代心理学提供平行论，以为是二元论的适当的形式，这个形式在十九世纪四十年代的能量守恒说流行后似为令人满意的形式。本章主要叙述这三位学者即笛卡尔、莱布尼兹和洛克的贡献。

勒内·笛卡尔

历史若可分为古代、中古和近代，那么勒内·笛卡尔(1596—1650)标志着近代心理学的实际的开端。笛卡尔主要是哲学家，但也是科学家、生理学家而又是生理心理学和反射学的始祖。此外他又是一个不平凡的数学家，因为他发明了解析几何，因而使几何学成为科学研究的一个无价之宝的工具。

笛卡尔过的是绅士学者的生活。他有适当的收入，他的天才使他得免于爱好艺术浅尝辄止的毛病，他有永不满足的求知欲，又

有求证据的强烈欲望，与对独断权威的教条的极端蔑视相结合。他喜欢思考，从学生时代起就开始对教师有同情的了解，往往在早晨时卧床默想。他的著名的“我思故我在”的格言对他有特殊的个人意义。思维就是存在。但是这个早晨的省悟的生活在他年轻时却被一再打断了，有时由于受了胡闹好玩的朋友们的干扰，有时由于国王王子追求更大的权力财富使他当兵入伍的缘故。

笛卡尔的一生有几个重要时期，在这些时期内，他放弃较适合于绅士般的生活而转向哲学。第一次是他的老师让他在校内卧床默想。第二次是在1619年冬季十一月十日当他出征驻军于多瑙河岸的冬营时。这一夜他做了一个梦，想到了解析几何原理，使几何应用代数的方法。他的头脑一直带有这个宝贵的思想达十六年之久，经过几次战役后才发表了它，传之于后世。但是这个梦标志着笛卡尔向哲学的转化。他的再一次的转折点是在1629年，是在 161
他的哲学正在形成、并使P.德·贝律尔主教深受感动以后，这个主教劝说他应当发表他的哲学。这使他进一步接受任务，标志着笛卡尔躲避社会要求的开端。他退隐于荷兰，在此后二十年间住过十三个不同的市镇，二十四所不同的住宅，常使他的通信地址为日益加多的欣赏他的天才的人所不知，而仅和其他哲学家如M.梅塞内保持科学的通信，梅塞内是知道他的行踪的少数人中的一个。

1634年，笛卡尔准备出版他的《宇宙论》(Le monde)作为给梅塞内神父的新年献礼。这主要是哲学家对《创世记》的聪明的修正。例如它承认了哥白尼说。可是那时传来了宗教法庭处理刻卜勒的消息，笛卡尔自知他的研究比刻卜勒更加异端，因此就中途停止了。他是一名忠诚的天主教徒。这个“改变”不是怯懦而是一个学术上的危机。他决定寻求一个正确的途径，同时肯定教皇和哥白尼，这是他无法完全实现的一个雄心壮志。

1637 年笛卡尔发表了《方法论》(Discours de la méthode)，包括解析几何。他有两种哲学论著在 1641 和 1644 年问世，但他种重要的著作则在他 1650 年死于瑞典后作为遗著发表。这个悲剧是应由自私自利喜怒无常的克里斯蒂娜皇后负责的。她邀请笛卡尔到斯德哥尔摩教她哲学。笛卡尔不愿放弃他的隐居和自由，但是他对皇权非常尊敬。当克里斯蒂娜立即派战舰接他以示尊崇时，他屈让了，前往教她这个不很聪明的学生学哲学，每周三次，早晨五点钟，在瑞典异常寒冷的冬季，教授于皇后的寒冷的书房之内。正如他自己的自然规律作用于人的信仰所昭示的，他在寒冬季节患肺炎而去世了。

笛卡尔于 1649 年为克里斯蒂娜写作的《情绪论》(Passions de l'âme)发表于 1650 年。这部著作包括他的哲学心理学，他的有关灵魂性质的学说的许多内容和他的一些生理心理学。他的《人性论》(Traité de l'homme)刊布于 1662 年。其中包括生理心理学，
162 并讨论不自主动作。《宇宙论》在三十年前暂不刊行，在 1664 年终于出版了。这些著作刊载了笛卡尔许多其他方面的次要的科学贡献。例如笛卡尔证明刻卜勒相信眼的结晶体是借以形成网膜影像于其上的水晶体，是正确的。笛卡尔取出公牛的一只眼睛，刮去后部角膜，把它装入窗板凿成的小孔之内，证明了外景的一个颠倒的影像形成于眼球的背后部分。

笛卡尔把法国心理学思想引向唯物主义，如后来拉·美特利和卡巴尼斯的著作所显示出来的那样(见边码 211—216 页)。但是

他从来没有在他的宗教信仰上让步，这可以见于他对伽利略、教皇和《宇宙论》等问题的处理。他相信有一个自由的非实体的灵魂和一个机械操作的身体，他用他的**二元论**解决这两个实体之间可能的矛盾。物质和身体是**展延的实体**，灵魂是**非展延的实体**。笛卡尔主张这两个实体在人类有机体内互相作用，身体影响心灵，心灵影响身体。因此，他为心体**交感**论的创始人。

笛卡尔对于身体的活动力求应用物理学的原理。这种思想一定是早已流传着的，因为在某些公园里，机器的人形可以隐现于某种机械装置转动的时候。笛卡尔想到这些类似的实例，主张身体是一座**机器**。这句话就没有灵魂的人体而言，应当是正确的。没有灵魂的动物就是自动机。这个机械的观点在逻辑上是不易反驳的，因为它是为身体与所有无生命东西所下定义的必然的结论。因此，笛卡尔可以自由地讲他的生理的物理学。在某一意义上说，它也得到了神学的支持。因为神学教导我们：动物是没有灵魂的。如果它们没有灵魂，那么据定义它们就是自动机，甚至活剖它们也是可被允许的（法文的 l'âme，德文的 Seele 都兼有**灵魂**和**心灵**的意义，因此容易引起混乱。就英语说，心理学和神学就较易分界了）。

关于身体，那个受无生命的法则支配的实体，笛卡尔有着非常丰富的知识。哈维刚在 1628 年发现了血液循环。笛卡尔粗知循环作用和消化作用的正确事实。他知道肌肉成对作相反的动作。他知道神经为感觉及运动的要素，但据当时的信仰，神经为可由任何方向传导动物精神的导管。因此，他被导致了边缘神经系统的 163
通路说，而这个学说则似有类于现代的反射弧说。它也是投射说的先驱。笛卡尔写道：

> 据观察，我们身体的机器是这样构成的，凡属精力运动所引起的变化可以使它们打开脑的某些气孔而不打开其他气孔，反之，假使这些气孔有任何一个由于感觉神经的动作而使它的启闭有极少程度的异常，它就会改变精力的运动，使它们导入运动身体的肌肉，引起了通常的运动；所以凡是非意志所导致的一切运动……都仅有赖于四肢的服从，和精力受了心脏热力的激动以后，自然地遵循脑和神经及肌肉的顺序而定，与钟表的运动产生于发条的动力及齿轮的形式是完全一样的。

这里讲的是身体。灵魂的性质又怎样呢？

非展延的灵魂是“存在于我们的内部，不可能像身体那样容易理会的东西”，它有知觉和意志。因此，它和身体互相影响。知觉和激情主要依赖于身体，但知道它们的是灵魂。动作多起源于意志，却也不完全如此，因为有些动作不是意志所能直接引起的。笛卡尔提到了瞳孔反射和言语。就后者说来，意志的动作是间接的，因为我们要说话，于是肌肉运动无误。但是我们可不能直接由意志使这些肌肉这样或那样地运动以便说出这些话。大概关于灵魂所可说的比关于身体为少。由于灵魂是自由的，那就无话可说了，因为自由是没有规律的，不能根据规律作出结论。因此，研究灵魂和身体交感乃是重要的问题，然而我们首先要注意笛卡尔的内省说。

内省的老问题是要问：譬如在知觉时是否自知其知觉，或先要知觉其知觉，然后才知道我们有此知觉，从而构成一种不确定的后退(an indefinite regress)呢？这种后退受到了好几种理由的反驳，但是相反的观点，即知觉就是知道自己的知觉，也引致了有关自己的心灵为什么不易得到正确知识的问题。假使心灵果真存

在，我们对于它就也应有正确而不能驳倒的知识。笛卡尔的立场 164
认为心的知识是直接的，但是由于古人领错了路，所以我们对心灵只好学而知之了，不必说，笛卡尔对古人是没有耐心的。

> “无论何人，若觉有情绪于其心，便不必借助于他处的观察，然后才可发现其性质；然而古人对于此事的意见既很浅薄，复多不可靠，所以我只好放弃他们的老路，才可有发现真理的希望。”

也有些学者（可参照马赫，边码 394 页以下）对于这个难题虽取不同的解释，但作出同样的结论。

脑内器官都左右成对，不如此成对的只有一个松炅腺（the pineal gland，the “conarium”），于是这个器官成为灵魂和身体交感之处，笛卡尔深信灵魂是统一的（参照亚里士多德），不能影响身体于两个不同点之上，又因脑似为感觉所由入、运动所由起的器官，所以笛卡尔乃选取脑的唯一不成对的部分以为交感点。

笛卡尔的机械的偏见，在他讨论灵魂身体如何交感时，昭然若揭。他的思想完全不离空间，他所讨论的乃为动物精神的方向和轨迹。松果腺偏于这边或偏于那边，即将精神传导于这一特殊的回忆，想象或运动，或那一特殊的回忆，想象或运动。就知觉说，精神也来自不同的方面；笛卡尔以为视觉神经须重行布置，才可补救网膜的倒置的影像，灵魂既仅能因松果腺而始有所见，所以由灵魂看，外物的顶端似即为脑的顶端了！

但是读者可不要以为笛卡尔封闭灵魂于松果腺之内。这是对于笛卡尔的一种很普遍的误会。松果腺仅为交感之点，而非即灵魂所在之处。身体是展延的，灵魂是非展延的；但展延的东西如为非展延的东西所影响，便不得不有可受影响的一点，那便是松果腺，然而“灵魂和身体的各部分互相结合”。身体完整无恙，则全体为灵魂的位置。身体有一部分横被切断，灵魂可不即因此而分，因为灵魂既为统一的，则仍要统一的身体作为灵魂的位置。身体的
165 统一性若因死亡而丧失，此身便不复为灵魂托足之所了。我们自然或可以为灵魂既和全体结合，当可直接影响身体的任何部分，也可为任何部分所影响。但是笛卡尔不支持这个观点，因为依照了它，身体将不复为一十足的机器，而为一无法解释的机制了。

我们也要指出笛卡尔深信天赋观念的存在，这种观念不来源于经验，而是决定地不可避免地赋予于心灵，以致我们只好接受。这种观念以神和自我为最明显的观念。几何公理也属于此，空间、时间和运动的观念也是一样。这个学说通过苏格兰学派哲学家、康德和先天论者（如海林、斯顿夫及格式塔心理学家）流传于心理学。它由于受到了英国经验主义者（如洛克、贝克莱和休谟），英国联想主义者（如穆勒父子和培因）和现代经验主义者（如洛采、赫尔姆霍茨、冯特等）的反抗而旗帜更加鲜明了。

作了这个概括以后，我们可要离开笛卡尔了。我们只要使读者知道笛卡尔的较基本的系统概念现在依旧影响或甚至支配着心理学，如机械主义的研究，心体二元的交感论，脑为心灵的重要轨迹，心灵在整个身体中的定位，在脑内的特殊定位，以及导致先天论的天赋观念。

戈特弗里德·威廉·莱布尼兹

有时有人说德国心理学始于戈特弗里德·威廉·莱布尼兹(1646—1716)。老实说，如果我们要谈及心理学的民族趋势，那便很难说它的起源比莱布尼兹更早，因为莱布尼兹一生的时期是德国文化萌芽的时期。正由于这个原因，当时的重要学者都生在莱因河之西：例如N.德·马勒布朗士和笛卡尔的传统在巴黎，斯宾诺莎(死于1677)在荷兰，洛克和牛顿在英格兰。莱布尼兹虽然比不上牛顿，但也是当时大数学家之一。他和牛顿各自发现微积分法，发明符号系统，用以解决问题(近人往往以微积分归功于牛顿，而以符号系统归功于莱布尼兹，I.巴罗对此二事都曾有预见)。洛克的《人类理智论》于1690年的发表，刺激莱布尼兹作一答辩，题名《新论》(Nouveaux essais)，这篇论文原定1704年出版，由于洛克 166
恰巧在那时去世，莱布尼兹就永远不将它付印了。莱布尼兹死后半世纪时，《新论》才初次发行。莱布尼兹以从事政论的著作终其一生。他游历欧陆，有时是为了政治目的；他在学术上有很大的影响，虽然学术界对他的伟大的认识是在他去世以后。他的哲学的发展为他的其他许多活动提供背景。本章所要讨论的是他的哲学的一部分。

莱布尼兹在实验心理学上的地位不及笛卡尔或洛克的重要；他的重要次于笛卡尔是因为笛卡尔确为近代心理学及共许多学说的创始者，甚至是生理心理学的先导；他的重要次于洛克，是因为洛克是英国的经验主义及联想主义的始祖，而就哲学方面说，生理

心理学直接起源于经验主义和联想主义。但是莱布尼兹也自有一种宇宙的心理学观，因此创始了活动心理学（activity-psychology）的传统的思想，现仍继续存在于德奥及英格兰。布伦塔诺的意动心理学，也可以亚里士多德为直系的始祖，比近代心理学的另一支较少取材于生理学，也较少从事于实验的研究。因此，我们对于它的兴趣，当然比不上对于冯特所代表的传统。然而整个心理学派系的关系至为密切，所以我们若忽略了这一派，则于另一派必无完全了解的可能。

现在可略述莱布尼兹的自然观，单子论（monadology）及其和近代心理学的关系。

活动就是他的学说系统的最基本观念。

> “实体是存在的，是能活动的。它可为简单的，也可为混合的。简单的实体没有部分之分。混合的实体则为简单的实体或单子（monads）的集合。monas（意即单子）为一希腊字，它的意义就是单元或单一的实体。”

单子为一切存在体的元素，且组成其性质，至于存在则意即活动。我们若于此再问此单子或活动的性质，则只能得到它最类似于知觉的答复。所以**活动**和**意识**为同义的两个字，乃自然的基础。

单子是**不灭**，**不生**而**不变**的，可也不是静止的。它可依其固有的法则而继续**发展**，但于发展的过程之中，既不失其本性，也不失其单元性。我们在微积分中也见有同样的情景。一个函数为有其特殊的内在法则的统一。要了解它，原可将它分析而为原子的微
167 分（atomic differentials），但这是人为的分析。实际上决没有所

谓微分，只当那些无穷小的微分到了它们的极限零点而消逝时，才可以显示真正的函数。

不变，不生，而不灭的单子决不能互相影响，因为除了互相生灭变换之外，还会有其他相互影响的可能吗？因此宇宙似乎是一个无限的多元主义，成于无数独立的单子而不复有因果之可言。所谓原因，也许意即指各单子间的交互影响（那是不可能的，）也许指单子的这样一种分析，可以使它的内在的发展成为一因果索（但单子是单元的，可没有所谓部分。）所以原因只是指互相一致，超出这个一致，就是纯粹的错觉。一个单子好像一个构造精致，上了发条的钟表。它可依其本性的规律不假外力而永行不息。设有两个这样的钟表于此。它们将常相一致，可是不互为因果。因此，和谐系预先存在于单子的法则之内，而不有赖于外力的原因。

混合的实体也复如此。在混合的时候，没有创造的综合，也没有任何种的综合。表面上的综合仅为许多单子在发展到某点时的同时的集合。

这个发展也可视为一种明了化的历程（a process of clarification）。假使存在的本质有类于知觉，那么它的发展当然就是使不明了的渐成明了的一种过程。由此说来，实体可示我们以意识的等差（degrees of consciousness）。所谓无意识的实际上仅为比较的无意识，但也有成为意识的可能。（参看亚里士多德的物质的可能性和心灵的实有性，莱布尼兹之说即托始于此。）由莱布尼兹看，低级的为小觉（petites perceptions），小觉的意识的实现乃为统觉（apperception）。岸边水浪的声音为统觉；但此统觉乃由许多互相冲击而不能单独侵入意识的水滴的小觉组合而成。

莱布尼兹的单子论可也有许多未可轻视的影响。

第一，为宇宙的心理学说。这可不是唯心主义，因为意识本不能解释物质，也不能创生物质。意识就是物质，物质也就是意识。

第二，他主张以活动为实体的要性。这就是现代一切活动的心理学者如布伦塔诺，詹姆士，斯顿夫，屈尔佩(当他晚年时，)或麦独孤的学说。据他的见解，心的最显而易见的表现就是它的活动，心
168 理的活动既可由直接观察而得，所以我们不仅不能否认，且应以之为心理学研究的起点。尤有进者，莱布尼兹主张科学的心理学家不应求助于静止的物理学；因为由他看来，凡属实体都不能不有活动。

和此活动的观念相关联的则为其统一的原则。活动而进化的心灵为持续的，故亦为统一的。我们已知道笛卡尔也曾以统一为心灵的属性。统一和活动相同，似也显然隶属于心灵，而这个心灵统一的主张至今仍然存在。格式塔心理学厌弃分析而不断提示心的完整，这是最近的例子。

莱布尼兹复予我们以意识的等差和无意识说。单子的小觉是无意识的，单单一滴水的声音，可为一种无意识的知觉。继续发展便可由知觉而成统觉。响应此说的颇不乏人。费希纳的消极感觉即莱布尼兹的小觉。就统觉说，则有赫尔巴特的统觉和冯特的统觉。此外还有整个的无意识说，近来在心理病理学中异常重要，但有时也和统觉及意识的等差互相关联。

最后，莱布尼兹还给我们以心体平行说，这个学说在心体关系的解释上和笛卡尔的“交感说”相对立(较早期的斯宾诺莎曾有助于这个观点的建立)。各单子之间的关系本相平行；两个自动的钟表互相一致，不是由于因果的关系，而是因为它们的法则是互相平

行的。灵魂和身体也仅为此通则的一个特例。二者原非互为因果；它们各沿平行线而前进，结果便似若有因果的关系。

我们于此要记得莱布尼兹的哲学系一种很有影响的哲学。它不仅预先说出了后世的思想，而且是后世学说的开端，说明思想的发展是连续的，路线的影响是彰明较著的。

约翰·洛克

我们现在必须把我们的注意从欧洲大陆转向于英格兰，在那里正诞生着经验主义和联想主义。这个传统对于近代心理学的影响较任何其他传统为更大。它对德国的意动心理学、系统的英国 169
心理学和美国的詹姆士都有巨大的影响，它尤其是实验心理学的哲学祖先。单靠生理学也许只能产生一种感觉生理学或反射学。英国的传统乃是实验心理学的必要的补充。它先提供了心理学的问题，规定了心理学的范围，使它超出了生理学的方法所能单独研究的范围。它虽然有时为心理学章目提供思辨的内容，使实验法束手无策，因而不能建立在实验资料的基础之上，但同时它也刺激心理学努力扩大实验室的技术以研究“较高级的心理历程”。正是英国的传统使知觉成为心理学的主要问题。因此，冯特（1862）以知觉的实验研究为他的心理学的起点，赫尔姆霍茨（1866）在经验主义的基础上建立他的知觉心理学。也正是英国传统把联想当作较高级历程的钥匙。因此，艾宾浩斯（1885）懂得如何扩大实验心理学的范围以包括联想和记忆。也还是英国传统现在已被纳入生理心理学之内，坚持以更高级的心理历程为心理学的问题。譬如

屈尔佩不满于冯特的“感觉主义”，发展符茨堡学派（1901—1909，见边码 401—410 页）的系统的实验的内省。总之，英国传统一般地说对心理学，特殊地说对实验心理学都有很重要的贡献。

就年代说，托马斯·霍布斯（1588—1679）和笛卡尔同时，是一个政治哲学家，为《利维坦》的作者。可算是英国学派的创始人。他和其后的洛克相同，也以感觉经验为心的内容，因此，乃将笛卡尔所主张的先天观念一扫而去。他又述联想说的概略，以为联想由于过去观念的连贯。但其说尚欠明确而完满。霍布斯的重要，在于他的政治哲学，这里所以要引述一下，只是因为他生在洛克之前。在年代上，这个新学派虽由他所创，但精神上，洛克是它的领袖。而且洛克的灵感也似非得自霍布斯。因此，我们这里只须举霍布斯之名，便可接述洛克了。

170 在表面上，约翰·洛克（1632—1704）的一生似为政治的一生，与莱布尼兹无异，因为那时政治可供给哲学思想以现实的材料。但洛克作为哲学家之得名，只是到了 1690 年，他的《人类理智论》刊布之后，那时他已五十七岁了。此后十四年间，他才过哲学大师的生活；然而我们若说他的哲学成于晚年，也未必与事实相符。洛克对于自由及宽容的信仰原成于早年，即其哲学和科学思想及论辩的习惯也莫不于早年时养成。他的《人类理智论》在 1671 年便已动笔了。他在牛津为助教及医生以后，1666 年与不久荣任沙甫慈伯利伯爵的伟大人物为友。他们对于政治的自由和宽容，意见一致，沙甫慈伯利聘他为私人秘书。洛克和沙甫慈伯利相处至 1675 年后者失势时为止。就是在这个时期之内，他常和知友集会辩论科学和神学的问题。有一次讨论道德和宗教，无法解决其所引起的困难，洛克以为要解决这个困难，须先对于人类的理智作一评论。那时他自以为用一页纸的篇幅，就能写成他的评论，但经过继续的研究，二十年后，才完成他的著名的论著。

这种研究是忽断忽续的。沙甫慈伯利失势于1675年后，洛克乃旅法数年，得结交当时许多哲人而从事于哲学的研究。1679年，沙甫慈伯利复职，洛克乃复返英格兰，但三年之后，沙肓慈伯利又以事被捕查办而革职，革职之后转赴荷兰，数月后去世。洛克深受嫌疑，也随他前往荷兰，而再从事于著述。他的论著即完成于此时。1690年，他与威廉和马利同时回国，数月后，他的《人类理智论》出版行世。

此时以前，洛克以政治的关系，不能安心著述，但此时以后，他很快以哲学家驰名远近，拒绝一切重要的政治工作，和伦敦附近的朋友过着安静的生活，至1704年去世。在1700年左右，他的《理智论》已印行至四版，他乃于此版中加“观念的联合”一章。接着便有法文及拉丁文的译本；英国的经验主义可说已经诞生了。

由洛克看，观念就是心的单元，“思想的对象”。也就是下列名字所表示的事物：如“坚，白，甜，思想，运动，人，象，军队，酒醉及其 171
他”。总之，是逻辑的概念。有些现代的心理学家或将称之为“意义”。它们似乎是知识的项目。我们若能将某时的意识分为种种成分，则其所得的便为观念。**观念的联合**一词中的**观念**就是这个意思。洛克此说实有近于现代的常识；一般人都以为自己脑内装满观念，而这些观念便为他们所思及之事，例如白色或象。

我们要知道此说在英国学派中累世相传，至少也传至詹姆士·穆勒时（1829年），而且它的正确与否即在今日也还在争论中。内省心理学(铁钦纳;见边码 417—419 页),在意识中不能直接找到这种观念,便欲以“意义”一词称一般人所称的观念,因为意义虽不存在于心内,却直接隐含在心的概念之内。虽然,洛克的学说仍复存在。学者却以为严格的内省家除感觉和影像外看不见其他的意识内容。沃德于 1918 年在心理学的首章即定其表象的界说等于洛克的观念。符茨堡学派以此种观念为“无象思维”。有些意动心理学家也似以“意动”或“机能”为等值的东西。现代格式塔学派的实验的现象论者则以这些观念为现象。即铁钦纳也似以为心理学家倘若高兴,也可从事于研究“意义”。由此看来,可见洛克的观念仍有势力,只是随其说的发展而屡改变其外形罢了。

我们要注意洛克的观念是一元素,心可被分析为观念。我们若讨论观念的混合和联合,便更可明白这个事实的全部意义。但是我们要知道观念之为元素曾引起和上文完全不同的争论。惠太海默虽接受洛克的材料于意识之内,但反对分析和元素;至铁钦纳则拒斥洛克的材料,而赞成元素的分析。

洛克在牛津求学时,读笛卡尔的著作,始有兴趣于哲学。但他是
172 笛卡尔心理学的反对派。他的经验主义所力加驳斥的,即为笛卡尔的天赋观念说。据洛克的见解,观念不是得自先天,乃得自经验。

> “我们可假定心为未着一字,也未有任何观念的白纸:然则如何而始有内容呢?其无穷尽的富藏究竟从哪儿来呢?推理和知识的一切材料又由哪儿供给呢?我可以一言答之曰,来自经验。我们的知识奠基于此,也取材于此。”

这个概念,这个比喻,都非创自洛克。我们已知道亚里士多德

也曾以心为一 tabula rosa〔意即白纸〕，但在他则仅偶有此意而已，至洛克则以这个原则为其整个心理学的中心点。结果造成了英国的**经验主义**。

唯心主义和唯实论的争端即起源于此说。洛克说：

> “心于其一切思想及推理中，其所可加以考虑的，除观念外，没有他种直接的对象，所以我们的知识也显然仅能以观念为讨论的资料。”

他用三盆水的著名实验说明这个问题：试置一手于冷水之内，置他手于温水之内；然后再将两手同置于冷热适中的盆水之内，结果则一手觉温，他手觉冷。这个问题，固常可归因于错觉；但洛克非唯心主义者，他可深信其冷热居中的盆水之为实在，虽然他也知其觉冷觉热只是假象。他于适当的及不适当的，真实的及假象的观念之间明示其区别。反省是可以超越于错觉之上的。

由此可进而述其观念说。观念的源流有二：即**感觉**和**反省**。感觉的来源是显而易见的：被感觉的品质因感官而得，由外物传达至心，而产生知觉，但心究竟如何能自知其操作呢？这便有赖于反省，反省“或可称为内觉”而为观念的第二种源流——也就是关于观念及其发生经过的观念。这个**内觉说**(the doctrine of the inner sense)后便成为意动心理学的要素。洛克本不相信一个观念 173
的觉知和仅有此观念不同；这是他和笛卡尔一致的。但洛克则加进“心灵的操作”以为直接知识的第二种对象。这个两分法和近时威塔塞克，梅塞尔，屈尔佩(见边码 447—453 页)等以意动或机能和内容为心所由组成的两种材料至为相似。

观念可为单纯的，也可为复杂的，就感觉说如此，就反省说也如此。单纯的观念没有分析的可能，但复杂的观念则可分成单纯的观念。单纯观念混合而成复杂观念，这乃是反省所显示出来的一种心的操作。这个心理混合和分析的概念甚为重要，因为这个概念就是联想主义所特有的“心理化合说”（“mental chemistry”）的起点，而心理化合说则为冯特传统的中心概念，也即为后来关于分析和元素的争论的基础。

关于这些化合体的性质，洛克是不甚明了的。由他看来，它们可分如下三种：一、属于形态的，如“三角形”，“感恩”，“谋杀”；二、属于实体的，如“一头羊”或“羊”的总名；三、属于关系的，如以此一简单观念和他一观念相比。我们在后文便可知这个原则究竟如何变本加厉而成詹姆士·穆勒的二重观念和多重观念；穆勒以为房屋的观念是组成房屋的各成分的观念的混合体，因此他惊问所谓“万物”的观念究竟复杂到如何程度！洛克也曾举“宇宙”为一复杂观念的例子。

洛克于《理智论》的第四版内，加“观念的联合”一章，那是上文已说过的。有人以为此词是拉丁文“De idearum consociatione”的译文。它对于洛克学说的贡献只是使英文标题突出了联想，后便成为学说的名称。在本章的正文之内，和在他处相同，洛克所常提及的是观念的联合或混合；至于 association（即“联合”）及 associate（即“联合”的动词，）他仅各用过一次。

由此看来，洛克的联合说就是他的观念的混合说。他显然想到了同时联合和前后联合。但所谓同时联合，由洛克看和由冯特看相同，都只是复杂的观念。所以，我们要注意的就是他所想到的前后联合和我们今天的意见相同。他在论联合一章内，以为风俗

习惯在这些联合的造成上占一重要的地位,因此,在联想主义中发 174
生甚为迟缓的频因律,竟先为他所预见了。

就心理学而言,洛克的本性和副性说,当其应用于单纯的感觉观念时,也许是他的最重要的学说之一。据此说讲来,属性或能力共计有如下三种:

(1)为客体所固有而单独为不同感官所觉知的属性叫做本性(the primary qualities),它们构成了心和外界直接接触的主要道路。这些属性是

"与客体绝对不相离的;无论有何变化,无论受何压力,它都不因此而变;物质的任何粒子,纵小至不复为感官所可知觉时,也仍可表现此种属性;试取麦一粒,剖分为两部分,各仍有其固体性,展延性,形状及可动性;再从而剖分之,它仍保持其同样的属性;再剖分之而使共各部分都不可见,然而那些属性仍复存在于各部分之内。……这些属性,我便称之为物体的原有性或本性,可使我们产生单纯的观念,如固体性,形状,运动和静止以及数目等。"①

(2)一个客体的副性是客体所有产生这样一些观念的势力,这些观念在客体中存在的形式不是被知觉时的形式。

"这种属性虽确不存在于客体本身之内,但可因其本性,或其不可见的部分的容积,形状,组织,运动,而使我们产生种种感觉,如色,声,味等。"

(3)为求完满起见,洛克复加一种,称之为能力(powers)。客

① 参看《十六——十八世纪西欧各国哲学》(商务印书馆 1975 年 7 月版)洛克《人类理智论》部分,第 373 页。——编者

体有可于感官外使他物受其影响的能力。例如“太阳有使蜡变为白的能力，火有使铅化为流质的能力”。但据定义，这些能力和观念的引起不发生关系。

就实际说，凡是属性都不外为客体用以影响神经（关于神经，洛克则很少说起）而产生观念的能力。本性和副性的重要的区别就是：就前者而言，其观念和引起这些观念的客体的属性互相类似，因此，这些属性为我们直接所觉知；但就后者而言，其观念和客体的属性不相类似，但间接为其他能力或属性的动作所引起。这
175 里存在着某种思想的混乱，因为属性存在于客体之内。它们不是主观的，观念是客观的属性所引起的主观的材料。副性虽非观念，而仅同本性一样产生了观念，但是“在实际上，只有能力才存在于客体本身之内”。

要使此说较为明了，最好稍稍放弃了洛克所用的名词。我们可以说，凡属客体都有可以影响其他客体的属性。这些属性若不能引起感觉的观念，洛克便仅称之为“能力”；反之，若能影响神经而引起单纯的感觉的观念，他便改称之为“属性”。由此引起的观念若类似于物体的固有性，以致客体的属性可直接见于这些观念之内，那么这些属性便被称为“本性的”。反之，这些观念若间接地引起，而不能直接代表客体的属性，或竟不互相类似，那么这些属性便被称为“副性的”。例如展延性（extent）为一本性，因为它可直接引起视觉的展延性的观念，而这个观念又类似于刺激的展延性；反之，震动的频率（vibration-frequency）当引起一个音高时，则为一副性，因为它既和它所引起的音高不相类似，而引起的音高也决不是一种频率。

洛克的**属性**一词的用法虽在某一方面适与现代相反（因为现代以属性为主观的感觉，而非客观的刺激），但也是现代用法的先河。色，声，嗅，味，由我们看，为属性，由洛克看，则为副性。反之，感觉的他种品质，则为洛克的本性。

关于此说还有一更重要之事：就是，由此乃隐隐地引起刺激和感觉（或观念）的整个关系的问题。二者之间既没有正确的相关，因此，便不得不介入副性。心不反映外界；它知道外界大半由于间接。神经的特殊能说所要解决的，也半属于这个客体性质和感觉性质的异同的问题，洛克曾先道及了此说的各原则之一，那是上文讨论特殊能说时所曾说过的。

洛克的学说和现代格式塔心理学的同型说也有关系，同型说主张知觉的属性必定与作为它的基础的大脑过程的属性相对应（虽然不是在形式上）——展延性对展延性，时间对时间，虽然带有神经的质的差异的感觉属性也许不是这样。这个最后的事例可能 176
类似于洛克的副性。

洛克心理学的节要于此结束。这当然不免有所遗漏；除上文所已举出的以外，还有许多其他值得注意的材料，例如洛克对于意识范围或注意范围的认识，以为我们不能辨别一千边的多边形和九百九十九边的多边形的异同，虽然边数较少时这种异同是不难辨别的。但为本书的目的计，我们举出洛克的观念的性质，知识的经验的原则，反省的作用，复杂观念的混合以及化成单纯观念的分析，**观念的联合**一词的起源，及本性和副性说等，也就说得够多了。至于十八世纪的经验主义和联想主义究如何由这个起点发展，请读下章。

附　注

关于本章，读者可参看第一章科学的起源及其从哲学中出现的经过。笛卡尔与霍布斯及培根同时；莱布尼兹与洛克及牛顿同时。

关于笛卡尔以前的系统心理学的历史，本书未加论列，读者须参考 G.S 布雷特，《心理学史》，1912 年，第 1 卷，1921 年，第 2 卷；德素尔，《心理学史纲要》（Outlines of the History of Psychology），1912 年，（德文的英译本），1—88 页；O. 克列姆，《心理学史》，1914 年，（德文的英译本）；和 W. B. 匹尔斯伯里，《心理学史》，1929 年。布雷特最为完备。这四部书（包括布雷特的三卷）是心理学的从古到今的通史，可供读者参考以补充本书的不足。然而他们都以心理学为哲学的产儿及分支，而不把它作为实验的科学，本书之作即由于此。兰德，《心理学家文选》1912 年，用英文节录自希腊至今的具有代表性的心理学家的重要著作。目前还有丹尼斯，《心理学史读本》，1948 年，这本书给我们提供更新的也更科学的摘要，除了两篇以外，余都是 1600 年以来的著作。兰德重印了四十三篇论文。都是 1319 年以后的著作。丹尼斯霞印了六十一篇论文，它们都是 1779 年以后的作品。读者未读原文，当可以这些书为本章及其后各章的极有用的参考书。此处尚有 G. 维拉，《现代心理学》（Contemporary Psychology），1903 年，（意大利文的英译本），这本书系由笛卡尔讲起，较上列各书为差。H. C. 华伦，《联想心理学史》（History of the Association Psychology），1921 年，是关于英国的经验主义和联想主义的一部好书，因此与本章及下一章很有关系。

在这些章节中，作者只论及那些为实验心理学提供背景或偶尔参加进去
177 的那些哲学心理学家。因此，本文及这些书目的附注不预备将这些伟大人物详加论列。读者欲求共详，须参考哲学史及他种专著。一般地说，兰德在鲍德温的《哲学与心理学词典》，1905 年，第 3 卷内所作的书目为每一作者详列其著作以及词典出版前所有第二手参考材料，传记，注释，译文和评论。

亚里士多德

亚里士多德的最重要的心理学著作是《论灵魂》（De Anima），次要的为

《论感觉》(De Sensu et Sensili)，其中载有很多关于感觉的学说，而在《论记忆》(De Memoria et Reminiscentia)内载有记忆和联想的法则。此二者都系《自然哲学》(Parva naturalia)的部分，它和《论灵魂》都由 W.A. 罕梦德译成英文，称为《亚里士多德的心理学》(Aristotle's Psychology)，1902 年。A. 培因，《感觉与理智》(Senses and Intellect)中有一附录是由 G. 格罗特所作，是另一篇对亚里士多德心理学的极其简明的叙述，见第 3 版，1872 年，611—667 页。亚里士多德的著作很多，而关于这些著作的注释及批评的文献尤为浩繁。例如，参阅鲍德温的《词典》中的兰德条，第 3 卷，75—99 页；萨顿，《科学史引论》，1927 年，第 1 卷，127—136 页。

笛　卡　尔

本章所引笛卡尔的主要的心理学著作都已注出最初的刊布年月。笛卡尔有很多版本、文集、选集及译本。这里不开列书目，有关较早的著作可参阅鲍德温的（前引书）《词典》的兰德条，第 3 卷，173—180 页。《论情绪》(Les passions de l'âme)的摘录，（有重复，但不完全相同），已由兰德再版，见他的《心理学家文选》（前引书），168—190 页，以及丹尼斯，前引书，25—31 页。他的传记，则数量太多，不能一一列举。（见鲍德温《词典》兰德条），但特别要提一下，贝尔的生动叙述《数学家传》，1937 年，35—55 页。

由哲学家们看心理学家的笛卡尔，见布雷特，前引书，第 2 卷，196—217 页。德索尔，前引书，89—96 页；并散见于克列姆，前引书。同样可参阅波林《实验心理学史中的感觉和知觉》部分，1942 年（可查索引）。作为哲学心理学家和反射论创始人，见费林，《反射动作》1930 年，18—28 页。

莱 布 尼 兹

莱布尼兹的哲学著作多散见于书牍。最好是参考他的全集。他的《哲学论著》(Œuvres philosophiques)其中载有他的法文的著作和拉丁的译文，由 R.E. 拉斯帕所编辑，1765 年，内载有第一次印刷的《人类理智新论》(Nouveaux essais sur l'entendement humain)，这是用以答复洛克的《人类理智论》的，因脱稿时，洛克已死（1704），故不复发表。这是莱布尼兹的主要心理学著作。由兰利(A.G. Langley)译成英文，题名为《人类理智新论》(New Essays

Concerning Human Understanding),1896 年。

然而,本书的主旨在讨论其哲学的较重要而又较有影响的部分。读者欲知其详,须参阅《自然的新哲学》(Système nouveau de la nature et de la communication des substances),1795—1796 年;《单子论》(La monadologie),1714 年;《自然与恩惠的原则》(Principes de la nature et de la grâce),1714 年。所有这些以及《理智新论》的节录都由 G.M.邓肯译成英文并加以注释,书名为《莱布尼兹哲学论著》(Philosophical Works of Leibnitz)1890 年(第 2 版,重排而略加修订,1908 年)。兰德的《心理学家文选》,208—228 页,将邓肯的译文择要重印。

关于莱布尼兹的普通书目,见兰德,鲍德温的《词典》第 3 卷,330—338
178 页。关于作为数学家的莱布尼兹,参见贝尔,前引书,117—130 页。关于莱布尼兹在心理学史内的次要的论评,见布雷特,前引书,第 2 卷,301—308 页;德索尔,前引书,126—132 页;克列姆,前引书,散见于各页(见索引),关于无意识,见 172—177 页;L.宾斯旺格《普通心理学问题》(Einfübrung in die Probleme der allgemeine Psychologie),1922 年,尤其是 187—193 页(但须查索引)。

说真的,心物平行说并非莱布尼兹所首创;斯宾诺莎主张平行说,实前于莱布尼兹。见鲍德温,《心理学史》,1913 年,第 1 卷,131—156 页,尤其是 142—146 页。

莱布尼兹(身后测定的智力商数约为 185)是三百个天才中间的三个最杰出人物的一个,他们的智力是在死后由柯克斯所评定的:见 C.M.柯克斯的《三百个天才的早期的心理特征》,1926 年,第 705 页。柯克斯还把霍布斯和洛克评定为优秀智力,把笛卡尔评定为卓越智力。然而问题似乎是一个成年人身后的思想成就并不总是严格地与其身后测定的智能早熟的证据相符合的。

霍布斯

霍布斯的重要的心理学著作是《人性论》(Humaine Nature:or the Fundamental Elements of Policie),1650 年,和《利维坦》(Leviathan,or the Matter, Form and Power of a Commonw ealth,Ecclesiastical and Civil),1651

年。关于前者的节录，见兰德《心理学家文选》，147—167 页。并参看布雷特，前引书，第 2 卷，219—222 页；华伦，前引书，33—36 页。墨菲《近代心理学历史导引》，第 2 版，1949 年，21—27 页；以及哲学史著作。

洛　克

约翰·洛克的《人类理智论》(Essay Concerning Human Understanding，1690 年；第 4 版，1700 年)的版本很多，或有注释或无注释，或分印或见于全集。A.C.弗雷泽的版本(1894 年)，有许多注释，传记及批评的引论，故极为有用。其大量的参考书目见兰德，鲍德温的《词典》，第 3 卷，341—347 页。读者于阅读本文之后，须兼读其余心理学史，见兰德，《心理学家文选》，232—255 页，以及丹尼斯，前引书，55—68 页(这两者都选自《理智论》)；布雷特，前引书，第 2 卷，257—264 页，克列姆，前引书，(查索引)；华伦，前引书，36—40 页。关于特殊神经能学说和同型论同本性和副性的关系，见波林，前引书，68—96 页。

179 # 第十章 英国的经验主义：贝克莱、休谟与哈特莱

英国心理学由洛克传给贝克莱，休谟和哈特莱，到了十九世纪，在苏格兰学派统治了一个时期以后，又复传至穆勒父子和培因。

乔治·贝克莱

洛克在英国哲学内的直接继承人是克罗因的主教乔治·贝克莱(1685—1753)。贝克莱和洛克二人有一要点互成强烈的对比。洛克经过政治和学术的活动之后，到五十七岁时，才以刊布其重要的著作而列名为大哲。至贝克莱则约当二十五岁时，即继续刊行其名著两种。那时他在爱尔兰还没有纳交于欧陆或甚至英格兰的学者：他的学术的背景为都柏林三一学院的一个学生和“年轻研究员”(junior fellow)。

贝克莱于1709年刊布其《视觉新论》，1710年刊布其《人类知识原理》。他究竟如何能写成这两种名著呢，这个学术史，我们知道得很少。他生长于爱尔兰的一个英国家庭之内，为一早熟的少年，他满十五周岁后还不到两星期时(1700年)，即考入都柏林三

一学院。此后十年之内，成为第一流的哲学家。他1704年（即洛克去世的一年）得学士学位，1707年得硕士学位，不久便补为“年轻研究员”。1705年，和同学组织一哲学学会以讨论“波义耳，牛顿和洛克的新哲学”。那时他每天写日记名之为“平凡小册”（Common-Plaee Book），记录哲学的疑问，摘要和命题，从而可知他的哲学思想的倾向。他未满二十岁时，即于日记内称道其所谓“新原则”，似已深信此原则或可用以解释自然的神秘。贝克莱所 180
藉以得名的“主观唯心主义”，即肇端于此。他的《视觉新论》也造基于此新原则之上，但对如此重要的原则，仅以视觉作有说服力的说明，是不够的，因为责难者或可以为就此一感觉说虽属如此，就另一感觉说或未必然。贝克莱也许是不敢立即对这个极端观点充分揭露共重要性。但无论如何，到了次年他便打开窗子说亮话了，他的《人类知识原理》就陈述了他的整个哲学。

贝克莱此后的生活，就本书说，便较欠重要了。因为他的哲学思想的成熟和这些名著的刊布都在此时之前。自1713年至1728年，他的时间多消磨于英格兰和爱尔兰，且游历了法兰西和意大利。此时他有一大计划，拟为印度人及殖民地的英国人，在百慕大设一大学。此事的动机则基于他的教育的信仰，以为将来的文化必以西方为主，此外也许还基于他的私人的学术生活的欲望；他向乔治一世朝廷申请大学特许状及补助金，而屡遭意外的迟延，这个欲望也许因此暂时增强了。乔治二世，终于颁发了特许状；并允许给补助金。贝克莱那时方在新婚，婚后，航行至罗得岛的新港，而不赴百慕大，他在新港住三年，希望推进他的计划，但补助金终未照发。他于是回伦敦住了数年，1734年，被任为爱尔兰科尔克州克罗因的主教。他任职十八年,依旧勤于哲学的思辨,那时休谟和哈特莱方在著述而刊行其重要的著作。但克罗因的主教职虽安闲,却仍非贝克莱所要得到的一种学院的哲学位置。1752 年,乃移住牛津,卜居于新学院的附近,但即于次年去世。

我们现在可进述贝克莱对于心理学的三大贡献:(一)他的“新原则”,(二)他的视觉的空间知觉的学说,(三)因为没有较妥适的名词,可暂称之为“意义”说。这三种贡献的互相关联,不久便可明白了。

181 (1)由历史看,贝克莱在哲学上是素朴的。他深知笛卡尔和洛克的哲学,他在大学求学时的“平凡小册”内曾屡及洛克的《人类理智论》。他和马勒布朗士的哲学约略相似,致有人以为他们原出一系,其实他似未曾受马勒布朗士的影响。关于莱布尼兹,斯宾诺莎及笛卡尔所称的“古人”(the “ancients”),他所知甚少。对于牛顿和波义耳的科学虽略加注意,但他和笛卡尔及莱布尼兹不同,缺少科学的涵养。对于旧哲学也力加拒斥,和笛卡尔相同,因此,他不受传统思想的束缚。在实际上,他的工作的目标即在于改进洛克的系统。假使洛克的伟大是暂时的,那么贝克莱的伟大当亦如此,他的“新原则”对宇宙采取了极端观点,显然是洛克哲学的结论,是经验主义的左翼。

这个原则从本质上否认物之为物,而**承认心为最后的实在**。洛克曾反对笛卡尔的天赋观念,但没有超越二元论。心物仍为两个世界。以此知彼乃假道于经验。至贝克莱则正如二十来岁不受传统思想束缚的青年所常做的,干脆地一刀两断。观念本身的存在是无可怀疑的。Esse is percipi,存在就是被感知(正如莱布尼兹所曾说过的)。因此贝克莱的问题,不是心如何和物相关(这是笛卡尔的问题)，也不是物如何产生心(这是洛克的问题)，乃为心如何产生物。这是一个大胆而干脆的办法，也就是洛克之后的一个逻辑的结论。其所以不为哲学家所公认，乃因为这是哲学自杀的一条路，由此前进便成了唯我论，只承认一个心灵的存在，其他心灵都不外为观念，于是科学和哲学之为集体思想的社会性都被抹煞了。他的学说是无可否证的；只可推论其误谬(a reductio ad absurdum)而加以拒斥。

据贝克莱研究的结果，此说可用以解决**视觉知觉**的许多问题。试取月亮的面积及其和地球相隔的距离问题以为例。我们说月亮有多大，距地球有多远，但这些测量对可见的月亮说来，就不适用了。就我们所见的月亮而言“仅为一圆而发光的平面，它的直径约有三十个视觉点。”假使看月者由地球移至和月相近的一点，这个 182
话可又不能应用了。这里简单的事实就是月已变了样子，假使我们仍可称这个变了样子的客体为月。据此，我们便可将关于月之面积的错觉及一切错觉的问题一起解决了，因为存在就是被感知，知觉必非错觉而为实在；客体的恒常性却是需要解释的错觉了。

我们由此可立即转入视知觉的问题，在这些问题上，贝克莱对现代的事实却有了先见，但是我们要简略地指出这个“新原则”有其普遍性，可以促进心理学的方法深入哲学之内。存在与感知的关系仍旧存在，这个事实就兼用历史和合理的术语说明哲学为什么对心理学有如此浓厚的兴趣。

在这里，我们也应注意亚里士多德，洛克及贝克莱都要为心理学规定其基本的分类原则之一。亚里士多德将感觉分为主要的五种。洛克曾侧重观念的感觉性。贝克莱既主张观念的重要，就不得不先据感觉器以区分观念。因此，试举例来说，视和触之为系统的分类系在形之前。抽象的形是没有的。“视觉所见的范围，形状及运动，和它们所有同名称的触觉观念各不相同；也没有一个观念或一种观念能为两种感觉所同有的。”据洛克所假设的例，一个生而盲目的人若忽然复明，则他所看见的圆体将不因他已触知其为圆形，而也见其为圆形。由此类推，各感觉赖以互相辨别的“性质”，就被普遍地视为一种主要的感觉属性和分类的原则，尽管它从未成为唯一的原则，尽管空间也早要求独立的讨论。

(2)贝克莱在他的《视觉新论》内，先区分距离和大小的空间而专论距离。“距离本身非人目直接所能见。距离既为以顶端对着眼球的一条直线，所以只有一点投射入眼——无论距离远近，此点始终不变。”因此，他以距离知觉“为以经验为基础的一种判断作用”，并以为多数人对此当可同意。类于现代所列的距离知觉的第二标准，他也举出几种：如居间物(interposition)，空间的透视
183 (aerial perspective)及相对的大小(relative size)。贝克莱读了洛克的对于圆球则知其为圆球而不是圆盘的讨论，也深知明暗之理，惟未将此理具举于此。线条透视之为一标准很难和居间物及相对的大小互相划分。此外只有相对的运动也是现代所常举的标准之一。由此，我们乃得知1709年时三度视觉的因次(the third visual dimension)乃有别于网膜面积的因次(areal dimensions)，而其为心理学的问题，且次于后者；距离的第二标准大多数已被列举了。

贝克莱也能举出距离的第一标准的性质。他列举了三种。第一为瞳孔之间的距离，这个距离随眼的转动而变，而眼的转动则又

随客体的前进或后退而定——即现代所称的辐合作用。其次为模糊觉，发生于客体和眼太近之时。这个标准，几约二百年后虽还有争论，但确不可靠，因为客体在眼的焦点之外和内，都可引致模糊觉。最后则为“眼的努力”，客体即使太近，我们却仍可力阻其形象之化为模糊，这个努力至少也可暂时见效，——即现代所称的调节作用。我们对于贝克莱的知识可不要作过高的估计。他仅模糊了解距离知觉的机制。他所举出的第一标准，三个之中原有两个正确，但他可缺少辐合作用的生理学及视限和相关点说的知识，就连赫尔姆霍茨的调节作用的生理学说，他也一无所知。

贝克莱的唯心主义的（内省的）倾向，比以上所述还更加重要。笛卡尔曾注意辐合作用：由他看，视线好像是附着于两眼之上的两道支柱，距离便由此而觉知。但这种主张势必引起一种关于两眼视觉的几何学；距离的知觉乃成为角度的知觉。贝克莱甚至不谈角度，且复反对在讨论中引进角度。他所谈及的为眼球转动时的位置及瞳孔之间的距离。他以为距离是眼之位置的觉知，而非角度的觉知——那是谁都可立即经验而知的。同理，一物近前时限的努力也属于感觉的。即如模糊觉，我们若可并举以论，也莫不如此。因此，他乃以距离知觉为感觉或观念的东西。这实质上就是内省派的视觉的距离知觉的联系说（context theory）。我们不久 184
便可知此联系说是现代联想主义的代表，一般已为贝克莱所预见了。

他既处理了距离，便转而注意于容积。我们或许以为网膜上既有一真确的影像，则容积便可直接觉知了。由洛克看，延性为一本性。这是那时和一个世纪后的一般人在神经特殊能说发现之前的信仰，但贝克莱则力加否认。容积，在贝克莱即为客观的大小，它为我们所觉知，不比距离更为直接。理由如下：(一)容积随距离而异；物远则小，物近则大。我们若要知道容积，就要考虑距离，而距离本身的知觉实间接由于判断。(二)觉知的容积和空间的几何不相符合：有最小的视点(minimum visibile)，有最小的触点(minimum tangibile)，它们都是有限量，不像几何的最小量之为无限小的点。这个论点显然是引进心理学觉阈的原则，以使心别于物。所以即使是大小的观念，贝克莱也不使它存在于客观界之内。

(3)以上系专就知觉而言。读者可不要以为贝克莱对于物之第一性的否认便抹煞了知觉的问题，其实他仅颠倒了这个问题。我们所要问的，不是心如何领会了物，乃为心如何取消了物。据洛克的经验主义，物产生了心。据贝克莱的经验主义，心乃产生了物。我们应将一种关于客体的知识论，换成一种关于客体的心理学的描写；这些客观的观念显然成于经验无疑，可见贝克莱作为一个经验主义者并不亚于洛克。

由作者看来，贝克莱的客体说(theory of objects)直接为铁钦纳的意义的联系说(context theory of meaning)的先河，而此两说都隐含联想之说而不宣——贝克莱的不宣因为他著书时远在此说正式成立之前，铁钦纳的不宣因为他著书时远在此说正式成立之后。无论如何，我们总可知贝克莱曾欲解决意义的问题，而他解决的办法则是释以观念的关系或联系，与在他之后的联想主义者詹姆士·穆勒(见边码 225 页)，冯特(见边码 329 页)及铁钦纳(见边码 417 页以下)一样，我们最好从他的《视觉新论》中引原文说明如下。

> “很明显，心若非直接地觉知任何一个观念，则必先利用其他观念。185
> 例如他人心内的激情，就其本身而言，必非我所能看见。但我可间接地由其表现于面部的颜色推想而知。看见一个人的面色变而为红或灰白，便常可看出他的羞耻或惊惧。
>
> “同时，也很明显，未为我们所觉知的观念显然不能用为觉知其他观念的帮助。例如他人面色的红或灰白，我若未看见，则必不能由其心内的激情而知觉其面色。”

他又说：

> “我方在书房内，闻一车过街；由窗口看，便看见了它；我乃出而上车。据一般人说，我那时所闻，所见，所触的同为一物，换言之，就是车。由各感觉器引入的观念显然各不相同；然而因为据观察的经验，它们是常相伴随的，因此，我们乃称它们为一物。”

最后一句，虽未明说，在原则上，实默认了联想说。贝克莱解释距离知觉，也根据观念的“习惯的联系”，那是上文已经说过的。

> “眼球转动时的感觉和距离的远近之间，原非有任何自然的或必然的联系。然而因为心根据屡次的经验，已知道随眼的不同的位置而偕来的不同的感觉，常和一个客体的距离的远近互相依随，于是这两种观念之间逐渐有一种习惯的联系，自此以后，当眼球作不同的转动以使瞳孔相近或相远时，其由此而引起的感觉，一为心所觉知，则与此感觉常相关联的距离观念，也立即为心所觉知。譬如听到某种声音，则与此声音所常相随的观念也立即引起，其理正同。”

贝克莱又据此理以讨论字或词的意义，在词变成语言的过程中如何附丽于词，而在知觉客体时，又如何常注意于派生的（联想的）观念而排除了产生它的原始观念。较现代的学说以为核心的 186

部分加上上下文的联系造成客观的意义，或较简单的学说以为至少需要两种感觉才造成一种意义。贝克莱的观点与这两种学说没有多大的差别。

大卫·休谟

大卫·休谟(1711—1776)是贝克莱哲学的继承者。就其一生的经过而言，这两位大哲在表面上也颇相类似，他们都以早熟闻名。在少年时，他们的哲学思想和著作都早已成熟，他们的哲学系统的发展也都未受其他大哲交相切磋的影响，又都在二十余岁时——贝克莱当二十五岁时，休谟当二十八岁时——即刊行其最重要的著作。但除早熟之外，他们在心理上很少相同之处。休谟的野心很大，常不满于自己的小成就，性情急躁，常欲有所表现，而常因其标准太高，力不称心而罢。他十五岁左右(据他说，这照例是中学毕业的年龄)在苏格兰完成其中学教育后入爱丁堡大学，但未毕业而辍学。他要研究法律，但不能使他的兴趣由哲学问题转移到法律问题。他又要从事商业，但这比法律更不合他的脾胃，他从商约仅有数月之久。他是奈因韦尔斯镇中的休谟家族的次子，乡距爱丁堡不远。家仅中资，因此，他几难自给。当二十三岁时，法律商业既都不能满足其生活，他乃以其微薄的收入独居于法国，继续他平素所喜爱的研究。此时他的哲学究竟有多少进步，很不易说，但无论如何，在法国三年，他的哲学思想确已渐臻成熟。二十六岁时携稿回国，两年之后，适当1739年，刊行他的《人性论》的前两卷。第三卷成书于次年。

此书虽缺乏工整的笔调或明确的题材，然据一般的判断，实已
表现出一个年轻人的魄力，所以为休谟之最重要的著作。书的销
路虽不错，但仍未餍足休谟的奢望，使他大感失意。不久，他即开 187
始《哲学论说》（Philosophical Essays）的著作，以期更明白宣示其
论点，结果，于 1748 年辑集而成《人类理智研究》。休谟劝人先读
后一部书，因为它较为简略，而“实更完备”；但是他作出这个判断
也许是由于《人性论》未能给他带来较大的荣誉而失望的结果。

休谟最后三十年的生活与此书的关系，远不及他的《人性论》成书前的短暂时期。此三十年中，他已成名而富有资财，虽仍过着作家的生活，但也偶尔从事其他种种活动。在 1745 年和 1763 年之间，他曾是一富裕而发狂的侯爵的随员；为赴法一小远征队中的法官律师；又是派赴大陆的外交使团的将军的秘书；曾任图书馆员；又曾从事政治活动。他曾两次欲任大学的道德哲学（或 pneumarie philosophy 也即心理学）讲席，但都因他的正统教义不够条件，致遭失败。其后，他的著作渐转向于政治，他的名望也随而增高。1753 年，他开始撰写《英国史》，到 1761 年完全脱稿。也许一半是因为这部书反映了王党的偏见，销路极佳，因此在经济上有意外的成功。1763 年，任英国驻法公使馆秘书，在法国宫廷及住在巴黎的欧洲学者中，大受欢迎。他虽常于其成功作过低的估计，但博得同时代人的称誉者当莫过于休谟，因此，他在巴黎非常舒适。三年后回国，在伦敦任副大臣（under-secretary）两年，至 1769 年，迁居于爱丁堡度过生命的最后七年，但是他的不朽著作则都成于少年离群索居之时。他的常不知足的野心以高标准强求于己，渴求荣誉和社会的夸奖。也就是这些目的使他分心，以致在哲学上

不能有更大的成就。

然而他仍为一大哲——有人以康德为休谟的继承人，因此乃以休谟为英国最后的大哲。至于我们兴趣的所在不是他的哲学，而是他对心理学的某种贡献。大概地说，必须指出，他仍保持“哲学在基础上实即为心理学的”一个传统的见解；复再三强调洛克的
188 简单观念化为复杂观念的学说；且发展联想说使更有明白的规定。他对现代心理学的最重要的贡献，尤当首推他对于印象和观念的区别。当心理学欲求有系统的分类以解释其复杂的材料之时，便觉得除了亚里士多德对于五觉的区分之外，当以此感觉和知觉（印象）以及影像和观念的区别最为有用。至于休谟的因果论，我们也应加以论列，不是因此问题之必为心理学的，乃半因休谟使它为心理学的，又半因他的解决可用以诠释现代多数心理学家所研究的心理因果的麻烦问题。

休谟很看重印象和观念的区别。洛克用观念一词包括感觉，据休谟说，这是用错了的，他于是要恢复此词的原义。一个观念显然是它的对象不在面前时的经验；据休谟的用法，此词和今日所用的 idea and image（即观念和意象）同义。与此相对的则为印象（impression）一词，它的意义同于今日所称的感觉和知觉。此词似隐示知觉如何产生于灵魂之内的经过，故颇为休谟所不喜，但他在英文或他种语言内，可也不能有更妥适的名词。于是印象和观念成为两种经验；它们的定义不根据于生理学，也不参照外界存在或否的客体；它们是洛克以 idea 一词所混称的两种不同的经验。

那么它们究竟有什么区别呢？重要的区别似存在于它们的明了性（vivacity）。印象较强有力而活跃，而观念则相对地微弱而

暗淡。

> “那些最有力而活跃的知觉，我们可称之为印象；例如初次呈现于灵魂之内的感觉，激情及情绪，所谓观念意即思想和推理时所有这些印象的微弱的意象；例如本文所引起的种种知觉，只是那些起于视官和触官的知觉及其所直接引起的快感或不快感应予除外。无论何人都不难辨别感情和思想的不同。”

由于感情和思想的不同，谁都不难辨别，因而瞒过了批评家的 189
注意，但困难还是存在的。观念一般比印象为较微弱；但是否常常如此呢？最微弱的印象便不许较弱于最强大的观念吗？雷声的观念便不许较强于一钟表的微弱之音的印象吗？有些心理学家也许以休谟的标准附加于屈尔佩的边缘刺激和中枢刺激的生理的区别；然据后人的实验，在强度上比较意象和感觉较为容易，而且意象虽不及最强大的感觉的强烈，但也可较强烈于感觉。

但是我们可不要以为以休谟的锐敏而看不见这个困难。他曾说过梦幻，病狂，及强烈情绪中的观念在程度上可以接近于印象；而且有时印象很是低弱，几难有别于观念。但在一般的程度上，二者区别确属不难。所可憾的，休谟可从未给我们以所需要的普遍的定义。他从未说明最微弱的印象何以仍为印象而非观念或最强有力的观念，如在梦中所有的，何以仍为观念而非印象。假使他曾受生理学的训练，如笛卡尔或哈特莱，他也许采用屈尔佩的办法以解决这个问题；然而他可不然。

休谟以为观念乃印象之微弱的“**副本**”（copy），可见他必深信印象和观念之间有一质的区别。据他想，观念和印象都可为**单纯**的或**复杂**的。一个复杂的观念，因它可由若干单纯的观念翻新造

成，所以不必类似于任何印象，但一个单纯的观念，则常和某一单纯的印象，互相类似。因此，单纯的观念和单纯的印象可有一种一比一的相关，正如我们今天所描写的意象和感觉之间的关系。然而一个观念又如何能类似于感觉而复不和感觉相同呢？观念和感觉若共性质相同，而其强度互异，则二者之间或可类而不同，然而强度不常可为一妥适的标准，那是我们知道的。休谟所谓“微弱的副本”，必定以为除了微弱性外，还存在着某种差别，这个差别的存在与副本和原型之间的活跃性无关。像休谟那样严格的思想家不可能不保持区别的某些根据。

休谟以为印象是相应的观念的原因。休谟所称的原因究有何
190 种涵义，我们不久便可知道，那时对于这个话当必较易了解。这里。我们可以说，休谟曾举出四个事实证明因果的关系：(一)单纯观念类似于它们的单纯印象；(二)二者同时发生于某一时间；(三)印象在开始时常在观念之前；(四)印象若未发生，则其相应的观念决难发生(例如，生而盲者不能有视觉的观念。)最后三个事实满足了休谟的条件借以建立因果的关系：第一事似不必要。这个关系的说明，在历史上的重要，我们应得加以注意。意象之有赖于感觉，在今日已不成问题，我们或易因此而忘记了下面的一个事实：就是，这个概念一方面须明白地引入经验主义之内，他方面因有笛卡尔的天赋观念说，它就不是显而易见的了。

这里可附带地略述休谟心理学中几个名词的涵义。他用perception〔知觉〕一词兼指印象和观念。印象可为感觉，也可为反省(reflections)。反省是观念所引起的印象。譬如痛觉可在心内造成痛的观念，而痛的观念呈现时便可引起厌恶的反省，而厌恶的反省复可在心内造成厌恶的观念，余可类推。可见反省在激情中也应有其地位。传说三年前，即 1736 年，阿斯特律克首以 reflexion 一词称现代所称的反射运动或反射动作，但略在此词有这个新的意义之前。

我们已知道休谟曾拥护洛克的**复杂观念**说，因此，似乎要创立一种“心理化合说”以为心理学的方法。这些复杂的观念可属于**关系的**，**样式的**或**实体的**。休谟举出七种关于关系的观念，但于此七种之中，量，质，类似性及相反性似属于主要的，相同性，时间空间，及因果，虽也并列，但可归纳为前四种。休谟所称的样式（modes）实即今天所称的模式（modalities），如色，声，味等。实体或物体系有名可称和有物可指的观念，但实际上以联想释为复型（complexes）。这里，休谟便采用贝克莱的意义的联想说了。

休谟虽和洛克相似，未尝强调**联想**一词。但此词到了休谟手里，便进而成为观念联络的基本法则。而且此后联想一词不仅用以描写一个复型的造成，并且有联想活动的涵义了。

> “所有单纯的观念既都可由想像分离开来，复都可由想像任意集合 191
> 而为种种形式，可见我们必得有若干不随时地而变的普遍原则以为这些心能操作的指导。不然，假使观念纯属散漫而无联系，那么，它们的集合便将仅赖机会而定了；假使没有一种联想结以使这一观念自然地引起另一观念，则同样单纯的观念必不能像向来那样有规律地集合而为复杂的观念了。”

休谟以联想为各观念间的吸引力，因有此吸引力，它们才能互相结合或联系。因此，他所主张的，与其说是“心理化合说”，不如说是“心理力学说”。他以为那些联系不是必然的或不可分解的，而仅是照例存在的;因此,他称吸引力为一种"柔力"。近时学者以联想为不常发生,而须用统计法处理的**趋势**;也可说是推阐休谟未尽之意。他规定联想的三个**法则**:即相似律,时空接近律,因果律。后复将因果律还原为接近律,因此,乃仅有两个法则。

现在可论述休谟著名的**因果**论。这个关系是怪难解决的,因为原因似有所动作以产生其结果,而此动作则照例没有观察的可能。休谟分析研究的结果用下列三个条件以为下定义的参考。

(1)一个原因和它的结果,在空间和时间上,是常相**接近**的:隔了一个距离,或隔了一个时期,便不能有因果的动作。这个因果在时空上的接近说略可用以解释一般人的信仰,以为原因必有影响于结果。

(2)一个原因常**前于**它的结果。这是一个简单明了的原则可用以为二者区别之资。也许其明了的程度,略超出于任何逻辑上的权利。因为常识人化了这个情境,以为在时间上只可由因而至果,其实这两个名词在逻辑上不互为先后。它们的关系是对称的。然而二者也不能不有某种确定的意义,纵使这个定义适足使人怀疑"最后原因"("final cause")一词之是否妥适。

(3)最后,一个原因和它的结果之间,必须有一种**必然的联系**。休谟以此项和前两项并列,因为单有接近性似不足以产生直接性
192 或密切性。然而休谟在坚持此必然性之后,复从而取消之。他问,我们如何能察知这个必然性呢?他答,这个必然性是存在于心而不存在于物的错觉。这样说来,必然的观念又如何引起呢?他发现必然性是反省的印象,是"风俗习惯所产生的从一个物体到它的常相追随的观念的那种倾向"。"人既在经验中,觉得因果的合一,

于是乃由因而思果，由果而思因，所谓必然性者，即不外为此思想的决定性。"换句话说，必然性究竟就是接近性；但其涵义仍非接近性所可尽。接近性是一种"柔力"；但必然性则是较强大的力。"两物若常相连接"，这个接近性便变成了必然性。两事若发生于同时，则可因接近的关系而成联想。两事若常发生于同时，则可因因果的关系而成联想。它们在经验上既不相分离，于是心乃以为它们彼此之间有必然的联系。

这个"以因果为相关"的学说在心理学上至为重要。物理的法则多属于因果的，心理学既欲求为科学，而以物理学为模范，也寻求所谓心理因果的法则。但在心理学向哲学宣告共为独立的科学之前，物理学已早成为量的科学，在十九世纪中叶，因果与能量守恒混为一谈，于是休谟的因果说就增加了一个条件：就是，一个原因和它的结果在数量上必须相等。这可是心理学不能满足的一个条件：心理的现象决不能尽化为公共的心理能量。那些相信因果意味着等量的学者以为心理学不能为因果的科学，至另有些学者则复主张近于休谟的学说。例如恩斯特·马赫及卡尔·皮尔逊，以整个心理学领域内的原因为事件在时间上的一种相关。他们的观点若有异于休谟，多半是因为他们以为心理的事件是没有定位的可能的，所以不能问空间的接近。

休谟的心理学就说了这么多。它有影响，因为它符合于经验主义和联想主义的发展，因为他的思想是审慎地推理出来的，是有卓越智慧的名流的表现。但有更大的影响的却是他的唯心主义或一般人所说的怀疑主义。休谟将洛克的经验主义和贝克莱的唯心主义所默认的思想引申出极端的逻辑结论，以为心灵只能直接知道它自己的过程，而真实客体的世界不可能被证明为比构成人的信仰的观念还更加具体的东西。因此，休谟被导致怀疑神和个人自我及外在世界的存在。他的逻辑推理是有说服力的，但哲学家却不准备接受这种“荒谬结论”(reductio ad absurdum)，尽管它的反面论点是模糊的。他们都起来反击休谟，首先是苏格兰学派哲学家黎德，他对休谟的答复下章再述。最伟大的却是康德，他因读休谟而觉醒，企图对心物进行创造性的调和，这种聪明的调和就构成了十九世纪德国哲学的背景。康德在再下一章内论述。

虽然休谟比洛克和贝克莱在主观主义的极端道路上走得更远，但即就他的哲学说来，也没有走到尽头，因为那样就会陷入唯我主义了。休谟把印象当作观念的原因这个事实造成了休谟立场的矛盾，因为休谟似乎认为这些前行的印象要比它们的后起的观念更客观些。休谟常由不同的人看来而有不同的意义。黎德和康德对于他的哲学的某一方面如主观主义和怀疑主义作出否定的反应，而马赫和皮尔逊则对另一方面如见于他的因果说的实证主义作出了肯定的反应。

休谟在更近的时期成为格式塔心理学说明的有用的反面背景。休谟把宇宙归结为印象、观念和事件，他把因果仅仅看成时间的接近，这都是场的学说和格式塔心理学的对立面。

大卫·哈特莱

大卫·哈特莱(1705—1757)是一重要的学者，可不像休谟之为一伟大的人物。为什么重要呢？因为他是联想主义的建立者。他可不是创始者；创始者随我们的高兴，可定他为亚里士多德，或霍布斯，或洛克。有效地利用和大力发展此原则的则为贝克莱和休谟。哈特莱只是将它定为一种学说而已。他选取了洛克的章目不大显著的标题“观念的联合”，用以称一基本的法则，再三申明其意义，建设一种心理学于其上，因此乃造成一种正式的学说，其后乃有一个学派，一百年来屡称其说，于是乃默认哈特莱为此派的建立 194
者。其实，所谓建立往往是这样的。中心的观念先产生于世，然后有一人拾取其意，加以整理，复增加些他所视为重要之点，更著书鼓吹其主张，结果便建立了一个学派。哈特莱在气质上可不是一个宣传家，所以其鼓吹的力量比不上现代心理学派的建立者。然而从休谟至哈特莱，我们要知道创始和建立可为很不相同的两件事。无论发现联想的是哪一位，但是使他成为主义的，当为哈特莱无疑。

在人格上，哈特莱和休谟恰成一个明显的对比。休谟宽大而略好辩，野心大而常感不足，才大力富，见异思迁，至哈特莱则静穆而能专心，仁惠而能容物，常心满意足，自得其乐。哈特莱的生平或可以几句话说尽，休谟的生平则不然。哈特莱的儿子曾记述他父亲的性格，现在最好引一段于下，虽子为父隐未尽可信，但至少和表面的事实大致相符。

> “哈特莱博士的哲学可在他的著作中见之。他的个人性格也和他的哲学无异。俗话说，‘心如其人’，这句话就哈特莱说则尤为合适。他的思想从来不见扰于世务俗事的竞争，所以他的一生安静和平，从来没有激情和大欲。……他复富于想像而善于词令。他的性质和蔼可亲，凡骄傲、纵欲、酗酒、虚荣、嫉妒、或自私自利等种种罪恶，皆为他所无；

> 至于与这些相反的种种德性，则皆为他所有。……他的容貌坦白率真，生气勃勃，他的衣服整齐而清洁。晨必早起，工作常遵守时间；他的图书文稿都井井有条；但终其一生，从不曾以这些习惯妄自夸许。……他不和人谈话则已，和人谈话则必希望有益于他。”

这可算是完美无缺了，然而太完美了，似仅可成一个伟大的平凡。这不仅因为常人为掩饰自己的缺点起见，看不起这种自信，宽
195 容和慈惠的态度（因为一个人过了两世纪之后，仍可爱休谟，但不易爱哈特莱），而且促成伟大性的动力，每易趋于善和恶或真理和谬误的极端。少数错误有时可换得多量的真理，而少数缺点有时也可换得多量的伟大。

哈特莱为一牧师的儿子，本也有服务教会的准备，但因不愿签那三十九款，尤其是关于永久惩罚的一款，乃不得任牧师职。此事为哈特莱生平最戏剧化的一件事，但是读者要知道对于永久惩罚说的反抗只是其仁慈宽容的表示。他既不做牧师，乃研究医学，而为一仁厚而有学者习惯的医生以终身，对于精神病者，则以其哲学和其他药品并用。他曾习拉丁，1746 年，以拉丁文论观念的联合。他也略知一般的科学，对于洛克和牛顿尤深推崇，所以他的心理学是洛克的观念联合说和牛顿的震动说合冶于一炉的结果。他的朋友类多属于牧师界。他的唯一大著为《对人的观察》，刊布于 1749 年。六年后去世。

哈特莱读了牛顿和洛克的著作，才有其震动的，联想的心理学。他是医生，自然要应用牛顿的概念于神经系统之内。我们也可认他为英格兰第一个重要的生理心理学家。他读约翰·盖伊牧师的著作（约在 1731），于是有推广联想说的意思，但是他的基本

的观念，哈特莱可怀之已久——方二十余岁在剑桥时。无论如何，他的书起稿于 1731 年，脱稿于 1747 年，至刊行则迟至 1749 年。可见哈特莱著作之时，没有受休谟的影响。休谟的《人性论》刊布于 1739 至 1740 年间，起初读者很少，他的论文辑集而成《人类理智研究》，刊布于哈特莱的《观察》脱稿之后的一年（虽然又在哈特莱的书刊行之前的一年）。哈特莱的拉丁论文刊印于 1746 年。可见哈特莱实以行医为正业，他的《观察》则成于十八年来行医有暇的时间之内。

哈特莱在心理学内为二元论者。他深欲表明不愿对自由不朽的灵魂作唯物主义的解释。他的心灵的观念和身体的震动的法则 196
虽甚相类似，但主张它们互相平行而不一致。所以哈特莱虽不直接代表莱布尼兹到培因的传统，但实为一心体平行论者。他为笛卡尔之后的第一个明白主张心体的二元论者，也像笛卡尔一般，特别注意于心体问题，他们两人都因对生理学发生兴趣，而研究这个问题，所以他们都是粗具雏形的生理心理学家。

哈特莱在生理学方面先指出与心相关或为心所在的身体的部分。关于这层，他的表示是很明白的：脑、脊髓及神经，掌理感觉和运动；至于观念则单单有恃于脑。在神经系统之内，他主张牛顿的震动说（notion of vibratory action），以代替世所公认的动物精神的流动说。（据他想）神经实体内有无穷小的髓质微分子的震动；这些震动是微分子的非常微小的垂直的震动，若说神经本身的震动有类于乐器的弦线，那是很荒谬的。这些神经之内的微弱的震动，便引起了感觉或运动。但在脑内则可有更微弱的震动，可称微震（Vibratiuncles），这些微震就是观念之生理的对应部分。神经内的震动引起了脑内的微震，所以微震又直接与震动相对应。哈特莱的思想好像是将休谟的思想移用于生理学的范围之内。休谟称观念为印象之微弱的副本。哈特莱则称微震在种类，地位，及方向（他似复有将速率包括在内的意思）上都类似于震动，只是较为微弱而已。所以哈特莱在实际上接受了休谟的基本学说。

哈特莱的"感觉有赖于神经内的震动"之说主要得自"感觉残留于刺激消灭之后"的事实，这些事实从前也曾为牛顿所提出。例如视觉在火煤疾转及颜色混合中的持续不灭（这都是牛顿的例
197 子），正后像（positive after-image），眼球被压时的色觉的呈现，热物取去后的热觉的不灭，又如声音虽成自分离的波动，但入耳则似为连续的。感觉之所以不即消灭于刺激取去之后，究竟由于何种机制呢？哈特莱说是震动；震动虽为一个原因的结果，但也有某种自动持续性，要稍后才灭。

关于身体方面已经说过了，关于心灵方面便不必多谈，因为二者既全相平行，便可由此推彼了。

> "感觉既屡次重复，便留有遗迹或意象；这些遗迹或可称为感觉的单纯观念。"

这话和休谟之说相反。意象一词出现于此，但原书中没有加以重视。

感觉的刺激物既被取去，感觉及其震动则仍暂时存在，但逐渐减弱其势力。由此说来，一个感觉也可弱如观念。尤有进者，一个观念及其微震，当重复呈渐之后，也可逐渐加强，等于感觉（如在梦内）。由此可见，由哈特莱看来，与休谟相同，感觉和观念的相对强

度的区别，都系就一般说则然，却也可有例外。据哈特莱的见解，观念和感觉的基本区别，不是与观念相当的震动常较小；与感觉相当的震动，而是观念的震动常位置于脑内，即它们的初次发生是由神经内的震动引起的。

讲到这里，乃可进述其**联想法则**了。这个法则应有两种，一属于心，而一属于体；哈特莱曾分两处加以论列。可是我们又要知道二者既全相平行，所以其一仅为其他的复述而略易其词而已。

> “无论何种感觉如 A，B，C，等，若有多次的互相联系，便可控制其相应的观念 a，b，c，等，而使这些感觉之一如 A 单独导人心内时，也可引起 b，c，等其余观念。”

平行的法则措词相同，只是以**震动**一词代替**感觉**，**微震**一词代替**观念**而已。

由此看来，哈特莱在他的联想律内，以接近律为一基本的原 198
则，只是未以此定名而已。他不提类似律（参照休谟）以免有损于单纯性。因此，他乃和现代的联想说直接相合。

据哈特莱看来，联想可分见于感觉，观念或运动之间，也可同见于这些现象之间。感觉观念之外附以运动，那是他的生理学的逻辑的结论，但这要值得我们注意的，因为现代行为主义曾以条件反射解释联想。

除了单纯的接近之外，哈特莱以**重复**为联想之另一条件。感觉，观念，运动，震动或微震须有多次的联系。到了艾宾浩斯发明了实验法测量记忆的时候（1885 年），重复成为最重要的条件了。在心理生活中，偶然的接近，种类很多，所以只有一次的结合，在科学上是不必重视的。因此，讨论联想应得以重复为一重要的条件，但学者对此从未加以充分的注意。即就哈特莱而言，也仅偶将此意提出而已。

哈特莱在许多其他方面预先说出了现代的学说。他知道同时联合和继续联合的效力，因而使联想宜于解释思想的线索和复杂思想中的单纯观念的混合——与冯特的学说相差不远。就继续的联合而言，他以为联想也可见于关系疏远的成分，成分的关系愈加疏远，它们的联合便愈加微弱——这也就是艾宾浩斯实验所得的一个结论。他又以为继续的联合常向前进而永不后退。

在生理学方面，哈特莱注意于脑的定位，尤较笛卡尔为甚。他曾道及髓质内一个震动的“主要位置”，以各震动在某些条件下在脑内所应有的空间的关系，作种种推论。我们已知道十九世纪的生理学家对于脑定位的问题曾作热烈的争论，我们若将这个世纪
199 初期所有反对颅相学及其定位说的文章约略翻读，便将以为脑定位在学者中从未博得一种荣誉的地位。然而我们最好追溯五十年前而至哈特莱——或甚至一百五十年前而至笛卡尔。

最后，我们要知道据哈特莱的见解，联合既可为同时的及继续的，显然为心理混合（mental compounding）的基础，而且我们因此得更接近于冯特的“心理化合说”。

> “总之，读者可知感觉的单纯观念由于联合而互相集结；而这些观念复可各因若干混合部分的集结而造成一个复杂的观念。
>
> “由观察的结果，也可见许多理智的观念如关于美的，荣誉的，道德的种种品性等，实都为各部分所组成，因为这些部分逐渐合成一个复杂的观念。”

上引二段可用以了解联想主义之为一系统的原则。而哈特莱的整个学说也于此可见。他先以联合解释许多远较道德为简单的心理学问题。贝克莱所曾讨论的关于知觉的视觉距离和视觉大小的关系，由哈特莱看，则为一联想的问题。他又以为快乐和痛苦因联想而和感觉发生习惯的关系，于是情绪不过是感觉及快乐和痛苦或其观念的结合。字或词之有其意义也得自联合的观念——这里哈特莱复以贝克莱的意义说为基础了。他如回忆也莫不由于联想；记忆为精确的联想；想象（如在梦内）则为不精确而改变原来形式的联想。毫无可疑，哈特莱是正确的，他可以假定洛克的联想原则能够成为心理学的基本法则——后来冯特学派也是这样假定的。

哈特莱复扩充这个普遍的原则，以解释“道德品性”（“the moral qualities”）问题，但是关于这方面，我们可不必有所论列。这些问题可能是他最感兴趣的问题，但是历史是不尊重人的愿望的。这位品学兼优，果断自信的医生的最重要的贡献却不是他所认为最有价值的东西。

附　注

本章与前章相同，讨论哲学的心理学家，注意他们构成现代心理学、尤其 200
是实验心理学的有关的背景。读者如要详细知道他们的学说，必须参阅他们的原著及现存的许多注释和评论。研究的方法多种多样。我们可仅满足于再举鲍德温的《哲学与心理学词典》1905 年第 3 卷内兰德的书目。

读者倘仅为心理学而读此书，可在读后接着阅读其他心理学史，如布雷特,《心理学史》,1921 年第 2 卷;克列姆,《心理学史》英译本,1914 年;德索尔,《心理学史纲要》,英译本,1912 年;匹尔斯柏里,《心理学史》,1929 年;华伦,《联想心理学史》,1920 年。最后一本是本章最有用的参考书。为便利计,可参看兰德《心理学家文选》(1912)重刊的心理学节要。丹尼斯,《心理学史读本》,1948 年。读者若读了这些图书的每一作家节要以后,将可发现本书更具有新的意义。

贝 克 莱

贝克莱的两部重要著作为《视觉新论》,1709 年;及《人类知识原理》,1710 年,版本约有好几种。A.C.弗雷泽编辑的《贝克莱全集》(The Works of George Berkeley)特别值得一提,C.P.克劳思版的《原理》也须一提。见鲍德温《词典》兰德条,第 3 卷,120—122 页;关于《视觉新论》的节录,见兰德《心理学家文选》,256—278 页。

关于心理学史中的贝克莱,见华伦,前引书,40—42 页;布雷特,前引书,第 2 卷,264—270 页;克列姆,前引书(查索引)。

关于贝克莱的传略及其哲学,见弗雷泽,《贝克莱的生平与书简》(Life and Letters of George Berkeley),1871 年;并参看詹姆士·穆勒《宗教三论》(Three Essays on Religion),1874 年,261—302 页。贝克莱在都柏林的“学术哲学”生活(斯威夫特语)和规划一所美国大学的忙碌琐碎的世俗的政治生活,由于贝克莱在 1723 年意外地继承一笔不大的财产,可能得到部分的说明。当时 E.范霍莉格被斯威夫特称为不朽的“瓦妮萨”①,她却发现不能充分满足斯威夫特的热情,乃改变其遗嘱,使贝克莱和另一受惠者取代了斯威夫特,据传记家记载,她不久即因伤心过度而死。贝克莱似乎只在伦敦与斯威夫特就餐时见过她一面;贝克莱在都柏林任德罗摩尔的教长,而斯威夫特在都柏林过着自愿的政治流放生活,“瓦妮萨”正住在靠近都柏林,与斯威夫特邻近。这笔完全意外的财产的获得,可能使在三一学院时期不太出名的,怪僻的哲学大学生贝克莱变成一个事业发起人;他那时没有其他事情要做,

① 范霍莉格为一热恋斯威夫特的女子,“瓦妮萨”为斯威夫特在作品中对她的爱称。——译者

肯定是“瓦妮萨”遗嘱的共同执行者之一。

贝克莱写出了有名的诗句：“帝国的路线往西方去了”；他对欧洲文明衰败的信念，由于经历了安娜和头两个乔治王朝的政治而更加强了。他对百慕大大学是否有任何切实可行的观念是可以怀疑的，罗德岛新港的人群没有得到通知而欢迎他（牧师停止传道到码头去），使贝克莱感到意外，几乎同样感到意外的，是他最后对美洲的三年访问。加州伯克利即以他的名字命名，从 201
此就成为一所重要大学。1860 年伯克利市在帝国取道西方取得了一个地位，正如同 1728 年的百慕大情况相同。

贝克莱的视知觉大小依赖于视知觉距离的学说，马勒伯朗士已有所预见，见《真理的研究》（Recherche de la vérité），1764 年，第 1 卷，第 9 章（各种版本及英译本）。见 N. 史密斯，“马勒伯朗士的距离和大小的知觉论”，见《英国心理学杂志》，1905 年，第 1 卷，191—204 页。

本书关于贝克莱的知觉（联系）说有关章节，都是引自《视觉新论》，第九、第十、第十六到第十八节，第四十五到四十七节。对此感兴趣的读者最好阅读一下这些段落和有关第五十，第五十一节，这两节对这个问题有很好的概括。并参见铁钦纳的《心理学教科书》（Text-Book of Psychology），1910 年，367—371 页；《初步心理学》（Beginner's Psychology），1915 年，26—30 页。然后，还可把最后一书与贝克莱的第四十六节作一比较。

休 谟

休谟的主要著作的全名为《人性论，为将推理的实验法引入道德学科的一种企图》（A Treatise of Human Nature being an Attempt to Introduce the Experimental Method of Reasoning into Moral Subjects）（1739—1740）（中译本，关文运译，商务印书馆 1980 年版——译者），但它不是一本早期的实验学。此书的版本很多。有一种有注释和导言的版本，为 T. H. 格林和 T. H. 格罗斯所编辑，1878 年。关于节录，可参看兰德，《心理学家文选》279—312 页，《人类理智研究》，1748 年（中译本，关文运译，商务印书馆 1972 年重印——译者）。也有几种版本，初见于十八世纪四十年代所刊布的《哲学论文》（Philosophical Essays）之内。关于一般的，见兰德，鲍德温的《词典》第 3 卷，271—277 页。并见布雷特，前引书，第 2 卷，270—278 页；H. C. 华伦，前引书，43—47 页。

传记也有好几种，包括他的自传。叙述得最完备的是 J.H.柏顿的《休谟的生平与书简》(Life and Correspondence of David Hume)，1846 年，第 2 卷，本书即以此为根据。并参看赫胥黎，1879 年；J.奥尔，《休谟》1903 年，尤其见 14—84 页。

休谟的哲学为怀疑的，他复批评教会。这两种原因合成一个原因，使休谟不能为道德哲学讲座的有力的候补者。

休谟的不断取得成功，其原因常常出于企图补偿自卑感。他敏感性强，富于自我批评，有雄心壮志，但需要有人赞同。如果这些要素加上天才，你就可以获得成功和名誉。休谟与几乎发疯的卢梭发生争吵，他帮助卢梭避难于英国，可是卢梭后来竟以莫须有的理由怀疑休谟，这可表明了休谟的宽洪大量的性情和对付侮蔑的情绪反应。

传说休谟富有财产，晚年时，他的著作收入，每年约有一千英镑，那时的金值又远较现在为高。

T.H.格林(前引书，第 3 页)，以为哲学思想的传统是由休谟(及莱布尼兹)而至康德的。正是休谟的《人性论》使康德从“独断的睡眠”中惊醒过来。然而在心理学上，休谟似和英国的经验主义和联想主义有更直接的关系。但是我们必须记住，他的伟大远超过于这些贡献之上。

A.de V.肖布的一个实验，证明意象强度，可与感觉强度互相比拟，一个指定的意象可以较强于一个指定的感觉，《美国心理学杂志》，1911 年，第 22 卷，346—368 页。有关休谟及现代心理学家对这个问题的意见的概括，见 347—349 页。假如合格的心理学家不提出相反的意见，这个实验也许是没有必要的。

意象和感觉之间的质地或品质的差异很难解决。E.B.铁钦纳(《心理学教科书》，1910 年，198 页以下)，在他著书时，也不能断定二者有无一种质地
202 的差异。当然，困难在于我们从来没有单单经验过一种简单的印象或者一种简单的观念(休谟的术语)；所有经验都常为复杂的印象和观念，就连休谟也不主张一个复杂的观念类似于一个复杂的印象，或其“微弱的副本”。

想像的观念要比记忆的观念更生动些的说法，C.W.佩基曾提出(争论未决的)实验的论据，《美国心理学杂志》，1910 年，第 21 卷，422—452 页。铁

钦纳相信她。

关于现代科学中的休谟的因果观，见皮尔逊，《科学概论》（Grammar of Science），1892 年，第四章，“论因果”及其后各版（1900，1911）；马赫，《热学原理》（Principien der Wärmlehre），1896 年，430—437 页，“因果与解释”这一章及其后各版（1900，1919）；《感觉的分析》，第 2 版，1900 年及其后各版，第五章论原因和目的；还可见英译本第 2 版或其后各版。一般说来，皮尔逊（1892）袭取了马赫之说（《感觉的分析》，第 1 版，1886 年），但就这个讨论而言，皮尔逊似较为居先。无论如何，这个问题都溯源于休谟。

哈　特　莱

哈特莱的名著为《对人的观察》（Observations on Man，His Frame，His，Duty，and His Expectations），1749 年。英文第 2 版载有 H. A. 匹斯托立阿斯对德文译本的注释和增订的英译文，及他的儿子所撰写的传略，第 3 卷，1—15 页。他种传记多取材于此：例如 G. S. 鲍威尔，《哈特莱与詹姆士·穆勒合传》，1881 年，1—7 页，细节上略有错误。

哈特莱曾研究史蒂文斯夫人对结石病的治疗，并逐渐相信其疗效，他后向议会建议对她的这一治疗的发现予以厚奖，其实这种药物大部分成分为肥皂，他曾大量地服用它，给自己治病，但毫无效果。他由于用药过量而死于结石病。

就心理学史而言，见布雷特，前引书，第 2 卷，278—286 页；华伦，前引书，50—64 页；李播，《英国心理学》（English Psychology）（由德文译出，1870 年），35—43 页。节录见兰德，《心理学家文选》，313—330 页，丹尼斯，前引书，81—92 页。关于哈特莱的著作及事迹，见鲍德温的《词典》中的兰德条，第 3 卷，234 页以下。

倘若哈特莱是联想主义的创始人，那末其年份应为 1746 年而非 1749 年，因为他的学说包含在他的《论运动、感觉与观念》（Conjecturœ quœdam de motu，sonsus et idearum generation，1746）中。见鲍威尔，前引书，5 页；兰德，《心理学评论》，1923 年，第 30 卷，306—311 页。

关于盖伊早期把联想主义作为基本原理的应用，见哈特莱，《观察》的序言；又见兰德，《心理学家文选》，313 页；关于哈特莱的联想说的早期发展，

《心理学评论》,1923 年,第 30 卷,306—320 页,尤其见 311 — 313 页。

关于哈特莱在生理心理学史中的地位,见费林,《反射动作》,1930 年,83—86 页。

第十一章 十八世纪苏格兰和法兰西的心理学 203

不列颠经验主义有了1749年的哈特莱，就发展为不列颠联想主义。联想主义如下章所述，在1829年的詹姆士·穆勒手里达到了高峰。在他之后，心理混合的偏激教条通过约翰·穆勒及其他学者而得以缓和下来了，一直到了冯特，在十八世纪七十年代以更巧妙的心理化学说把这个原则取了过来，作为他的心理学基本定律之一——或可说是唯一的基本定律。但是从哈特莱到詹姆士·穆勒历时七十年，在这一段时期之内，心理学有了什么变化呢？

那时有较欠重要的不列颠联想主义者，他们写书借以持续这个传统，在当时也有重要性，例如阿伯拉罕·塔克（1705—1774）于1768年刊布《自然的光线》（Light of Nature Pursued）；约瑟夫·普利斯特列（1733—1804）是发现氧气的化学家，也是哈特莱的学生，他于1875年刊行哈特莱《对人的观察》的节本，附载他自己的三篇论文；阿奇博尔德·阿利森（1757—1839）于1790年发表他的《论味觉的性质和原理》；伊拉兹马斯·达尔文（1731—1802），是诗人兼博物学家，是查理·达尔文和弗朗西斯·高尔顿的祖父，17C4年发表了《动物创化史》（Zoonomia）。

同时，在苏格兰，官能心理学在苏格兰学派统治之下接近了联

想主义。长老会哲学家托马斯·黎德(1710—1796)将心灵分析为官能,首先以尖锐的方式提出独自存在的感觉如何转化为表示客观实物的知觉的问题。黎德的继承人为杜格尔德·斯图尔特(1753—1828),他在大不列颠和法国都比黎德有更大的影响。在斯图尔特之后有托马斯·布朗(1778—1820),他继承了苏格兰的传统,把它转化为联想主义。布朗还使人明白联想原则可用以解释感觉和知觉的区别,他把这个原则改称为“提示”(suggestion)。依
204 据这个观点,感觉是元素的,知觉既复杂而又有意义,意义则得自它们的复杂性。詹姆士·穆勒利用了这个观点。这在实质上就是冯特五十年后取之于联想主义的东西,借以使这个新系统适用于心理学。由此可知詹姆士·穆勒兼有赖于苏格兰和英格兰的传统。

那时法国有两种运动。一种显然是**经验主义**的,产生于洛克哲学在法国所取得的重要地位。与此有关的,孔狄亚克(1715—1780)和G.波纳(1720—1793)是最重要的人物。孔狄亚克由于他的理智的经验主义和他的塑像的比喻而为人所怀念,那个塑像先仅有一种感官,但通过经验而得有一切主要的理智的官能。波纳接受了孔狄亚克的经验主义而以少数生理假设予以补充。这些学者回顾了笛卡尔和马勒布朗士,受了洛克的深刻影响,由于时代太早,不能接触苏格兰的哲学家,却也做了大量工作去建立一种经验主义作为十九世纪法国的常识的心理学。

法国的另一种趋势为**唯物主义**。这方面的突出人物,是与哈特莱同时代的拉·美特利和转入十九世纪后作出他的最重要贡献的卡巴尼斯。拉·美特利(1709—1751)是早期客观主义者之一,他写作于唯物主义和唯灵主义的矛盾尖锐的时期。卡巴尼斯

(1757—1808)支持同样的传统于它较欠流行的时候。这两位学者都将笛卡尔的动物是自动机的概念扩大到人类中来,因此,他们是现代行为学的重要的先驱。

本章拟讨论上述七人的贡献。依照他们的主要著作的时序排列起来,他们就是拉·美特利(1748)、孔狄亚克(1754)、波纳(1760)、黎德(1764)、斯图尔特(1792)、卡巴尼斯(1802)和托马斯·布朗(1820)。

在德国,这是康德(1724—1804)的时代。他于1781年发表《纯粹理性批判》,此后在他活着的十年期间,他的影响上升到高峰。但是康德的最大影响发生在他的身后,因为他在德国整个十九世纪的哲学中留下他的痕迹。我们将在第十三章略述他与近代心理学的关系。

苏格兰学派 205

托马斯·黎德(1710—1796)是世袭长老会牧师的子孙。他的父亲在金卡丁郡斯特拉禅地方渡过了五十年。他自己十六岁时毕业于阿伯丁大学,留校任图书馆员十年,然后在阿伯丁附近纽曼场接受神职,到了1752年被任命为阿伯丁大学国王学院的哲学教授,那是在1748年发表《数量论》(Essay on Quantity,Occasioned by Reading a Treatise in Which Simple and Compound Ratios Are Applied to Virtue and Merit)因而成名之后。黎德主张道德和功绩不宜于作数学的处理。

休谟的怀疑主义鼓舞着黎德的哲学活动,正如它在二十年后鼓舞着康德一样。黎德承认休谟逻辑的可信，但批驳他的前提。黎德说，休谟以为心灵只知道它自己的过程或者充其量只能半信半疑地推测实物和其他心灵的存在，这个思想是不正确的。所有人的经验都否认这个前提的有效。“多少年代和民族，有学问和没有学问的人所承认”的“常识”和“一切语言的结构和文法”的论断都反驳休谟假定的撒谎。的确，由一个长老会的哲学家看来，这不是一种好学说。黎德说，他不同意任何贬低人的尊严的学说，而且我们可以知道，他以为感觉之所以能够正确地陈述外在的事物仅仅是依靠神的意志。他志在驳倒休谟，1764 年刊印了《根据常识原则，探究人的心灵》(Inquiry into the Human Mind on the Principles of Common Sense)，同年他被召赴格拉斯哥任道德哲学教授，这是亚当·斯密刚空出来的讲席。

黎德 1781 年从格拉斯哥退休，于 1796 年逝世。他作为一个老年人，印行了《论人的理智能力》(Essays on the Intellectual Powers of Man，1785)和《论人的心灵的主动能力》(Essays on the Active Powers of the Human Mind，1788)。这两部书比《探究》(Inquiry)还更足使黎德归属于官能心理学家。你可以从中得出心灵的二十四种主动能力(例如自我保存、饥饿、模仿本能、权力欲、自尊心、感恩心、怜悯心、义务感、想象力)和六种理智力(例如知觉、判断、记忆、概念作用、道德感)。加尔也就从黎德及其弟子斯图尔特那里原先取得二十七种心能，在建立颅相学时，要为它们
206 寻求脑内二十七个区域的位置(见边码 53 页以下)。加尔那时正在巴黎，这就是苏格兰哲学影响法国十八世纪和十九世纪早期的心理学的渠道之一。

很明显，黎德的主要问题在于客体知觉这个事实。洛克、贝克莱和休谟曾论证感官性质的正确，但是休谟怀疑真实客体的存在。黎德以为休谟的怀疑和体现在语言性质中的历代智慧发生了矛盾。他主张全人类不可能错误。他以为哲学家应该兼承认知觉和感觉，但也必须辨别二者的差异。

在这个问题上，黎德主张语言本身是意义含糊的。举例来说，玫瑰花的香作为感觉是存在于心内的，但作为知觉则存在于外面的玫瑰花本身。假使玫瑰花被知觉而又被感觉时，那么对它的构思，对它的客观存在的即时的信念应被附加在感觉之上。这个感觉究竟如何扩大为知觉呢？黎德宣称这不是由于理性，因为"绝大部分的人"以及婴儿和儿童虽完全"缺乏理性"，但也都能知觉。黎德以为必须归因于神的意志，神的智慧把必要的附加物加在感觉之上，使感觉转化为人的关于外在世界的智慧。

由我们看来，黎德虽然似乎已经用他自己的科学的不可知论代替了休谟的主观的怀疑主义，但他至少由于确立感觉和知觉两个词的区别，就明确规定了客观的关系问题。他自己不是一个联想主义者，但从 1820 至 1910 年，布朗、詹姆士·穆勒、约翰·穆勒、冯特和铁钦纳不久都采取了贝克莱 1709 年的原则，认为感觉的模型仅仅因为它们在联想上的复杂性就获得了客观的关系（或其他意义）。这就是联想的心理化学的论点。

杜格尔德·斯图尔特（1753—1828）是爱丁堡大学长达二十年的数学教授马修·斯图尔特的儿子，他自己也在爱丁堡当了三十五年的道德哲学教授（1785—1820）。他是黎德的大弟子、说明者、注释者和宣传者，他与黎德的关系略有类于一世纪后 G. F. 斯托特对詹姆士·沃德的关系——唯一不同之处就是黎德比沃德较为通俗，而且斯图尔特终身从事于这个副手的工作，而斯托特从逻辑转入心理学的旅游则是短期的。斯图尔特刊印他的《人的心灵哲学要义》(Elements of the Philosophy of the Human Mind)，第一卷在1792年，第二卷在1814年(在第一卷六版前不久)，第三卷在
207 1827年。此书出了许多版，第一个全集发行于1829年，是在斯图尔特去世后的一年。

斯图尔特对黎德的哲学没有加上我们所认为重要的东西。他讲学于爱丁堡是在苏格兰人偏重文化普及的时期，他的课堂全是一般的听众，如商人，律师和其他要求扩大眼界的专业人员。因此，他往往把黎德的官能说向大家宣传。听众也常常易于接受这样一些论点，如解释模仿由于模仿本能，或优越的记忆由于具有良好记忆的官能。这种定名等于搞一种文字魔术，但这却就是斯图尔特给予爱丁堡知识界的一部分知识。这也就是加尔在巴黎和加尔的继承人为他们的新颅相学取自黎德和斯图尔特的知识。

托马斯·布朗(1778—1820)成长于爱丁堡。他在二十岁时刊布了他对伊拉兹马斯·达尔文的《动物创化史》的一篇合于规格的批评。他考取了医学博士学位。他在二十六岁敢于支持约翰·莱斯利爵士在大学内的任命，保卫休谟的因果学说，以反抗正统派的意见。布朗不久成为斯图尔特的弟子，虽然是一个富于批判精神的弟子。斯图尔特比他大二十五岁，喜爱布朗，并予以鼓励。后在1810年斯图尔特的健康开始衰退时，任命布朗为助理。他们共同据有道德哲学教授的职位，达十年之久，但是布朗承担了一切工作。布朗是一位光辉的强有力的工作者。他在头两年，准备了本

课程的几乎全部的讲稿，这些讲稿后来几乎以原来的形式刊行于世。当这个合作继续进行时，布朗似已预备和联想主义互相妥协，于是斯图尔特的热情随而冷淡下来了。合作了十年以后，布朗于1820年去世，斯图尔特只得退职了。布朗的讲稿在他死后不久作为遗著刊行。题名为《人的心灵哲学演讲集》（Lectures on the Philosophy of the Human Mind，1820）。

此时，苏格兰人由于信仰正统的宗教而厌恶休谟的怀疑主义，这个厌恶进一步变为对联想主义的厌恶，反对它的分析和原子观，反对它似与灵魂统一的正统概念相违背。布朗在这个问题上采取了妥协的态度。他需要某些类似于联想的原则借以解释心灵的活动。因此，他改称联想为**提示**（suggestion）的原则，这个原则似较少不自然的混合的意味，而且听起来，更有近于一种思想导致另一 208
种思想的人所熟悉的过程。

为了解决知觉中的客观关系的问题——即黎德的根本问题——布朗诉之于肌肉感觉。贝尔曾被称为肌肉觉的1826年的“发现者”，但肌肉和身体运动器官的感受性已早被认识，只是最近在1811年受到斯坦布赫，1812年受到比夏的重视。布朗以为我们之所以有关于真实的外物的信仰乃是由于肌肉用劲时所感觉到的阻力。黎德的玫瑰花的嗅觉原初是一种纯粹的感觉，但当我们发现那里有一种东西需要肌肉用劲去移动它时，这朵被感觉到的玫瑰花立即提示着阻力了。通过这种提示，它便转化成一种真实客体的知觉。于是贝克莱应用联想以产生外在客体的信仰和布朗利用提示以达到相同的目的就很少区别了，无怪斯图尔特对布朗的热情就冷淡下来了，但是这个对苏格兰正统的损失却转使心理学有了收获。布朗的哲学因此加强了联想的经验主义；应当指出，由现代读者看来，布朗似与贝克莱、洛采及冯特的接近胜过他与黎德及斯图尔特的接近。

看来，布朗的知觉学说不仅像贝克莱的知觉学说非常接近于铁钦纳的知觉的联系说(context theory，见边码 415 页以下)的早期的形式，虽然没有像铁钦纳那样警告我们熟悉的知觉没有有意识的联系，但是布朗的空间知觉学说引证肌肉感觉以为给知觉提供统一性和重要性的素材，这就成为洛采和冯特的空间的经验说的直接的先驱(见边码 266 页以下)。

也必须注意：布朗虽避用联想这个术语，却也推进了联想学说。他是详细论述联想副律的第一个人。前于他和直接后于他的联想主义者如贝克莱，休谟，詹姆士·穆勒，约翰·穆勒几乎全研究了联想的一般法则，但没有讨论特殊的法则。他们说出哪一种关系导致了联想，但说不出两种观念都可能引起时，为什么这一特殊的观念而不是另一特殊的观念单独被引起。布朗求其原因于这样一种差别如原感觉的相对的持续时间，相对的活跃性，相对的频率，相对的时近性，许多其他观念对这一观念的强化以及个人的习惯和性质的差异。

联想主义的谱系从布朗直接过渡到詹姆士·穆勒，但是我们必
209 须将穆勒父子保留到下一章，而转移到大陆上来考察洛克和休谟
对法国十八世纪的心理学家产生了什么影响。黎德在法国的影响
也留待十九世纪补述。

法国的经验主义

法国和大不列颠在学术上的关系是由来已久而且是多方面的。但法国的文化较老，法国人容易看不起苏格兰人和英国人。远在任何苏格兰大学如苏格兰第一所大学圣安德鲁斯于1411年成立以前，年轻苏格兰人往往到法国接受高等教育，因为航海的旅行比到牛津的陆地旅行较为安全，又因为巴黎人比牛津人对他们较有礼貌，更因为那时拉丁文是学术上的共同语言，地理在大学教育上是无关重要的。苏格兰继续是法国文化的输入者而不是输出者，一直到了十九世纪，黎德的官能心理学才成为法国反对十八世纪最强大的唯物主义哲学的一种工具。

但在那时以前法国人已经接受了洛克的经验主义。法国人在十七世纪末期以为英国人粗鲁，以为他们屠杀了他们的国王，支持革命。革命对法国人说来还远在未来。长于讥讽的伏尔泰因触怒了政府，被短期流放于英国(1726—1729)，他回国后，盛赞英国文化，攻击法国旧俗。法国人开始考虑英国的思想，孔狄亚克教士就是在这个气氛下发现了洛克。

艾蒂安·博诺·孔狄亚克(1715—1780)是法国的教士和知识分子，是狄德罗的，后来又是卢梭的朋友。他承担起把洛克哲学介绍到法国的责任，终于取得巨大的成就，因此，他在法国哲学史上代表感觉主义和经验主义。他反对笛卡尔的天赋观念和马勒布朗士的官能及莱布尼兹的单子。他的文章简短明了，并富于宽容精神，以最优美的法国笔调，写出严密的逻辑的说明，他的收获是在法国思想史上享有盛名达五十年。

他的第一部重要著作是《人类认识起源论》(Essai sur
210 l'origine des connoissances humaines,1746)主要是记述洛克的观
点,并坚持洛克主张观念起源于感觉的说法是正确的,至于说它们
又起源于感觉的孪生体反省就较欠正确了。洛克认为反省是心灵
感知它自己的过程的工具,因此,在经验上和感觉相等。孔狄亚克
的《论思想体系》(Traité des Systèmes,1749)是对笛卡尔和其他较
前辈的哲学家的批驳和对洛克反抗他们的支持。他的最重要的论
著是《论感觉》(Traité des sensations,1754),他在书内利用著名的
有感觉的石像,说明分析的经验主义如何可自圆其说。

在实际上,孔狄亚克否定了洛克的反省和笛卡尔的天赋观念。他断言二者都不是必要的。他以为整个精神生活在经验内都仅来源于感觉。他说,试想象有一座石像仅被赋予一个单独的感官。让我们假定那个感官是嗅觉,可能是五官中最简单的一种。石像嗅到玫瑰花,或者说石像暂时就是玫瑰花,因为它的存在除了这个气味之外,没有其他东西。可以说它正在注意这个气味,我们看到注意如何进入了精神生活。第一种气味消逝后,另一种气味进来了。后来第一种气味又回来了,石像知道从前有的东西可以再来。那就是记忆。从前有过的和现在来临的存在于一处,石像可以说在进行比较。一种气味是可爱的,另一种气味是可厌的。因此,石像在气味的固有的价值上学到了欲望和厌恶。孔狄亚克在同样的情形中以为只要有一个单独的感官就可能在经验内发展判断、辨别、想象和所有各种抽象的观念。后来他种感官的增加将进一步加强石像的能力。这就是孔狄亚克的经验主义。

这种冷静的分析法引起了十八世纪法国人的注意。这与孔狄亚克牧师的宗教观点是协调的，它适当地补充了当时也在流行着的唯物主义，也就是我们立即可以看到的拉美特利给心理学所提供的唯物主义。孔狄亚克的感觉的经验主义终至于失败了，因为现代批评家相信它太简单了。首先，可以说，心灵永远不能单单归结于感觉经验。心灵必须贡献它自己固有的范畴构成主观的整体：如笛卡尔的先天观念，洛克的反省，康德的范畴和直觉之类的东西。孔狄亚克赋予石像以一种感官时，就无意地给它以全部特性了。其次，我们要注意这种简单的分析是永远不成功的。十九世纪的法国人觉得它太冷静了，他们要给石像以温暖，像活人一 211
样。二十世纪时，我们说，心理学不能忽视整个人，缺乏综合的分析是要失败的。

孔狄亚克的观点几乎立即受到了瑞士博物学家和哲学家夏尔·波纳(1720—1793)的大力的支持和少量的批评和修订。波纳闻名于世，也许是由于他对昆虫和其他较低等动物的行为的研究，他并于1745年发表了《昆虫学》(Traité d'insectologie)。由我们看来，他的重要书籍是《论人的官能的分析》(Essai analytique sur les facultés de l'âme)，刊行于1760年，是在孔狄亚克论感觉后的六年。

波纳主要重复了孔狄亚克，再次运用有感觉的石像的比喻。孔狄亚克和波纳有下列两点的差异。

孔狄亚克讳提生理学。有生物学思想的波纳却引进了它。他的石像有神经，他讲了许多关于神经液和神经纤维兴奋的内容，这种讨论与哈特莱关于震动和微弱震动的设想互相类似。甚至有人说波纳是神经特殊能说的先驱者之一，因为他写道，“每一感官可能以不同的特殊纤维为限。”他还指出：“如果有人具有这样一种智力能够窥测荷马的脑子，他就会看到在伊里亚特诗内就有上百万的脑纤维在进行各色各样的活动。”

波纳和孔狄亚克不同还在于波纳认为灵魂具有活动。孔狄亚克试以灵魂为单纯的“白纸”。让感觉彼此接踵而来，书写于其上。波纳也许是孔狄亚克的第一位赞美者，指出了他的体系中的这个缺点。

这个法国经验主义的存在无疑地加强了英国十九世纪联想主义者如穆勒父子，培因和斯宾塞的势力。洛克的传统通过苏格兰和法国而复返于英国。

法国的唯物主义

当苏格兰反对休谟的怀疑主义而走向宗教的正统派时，法国则背离笛卡尔二元论所保持的非展延实体的灵魂观而转到唯物主义。他说，动物是自动机，与皇家花园中会动的石像相类似，当游客踏上了看不见的板子时，这个石像就或现或隐了。但人只是在身体构造上是自动机。他的身体和灵魂发生交涉，影响着灵魂，或
212 为灵魂所控制。笛卡尔是深信宗教的，想要维护灵魂的完整，但是他对动物机械观的概念是新的学术的征兆，它的本身就为从唯灵主义走向唯物主义的运动提供了根据。

但是科学的进步与新的学术结合时，就不可避免地促进唯物主义哲学了。科学必然地倾向机械论，而背离有灵论，因为科学寻

求宇宙的统一而为宇宙获取明确的理解。因此，科学是一元论而非二元论的，它的逻辑和技术都为的是为身体规定机械论而不为灵魂规定有灵论。

因此，你知道笛卡尔在1650年以前以为肌肉收缩是由于动物精神扩张，同时以为动物精神宛如“一阵疾风”，“一起大火”，似乎它们差不多像没有形体没有展延性的灵魂实体。C.惠更斯于1669年把动物精神当作**活力**，这个术语也应用于物理学所称的**功能**。格利森于1677年演示了肌肉的受刺激性和收缩的肌肉没有膨大，不占有更大空间的事实。博雷利于1680年称动物精神为**神经引力**，是一个更加唯物的术语。H.波尔哈夫(1668—1738)是在莱登的一位荷兰著名生理学家，他要觅得一个更有实体性的机制去解释动物的运动。波尔哈夫影响了拉·美特利，这是我们立即可以知道的。所有这种思想和研究自然而然地导致了惠特于1751年对反射动作的先进的研究。同时，瑞士人哈勒(1708—1777)在他的八卷本的《人体生理学纲要》(1757—1766)内，准备把生理学作为一门独立的重要科学介绍给人们。拉·美特利就是在这个变化的气氛中，在波尔哈夫和哈勒的直接影响下，在十八世纪四十年代中转变为唯物主义者。

茹利安·奥弗雷·拉·美特利(1709—1751)青年时研究神学，成为詹生派(Jansenist)，是在罗马教会崇奉圣奥古斯丁，相信宿命论的一个教派的成员。因此，即使作为一个神学家，他已经成为一个决定论者。不久，有一个朋友劝他当一个医生比当一个牧师可以享受更优裕的生活，他于是转治自然哲学和医学，十五岁时接受博士学位，开始在里姆斯行医。他在二十三岁时前往莱登与伟大的波尔哈夫共同研究。他在莱登的第一年即 1734 年底，刊布他对波尔哈夫《病理学》的译本，附载他自己关于性病的论著。这个年轻
213 人的敢作敢为激起了医学界的嫉妒及愤怒，他们抗议了。拉·美特利用另一篇创造性的论著予以反击，这次是以头晕病为题的(1736)，因此，对他的批评愈趋激烈，他不久被迫退让而仅仅出版译文了。

1742 年，拉·美特利复回巴黎，在那里受命为格拉蒙公爵指挥的警卫队军医，他还随公爵出战。公爵在弗顿堡围城战中被杀，拉·美特利发病高烧。正由于这场热病，他感到他的精神力量和身体力量同时衰退，以致转而深信思想只是脑和神经系统的机械活动的产物。他永远没有放弃这个强迫的信念。他是一个有强烈冲动的人，易于反抗习俗。他不能辨别思想和灵魂，他的新信仰是灵魂与脑一样是不能永生的，而人则不过是一座机器——与笛卡尔相信动物是机器一样。拉·美特利用两年时间使这个思想成熟起来，然后在 1745 年发表《心灵的自然史》(L'histoire naturelle de l'âme)，提出灵魂的机械观和生命的唯物主义哲学。假使灵魂的意义不兼包括**灵魂**和**心灵**，他也许会以这个区别来辩护自己，但是拉·美特利可不是妥协成性的。那时人们正大声喊叫反对他和唯物主义。他只得于次年再退居于莱登。他在那里于 1748 年发表了他有关这个论题的更加成熟的书《人是机器》(L'homme machine)，这本书使他在行为学的历史中得到了他的地位。但在荷兰和法国都有人批评拉·美特利。1748 年 2 月，他的《人是机器》是否已经出版是难以确定的，主张思想自由的战士腓特烈大帝不止一次地任命他在柏林为宫廷讲读，从而拯救了拉·美特利。

拉·美特利在晚年中发展他的唯乐主义的学说，认为快乐是人生的目的，所有动机都是自私的。他写了好几篇论文，如《享受的艺术》(L'art de jouir ou l'école de volupté)和《爱神的哲学》(Vénus méaphysique)，发表于1751年，见于拉·美特利的《哲学论文集》(Oeuvres philosophiques)，他以此书贡献于哈勒。他在1751年底去世，终年仅四十一岁——据一位为他作传者的意见，是由于贪吃所致，但腓特烈大帝不以为然，他写文章颂扬了拉·美特利。

拉·美特利不是一个成熟的、温和的哲学家。他以青年期特有的信心，接受一种信仰，作出逻辑的结论，由于受到反抗和批评的 214
刺激就更加坚决了。对《人是机器》的一些偶发的意见，我们可置之不理。拉·美特利的重要，是由于他采取了一个极端的立场，成为一种趋势的路标，这个趋势是走向唯物主义，背离唯灵主义的趋势，也就是对心灵采取机械的生理学的解释的趋势。因此他既是结果，又是原因，既代表而又促进科学唯物主义的**时代精神**。他符合于孔狄亚克从洛克那里取来的经验主义，因为孔狄亚克的可以教育的石像与拉·美特利的机器人一样都是几乎没有灵魂的。所不同的是孔狄亚克在他的生理学的讨论中将灵魂除外，拉·美特利则要使灵魂屈服于机械的定律。他的有力的主张因而使他成为第一位彻底的"客观心理学家"，我们已有机会在本书内讨论过他。

拉·美特利力促十八世纪中叶的法国人趋向唯物主义，机械主义和唯乐主义，十分明确地表露了那个趋势。我们只须提出克劳德·阿德里安·爱尔维修(1715—1771)就够了，他因有与拉·美特利相类似的思想，1758年发表于《论精神》(De l'esprit)一书内。爱尔维修写的诗是平凡的，数学是不足道的，哲学却相当优异。他为国家的农业收税官，收入不坏，当他感觉到有足够的钱可以退休，过哲学家的生活时，他就立即辞职了。他的社会理想很高，他又十分慷慨，所以他的《论精神》使他作为一个唯物主义者引起那样激烈的批评似乎是可以惊异的。他追随着孔狄亚克之后，赞成感觉论，用唯乐说解释人的动机，但没有带着拉·美特利的无神论的色彩。爱尔维修常被归入功利主义的历史，我们也许把他看成早期的动力心理学家。但是他的书是被谴责的，被绞刑吏公开地烧毁了，结果正如所有禁书一样，全法国人广泛阅读。因此，他在心理学史上的重要性不亚于拉·美特利。

法国十八世纪的心理学在某种意义上说，因有皮埃尔·让·乔治·卡巴尼斯(1757—1808)的贡献，达到了最高峰，那些不称笛卡尔为生理心理学的创始者的人有时就授予卡巴尼斯以这个称号。卡巴尼斯在年轻时，不注重正式的学校教育，成绩不好，他的父亲把他送到巴黎，叫他照料自己。他似乎搞得很好，因为他在青年期
215 散漫的生活中，读熟了许多重要作家如荷马、西塞罗、奥古斯丁、洛克，笛卡尔、歌德和《挽歌》的作者格雷。他准备当一位哲学家，但实际上在二十一岁时决定研究医学，阅读了希波克拉底和盖伦的著作，他不久就开始讲授医学的历史和实践了。

这样就持续到革命时期。那时卡巴尼斯把巴士底监狱陷落的消息带给议会和米拉波。米拉波从此喜爱卡巴尼斯，先用他作私人医生，不久卡巴尼斯成为米拉波的亲密朋友。两年后，米拉波死于卡巴尼斯的怀抱之内。因此，卡巴尼斯适应革命对他的要求，成为五百人的立法委员会中的一员，不久于1795年在巴黎被任命为

卫生学教授，于 1799 年又任法律医学和医学史教授。1795 年，当有人请他确定断头台的牺牲者被斩首后有无意识时，他开始发生了重要的想法。他断定他们是没有意识的，他以为意识是精神组织的最高级，有赖于脑的活动，脑可被视为意识的器官，正像胃是消化的器官或肝脏是滤清胆汁的器官一样。一个人的身体如果抽搐于行刑以后，那种脱离脑子的运动乃是无意识的，属于本能的水平。卡巴尼斯把有关这些题材的论文收集在他的最重要的著作《有关人的身体与灵魂的报告》（Rapports du physique et du moral de l'homme）内，出版于 1802 年。当拿破仑当权时，卡巴尼斯发现他已失宠了。他死于 1808 年。

卡巴尼斯接受了拉·美特利的机械主义，认为脑是思想的器官，但没有接受他在宗教课题上的唯物主义。他否定了笛卡尔的灵魂不依赖于身体的学说，尽管二者是交相影响的。在十九世纪早期，仍存在着“无形体的精神状态”的信仰，以为这些状态不依赖于身体，狂喜就是其中的一种，但是卡巴尼斯反对这个论点。一般地说，他同意了洛克和孔狄亚克，但是他于孔狄亚克的简单分析之外加上有关发展水平的统一的原则。他区分出无意识的本能，半意识的状态和有赖于脑的活动的全意识的状态。他又指出个体在生长时的心灵发展的水平。他为了支持他的论点比拉·美特利之类的理论家运用更多的临床观察。他特别强调身体的感觉的重要，216
以为它们是经验发展的主要部分。他以为孔狄亚克的石像的精神生活很难仅以嗅觉为始。它必须对自己的身体有所觉知，才能开始统一后来进入的经验。

笛卡尔、孔狄亚克、拉·美特利、卡巴尼斯，这里就有十九世纪和二十世纪初年的法国心理学的背景。它是一种生理心理学——但不是冯特所说的正式的有系统意义的新的实验心理学的生理心理学，而是有实际意义的根据生理学事实和医学知识的生理心理学。德国心理学在名义上是生理学的，法国心理学则在事实上是生理学的。因此，十九世纪后半叶的伟大的临床心理学家沙可超出于这个时期的其他临床心理学家之上。后来，李播论述变态心理学，比纳研究智力的发展。当科学进展而没有事实根据的思辨不为人所接受时，法国人就安心搞临床心理学了。他们被称为一个“实事求是的民族”。

附　注

关于次要的英国联想主义者塔克，普里斯特列，阿利森和伊拉兹马斯·达尔文，见华伦，《联想心理学史》，1921 年，60—69 页。

苏格兰学派

一般的，见詹姆士·麦科什，《苏格兰哲学》(The Scottish Philosophy)，1875 年，著者是一位热心的苏格兰人，普林斯顿大学校长及心灵联想分析的反对者，他恰当地讨论了苏格兰学派内五十个哲学家的观点。

本文引证了黎德的三部主要著作。一般的，见他的《论著集》，所有各卷都已重印出版。第一版刊布于 1804 年，而它及其后各版都以斯图尔特的“黎德的生平和著作”开始(约 35 页)。在 1846 年及其后各版中，包含了由汉密尔顿爵士加上去的二百页的序言、注释和补充的论述，并提出了很老练的批评。所有这些书的许多版本，许多评论和一些传记，全收入了鲍德温的《哲学与心理学词典》的兰德条，1905 年，第 3 卷，435 页以下。关于《论人的理智能力》的节录，感觉一知觉问题，见兰德，《西方心理学家文选》，1912 年，361—373 页。还可见布雷特，《心理学史》，1921 年，第 3 卷，14—16 页。

本文引证了斯图尔特的三卷主要著作。一般的，见他的《论著集》，共七卷，1829 年，或更好的见由汉密尔顿爵士编的《文集》(Collected Works)，共十卷，外加一本附录，1854—1860 年，第 10 卷，1858 年，243—324 页。有约翰·维奇的“斯图尔特的生平”一文。

关于黎德和斯图尔特的心灵能力与加尔的颅相学官能项目单的关系，见 H. D. 斯皮尔，“官能与特性：加尔的解释”，《性格与人格》，1936 年，第 4 卷，216—231 页。

布朗的主要著作为他的《人的心灵哲学演讲集》，1820 年，共四卷；第 20 版，1860 年。关于布朗的生平写得最好的为 D. 韦尔什的《关于布朗的生平 217
及著作》(Accounts of the Life and Writing of Thomas Brown)，1825 年，并重刊于 1834 年《演讲集》的第 8 版的第 1 卷，及共后各版。兰德的《西方心理学家文选》，374—394 页，重印了关于肌肉感觉，空间知觉及简单有关暗示的演讲的节录。丹尼斯，《心理学史读本》，1948 年，125—128 页，重刊了布朗的学习副律。关于布朗的其他著作以及二十篇有关布朗的条目或章目，见鲍德温《词典》(前引书)的兰德条。第 3 卷，131 页以下。

关于布朗还可参看华伦，《联想心理学史》，1921 年，70—80 页；墨菲，《近代心理学史引论》，第 2 版，1949 年，59—63 页。

关于苏格兰学派在知觉概念史的地位，见波林，《实验心理学史中的感觉与知觉》，1942 年，13—19 页。

法国的经验主义

本文引证了孔狄亚克的三本重要的心理学著作。他的《论感觉》，1754 年，有一个英译本，1930 年。见他的 1798 年版的《全集》，共二十三卷，直至 1821—1822 年版的十六卷本。摘录见兰德，《西方心理学家文选》，1912 年，340—360 页。还可参看鲍德温的《哲学与心理学词典》的兰德条，1905 年，第 3 卷，156 页以下，有他的著作目录及共版本和二十种有关他的条目。由本文的观点看来，关于他的最重要的著作是 L. 德瓦尔的《孔狄亚克与现代英国心理学》(Condillac et la psychologie anglaise contemporaine)，1892 年。还可参看布雷特的《心理学史》，1921 年，第 2 卷，290—295 页；华伦，《联想心理学史》，1921 年，181—186 页；墨菲，《近代心理学史引论》，第 2 版，1949 年，

36—38 页。布雷特在第 291 页中指出那个能够学习的感觉石像的比喻，也许不源出于孔狄亚克。

夏尔·波纳的《论人的官能的分析》，1760 年，重刊于他的《自然史与哲学论寸集》（Œuvres d'histoire naturelle et de philosophie），共十八卷，1779—1788 年。关于节录，见兰德《西方心理学家文选》，331—340 页。关于书目，见鲍德温《词典》的兰德条，128 页以下。关于生平与著作，见 A. 莱莫伊内的《日内瓦的波纳，哲学家与自然学家》（Charles Bonnet de Genève，philosophe et naturaliste，1850）；奥夫纳（M. Offner），《波纳的心理学》（Die psychologie Charles Bonnets，1893）；克拉帕雷德（E. Claparéde），《波纳的动物心理学》（La psychologie animale de Charles Bonnet），1909 年（生平，11—25 页）；G. 波纳，《波纳传》（Charles Bonnet，1720—1793），1929 年。还可见布雷特，前引书，第 2 卷，297—300 页；华伦，前引书，186—189 页。

因为本书不大注意法国心理学，法国心理学在变态心理学中比在实验心理学中更为重要，因此，我们在此最好提几个正文中没有提到的人名。

孔狄亚克和波纳的贡献的背景都是笛卡尔主义的哲学——笛卡尔，马勒布朗士，斯宾诺莎和一些较不著名的人物。在这些次要人物中，拉·尚布尔（1594—1669），于 1664 年写了他的《心灵系统》（Système de l'âme）。他实际上比笛卡尔大两岁，虽然他在笛卡尔死后很久才发表他的重要的著作。他在这本书中提出了一个"意象的统一和联系"（"l'union et liaison des images"）的概念，使他被认为是洛克的联想主义的预言者。孔狄亚克的一个更为重要的预言者是马勒布朗士（1638—1715），一个笛卡尔派和洛克的同时代人，他于 1674 年出版了他的《真理的研究》（Recherche de la vérité），比洛克的《人类理智论》要早得多，马勒布朗士有一种所谓联想说，他曾与贝克莱相遇——据说，他的确因与贝克莱发生形而上学的辩论时由于暴怒而死的。

下一节考虑拉·美特利和卡巴尼斯的唯物主义。爱尔维修附属于拉·美特利，虽然他和十九世纪后期的所有法国心理学家相同，是受孔狄亚克的影响的。十九世纪初，除卡巴尼斯外，还有梅因·德比隆。

218 梅因·德比隆（1766—1824），是斯图尔特，布朗和卡巴尼斯的同时代人，是法国的一个贵族，由于法国革命被监禁了一年，在此期间他研究了洛克和孔狄亚克。1812 年，他出版了《心理学原理》（Essai sur les fondements de la

psychologie)。他对孔狄亚克进行了与波纳相同的批评,认为感觉间仅仅前后相续不足以产生心灵,因此,除了感觉经验之外,心灵自身必有某种贡献。梅因·德比隆认为这种贡献可以描述为心灵的发展能力。

一般的,关于这个时期的法国心理学,见德索尔,《心理学史纲要》,英译本,1912 年,221—230 页;华伦,前引书,181—200 页。

法国的唯物主义

拉·美特利,《人是机器》,1748 年(中译本,顾寿观译,商务印书馆 1979 年重印——译者),有第二版,且有一个英译本,1750 年。1912 年的英译本内有腓特烈大帝所写的对拉·美特利的颂词。关于拉·美特利的书目和有关他的文章,见鲍德温《词典》的兰德条(前引书),327 页以下。还可参看布雷特,前引书,第 2 卷,358 页以下;J.P.达米伦,《十八世纪哲学史回忆录》(Mémoires pour servir a l'histoire de la philosophie au XVIIIe siècle),1858 年,第 1 卷,1—92 页(1—14 页是拉·美特利的生平);关于他在生理心理学史中的地位,见费林,《反射动作》,1930 年,88 页以下。当然,他是最初的机械论者之一。

卡巴尼斯的《有关人的身体与灵魂的报告》,1802 年,第 2 版,1805 年,1824 年有一"新版",共三卷附有一个略传,1844 年的第 8 版,有 L.皮西的一篇卡巴尼斯的详传(17—118 页)。关于卡巴尼斯的六篇论文,其他出版物和著作(其中把《报告》称为《专论》),见鲍德温《词典》(前引书)的兰德条,137 页以下。还可参看布雷特,前引书,375—382 页;G.墨菲,《近代心理学历史导引》,第 2 版,1949 年,38 页以下。

219 第十二章　英国联想主义：穆勒父子与培因

十九世纪看到了联想主义在詹姆士·穆勒手里登峰造极，在约翰·穆勒手里，心理力学变为心理化学。又看到了培因取联想主义以为其新的生理心理学的基础，新的进化论开始由另一联想主义者斯宾塞应用于心理学。斯宾塞应用进化论以解释心理学。

它还看到了冯特利用联想为他的心理学的新体系，这个体系，他建立起来，借以指导和肯定新的实验心理学，但是它应属于后面的一章。

詹姆士·穆勒

联想主义之为一机械混合的原则，在詹姆士·穆勒（1773—1836）手里，达到了最高峰。他可说是代表一种心理力学，正如他的儿子约翰·穆勒代表了一种心理化学。哲学心理学由穆勒父子和培因的研究，然后才可供科学心理学的应用。

詹姆士·穆勒和九、十两章所述的英国学者相同，不是以哲学或心理学为专业的。他原来研究历史和政治学，但在1829年，他刊行了一部重要的著作，名为《人的心理现象的分析》（Analysis of the Phenomena of the Human Mind);此书的重要虽次于其不列颠的印度史,但在心理学史内,则占一很重要的地位。

詹姆士·穆勒生为苏格兰人,十八岁时,受约翰·斯图尔特爵士的垂青,爵士夫人且赠穆勒以金钱,使其就学于爱丁堡大学。穆勒受此赐金,约定将来以牧师为业,因此,乃从事于神学,哲学,及古典文学的研究,以教书所入补充其不足。他在哲学上直接受业于 220
斯图尔特。1798 年得允许为牧师,但终以所言不为听众所了解,不能成名,那时斯图尔特爵士已入国会为议员,穆勒为贫穷所迫,终于放弃教读及不时传道的生涯。1802 年从爵士而至伦敦。

他在伦敦住十七年,光靠著作投稿以为生。1805 年结婚。妻子的容貌是她的唯一财产,据某些作传者说,这个婚姻同他在哲学和政治上的兴趣相比带来的幸福较少。1806 年生约翰·斯图尔特·穆勒。斯图尔特,系纪念詹姆士·穆勒的恩主。其后又生三男五女。詹姆士·穆勒既无固定的收入,又须扶助父亲和姊妹,并养活他自己的大家庭。他的本性严肃刚毅,有时且易发怒,虽境遇不佳,妻有怨言,也不为之稍屈。他的印度史数卷成于经济压迫之下,他在桌上写作,约翰·穆勒在家就学,也在同一桌上学习希腊文和其他功课,因为没有购置字典,乃常询其父以每一生字的意义。假使没有刚毅不屈的精神,怎能生活于这种情境之下呢?

詹姆士·穆勒编辑及常投稿的杂志很多。《爱丁堡评论》是谁都知道的;他对于《韦斯敏斯特评论》的投稿则为时稍后。他为《大英百科全书》所撰的关于政府的十篇,很为重要,后乃辑集另刊。《印度史》在 1806 年动笔,至 1818 年刊行成书,对于他的经济极有影响。此书销路甚佳,因此 1819 年他便受东印度公司的任命——他的职务虽属于商业性质，那时却无异于政府的一名外交官。他第一年的薪给为八百镑，十七年后，当他因死出缺时，每年薪给已增至二千镑，就那时的学人而言，这也可为高薪了。

《人的心理现象的分析》和《印度史》不同，非欲用以满足经济的需要。这是以几个暑假写成的著作，动笔于 1822 年，刊行于 1829 年。此书为詹姆士·穆勒的唯一的心理学著作，刊行时他已五十六岁，七年后（1836 年）他便与世长辞了。

此书两卷计共二十五章，只有前三章是要我们严肃注意的。
221 詹姆士·穆勒采取哈特莱（及休谟，而略易其词）的遗意，以**感觉**和**观念**为元素的二要类，前两章分论这些元素。第三章论联想，尤为重要。余二十二章历述意识、概念、想像、分类、抽象、记忆、信仰、论断、证据、反省、快乐、痛苦、意志、意向（intention）及其他。这种题材一一列举，也略可见心理学的范围造成体例的经过，这个体例现仍为世所采用。自从实验的生理心理学成立后长时期以来，系统的心理学家所定的前提多少含有感觉主义的心理学的意味；但当这些人要写系统的著作时，他们决不以这些前提所产生的心理学为足；他们常欲讨论其所谓“较高级的心理官能”，以满足其体例的需要。心理学是什么，虽没有人知道，但心理学讨论些什么，那几乎是谁都知道的。这种情形只可用历史解释，詹姆士·穆勒的章目可引以为证，虽然其前的任何人或其后的培因都莫不然。

我们在前章内已知道感觉和知觉的区别，到了詹姆士·穆勒的时代更逐渐明白规定。据说感觉是原始的，知觉则是由感觉派生的。系统的分类应以感觉为始，因此，心理学乃复采用亚里士多德的感觉五分法的基本原则。例如贝克莱以为形（form）非感觉，一个球体的视觉和触觉的知觉，属于不同的感官，所以没有相同之点。球体的感觉是没有的。此意在贝克莱和休谟的系统内都显然可见，贝克莱以感觉品质（sensible qualities）的差异为要素，休谟则以感觉样式（sensory mode）的差异为要素。这种主张为经验主义的自然的结果，那是我们已知道的。

但在一种“心理化学说”之内，须得知道元素的数目；在解释复杂的现象时，元素的数目可说是多多益善。亚里士多德曾注意触觉的问题；由他看来，触觉是一个单纯的感觉，但较他种感觉为更 222
复杂。因此，在十九世纪内，学者乃更欲求心理的元素，尤其是感觉的门类；新发现的感觉常出自亚里士多德的复杂的触觉，此觉在本世纪的某一时期之内，曾有“一般感觉”（Gemeingefühl）之称，那也是我们所已知道的。

詹姆士·穆勒论感觉的一章，首先明白地表示这个趋势。他以为有八种感觉；亚里士多德的五种，外加肌肉感觉（布朗和贝尔曾将这些感觉加入为第六觉），身体的任何部分的解散觉（sensations of disorganization 这些感觉含有搔痒觉，类似于韦伯后来的“一般感觉”），及消化管内的感觉（这些感觉为体内感觉的主要部分）。穆勒对于这些感觉有何主张，那是没有关系的。我们只须知道他因欲满足经验主义者的需要，而以感觉为要素，因欲满足联想主义者的需要，而力求增多不同的元素以加入联想。心理学既放弃了客体的首要性，而否认一个人或一只椅的单纯的感觉，它的面前就有一个积极的任务，要以最少数的元素解释极繁杂的心理生活了。

由詹姆士·穆勒看来，感觉和观念是意识的两种主要状态。这里他在追随着哈特莱和休谟，虽然他不像休谟，没有把自己置身于困难的情境去，主张观念较弱于感觉。他以为观念只是感觉的副本，虽然观念在一般情形之下是与感觉有别的。二者至相类似，有时混淆难分。但它们在基本的性质上，是不相同的，因为必须先有感觉，然后才有观念，其次，联想律应用于观念可不应用于感觉。**意象**一词那时尚未有专门的涵义，但穆勒则用以指感觉的“副本”。

> “我既看见太阳，闭了眼睛虽不能再有所见，但仍可想到太阳。感觉的结果产生一种情感，这个情感虽可别于感觉，但仍和感觉最相类似；因此，我乃称之为感觉的“副本”或意象，有时可称之为感觉的代表或遗迹。”

詹姆士·穆勒论**联想**的一章，是经典的，因为它使联想主义的
223 力量和缺点，都达到了最高点。我们现在所以要读此一章，在赞成的方面说，是为了理解这个联想原则究竟如何普遍而重要，在反对的方面说，是为了说明这个普遍性所导致的荒谬结果。

穆勒首先指出意识本身的性质是联想的。

> “思想不断地追随着思想；观念也不断地追随着观念。假使我们的感官方在活动，便可连续地接受感觉，但也不仅以感觉为限。感觉之后，便常有已往感觉的观念；而这些观念之后，复有其他观念；终我们的一生，这两种意识状态，即感觉和观念，不断地衔接起伏。例如我见一马：那是一个感觉。我便想到马的主人：那便为一个观念。这个马主人的观念，又使我想到马主人的职位；他是一个国务部长：那便为另一观念。国务部长的观念又使我想到国事；因此，乃引起一组政治观念；那时恰巧摇铃进餐。这又是一个新感觉了。……”

因此，凡属清醒的时候，都不断地有此过程。这一段话和现代一般人对于联想的观念全相符合。我们在批判时，只须记得穆勒讨论联想的时候，用客体而不用感觉的属性以为说明。例如，见马为一感觉；想到马的主人为一观念。他既如此回复到洛克的名词，于是乃普遍地应用他的混合说了（见下文）。

（现在若再述穆勒的见解）联想律则不适用于感觉。感觉若说是互成联想，其意乃只是客体的性质有足使某些感觉同时发生或惯常地同时发生。它们虽也成联想，但其法则则属于产生感觉的客体。这个关系可非意即联想。但是这些会合仍甚重要，尤其是那些屡次重复之事。它们可为同时的，也可为前后的，据穆勒看来，前后的较同时的更为常见。

由于这些感觉的同时发生，即根据客体法则的同时发生，然后乃有观念联合的法则。

> “观念本为感觉的‘副本’，所以感觉的存在有如何的程序，则观念的发生或存在也有如何的程序。这就是‘观念联合’的通则：我们要记得，所谓‘观念联合’，没有表示出他种涵义，只是表示发生的程序。”

因此，联合不是一种势力，也不是一种原因：只是共司发生或 224
互相邻接的一回事。感觉的接近被摹写为观念的接近。

穆勒明白否认休谟的三个联想律中的两个定律的效力。休谟曾将因果还原为首因和频因——那就是说，还原为接近律。穆勒以为除非相似的项目常相会合，否则虽属相似，也无效力。因此，联想的法则，只有一个原则，那就是接近律。

其次，我们知道观念的联合可或为同时的或为前后的，随与观。念相应的客观关系而定。客体的知觉是由同时的联合造成的：例如提琴的形和声；石子的色，坚，形，积和重量；至于动物或人则更为复杂的集合。但穆勒相信，前后的联合为数更多，其性质则在思想文字的先后的习惯程序中最显而易见。例如祷告文内“吾主”二字便可引起“耶稣”。

詹姆士•穆勒和布朗一起，明白承认联合的条件。他以为联合的力量有强有弱；而**强弱的标准**有三。一为“永久性”，愈永久的联合则愈强。一为“确定性”，意即指联合的精确性及主观对联合的自信。一为“顺利性”，意即指联合成立的自然而省力及联合的便捷或敏速（读者于此可立即想到后来有用反应时间以为联合强弱的测量的）。这三种就是观察的标准；然而什么东西引起这种差异呢？穆勒提出多次性和活跃性为两种**联合条件**，因此，他和现代所称可靠的学说暗相符合。当印象的和联合的趋势已可辨别的时候，其区别系就多次性和活跃性而言。**活跃性**，自然是一个浮泛的名词，穆勒且明白地主张此词的意义非即**强度**。他曾引情绪的情境所引起的难于分解的联合以为说明的例子。在现代他也许以注意为解释的资助，虽然“注意”一词也未见得较“活跃性”一词更为明确。

詹姆士•穆勒也许主张前后的联合较常见于同时的联合；然而同时的联合在他的那种纯粹联想的心理学内也有相等的重要。若
225 以此论思想，则思想似由此两种联合所造成，究难说谁的势力较大，或谁的势力较小。但由穆勒提出一种混合作用的原则之后，同时联合的势力增加很大。穆勒没有把这个原则叫做混合，也没有承认它含有新的东西；但是他仍很明白地表示同时的联合可混合以成一简单的整体。

他先取例于感觉。光谱的七色若迅速地旋转于色轮之上，便可引起一致的白色，“那几种感觉不复可辨；它们同时消逝了，结果乃由此七种感觉合成一种新的简单的感觉”。这不是联想，因为色是感觉；但是他则以为观念或观念和感觉也可有同样的现象。在和触觉相应的观念方面，便有简单的现象可供说明。例如重量的观念似为单纯的，但实际上可兼有抗力的观念（而此观念又复有肌肉的观念和意志所由造成的观念）和方向的观念（而此观念至少复有伸张，位置及运动的观念。）据穆勒说，谁能详溯重量观念的成分，谁便可为一高明的形而上学家；其实，我们现在知道他的方法可视为心理学的，也可视为形而上学的。穆勒复以为客体因同时的联合而始有其客观性：例如许多简单的观念因联合成为一树，一马，或一人的观念，而——这便为一要点——它们紧密结合，使客体成为一单一体。又如词也由联合而始有其意义，复因其联合的紧密，乃得造成几乎单纯的观念。

这个讨论的结果自然造成了一种“意义的联合说”（associative theory of meaning），和现代的联系说（the modern context theory 例如铁钦纳，见边码 415 页以下）若非相同，也很相似。此说初见于贝克莱（见边码 184 页），其后，也常有人提起，至詹姆士·穆勒则有更明显的形式。我们现在可不必将这个问题从头说起，只须将穆勒所增加的两点约略一述。第一点就是他引注意以解释下面这个谁都经验过的事实：就是，意识的意义似由直接而得，而非得自联想。穆勒以为联想时注意可全为联想的后续项所吸引而
去，以致其先行项立被遗忘。在这种情形之下，联想似不成共为联 226
想。第二个重要之点就是机体的感觉最常为如此遗忘的先行项。因此，詹姆士·穆勒深知对于意义的完满观察的困难，也深知机体

感觉极端表现这种困难的事实。

甚至到此为止，读者对于詹姆士·穆勒的意见，仍可无激烈的异议。但是我们不久便可知道他既认同时的联合涉及混合作用，便无异在系统的心理学内介入一种合理的原则，将观察的事实完全吞没了。假使我们发现有几个成分，因联合而造成一种虽若单纯而实非单纯的观念如石，那便如何呢？穆勒于此也有所说明。我们不必溯述其整个学说，但可于其联想章中引其最后的数段如下。

> “砖是一个复杂的观念，泥为另一复杂的观念；这些观念，加以关于位置及数量的观念，便组成一个墙的观念。木板的观念为一复杂的观念，粗重木头的观念为一复杂的观念，钉的观念又为一复杂的观念。这些观念，再加以关于位置及数量的观念便造成地板的二重观念。又如玻璃，木头及其他复杂观念造成窗的二重观念；而这些二重观念复组合而成一个屋的观念。由此说来，究竟有多少复杂或二重观念组合而成家具的观念呢？更有多少观念组合而成商品的观念呢？更有多少观念组合万物的观念呢？”

哲学的心理学若不受科学观察的控制，便可显露出这种推论的误谬。一个合理的原则若为经验的方法所掠取，结果便难免接近于荒谬。我们没有逻辑的理由可假定万物的观念未必就是关于一物之各观念的联合，但是我们可没有丝毫的观察的根据可相信意识同时能有无数的观念，尽管经过高度的压缩。如果说，观念彼此无别地共同存在于一处，那又能有什么意义呢？其实，穆勒也未尝有此主张；他只是留给我们一个问题而已。因此，关于他的叙述现可告一结束，且转述他的儿子约翰·穆勒对于这个问题的见解。

约翰·斯图尔特·穆勒 227

约翰·斯图尔特·穆勒（1806—1873）较其父更有才干，而在思想史中也有更伟大的影响。但是这个影响来自他的哲学和逻辑，而间接波及于心理学，因为心理学那时尚仍为哲学的，不能不引起哲学家穆勒的注意。例如赫尔姆霍茨在他的1863年的《光学》（Optik）内讨论知觉的时候，他所想到的就是穆勒对于三段论法的心理学问题的讨论。然而穆勒和英国往昔的心理学家不同，从未写过一本心理学。他的心理学见于他的《逻辑》（Logic，1843）及《汉密尔顿的哲学的考察》（Examination of Sir William Hamilton's Philosophy，1865）和对其父的《人的心理分析》（Analysis of the Human Mind，1869）一书所作的注释。由这些日期看来，可见他的著作半成于实验心理学正式成立的时期（1860），之后。我们以他附述于此，因为他修改其父的联想，及心理组合和知觉的学说。

我们已约略知道约翰·穆勒和他的父亲的关系，至于他的资质的早熟，那是谁都知道的。他从其父读书，没有进过学校。他的全部青少年期的教育，都是由其父细心负责完成的。他把学来的东西转教弟妹，他自己也更有进步。三岁，开始学习希腊文，八岁前，已读《伊索寓言》，《居鲁士远征记》，希罗多德的全部著作，柏拉图的著作的一部分，及其他希腊的名著。他所读的英国史的著作，二三倍于他的同年龄的博学青年。八岁，开始学习拉丁，几何学，及代数学，十二岁时，他所读的拉丁文较一般儿童为多。希腊文和历史则仍持续研究。其父所著的《印度史》刊行时，约翰·穆勒方十一岁，因得先读其校样。其后二年，他的兴趣集中于经院派的逻辑。他复去法国住一年，回国后研究心理学，至十七岁时，乃受雇于其父所服务的东印度公司。他所受的教育异常严格；既没有少年朋友，也没有儿童的游戏，更少有少年的读物。他初不自知其教育之有异于寻常，因为他既没有朋友可资比较，而其父复常对他求全责备。

228 穆勒服务于东印度公司三十五年，至1858年，这个公司由政府收归官办，他抗议无效。他和其父相似，在政府外交工作上，很为顺利，因此，对于政治乃得有第一手的经验，不是仅懂理论的著作家所可比。他的早年著作都刊布于杂志及报纸之上。其父对于他的影响，至为奇特。他敬畏其父，不敢公然在其父面前表示异议；他的第一本著作《逻辑》在其父(1836)死后七年，才刊行于世。穆勒受严格的教育而轻视情绪的生活，因此，开始怀疑其政治活动及社会活动的价值，以致苦闷了若干年。这个父子的全部关系也可为一种有兴趣的心理学的研究资料。

约翰·穆勒读W.休厄尔的《归纳科学史》(History of the Inductive Sciences)对于逻辑始大感兴趣，结果1843年，刊行他的《逻辑》，现仍为学习科学逻辑者的一部很重要的著作。自此而后，他的兴趣和写作转集中于政治经济。1851年，他年约四十五岁时才结婚，此后七年，在政治思想及著作上，得其妻的助力颇多。在其妻去世及印度公司解体(1858)后，他除了当议员三年外，其余时间多消磨于阿维尼翁，而从事于著作；阿维尼翁即其妻病死之处。

十九世纪六十年代的十年是他的心理学兴趣突出的时期。他的《汉密尔敦的哲学》刊行于1865年。詹姆士·穆勒的《分析》的新版本刊印于1869年，加上了约翰·穆勒，培因等的注释。但是他的其他著作仍以政治经济为主。至1873年，他虽将满六十七岁，但仍颇康健，不料他竟在那一年逝世，即冯特刊行其《生理心理学》的第一版的前一年。

约翰·穆勒继前人的遗绪，以**感觉**和**观念**为心理学的元素。他和其父不同，他尊重了休谟的信仰，以为观念较弱，所以有别于感觉。休谟的学说本难成立，但穆勒对于感觉讲得很少，所以这个问题是不很重要的。

穆勒于规定联想律的时候，由他的父亲的观点而复返于休谟的观点，将“类似”加在“接近”之后而为一联想的原则。他在1843年，和其父相似，证明接近性作为一有效的原则有赖于同时发生的次数，至1865年，他乃以频因律为另一联想的法则。很有趣，多次 229
性的重要，甚至为贝克莱所默认，它和接近成为心理的联合，而不是客观的联合，所以要将接近和频因完全划分几不可能：联想中所有的乃为接近的多次性。1843年，穆勒又称“强度”(intensity)为联想的第三个法则，因此，又像詹姆士·穆勒一样，以活跃性为联想的一个条件。1865年，他复取消此律，而另定一新律，名“不可分律”(inseparability)。但不可分只是多次性的极限：当接近没有例外，而次数又很多时，则其联合就成为不可分的了。由此看来，可见这些1865年的法则不是完全可以独立作用的法则，而是联合的总原则的各个方面，是穆勒所要着重提出以供后来应用的方面。我们可以说，穆勒在1843年，主张三个法则：即**类似律**、**接近律**和

强度律，而以频因律附属于接近律；至 1865 年，他乃提出联想的四个法则：即类似律，接近律，频因律和不可分律，而删去强度律。詹姆士·穆勒要求明确，他既将此数项分开，就要做到严格的区别。约翰·穆勒较为灵活，他为说明的便利，将这些法则划分界限，并要建立作为整个结构基础的主要真理。

因此，约翰·穆勒对于联想的贡献确甚重要。詹姆士·穆勒曾创立心理的成分说，以为元素造成复杂的心理混合物，而在此混合物之中，元素虽已不见，但仍存在。关于万物的观念究竟复杂至如何程度，他只提出问题，未能解决。约翰·穆勒知道这个推论的误谬，因以心理化学说明心理的联合。

第一，我们要知道约翰·穆勒承认了他的父亲的联想的混合(associative coalescence)。观念造成快速的联合，以致有些观念未受注意，或立即被遗忘，甚至消逝；(参考贝克莱，边码 184 页)所以，整个知觉或观念可被压小或缩短，这是观念的衰萎(the decay of mental formations)说，六十年后，想来是大家熟悉的(参考铁钦纳，边码 415 页以下)。

但这个混合说，立即导致了化学说。假使一个观念可消灭或
230 减削其效力，那么由联合而成的整体不仅为各部分之和；乃为一新生物，正犹水之不仅为氢加氧之和，也不全是氢，也不全是氧。而关于整体的法则也不能由关于部分的法则推想而得；它们都须由实验而定。所谓“混合体”不仅为各元素彼此结合之和；混合之后便有一新生物，因此，这个化学的类比便足耐人寻味了。穆勒在 1843 年所刊行的逻辑内，有下面一段话，是值得征引的。

> “关于思想和感情的复杂的法则，显然不仅可产生于、而且也须产生于这些（关于联合的）简单的法则。我们要知道这不必为各原因的混合：许多原因共同产生的结果不必恰巧是那些原因各自产生的结果的总和，且不必和那些结果同其种类。……心理现象的法则有时有近于力学的法则，也间有近于化学的法则。许多印象或观念若共同作用于心灵之内，则其所引起的历程有时也同于化学的混合。印象若同入经验，而其次数之多又可使其每一印象都可立即唤起全集团中的观念，则这些观念有时混而为一；正犹三棱镜中的七色以快速度呈现于眼前，则其所产生的感觉为白色。但就此七色而言，我们理应说，七色若迅相追随则产生了白色，我们可不得说它们就是白色。所以由我看来，几个简单观念所混合而成的复杂的观念，假使就表面看，似若简单（换句话说，其各成分在意识上倘若不可辨别），那便可说是产生于这些简单的观念，但不能说由这些观念混合而成。……这些就是心理化学的例子：其复杂的观念，由简单的观念所产生，而非由简单的观念混合而成。”

读者于此若要知道穆勒父子的异同，便须了解演化的观念。他也许惯于作这样一个推想：就是，假使我们知道氢和氧的一切，也就知道水的一切了，他可要知道这个见解只算是一种信仰，因为在理想上，我们也许以为关于各元素的知识可用以推测混合物的法则，但事实上我们可决不能知道任何元素的一切。我们宵须于混合物的已知元素或假定元素之外而直接研究那混合物。因为那个信仰没有证明的可能，穆勒就举共所可证明者以相告：那就是可以观察的事实。我们如果不能由简单的事实而推知复杂的事实，
那便须在经验和实验中对于它们作直接的研究。在此点上，穆勒 231
的意见曾有很明白的表示，因为他于上面关于心理化学的讨论之外，复举所应注意的两点如下：（1）我们须得在经验中研究任何种特殊的复杂的观念产生的经过；若仅推想其如何产生，那是不足为

证的。(2)即使我们知道其产生的过程,可也不能演绎而得其新生物的法则;这些法则须得随时由直接的实验推求而得。

因此,穆勒虽不是科学家,但深明科学的逻辑:他乃得使联合及心理混合的学说摆脱了他的哲学家的父亲的唯理主义,而转入实验主义。

现在只有约翰·穆勒的知觉的学说或其对于物质的心理学说,我们尚须加以讨论。其实知觉有别于感觉的问题原来就是信仰客体或物质位置于经验之后的问题。只是因为联想主义要用联想解决这个问题,所以内省派心理学家才以知觉为一复杂或完整体。

要讨论这个问题,我们便须由穆勒的《逻辑》,而研究其后来的著作《汉密尔顿的哲学》。穆勒于此乃欲为对于外界的信仰,造成一个心理学的学说,以应付物质的"实在问题"。他先假定心有期望的可能,因此,"在有实际的感觉之后,可以形成可能感觉的概念"。这些感觉现虽无从觉得,但也或有觉得的可能。至感觉和物质的确定的区别,穆勒以为是:感觉暂存而易灭,物质则固定而常存。就这个区别看来,贝克莱竟如何可视物质为感觉的呢?穆勒以为贝克莱实在不错;因为感觉虽不若物质之为常存的,但感觉的可能性是常存的;而且当我们知觉物质的时候,我们在实际上所觉知的乃为不在面前的感觉之永久的可能性。物质非他,就是感觉的这些永久的可能性;关于物质的知觉非他,也就是对于这些可能性的信仰。

> "我在桌上看见一张白纸。其后我便到另一房间里去。这个现象(按即白纸)若常随我之后,或者它不随我之后而我即相信它消逝于无形,那么我便不信其为外界的客体了。换句话说,我将以它为一幻

象——只是感官的感受，可不相信那里确有一物体了。然而我虽不复看见白纸，可须相信它仍存在。我原不再有它所给我的感觉，但是我相信，假使我复置身于有那些感觉时的情境之内，换句话说，假使我复走进那房间之内，我便复可有那些感觉；决没有一个时间可以有与此相反的现象。因为我的心灵有此性质，所以我对于世界的概观，无论在何时之内，其所含有的眼前的感觉，实仅占一小部分，有时也许没有这些感觉，即有之，也必在我所知觉的整个之中，占最不重要的部分。那时我所造成的世界的概观，除含有我所觉知的感觉之外，还有无数种的感觉的可能性：有些是由过去的观察，知道我在假定的情境之内，便可经验的，还有其他无数的，是不知道在何种情境之内所可经验的，但也或有经验的可能。这些各种的可能也都是我的世界的概观中之重要的成分。我的眼前的感觉照例是无关重要的，且复易于消逝：反之，其可能性则为永存的，这便是我们的物质的观念和感觉的观念的主要的区别。”

二十二年前，穆勒曾坚持经验和实验，这里可忘记了他自己的告诫了，虽然，他这个观点在历史上仍很重要，其重要的原因有二。

第一，他既以其客体的心理的学说和联想说连成一起，其说在实质上就有近于贝克莱或詹姆士·穆勒的学说。联想可保证某些可能，把这些可能联系成许多组。客体之得入经验，乃因有一感觉之后，其余属于此客体的他种感觉，据联合之不可分律，便为感觉的永久的可能性。这个学说原不若贝克莱和詹姆士·穆勒的学说的有近于意义的联系说；但仍和意义的联系说很为相近。它不是新创的，但出之于名人之笔，而其时又为1865年，正当实验心理学已经产生的时候。

第二，我们要知道这个以客体为感觉的永久的可能说实为知觉的一个现代说的先驱。穆勒的学说的要点是，一个人可意识到

感觉的可能,而不必意识到感觉(或其观念)。一个人心内可以“有”感觉的可能而没有感觉。根据相同的道理,一个人可以在意
233 识内有一意义而没有其代表的内容。符茨堡派称这种意义为“无象思维”(“imageless thought”)。此派有一阿赫创立所谓“决定趋势”的概念(1905 年,边码 404 页以下),——其所以名为趋势是因为它不必见于意识的内容。铁钦纳在其联系说内(1909 年),证明那作为上下文联系的意识内容,可不见于烂熟的知觉,而联系的意义则由决定趋势供应的。谁若问这种无意识的联系在实际上果属何物,我们只好说它们是潜在的联系内容。有经验的音乐家在 F 的乐键上弹奏,他只须看见一个可能有两种意义的符号,便“无意识地知道”B 是降了半音,而不是本位音。他所觉知的为意义而非内容。就这种情形而言,我们可用行为的术语规定其实际意义,或竟定共义为潜在的内容。但是潜在的内容也就是感觉或意象的一种可能。据作者看来,穆勒之可能性的观念,阿赫的决定趋势,和麦独孤的目的概念,都互相类似。这里可不能讨论这些问题;我们只是光指出穆勒和现代的关系。

亚历山大·培因

亚历山大·培因(1818—1903)比我们上文所研究过的任何人,更配以心理学家相称。现在试列举各人来说吧。笛卡尔为哲学家及生理学家;莱布尼兹和洛克为哲学家、史学家及政论家;贝克莱为哲学家、主教及教育家;休谟为哲学家及政客;哈特莱为有学问的医生;詹姆士·穆勒为历史家及外交家;约翰·穆勒为哲学家、逻

辑学家及政治经济学家；贝尔，弗卢龙，缪勒，韦伯等人则都是生理学家。那时心理学家还没有正式的地位，即培因也未得有这种地位。他以长时间担任的只是阿伯丁大学的逻辑学讲席，他所以受此委任也只算是“承乏”而已。

培因是一个穷苦的孩子。他的父亲为阿伯丁的一个纺织工，家里有五个孩子，因计件工的工价减少，只好增加工作的时间才够维持生活。培因略受教育，即学习纺织，以工资所入支付家中饭费，并无定期地接受教育。他性本聪慧，但因得书不易，致不能充分发挥他的才能。他若能借得数理的书籍，便立即读习，将内容化 234
为己有。他有一次借得牛顿的《原理》(Principia)第一卷，研读至半小时，但只是到了数年之后，才有人宽以借阅的限期。十七岁时，他以历年自修的结果，掌握了几何、代数、分析的和球形的三角学，和流数(此为牛顿所创，等于莱布尼兹的微积学)；并曾研究天文学及自然哲学；又注意于形而上学，读过休谟的人性论，又以原理和英译本对读，而学习拉丁。因为他有这种基础，所以一个教会的牧师一认识他，便力促他进马立沙学院，这个学院那时尚未隶属于阿伯丁大学。

校内教授虽不很好，但是这个自学成功的学生成绩优秀，和另一学生分享最高的荣誉；四年后，至二十二岁时毕业。他对于自然哲学的兴趣及知识已逐渐增进，但最后一年的道德哲学更足吸引他的兴趣，虽说此科在教授上很少精彩。一年之后，道德哲学教授因病退休，校内乃请培因代课，而以教授的讲义为自己讲授的底稿。有时就能力所及，略加己意，但即因此而为人所怀疑，而此种怀疑则又有下列的事实为根据：就是，他从未参预圣餐。

他从毕业之后，自 1840 年至 1860 年，二十年来，在伦敦及苏格兰都未得志。没有固定职业。他曾再三投函自荐为苏格兰大学教授，但是他虽有强力的援助，而终为学术界的竞争及他自己的自由主义的色彩所败，侥幸成功的仅有一次。他虽曾被任命为格拉斯哥大学数理教授，但因薪给太低，工作艰苦，不符合他在心理学方面的日益增加的兴趣，终于在一年之后，弃职而去。他在伦敦和大于他十二岁的约翰·穆勒为友，且复和穆勒的知交时相往来。他为各杂志撰文，他的题材在现在都可以叫做心理学和理科哲学。他有论玩具的一文载 1824 年的《韦斯敏斯特评论》，阐明其联想的
235 类似律。我们若读此论文，便略可知其对于心理学的浓厚兴趣了。同年，他帮助穆勒对于他的《逻辑》作最后的校阅，且复在 1843 年此书刊布之后，为它作一赞美的书评。

同时，他自己也正预备作最大的努力，编撰一有系统的心理学。约在 1851 年时，他即开始撰述，为刊印的便利起见，乃将其书分为二卷。《感觉与理智》(The Senses and the Intellect)刊行于 1855 年，因此卷销路迟滞，出版家故意延搁，第二卷《情绪与意志》(The Emotions and the Will)至 1859 年，才刊行问世。那时，培因已四十一岁了。此两卷实仅为一部著作，代表培因对于思想的最重要的贡献。它们的成绩不坏，培因乃以其后半生的时间从事于校订的工作。第一卷的校订本刊行于 1864，1868 及 1894 年；第二卷的校订本则刊行于 1865，1875，1899 年；这就是说，培因的书为英国的标准心理学教科书，几近半世纪之久，至 G. F. 斯托特出现，始取其地位而代之。

1860 年，马立沙学院和原仅有一皇家学院的阿伯丁大学合

并,乃创立逻辑(及英文)的新讲席。培因投函自荐,虽照例为人所反对,但终于接受任命。他任职二十年,终因体弱辞职。他曾三次被举为大学校长(虽也有人反对),他在地方上的信誉于此可见。

培因对于英文和逻辑都非特长,因欲弥补这个缺点,乃从事于教科书的编纂。自1863年至1874年,他曾刊行三本关于文法及修辞学的纲要。1870年,刊行他的《逻辑》,此书半以约翰·穆勒的书为基础,但也颇多新解。

培因自从受此聘任,十年以来不能专于其业,然而他的分心仍仅为部分的。在1870年前,他已为《感觉与理智》增订两次,《情绪与意志》增订一次。1868年,为教学的便利起见,复将此两大卷缩成简编刊行于世,定名为《精神与道德科学》(Mental and Moral Science)。

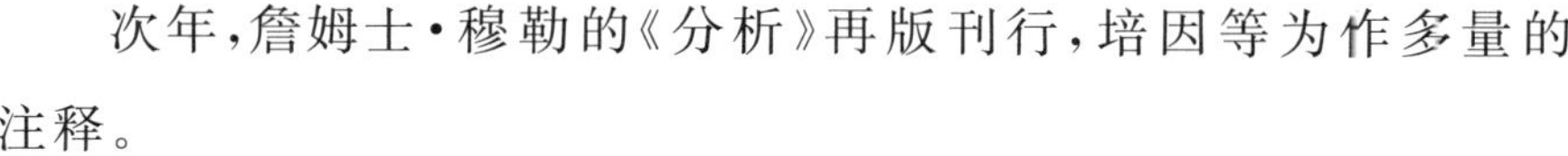

次年,詹姆士·穆勒的《分析》再版刊行,培因等为作多量的注释。

1872年,培因刊行他的《心与体》(Mind and Body)远在十九世纪四十年代,他曾撰文讨论能量守恒及机械的热当量。现在他可要解决自然哲学的事实和道德哲学的事实的不一致性:就是,意志的开放系统(the open system of the will)和能量的关闭系统(the closed system of energy)能否互相调和呢?他的答案,已见 236
于他所著的心理学书之内,也就是我们现在所称的心体平行论,虽然这个名词可不是他的。关于心体的问题盛行于八十年代,而尤以九十年代为甚,此书对这个问题讨论独详,所以在历史上很是重要。

1876年,培因创办了《心灵杂志》(Mind),那是世界上第一种心理学杂志，虽然因为它比后起的姊妹杂志更多带哲学的色彩。那时在任何其他地方创办实验心理学杂志都过早，至在英国便特别过早了，因为英国承认这门新科学是比较缓慢的。培因有学生名C.罗伯逊，那时方为伦敦大学心灵哲学和逻辑的教授。培因即以罗伯逊为编辑，而自己则专负经济的责任，至1892年罗伯逊的早死为止。

培因的最后数年退居于阿伯丁。他虽不甚老健，但也终年八十五岁，至1903年病故，与他同时的斯宾塞也死于这一年。他在学术界的重要也半得力于高寿。他在费希纳，赫尔姆霍茨或冯特之前写成他的心理学，而在新的实验心理学成立之后，仍健在于世，因得努力增订其著作。

在实际上，他决不伟大，故不得和笛卡尔，洛克，休谟，缪勒，赫尔姆霍茨或冯特相提并论。他从未提倡过任何学派或任何学说。他代表联想主义的高度发展和生理心理学吸收联想主义于其内的开始，他的重要性大半由于他生在心理学的历史转折点的主要时期。他的审慎的学术工作是心理学从经验的联想主义走向生理学的实验主义的里程碑。

当然，我们不准备节述培因的这些系统的心理学论著。我们只是要就下列四个重要问题论述他的观点：即心体平行说；生理心理学；联想的学说；和意志的学说。

(1)有人以为心体平行说由培因所始创，但是这个话是不正确的。培因不过在心理学的范围内，予此说以具体的规定。平行主义的最普通的形式起源于莱布尼兹。莱布尼兹以为其多元宇宙的和谐预先成立于单子(monads)的平行的进程之内。心和体的平行，由他看来，只是一个特例。和他同时的马勒布朗士也主张一种心体平行说；哈特莱亦然。我们所以不引哈特莱为例的缘故乃因 237
他不是为此说而提倡它的。他是一个医生，所以他认唯物主义可应用于身体；因为他又要拯救灵魂，使不陷于唯物主义，所以他不得不主张二元论，而心体平行之说乃为他的一条最方便的出路。由他看来，笛卡尔的交感论不免有陷灵魂于唯物主义之中的嫌疑。费希纳反对唯物主义的时候，也曾于 1851 年主张平行说。

培因没有直接讨论这个问题。他的 1855—1859 年间的心理学，只是默认这个观点而已。他以为无论哪一个心理学的问题，都莫不有心体二面；他常继续以此二面，讨论特殊的问题。其后，因能量守恒说而引起的心理学的问题既愈形紧张，他乃于其《心与体》一书内，视身体的方面为一种关闭的因果系统，因和果的能量相等，而以为心理的方面和身体的方面互相平行，而没有量的相等。培因自称此说仅为一种形而上学的躲避法。他不知道自己所讨论的，究竟是一个实体的二面或两种不同的实体，后来他将自己对于这个问题的态度具述如下：

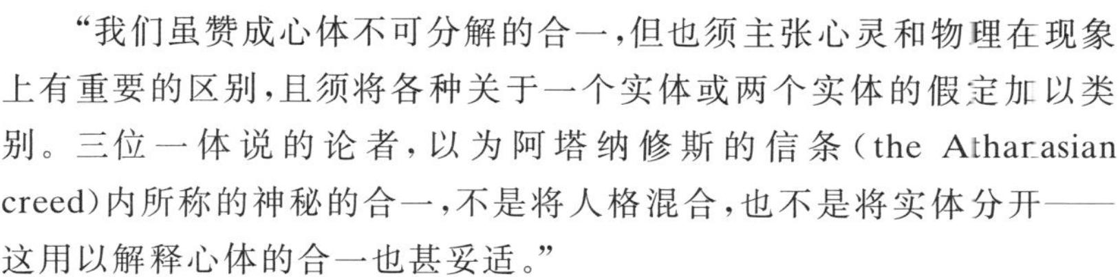

> “我们虽赞成心体不可分解的合一，但也须主张心灵和物理在现象上有重要的区别，且须将各种关于一个实体或两个实体的假定加以类别。三位一体说的论者，以为阿塔纳修斯的信条（the Atharasian creed）内所称的神秘的合一，不是将人格混合，也不是将实体分开——这用以解释心体的合一也甚妥适。”

(2)培因既然主张此平行说，结果当然要写成一本生理心理学，其书所采取的方式，经过冯特的签证乃为心理学教科书的标准模式。我们知道生理心理学不是培因所始创。笛卡尔已为一生理心理学者，但是我们可仿照笛卡尔的成例，以他为“古人”而置于不论之列。哈特莱写了一本生理心理学，但是他的生理学为牛顿的仅凭玄想的心理学，可不是科学发现的结果。科学的生理学在十
238 九世纪内发展甚速，生理心理学也包含在内——这是我们在前数章内已经讨论过的。心理学往哪里去的趋势已显而易见。洛采著一《医学心理学》，又名《灵魂生理学》。在次一章内，我们便可知这种所谓灵魂的生理学，其生理学的成分之少和其形而上学的成分之多都足令人惊异；然而那时而有这个名称，也未始不是重要的一件事。培因不知道洛采的这本书，那是可以相信的；因为他不能说德语，能否读德文也属可疑。他也许更不知道约翰内斯·缪勒的心理学的生理学。他很少提到德文的参考资料。但是他曾在大学研究院内读解剖学；他深知 W. B. 卡彭特博士，乃采用他的《人类生理学》(Human Physiology)，后来于研究感觉的时候，且采用郎葛特的《生理学》(Physiology)。(这远在卡彭特刊行其《心理生理学》〔Mental Physiology〕之前。)培因论神经系统的一章甚为冗长，几占绪论的全部，其后，乃讨论运动，感觉及本能，最后乃进而讨论较高级的机能。他还兼述每一问题的物质和精神的两面。他关于神经系统的绪论多不使和后面的心理学互相关联，但就此点而论，他的著作和近时许多教科书没有多大的差异。

培因因欲由生理学入手，所以对于感觉特加注意。他的讨论至为周密，他的分类则纯从向例。他于亚里士多德的五官之外，仅加一“机体”感觉。但他以为此一感觉至为重要，尤其是因为它包括了肌肉感觉，而肌肉感觉则在他所提出的动作说之内占一相当的地位。

运动虽为生理学的题材，但也以其固有的资格，占据培因的心理学的篇幅——不仅以其为一肌肉的感觉。我们已知道关于反射动作之为无意识运动的知识，在前世纪内，已有长足的进步。所以，培因也像哈特莱，但可有更充分的理由，将运动视为一心理学的名词，在联想内占一相当的地位。

(3)培因对于理智的讨论也就是他对于联想的讨论。他所主张的有两个基本法则：即接近律和类似律。

培因所主张的接近律，是动作或感觉若前曾同时发生，后来也可同时发生：它们"可互相组合。若有一呈现于心，则其他也成观念而呈现。"因此，这个法则的主要功用，由培因看，似在解释保留作用(retentiveness)。它有赖于接近的东西的重复，也有赖于注 239
意。它更有赖于各人之一般的保留力，因为习得的难易存在着个别差异。这些原则在五十年后，即转入本世纪时仍被视为根本的。

类似律前曾为詹姆士·穆勒排除于心理学之外，培因和约翰·穆勒相同，又将它引入心理学之内。培因的目的在欲对于"创造的联想"提供心理学的解释，"创造的联想"系他用以称一般的发明及心理创造的一个名词。假使接近律仅可解释保留作用，或过去事件的重现，那么创造的想像及记忆将如何解释呢？培因以为我们应更有一个契合的原则(principle of "agreement")以解释思想创造的新事物。他所用以说明类似联想的事例，多可化为接近的部分相同的事物，然而我们可不必在此点上批评培因，因为新心理学虽承认他的第一律，可从未承认他的第二律。

我们还要知道培因曾详论"混合的联想"。他以为实现的联想乃为一切的联想成分活动的结果。"联想如果分别活动，力量太弱不足以促成一个过去观念的复活，则可因互相合作而将此观念重复引起。”他复以更复杂的联想，引申此说的意义。

（4）一个唯理论的心理学，像联想主义，本不易引起意志的问题。但是培因为了种种理由，却不得不应付这个问题。科学的发展使唯物主义成为一般的问题。能量守恒说既逐渐成立，似可使物质界成为一个关闭的因果系统。联想说在精神界中的运用也有类于此。前说趋于唯物，而后说趋于机械；两说都可取意志的地位而代之，培因对于两说都感有兴趣。所以他之不能避免这个问题，是不足为怪的。

培因指出，第一，神经系统能作自发性的动作。他以为动作的发生若不赖有任何外面的刺激如反射动作和本能动作的样子，则其动作为自发性的。但是一切动作都不能没有实际的运动，因此，乃引起肌肉感觉和神经兴奋的感觉（培因曾主张此说，后来又放弃
240 了它）因此在运动时或竟在运动的起念时，莫不有一种明确的感觉的经验，这便是努力和意志的经验。这个努力的经验，一入联想之内，尽管没有运动或运动的起念，也可为运动情境的任何部分的一个重要的成分，因此，意志似若支配了精神的生活。

培因以此种方式将根据于意志经验的自由论解释得干干净净。他所用的自发的动作一词似隐隐地含有自由的涵义，其实不然，而且在这个系统之内也没有自由的可能。自发的动作之所以为自由的，只是没有受联想的控制而已；可是仍受神经系统的组织的控制。培因因曾为正统派宗教所击败，也许愿意在“自发的”一词之内，保留一点模棱两可的意义，达尔文对于此词，便自恨不能了解了。

总之，我们知道培因是承前启后的。就刚才所举过的四点而言，我们可以说他在心理学的发展史中，恰站在一个拐角处，后面是哲学的心理学，前面在一个新方向上，是实验的生理心理学。二十世纪的心理学者，读培因的许多著作可以表示衷心的赞许；即使约翰·洛克得读培因的著作，恐也不免如此。

进化论的联想主义

培因之后的联想主义，沿着斯宾塞和 G. H. 刘易斯的一条直线上前进，然而这一阶段的发展史，我们可不必详述，因为这些人的研究开始于生理心理学的成立之后，既未为生理心理学奠一基础，实际上也未对于生理心理学有巨大的影响。但是斯宾塞的心理学却也有若干间接的结果，关于这些结果，我们现在便可加以论列了。

赫伯特·斯宾塞（1820—1903）著《心理学原理》（Principles of Psychology）初版于 1855 年。所以当培因仅刊行其书的第一卷时，斯宾塞已刊行一部完全的心理学了。虽然斯宾塞在心理学上却位在培因之后。斯宾塞的初版心理学未尝有巨大的影响。他的书虽成于一很伟大的学者之手，但究竟只是另一种的联想心理学。斯宾塞对于心理学的影响，托始于 1870 年及 1872 年，那时他的第二版的两卷先后刊行。在这版内，我们才见有所谓**进化论的**联想
主义。斯宾塞虽自称于第一版内预言过进化论，他也更明确地前 241
于达尔文（1859）一两年；然而我们须得于第二版内才可研究其完整的心理学说。

自洛克的观念到培因的感觉和观念，确是一个长时间的发展。由洛克看，一个观念可为一只象，也可为酒醉，但由培因看，感觉不复为客体或意义，而观念则为感觉的副本。斯宾塞称后一种意识材料为情感(feelings)，以为起于中央的情感(情绪)，异于起于外周的情感(机体及外部感觉)，而主要情感(即真正的感觉和情绪)也有别于次要情感(即主要情感的微弱的观念。)但是他觉得前人所称的被分析的经验尚难免有所欠缺，因此，乃加上一种新的元素，即各情感之间的关系(relations between feelings)。他以为共存的，连续的，及差异的关系，也可为心理学的材料。因此，斯宾塞对洛克以来所疏忽的题材，予以相当的注意。

但关于这些关系，有两点具有特殊的兴趣。第一，斯宾塞既认这些关系存在于意识之内，因此，减少了联想的工作。有些前人所视为联想的，由斯宾塞看，则为简单的元素的关系。因此，心理的说明化而为简，而似为比较简单的心灵，作一更精确的描写；反之，詹姆士·穆勒则将此心灵装上了无数简单的观念以为联想之用。第二，情感之间的关系，作为意识的元素，实无异于关系的感觉。因此，詹姆士所称的关系的感觉，及后人屡欲增加的非意象的元素于意识的内容之内的企图，都为斯宾塞所始创。

斯宾塞关于联想的信仰以为情感及关系都可造成联合。他以为联合之基本的原则为类似律，因为联合成于同类的项目之间。但是因为联合是在经验内建筑起来的，很明显，斯宾塞必不能完全放弃接近性。我们知道他曾举明了性及重复性为联合的条件，且复称连续的重复可减弱其效力，因此，预先道出艾宾浩斯的法则之一。

在斯宾塞的手里，联合在关系内取代了混合。他不想以心理 242
学方法造成客体，因为由他看来，客体之为客体本不属于心理的世界；但是他要从事于辨别主观的和客观的心理状态。为了这个区别，他乃列举许多种的差异，而这些差异则和近时内省家对于观念和知觉的差异的说明颇多相似之点。

然而斯宾塞的心理学的重要的新特点乃为他的**进化**说，以为联合的频因律可累代呈现其活动。联合屡经重复之后，乃产生一种遗传的趋势，而这个趋势则可随世代而累积。这就是斯宾塞对于习得联合的遗传及本能造成的见解。于是在种族上，本能便由反射动作演化而成，而反射动作则造成心理生活的底层。意志可另有造成的方式。知觉和记忆也成于本能的进化。因此，我们乃有一种进化的等级，由较简单的状态造成更复杂的状态。

这个进化的联想主义，对于后来心理学的间接的影响，我们可约举四点于此。第一是我们所已举出的，就是，斯宾塞觉得联想主义之最后的元素，为数太少，所以要加以扩充。联想主义自然要走到感觉主义，所以无论在内省心理学之外或内省心理学之内，都曾作超越于感觉主义之上的努力。

第二是对于动物心理学的影响。这方面的发展，以达尔文1859年的《物种起源》(Origin of Species)的刊行为紧要的关头，但是达尔文和斯宾塞都不久便扩充其原则，以包括心灵于其内——斯宾塞，那是我们已经说过的，至于达尔文对于这个意思的表示见于他的《人类和动物的表情》(1872)，从前原不难否认动物之有灵魂或心灵(如笛卡尔)；但是进化论已将此意根本推翻，于是动物心理学乃成为必要的。其始所采用的为传奇法(the anecdotal method),不久便改用实验法了(例如桑代克,1898 年,假使我们不欲举前于此时的行为实验以为例)。

第三,远较复杂的影响在于进化论与美国心理学的关系。这个关系的要点我们刚开始明白了。十九世纪后期,美国还是一个
243 新的国家,西部边疆刚在最近才达到了太平洋。它仍旧有冒险家的精神,易于接受改革,缺乏对旧事物的尊敬,相信有用就是主要的好处。在这个自由的新国家内,最适者也就是强有力到足以从自然中夺取生活资料的人就能够生存。当然,达尔文学说在这种环境中注定要受到热情的欢迎。这个学说的结果使美国心理学走向机能主义,用效用和存在价值估价心理和心理活动。威廉·詹姆士就是用这个观点看待心理学的第一人,杜威支持了他。他们一同把机能的福音带进了哲学,叫做实用主义。拉特是另一位早期的机能主义者。荷尔和鲍德温是美国心理学中的进化论者。卡特尔投入了心理测验,比最后三位更卓有成效,虽然他不接受牌号,也不组织自觉的学派。关于这些问题俟在以后几章中再述。这里只须指出美国倾向于进化论和机能主义,在从德国采取新的科学心理学的活动中,有效地、彻底地,而只是半意识地将它改造成实用的心理学。

记得了这些,我们就会在似乎一个矛盾当中看出了意义。就是詹姆士在 1876 年在美国讲授生理心理学初级学程时,也采用斯宾塞的《心理学原理》为课本。詹姆士写信给 C.S.皮尔斯说,斯宾塞是有用处的,因为"他把斯宾塞的名字留给后代,一善而有千恶"。詹姆士接着指出:"一善是他对进化普遍性的信仰,千恶是他的五千页篇幅绝对完不成他的任务"。

第四，我们必须注意进化的心理学为先天说所利用而反对发生说。这似可令人惊异的。洛克的经验主义导致了联想主义，于是知觉的发生说乃为其自然的结果。其实，此说常称为经验的，也常称为发生的。与此相反的先天说，似可由康德而逆溯于笛卡尔的天赋观念，而这个天赋观念说则适为洛克所欲用经验说而加以攻击的。斯宾塞的学说基本上要为这两种学说求一解决，虽然是因为科学否认习得性的遗传，他的综合就失去了应有的重要。斯宾塞在许多处，只是要以种族的起源代替个体的起源；他或者可以说，在种族内所可视为得自经验的，在个体内，则可视为先天的。 244

此时关于进化的心理学还有一个重要的学者名乔治·亨利·刘易斯(1817—1878)。但是他的影响不及斯宾塞的巨大，我们可以略而不述。讨论斯宾塞，我们已过了十九世纪的中叶，而我们这里主要的目的，则在欲申述哲学心理学究如何为1860年诞生的新的实验心理学作好准备。现在可要回头再述那时德国的赫尔巴特及洛采了。

附　　注

见第十章(边码第200页)附注首段的一般评述。

詹姆士·穆勒

《人的心理现象的分析》(Analysis of the phenomena of the Human Mind)，1829年，重印于1869年，培因，芬勒特，格罗特增加了许多注释。其后又有约翰·穆勒的校订和注释。这一版本现在还流传于世。其节录可见兰德，《西方心理学家文选》，1912年，462—482页。或丹尼斯，《心理学史读本》,1948 年,140—154 页。

关于詹姆士・穆勒的传记,见培因,《詹姆士・穆勒传》,1882 年;鲍威尔,《哈德莱与穆勒合传》,1881 年,8—23 页,并参看约翰・穆勒,《自传》,1873 年,尤其是 2—61 页。

关于他的心理学,见李播,《英国心理学》,英译本,1874 年,44—77 页;华伦,《联想心理学史》,1921 年,81—94 页,布雷特,《心理学史》,1921 年,第 3 卷,29—35 页;墨菲,《近代心理学历史导引》第 2 版,1949 年,102—104 页。

企图参考心理哲学的作者们的生平以便使哲学心理学化,非要十分谨慎从事不可;然而在本书作者看来,下面两种情况似乎是一致的:一方面是穆勒的严格的由贫至富反抗逆境的不屈不挠的坚忍性,另一方面,是他的清晰直率的笔调和把几个简单原理推断出心理学的最终结论的勇气。

约翰・穆勒

关于约翰.穆勒的心理学见他的《逻辑体系》(System of Logic, Ratiocinative and Inductive),1843 年,尤须读第六编第四章,以见其关于心灵及心理化学的原则;《汉密尔顿的哲学的考察》,尤须读第十一章以见其对于外界的信仰的心理学理论;又见詹姆士・穆勒的《人的心理现象的分析》的附注,1869 年。

穆勒的著作非常丰富,而关于他的著作的批判文献也极浩繁。见鲍德温,《哲学与心理学词典》的兰德条,第 3 卷,372—376 页。关于他的传记,最好的是约翰・穆勒的《自传》,1873 年,其次为培因的《约翰・穆勒传》,1882 年,可为《自传》的补充。穆勒的普通智力远超过于本章所述的其他各人。柯克斯女士根据穆勒幼时的优异表现,以为在她所研究的天才之中,他有最高的儿童期的智力(智力商数 = 190),即就其方成年时的传记而言,她也认为他可
245 以和贝克莱并列。见柯克斯女士,《三百名天才的幼年的智力特性》,1926 年,参看考特尼,《约翰・穆勒传》,1889 年。

就心理学史而言,见李播,前引书,78—123 页;华伦,前引书,95—103 页。布雷特,前引书,第 3 卷,206—211 页,丹尼斯,前引书,169—177 页。

亚历山大・培因

培因的心理学两卷为《感觉与理智》,1855 年,及《情绪与意志》,1859 年。

本书已列举此两卷三次再版的日期。关于联想的节录，见兰德《西方心理学家文选》，483—504页。较简短的教科书为《精神与道德科学》，《心理学与伦理学提要》(Mental and Moral Science; a Compendium of Psychology and Ethics)，1868年至1872年，他的精神科学与道德科学分为两部书，但是美国版的《精神科学》的日期则为1868年。

关于培因的平行说，见他的《心与体》，1872年。此书后再版多次，没有任何修改，复译成法文，德文及西班牙文。又参看培因的"精神力与神经力的相关"一章，后复印为斯图尔特的《能量守恒论》(Conservation of Energy，1874)的附录。关于心物平行论的略史，见R.艾斯勒的《哲学概念词典》(Wörterbuch der philosophischen Begriffe)的"平行主义"条，1910年，第2卷，975—983页。读者如欲知这个问题所引起的兴趣的程度，见兰德所举的关于心体问题的书目，鲍德温的《词典》，第3卷，1091—1099页。

关于培因的传记，见他的《自传》，1904年，戴维森为之撰一补充章，及培因的著作的全目录。我们已提起培因所著的《詹姆士·穆勒传》和《约翰·穆勒传》。由此两书可推知他由阿伯丁讲席退职后对于传记的兴趣，后一部书对于他的《自传》也有关系。

在心理学史内，可参看李播，前引书，194—254页；华伦，前引书，104—115页；布雷特，前引书，第3卷，206—211页；丹尼斯，前引书，169—177页。

进化论的联想主义

斯宾塞的《心理学原理》，1870—1872年，实仅为十大卷的《综合哲学系统》(System of Synthetic Philosophy，1860—1897)的第四第五两卷。《心理学原理》经过数次修订；1890年出第5版。关于节录，见兰德，《西方心理学家文选》，505—529页。关于一般的，见李播，前引书，124—193页。华伦，前引书，118—137页；布雷特，前引书，第3卷，213—219页。关于斯宾塞的解释，批评及传记的文章，数量很多。

关于英国和美国的进化论(心理进化，心理遗传，机能心理学及其后来的派生物，动物心理学，行为主义和行为学，心理测验，心理治疗)，见本书以后各章，尤须见550—583页，641—659页。还可参阅墨菲，前引书，108—126页。

关于本书正文中的詹姆士的引文，见 R.B.佩里的《威廉·詹姆士的思想与性格》(The Thought and Character of William James)，1935 年，第 1 卷，475 页，关于詹姆士同斯宾塞的关系，474—493 页。

关于刘易斯的心理学，可见他著的《生命与心灵的问题》(Problems of Life and Mind)五卷，1873—1879 年(分为三辑，第三辑的两卷是在死后出版的)关于一般的见李播，前引书，255—314 页；华伦，前引书，137—153 页。

第十三章 1850年前的德国心理学：康德，赫尔巴特与洛采 246

我们已论述过新的科学心理学在哲学上的主要准备，也就是英国的经验主义和联想主义。赫尔姆霍茨和冯特都大致依靠英国的传统，那是我们不久就要看到的。但是我们不要认为德国心理学家会对德国的哲学传统漠不关心。新心理学究竟是诞生于莱布尼兹的祖国。德国哲学家在这些问题上发挥巨大影响的是康德，赫尔巴特和洛采。克利斯提安·沃尔夫的影响就远较微小了。他使莱布尼兹系统化和通俗化，因而有助于产生这样一种气氛，康德就是在这种气氛中成长的，他并在后来企图改造了它。

让我们把这些人的生卒年月，与英国哲学家的世系联系起来。莱布尼兹(1646—1716)和洛克同时，那是我们已经知道的。克利斯提安·沃尔夫(1679—1754)是贝克莱的同时代人。康德(1724—1804)是苏格兰学派的同时代人，比黎德年轻，但较长于斯图尔特，比哈特莱远较晚出，但比布朗和詹姆士·穆勒又远较早出。赫尔巴特(1776—1841)是詹姆士·穆勒的同时代人，他刊布他的重要的心理学著作比詹姆士·穆勒的心理学著作的出版又较早几年。洛采(1817—1881)是培因和约翰·穆勒的同时代人。

伊曼努尔·康德

伊曼努尔·康德于1724年出生于东普鲁士柯尼斯堡的大学城，在他一生整整八十年中从来没有在四十英里外游历过。他于1740年十六岁时，考入大学，以六年时间学习科学、数学和哲学，1747年当私人教师，弥补收入，因而中断学习。后来得到了朋友
247 的支持，1755年回校复学。同年，他三十一岁时，在柯尼斯堡获得博士学位，立即被任命为讲师，他任此职达十五年之久，在柯尼斯堡两次争取提升，都遭失败，他似乎不想在其他大学尝试了。此时他已成为莱布尼兹及其解释者沃尔夫的学生。到了1770年，才在柯尼斯堡获取逻辑和形而上学的讲席，后来就受了英国经验主义和休谟的影响。他说，休谟使他在“独断梦”中惊醒了，他力求沟通虔敬主义和主观怀疑主义，虔敬主义在他心内是已经成熟的，并因此加浓了他对埃马努尔·斯维登伯格（1688—1772，瑞典哲学家）的兴趣。主观怀疑主义是受休谟的启发的。结果产生了他的非常重要的一部书《纯粹理性批判》，初版于1781年，修订于1787年。

康德因此书名震远近。学生群集于他的课堂之内。年轻哲学家到柯尼斯堡朝拜他。康德从未结婚，常须更换就餐之处，一点钟吃他唯一的一顿饱饭，因为公众都想到那里去看这位大人物吃饭。但是荣誉没有干扰或分散康德在学术上的努力。他的《实践理性批判》出版于1788年，《判断力批判》出版于1790年。他有了十年的卓有成效的工作，并拥有很高的威望。

1792年，他的威望忽然受到宗教影响的干扰。德国政府就是

干涉者。康德关于道德唯理论的发表虽然是对休谟的妥协,但与路德的教义是不协调的。他的书的第一部分:《理性领域内的宗教》(Die Religion innerhalb der Grenzen der blossen Vernunft)在柏林刊行了,但是政府禁止了第二部分。康德被告知威廉二世的不悦,但仍在柯尼斯堡出版。他的对宗教的讲演横被制止。结果他深感失望,在他七十三岁时,辞去了讲席。1804年去世。

康德对心理学或最后对新的实验心理学的影响分两方面。(1)他赞同**主观主义**,保持这样的一个信念以为心理现象不能归结为脑或身体的过程。(2)他在空间学说中支持**先天论**,因为他把空间和时间主观化了,化成一种先验的直觉,而使它们离开了客观的外在的世界。

洛克的经验主义导致休谟的怀疑主义的理由在于主观主义。洛克说过:“因为心灵在它的思想和推理中除了它自己的观念以
外,没有其他直接的客体,它只能考虑自己的观念,所以很明显,我 248
们的知识只能知道观念。”但是洛克从来没有完全承认他自己的结论,因为他的副性说虽然宣称某些感觉属性在实质上不和产生这些属性的客体性质相对应,但也主张客体本身存在于知识之内而“为心灵所知”。贝克莱走得更远了,他企图证明心灵的觉知如何产生物质的知识。休谟的怀疑主义更走向极端,因为他把因果概念主观化了,以为重复观察到的连续,产生了因果的观念,更因为他还怀疑自我的独立存在。因此,人们本来相信外在世界是一个统一的知觉实体的经验的必要原因,可是这个信仰的理由现在却被推翻了。但即就休谟本人而言,他也不是前后一贯的,因为他的观念只是印象的微弱副本的学说就意味着印象产生了观念,而印

象本身更直接地与某种外在世界相联系。这种极端的主观主义似常最后导致了谬论。

康德想求得一种妥协，是宗教要求和这个主观主义的怀疑主义之间的一种妥协。他要给心灵的贡献以适当的地位去对待物自身，也就是心灵永远不能直接知道的那些“外在的”客体。洛克说过：“理智没有东西不来源于感觉”（“Nihil est in intellectu quod non fuerit in sensu”）。莱布尼兹加上一句：“除非是理智本身”（“Nisi intellectus ipse”）。康德放弃了莱布尼兹的单子的预先建立起来的和谐，设法确定这个先于经验的理智的性质。

我们要检验理智的贡献的性质借以理解理智的性质。第一，康德宣称是悟性的范畴，如单一性，总体性，实在性，存在性，必然性，交互性和因果性——一共有十二性——由心灵提供作为范畴借以处理经验的资料。它们来自里面，不来自外面。范畴之外还有空间和时间，是**先验的知觉**（a priori Anschaungen），表象和表现的方式。德文“Anschauung”一词常可译为**直觉**，但德文的这个词较为完善，因为它还意味着客体的空间排列也存在于知觉内。物自身就它的本身说是与空间无关的。它们通过直觉被安排到空间关系里去，因为这种知觉的秩序是一种心理上的必要性。

249 事件是以日期计的。康德以为可以说，空间比时间为一更客观的直觉，因为它把客体安排彼此的关系，至于时间则较主观，因为它使事件与知觉者发生关系。“现实的”世界既缺乏空间，也缺乏时间，时空是由悟性给予的。

康德通过关于“**二律背反**”的讨论，强调了心灵的作用。所谓“二律背反”是某种互相矛盾的各对命题，它们彼此相反，但都似乎同样地是真实的和必要的。不能设想哪一个命题是错误的，但二者不能全对。二律背反可有三种：(1)空间和时间必须是有限的，但也必须是无穷的；(2)每一实体应当被分解为部分，但有些实体应当是终极的，不能分解为部分；(3)动作的自由一定和发生的动作一起，但一切动作一定都有产生的原因。这些矛盾在被视为隶属于直觉和经验的理解的方式时就要消灭于无形了。空间只是就被知觉的东西来说是存在的，而知觉在实际上永远不是无限的。

本书对康德所有关于主观世界和客观世界的关系的再肯定很难理解，不能作任何满意的论述。我们应以理解他对心理学的影响为限。

康德在建立德国的唯心主义时，就给心理学重新提出笛卡尔的二元论，也就是受了英国经验主义威胁的二元论。很自然，康德之后，赫尔巴特、费希纳和冯特承认心灵为神经动作以外的某种东西。此时创始的新的实验心理学几乎要把自己系统化为意识的科学。法、英、俄、美四国的心理学比德国较易转向客观，至于德国则仍忠于意识或忠于格式塔心理学所称的现象的经验。

康德的另一种影响为**先天论**。就此点说，约翰内斯·缪勒在空间知觉说内是要步康德的后尘的。他不很明显，但是后来洛采指出，先天论很难称为理论，因为它只是说，空间性是存在的，却没有证明它是如何产生的。赫尔姆霍茨最早支持经验论时，感觉到有必要先行驳斥康德；但我们不久可以知道海林追随康德，攻击赫尔姆霍茨。所以今天忠于康德、缪勒、海林、马赫和斯顿夫路线的格式塔心理学是主张先天论的，因为它依靠心理场的预定的属性去解释场内的事件。

250 康德的直接继承者为费希特(1762—1814),黑格尔(1770—1831)和谢林(1775—1854)。他们在思想和时间上都是他的继承者,但是他们虽然在哲学史上是重要的,但不属于本书的范围。他们彼此之间是同时代人,对赫尔巴特(1776—1841)说来也是同时代人,赫尔巴特因复返于经验主义,就反对他的时代的传统了。在事实上,赫尔巴特心理学在德国思想系统中来源于莱布尼兹,较来源于共他介于其间的任何哲学家更为直接。它与英国经验主义的关系也比它与康德主义的关系几乎更加合拍。

约翰·弗里德里希·赫尔巴特

约翰·弗里德里希·赫尔巴特(1776—1841)为一哲学家,并以建筑在心理学之上的“科学教育学之父”闻名于世。因此,我们以赫尔巴特为教育的理论家时,他的心理学是有很大的重要性的,但即在心理学史内,他的心理学也占一重要的地位。赫尔巴特的两部心理学教科书是他的最重要的著作。他虽曾否认心理实验的可能,但是他的研究对于其后的实验心理学也有一定的影响。此外,我们也要指出科学的教育对心理学的依存的关系,这个关系是赫尔巴特所首先强调的,如今仍为教育理论中的一个信条,虽然学者关于心理学如何应用于教育的意见随不同的时期而大异。在本世纪内,不仅心理学影响教育,而且教育对心理学的要求也使心理学受到明显的影响。

赫尔巴特幼时由于遭到意外,身体脆弱。他虽到十二岁时才入学,但是他的母亲很有能力,教育了他。他似属早熟,少时对于

逻辑就开始发生了兴趣。总起来说，他的儿童期有几分像约翰·斯
图尔特·穆勒。十二岁时，在其本城奥尔登堡的文科学校肄业，持续
至六年之久。十六岁时深受康德的影响。十八岁入耶拿大学从费
希特研究哲学，那时康德在柯尼斯堡方享盛名。但他自己的哲学
思想也正在形成，不能完全接受费希特的学说。三年后，他离开耶
拿做因脱拉根总督的儿子们的家庭教师。因此，他的兴趣由哲学 251
而转移于教育，并对于教育问题开始作建设性的考虑。任教两年
后，年纪才二十三岁，在不来梅研究三年，提高对教育的认识。在
离开瑞士之前，且往访瑞士著名的教育改革家裴斯泰洛齐。他复
由不来梅而至哥廷根大学住了七年(1802—1809)，投考博士学位，
得了学位之后，乃为该大学的讲师。当考取学位时，他在形式上，
反对康德的学说，其后数年之内，他自己的哲学和其教育的学说也
渐臻成熟。那时，他在这两方面，刊布了多量的著作。

1809 年，他正三十三岁，应柯尼斯堡大学的任命，为康德的继承者，于是赫尔巴特的天才遂更有成就的期望。康德死于 1804 年。赫尔巴特在柯尼斯堡任教二十四年，这二十四年乃为他的生活史中重要的时期。那时，他专从事于完成其心理学的系统，而解决实际的教育问题。1816 年，他刊行其《心理学教科书》(Lehrbuch zur Psychologie)，1824 至 1825 年之间，刊行其《科学心理学》(Psychologie als Wissenschaft)。他又著《形而上学》(Metaphysik，1828—1829)，由赫尔巴特看来，心理学和形而上学不是不同的学科。此时，他的名声越来越大，他的教室异常拥挤，全国已无不知有赫尔巴特了。

1833 年，他因普鲁士反对新教育的实验而不安，很高兴地返

回哥廷根大学，任哲学教授。他既为名教授，而继他之后者为洛采，继洛采之后者又为G.E.缪勒，所以这个讲席乃为世所知名。他任此职九年，至1841年去世。

我们现在要讨论赫尔巴特究竟如何为实验的生理心理学开辟道路。我们若说他发轫这个运动，那似未免令人惊异的，因为他曾公然否认实验在心理学问题上的应用，又不相信生理学和心理学的关系。然而，他的影响很大，有些人以为现代德国心理学是由他肇始的。那么，据赫尔巴特的意见，心理学究竟是什么学科呢？

(1)对于这个问题，他的第二部著作《科学心理学》(Psychologie als Wissenschaft, neu gegründet auf Erfahrung, Metaphysik und Mathematik)的名称，实即可以回答了。心理学是一门科学，它的基础是经验，形而上学和数学。

心理学是**科学**。这个明确的论点，似乎有点新颖，虽然我们必
252 须记得科学包括实验科学，但是它不局限于实验科学。赫尔巴特认为心理学不应是实验科学，虽然他曾坚持心理学要应用数学方法，而这种数学方法却是实验科学——伽利略和牛顿的新科学的基本工具。赫尔巴特反对心理学应用实验和生理学，但他认为心理学是一门重要的**科学**。那样说，并不是把哲学排除于心理学之外，相反，他以为心理学的基础包括形而上学，正像它包括经验和数学一样。心理学家开始写反对形而上学的篇章，那是远在后来的事，例如，马赫写作于1886年。赫尔巴特所讲的心理学是赫尔巴特当时的状况。他把心理学从哲学和生理学中取出来，给它提出它自己的使命。

心理学是**经验的**，因为它以经验为基础。这不是说，它应为实验的，因为实验是一种方法。心理学的方法则为观察而非实验，因此，心理学产生于经验。科学的属性显然是经验的；科学不能不建立于经验之上。但是，赫尔巴特这个推重观察的主张，乃足使他明显地有别于康德的先验的心理学而相同于英国的经验心理学，这个经验心理学派乃为新心理学提供最直接的哲学基础。

心理学为**形而上学的**。赫尔巴特这个信条当然未传授于新心理学。赫尔巴特之有此见解，那是当然的一回事，因为他是一个哲学家，而当他著述的时候，凡为哲学都已有心理学的倾向。他似以为心理学的形而上学的性质也就是心理学和物理科学有所区别的一点。心理学为形而上学的；物理学则为实验的。由于这个见解彻底见于赫尔巴特的心理学著作中，所以后代科学的心理学家如冯特，实际上虽曾受了赫尔巴特的不少启示，但仍对他加以驳斥。也为了这个同样的理由，史家称德国的新心理学创始于冯特而不创始于赫尔巴特——或洛采，因为洛采在方法上，也同样为形而上学的。

心理学为**数学的**。这是心理学和物理学之间的又一区别。物理学应用两种科学的方法：计算法和实验法。心理学则仅用前者。赫尔巴特的形而上学的计算法，与实验脱离关系，其性质如何在下 253
文中可见分晓。这个数学的用法，曾充分地见于赫尔巴特的《科学心理学》一书；这个事实说明，费希纳的心理测量，作为一种测量，决不是一个新的概念。费希纳的创见在能将赫尔巴特的数学法和韦伯的实验法兼收并用。但是我们要知道，费希纳还有许多地方，仰承赫尔巴特的启示，如阈值的概念——几乎可以这样说，它使心理物理学的产生成为可能。

心理学是**分析的**吗？这里我们便须暂缓作答了。赫尔巴特称心理学为非分析的。心灵是统一的，不能分析为部分。这种对于分析的反对，自笛卡尔以至今日，屡见不鲜。赫尔巴特坚决地反对分析，因此，似大异于英国的经验主义者。但是，我们可要问科学在实质上是否为分析的。赫尔巴特作否定的答复。实验法必然是分析的，但科学则否；心理学不是一种实验的科学。其实，因为心灵是统一的，所以心理学不能为实验的。但是赫尔巴特虽然在正式声明中反对分析，可也未必回避分析。甚而至于非实验的数学的科学也似难免为分析的。

无论如何，赫尔巴特的心理学为机械的，兼具灵魂的静力学和动力学。赫尔巴特的观念（据洛克的意义，在德文为 Vorstellungen）互相影响，而互相影响的结果，则可有强度差异。一个观念 a 可阻止另一观念 b，其相关的法则则可用含有 a b 二项的方程式表示之。a b 之为量，则代表观念的强度。说观念有程度或大小之别，那是没有元素主义的色彩的，至于分别这个观念和那个观念，而使两个观念互相影响，那便为十足的分析的元素主义了。康德曾称心理学为非实验的，也为非数学的，因此两法都须有两个独立的变量的存在，而观念则仅有时间上的变异。就实验而言，赫尔巴特似乎采取康德的遗意，但为欲应用数学起见，他指出观念有两种变量，即时间和强度。实际上，据赫尔巴特的静力学，观念还有一第三个因次，叫做质量，使各观念有其个性，并使 a 有别于 b。因此，赫尔巴特为欲作数学的研究，必须针对分析的条件，将心灵
254 分析而为种种强度各不相同的观念。这个分析乃予他以灵魂的静力学。再加上时间作为一个变量，则予他以灵魂的动力学。

为了这个混乱而谴责赫尔巴特是不公允的。他在否认分析的时候，系反对心灵被区分为个别的官能。这种分析，自从他加以驳斥之后，已不复有人采用。但是赫尔巴特仍摆脱不了观念的元素，这种元素比联想派心理学家的元素更属严格而少灵活性，所以竟可被纳入数学的公式之内。铁钦纳曾称费希纳的心理分析，得之于赫尔巴特，尽管赫尔巴特反对元素主义，但铁钦纳的话仍属不错。

赫尔巴特所说的心理学，究竟是什么，读了上文已可知道。现在要研究他的不是什么。他说心理学不是分析的，我们已加以拒绝了。还有其他什么不是的呢？

首先，心理学不是实验的。这是康德的见解，为赫尔巴特所肯定。在他看来，心灵简直没有实验的可能；因此，他说出现代的笛卡尔派的观点，不理解实验心理学家在搞些什么。我们现在可知道康德和赫尔巴特都不免错误，而独立的心理的变量为数很多，造成实验的可能。但是我们若要赫尔巴特明白这个事实而进行其研究，便无异希望他为后来费希纳及冯特之所为了。赫尔巴特缺乏逻辑观点，不能充分预测未来，那是不足为怪的。

其次，心理学不是描述的。心理学的任务不是仅仅地描写心灵，而是要研究出心灵的数学的法则。就此点说，赫尔巴特确实反映了科学的精神，现在也有许多人，以为仅仅描写意识而不作法则的规定及量的计算，是无济于事的。

第三，心理学不是生理学的，至少，心理学原来决非如此。赫尔巴特对于生理学不感兴趣，以为我们决不能由生理学入手来研究心灵的问题。因为他本无意于实验，所以他不欲讨论生理的技

术以控制其所研究的变量。生理心理学和实验心理学,其所以同时诞生的缘故,是因为这两种方法,是彼此相成的。

但是赫尔巴特也知道心和体的关系。且规定了三个连接的原
255 则。身体的状况可阻止一个观念的引起(例如睡眠):这叫做压抑作用(Druck)。身体的状况也可使一个观念易于引起(例如酒醉或狂热时):这叫做强化作用(Resonanz)。当感情或观念(因练习的结果)引起运动的时候(例如情绪激动或作简单的动作),心和体乃互相合作。但是凡此种种讨论,由赫尔巴特看来,只是心理学的专章,在基本性质和方法上都不属于生理学的。

(2)现在可讨论赫尔巴特系统的单元即观念的性质(观念原文在英文为 idea,在德文为 Vorstellung,我们可以采用洛克的 idea 的意义,但要记得德文的 Vorstellung 系兼括知觉和观念而言的)。这就可以使我们知道,赫尔巴特为什么可说是莱布尼兹的后一代了。

我们已知道,这些观念,据赫尔巴特的见解,是可用性质相区别的,而且每一观念在性质上都是不变的。这一观念必不至于变成另一观念;彼此间的区别是不可以磨灭的。但各观念可以有强度或势力(Kraft)上的变异,这个性质相当于清晰性(clearness)。

这个表示,于观念的清晰性的力量可被理解为观念的自我保存的趋势。每一观念,若和其他观念发生关系,便努力保存它自己的命运:观念都是活动的,尤其是当彼此冲突的时候。赫尔巴特以为这个趋势之为心理力学的重要的原则,正犹地心吸力之为物理力学的重要的原则。“观念的每一运动都限于两个定点之间:即其全受制止的状态和完全自由的状态”;而“无论何种观念都自然而

然地、不断地努力以求复得其完全自由的状态（即压力的消灭）”。因此，赫尔巴特可被视为从莱布尼茨到弗洛伊德发展路线上的一个动力心理学家。

赫尔巴特的观念的对抗的基础在于观念的性质：譬如 *a* 可和 *b* 相反，而 *a* 和 *c* 不相反，对抗对观念的强度有交互的影响：如果 *a* 和 *b* 为同时的，相反的，那么它们可减弱彼此的势力。“相反的观念，其所以互相抵制的形而上学的理由乃为灵魂的统一性，而观念则为这个统一性的保护者”。“各观念若不因对立而互相抑制，那么所有观念就会共同造成灵魂的单一动作；它们若不因任何种
的抑制而分成许多观念，便也在实际上合组一个动作。”换句话说，256
那些可以合组一个心理行动的观念，不互相抗拒；但是我们一考虑观念的数目的繁多，便可知由彼此对抗而引起的抑制，乃为意识的准则。因此，赫尔巴特在实际上，对于意识范围之有限制的基本事实，提出了一种机械的解释。

其次——这是最重要的一点——赫尔巴特以为观念决不因抑制而完全消灭。观念受到对抗时，只是作必要的“退让”，减弱其强度或清晰性，由一种现实的状态，退为一种趋势的状态。因此受压抑的观念可仍存在，不过存在而为趋势。这个话，我们必须承认。说一个不复为现实的东西仍得存在而为趋势，未必就是矛盾之谈，虽然就表面看，似乎是存在的便是现实的，一个趋势如果为存在的，便也必为现实的。现在我们仍有所谓“无意识”的性质的问题，就字面说，“无意识”就是无意识的意识，但是这个名词在表面上虽颇矛盾，我们可不即因此而不欲讨论关于心理趋势或潜能（potentialities）的许多问题。

赫尔巴特便由这个力学，演绎出意识阈的概念。他说：“一个概念若要由一个完全被抑制的状态进入一个现实观念的状态，便须跨过一道界线，这些界线便为意识阈。”我们现在可知道一个观念的势力为什么等于它的清晰性，因为强有力的观念存在于阈限之上，所以为意识的；而本质微弱或因受抑制而变为微弱的观念，则可被贬入阈限之下，所以为无意识的。总之，势力可化成清晰性。

很明显，无论何时，意识的成分乃为许多观念的机械交涉的结果。在阈限之下的观念，只有那些和意识的统一相调和的，才可不遇阻力而升入阈限之上。所以意识的观念似乎是由无意识的观念之中，选取那些和自己调和的观念。但其选择也不能自由；一切都是机械交涉的结果。和这个心灵的概观相关联的，乃有赫尔巴特的统觉一词。他和莱布尼兹相同，以为升入意识的任何观念，便可引起统觉，但是赫尔巴特的统觉，其涵义尚不仅以此为限，因为观
257 念须先在意识的观念的统一的整体之内得有位置，才可升入意识。所以一个观念的统觉不仅使它成为意识的，且复使它为意识观念的整体所同化，这个整体，赫尔巴特便称之为“统觉团”(apperceiving mass)。赫尔巴特的著名尤以他的统觉说为主因。**统觉团**一词多年来已成为成语。然而赫尔巴特在心理学内没有像我们所揣想的那样看重统觉。这个统觉说之所以重要，乃因为它为教育历程的一种心理的描写，而赫尔巴特也正符合他自己的期望，以教育理论家著名于世。

赫尔巴特心理学的这一部分的细目，都直接取自莱布尼兹。统觉是莱布尼兹的名词。观念的活动这一概念也是莱布尼兹的，

虽然是机械的交涉说,跟莱布尼兹所主张的完全独立的单子之间的预先成立的和谐说适相违反。莱布尼兹的"小觉"(petites perceptions),在赫尔巴特的手里,便为被抑制的观念。这两个人对于知觉的程度及观念自求实现的努力都持同样的见解。赫尔巴特的意识阈只比莱布尼兹多走了一步。因此,我们有许多理由,可以说赫尔巴特的导师是莱布尼兹而非康德。

我们于此还可以向前看。莱布尼兹为整个无意识说作一先导,但赫尔巴特则确为此说的创始者。冯特先引无意识的推理以解释知觉,然后又用以解释统觉。费希纳取之于赫尔巴特的,为意识材料的大小的测量的观念,分析的观念,而尤以阈限的概念为最重要。尤有进者,赫尔巴特的这个阈限的概念更使费希纳研究阈限之下的感觉的强度,即所谓"负的感觉"。企求在意识中实现的活动观念的学说,对于意动心理学(act psychology)的影响还小,对于变态心理学的影响很大。弗洛伊德早年对于潜意识的描写,也许直接来源于赫尔巴特,虽然实际上却并不如此。总之,赫尔巴特的心理学,即在赫尔巴特之后的五十年或百年之内,仍有影响。更有甚者,若把赫尔巴特作为动力心理学的始祖,则他的心理学的遗产就一直传到下一世纪。

(3)据赫尔巴特对统觉及意识构成的描述,则抑制作用为心理之主要的动作。混合的活动多半为消极的;观念的统觉团,将侵入意识的一切,抑制下去,而选取若干以为其新成分。而这种新成分 258
在没有对抗的情况下,能以自己的势力升为意识。但是很少冲突或没有冲突的时候,其观念究如何合为一体呢?赫尔巴特以为有下列三种情形。

观念之间若不相对抗而属于一致的“连续性”(样式),他们便将混为一体,这就叫做融合(fusion)。例如红蓝混合而成紫色。如果观念不相对抗,而属于不同的连续性,例如声之与色则也可造成一体。这种单一体,赫尔巴特便称之为复合(complication)。融合和复合这两个名词,后即为冯特等人所采用。所以,前章所研究的人差问题,在心理学内便引起复合实验,因为它涉及眼耳两觉的混合。(参看边码 142—147 页)

抑制作用不完全时,也可导致混合作用的法则。势力相等的两个观念可完全互相抑制——,赫尔巴特自信至少已证明这是一个事实;但势力不相等的两个观念永远不能互相抑制,二者可以并存,而合现于意识之内(这种情形的数学,下文便可细述了)。三个或三个以上的势力不相等的观念也可合成一个意识的产物,也可有一观念完全受了抑制。赫尔巴特用数学讨论这些事例,但是我们可不必详加论列。

(4)我们曾屡次称道赫尔巴特的数学法,但是我们若不作实验的量的观察,究竟如何有应用数学于心理学的可能呢?读者便恐难领会了。要说明赫尔巴特的研究手续,除举例外,没有办法。因此,我们可举两个强度不等的同时的观念以为例,这个事例曾导致了赫尔巴特的灵魂静力学的基本法则之一——竞赛中如果只有两个观念,那么一个强大的观念不能抑制一个微弱的观念。

赫尔巴特说,假定有两个同时互相反抗的观念 a 和 b;又假定 a 大于 b。二者可互相抑制,因此,各减弱其势力。

赫尔巴特复以为 b 的损失之于 b 的整个的势力的比例,等于引起 b 的损失的 a 之于 $a\ b$ 或 $a+b$ 的全力的比例。因此,赫尔巴

特就写成一个比例式，但是我们若称此损失为 d，或可使读者较易 259
明白。因此，上面的话可化成下式：

$$a+b:a::b:d;$$

但这是一个方程式，所以

$$d=\frac{ab}{a+b}.$$

赫尔巴特不曾有这一步，便将其比例写成：

$$a+b:a::b:\frac{ab}{a+b}.$$

读者或不易信此比例式为真，因此，我们现在可将赫尔巴特的意思引申如下：假定 d 为 b 的损失量，那么$\frac{d}{b}$将为 b 因 a 而失去的分量对于 b 自身的比例。但是这个 a 对于 b 的影响仍随 a 对意识全力（$a+b$）的关系而异，因为 a 越大于 b，则其对于 b 的影响也越大，换句话说，b 所减少的量对于 b 量的比例，便等于 a 对于意识全力的比例。所以：

$$\frac{d}{b}=\frac{a}{a+b},\text{ 因此，}d=\frac{ab}{a+b}.$$

假使读者仍不信服，那么他就不是怀疑赫尔巴特的数学，而是怀疑他所依据的形而上学的唯理论了，至于他的数学则是仅由哲学演绎出来的。让我们继续讲下去吧。

b 减了 d 之后，b 所剩余的势力有如下式：

$$b-d=b-\frac{ab}{a+b}=\frac{b^2}{a+b}.$$

但只是 $b=0$，或 $a=\infty$。的时候，才可使$\frac{b^2}{a+b}=0$。

这两个条件都不可能，因为据假说，b 为一意识的观念，所以 $b\neq 0$；复因无论哪一个观念都不能有无限的力，所以 $a\neq\infty$。可见：

$$b-d=\frac{b^2}{a+b}\neq 0。$$

这就是说，就我们所讨论的事例而言，b 为 a 所抑制而剩余的势力决不能等于零；假使只有 a b 两个观念互相交涉，那么 a 决不能使 b 完全消失。

260 较强大的观念若不能完全抑制了较弱小的观念，那么我们自难期望较弱小的观念去完全抑制较强大的观念。但是我们也可以根据同理，而证明 a 为 b 所抑制而减去 $\frac{ab}{a+b}$，结果乃等于 $\frac{a^2}{a+b}$。因此，我们可知道不仅 a 不能完全为 b 所抑制，而且它们当互相牵制的时候，其影响相等，因为各减去相同的分量，$\frac{ab}{a+b}$。

最后的结果为一通则如下：就两个势力不相等而同时发生的观念而言，谁也不能排谁于阈限之下。赫尔巴特或将说：意识的范围较大于两个观念。

赫尔巴特又证明三个观念互相影响的时候，有一观念可全被抑制；由此他复进而讨论其心理静力学的其他各点，最后，又进述其心理动力学。关于这些，我们可不必再有所论列，因为我们已知道他的方法的基本的性质了。

这究竟是什么问题呢？他的数学是可靠的。我们都相信意识至少同时能保持两个观念；但是这个法则及其他与此有关的法则从未在心理学内占一地位。困难的原因必定是由于前提似若合理，但没有说服力。原来的陈述以为 b 受相对的抑制等于 a 对 a

和 b 的全力的比例，这个话由于太简单，或至少太缺乏经验的根据，就难以成立了。赫尔巴特如果不能利用实验，至少需要有代替实验的手续。他用细致的数学对不适当的资料加以处理，而数学的精确性，却令人产生一种错觉，以为原始的资料与处理的方法一样精确。这种情况在科学内是屡见不鲜的。借用数学从事研究的人往往对实验的结果或甚至对他所假定的前提缺乏批判的能力。

(5)历史已为我们判定了赫尔巴特的得失。他的科学心理学应筑基于经验之上的信仰，现仍留存于科学界。他的数学的方法，只和实验及生理学相结合的时候才很重要，然而他对实验和生理学都加以拒斥。他的意识和无意识的关系的学说现仍有效，虽然有了多次的修改。这不是由于心理学不以形而上学为基础，其实， 261
心理学家和形而上学打交道的次数之多超出他们的意料之外。但据心理学史的证明，心理学的经验的基础同形而上学的基础是不相协调的。赫尔巴特的形而上学使他用先验的概括代替了以观察为根据的归纳。假使他愿于其后企求实验的证明，那么这种研究的方法也许可以求得真理；所可憾的是他不愿实验。因此，赫尔巴特的《科学心理学》只有一部分满足科学心理学的需要。

所以，赫尔巴特是由康德、费希特、黑格尔等的纯粹的思辨，进而为费希纳、冯特、赫尔姆霍茨等的反形而上学的实验主义的一个过渡者。所以，赫尔巴特学派中人没有一个以实验者著称于世。德罗比希为莱比锡大学的逻辑学家，且为一著名的赫尔巴特派的学者。正是由他的援助，冯特才于 1874 年代替霍维赤进入了莱比锡，但是他可不是心理学家。魏茨、拉扎鲁斯、斯坦塔尔等人都属于赫尔巴特派，但都有志于人种志的研究。赫尔巴特派学者对于现代心理学而有最直接的影响的，也许是福尔克曼，因为他在1856年写成了一本《心理学教科书》(Lehrbuch der Psychologie)而此书则在1874年冯特刊行其《生理心理学》之前，为德文唯一的合时的心理学教科书。概括地说，赫尔巴特对于实验心理学的影响完全不通过赫尔巴特派。赫尔巴特的著作直接影响了费希纳和冯特，无论他们采取或拒斥了他的主张。

赫尔曼·洛采

洛采在心理学史内，不如赫尔巴特重要。赫尔巴特虽也喜谈
形而上学，但他的心理学则离开了费希特、黑格尔及谢林等的哲
学，而走向一种科学的心理学。洛采较直接地承袭康德后的这三
大哲学家的传统。我们由洛采和赫尔巴特的兴趣看来，也可以看
得出他们两人的区别。赫尔巴特仅于临死前数年刊行他的《形而
上学》，但是他的兴趣确系由哲学而转向于心理学。洛采的兴趣的
262 转变则与此相反。一个人的较暮年的著作常可用以规定他在思想
史上的地位——也许是因为暮年的著作打上了成熟的烙印。

洛采对后代的主要遗产是形而上学。他得列名于心理学史之内，还有三个其他理由。第一，他于1852年，刊布了一种“医学心理学或灵魂生理学”，这是可被称为生理心理学的第一本著作，犹如赫尔巴特的书可被称为科学心理学的第一本著作一样。第二，是他的空间学说，是后来以部位记号(local signs)为根据的经验论的基础。他反对康德的传统，而拾取托马斯·布朗的遗绪。而赫尔姆霍茨和冯特的经验论都最直接地来源于洛采。第三，最后，哲学家洛采，1844年后，任哥廷根大学赫尔巴特的讲座，像美国詹姆士那样，怀有新生理（医学）心理学的这个兴趣，是新心理学的先驱。斯顿夫和G.E.缪勒都是洛采的学生。布伦塔诺在他的早期颠沛的教授生涯中以洛采为他的保护人。甚至在洛采转为形而上学著书立说之后，他继续讲授心理学，并给德国和奥国的心理学家以强大的影响。所有德国心理学家都拥有哲学讲座，那是完全自然的。

鲁道夫·赫尔曼·洛采（1817—1881）是一个军医的儿子，1817年，即赫尔巴特的《心理学教科书》刊行后一年，生于鲍岑。当洛采方为婴孩时，他的父亲的军队调至齐陶，洛采在这里渡过他的少年时代。他先进市镇小学，十一岁入文科中学，在中学肄业六年，才预备升入大学。他至十二岁时，他的父亲去世。齐陶的文科中学办得很好，出了几个著名的毕业生。洛采那时的生活情形如何，似不大为世所知；大约那时，他已开始有志于哲学，对于诗歌尤有特殊的兴趣。

十七岁时（1834）在莱比锡进大学医科修业。他选学医学，本欲以继承其父的职业，但是他的气质较倾向于文哲方面，而不大喜欢科学和行医。结果，他受到了多种多样的教育。他在莱比锡开始作诗。1840年刊行一卷诗集，这是他的论文后的第一部著作。他又受黑格尔派哲学家克里斯蒂安·惠斯的鼓励而研究哲学。在科学方面则投向E.H.韦伯，A.W.福尔克曼及费希纳。 263

韦伯比洛采大二十二岁，自1818年起，在莱比锡任解剖学教授。1834年，他发表了他的《解剖学和心理学注释》（Annotationesanatomicae et physiologiae），其中含有“论触觉”一节，是有关触觉的经典的和开创性的实验研究的报告，十二年后，（1846）他把这个报告扩充为更著名的《触觉与一般感觉》(Der Tastsinn und des Gemeingefühl)发表于华格纳的《生理学词典》之内。福尔克曼那时在莱比锡已由讲师升任动物解剖学的额外教授,他任职三年之后,乃改就多尔巴得大学的教职。那时他方著作他的《视觉生理学》(Physiologie des Gesichtssinnes)(此书刊布于1836年),约翰内斯·缪勒正在写他的"生理学纲要"常征引福尔克曼的书。同年(1834)费希纳以研究电池组得名,被任命为物理学教授,他任职五年后,因病辞去。这时费希纳的注意还没有集中于哲学或心理物理学。但这仍然是同一个费希纳,他必定已经使他的科学染上了一种色彩,可以吸引年轻而有哲学头脑的医学学生的兴趣了。韦伯、福尔克曼、费希纳三人的年龄相差都在六岁以内,他们那时都方在年富力强,但以之视洛采入学时的年龄(十七岁)则约大一倍。洛采在费希纳的交游圈子内,是一个静默的听讲者,十年后虽已离开莱比锡,但仍和费希纳及费希纳夫人常通音讯(见边码277页)。他著《医学心理学》时,以其书奉献福尔克曼以为纪念,对于韦伯的法则,复作一种费希纳式的讨论。

洛采在莱比锡四年,得医科学位。但仍为半个哲学家:他的论文系以"用哲学原理看未来的生物学"为题。他在他的童年家乡齐陶行医一年,才明白自己较宜于一种学术的生活。1839年他复入莱比锡,兼任医学系及哲学系讲师,这算是一种特殊的成功了。他为学生所写作的诗歌刊行于1840年,自此而后,他的医学和哲学的著作更迭出版,次数约略相等。1841年,他的《形而上学》(Metaphysik)刊行于世,这也是对于其哲学老师韦斯的空间说的批判。次年,他又刊行其《普通病理学与治疗学》(Allgemeine Pathologie und Therapie als mechanische Naturwissenschaften),开始享有盛名。六年后又再版行世。他于 1843 年,刊行其《逻辑学》(Logik)。那时费希纳已辞职,但仍寓居于莱比锡。福尔克曼已赴多尔巴得,复由多尔巴得而至哈雷。 264

1844 年,洛采方仅二十七岁,即接受哥廷根大学的赫尔巴特讲席,任职三十七年,几乎终其一生,继其后者为 G.E.缪勒。他改就哥廷根的委任之后,有一个时期,对于生理学的兴趣似较他对哲学的兴趣更为浓厚。他为华格纳的《生理学词典》撰述三章:即"生命与活力"(Leben und Lebenskraft,1843),"本能"(1844)及"心灵与心灵的生活"(Seele und Seelenleben,1846)。1851 年,他又刊行其《普通生理学》(Allgemeine Physiolcgie des körperlichen Lebens),1852 年,刊行其名著《医学心理学》,次年又继以《生理学的研究》(Physiologische Untersuchungen),这就完成了他的重要的心理学著作。此后洛采的注意几乎完全转向于哲学。他的最重要的著作为《小宇宙》(Mikrokosmus)的三卷,陆续刊行于 1856 至 1864 年之间。他的《哲学体系》(System der Philosophie)两卷刊行于 1874 年和 1879 年。1881 年因策勒尔和赫尔姆霍茨的劝促,往任柏林大学讲席,策、赫二人都是洛采的热诚的推戴者,但他就职后三月,即因患肺炎逝世。

洛采性情沉静,生活很有规律,敏感如美学家,勤劳如科学家。他是一位谨小慎微,语不惊人的演讲者,以致从来没有大班的听讲者。他是一个人文主义者,可不是机械主义者,他终身从事于此两种相反学说的综合。他不作武断的结论,也不造成任何学派。但他对他人的世所罕见的同情心,特别是通过他的著作,产生了广泛的影响。他常根据其预先写成的讲义，作临时的演讲。这些演讲后被刊为遗著，包括不同学科，也包括心理学。他在哥廷根计共三十七年，每年都讲的学科只有心理学。他既反对纯粹的唯物主义，在心理学中，自然影响了反机械主义的体系。因此，他与实验心理学较少接触。

像洛采这样的人，对于他的学生和朋友产生巨大影响，那是不足为奇的。我们于此尤其要提起布伦塔诺，斯顿夫和 G.E.缪勒，因为他们都是著名的心理学家。布伦塔诺于 1866—1872 年间，在符茨堡大学任讲师，后即升任教授。他为一牧师，且也被任命为牧
265 师。1869 年，他撰文驳斥“教皇必无过失可能”的信条。这个信条，经过热烈的争辩之后，终为天主教会接受，因此，他任教授仅有一年后，就感觉到有辞去牧师及教授职务的必要。此事自然深足使洛采受到感动，他乃力荐布伦塔诺以非教会的一般人的资格，担任维也纳大学哲学教授。斯顿夫于 1867—1868 年间，为洛采的弟子，1869 年，在哥廷根获博士学位，1870 年起，任该大学讲师，至 1873 年，乃赴符茨堡继任布伦塔诺的教职。G.E.缪勒在柏林及莱比锡修业之后，约在那时改入哥廷根，1873 年获博士学位。1876 年，复返哥廷根任讲师四年，著有《心理物理学基础》(Zur Grundlegung der Psychophysik，1878 年)。1880—1881 年，他任教职于切尔诺维茨(Czernowitz)，至 1881 年，复返哥廷根为洛采的继任者，因为我们知道洛采在逝世前数月已去柏林任职。布伦塔诺于其《心理学》(1874)的序言中提起洛采；斯顿夫和缪勒各以其《空间观念》(Raumvorstellung，1873)及《心理物理学》(1878)奉献洛采以作纪念。

由于这种友谊的关系，洛采对实验心理学是有影响的，虽然影响不大。然而，洛采主要由于 1852 年所刊行的《医学心理学或心灵生理学》而列名于这本历史之内。

洛采此书的名称反映着他于写作时，对于生理学和哲学都有兴趣。由其内容看来，更可见洛采是一个虔诚的形而上学家。他的医学论文既以“哲学的原则”为基础，所以他的心理学也为一种形而上学家的心理学。因为这个缘故，他这整部书在反对形而上学的心理学中可没有多大的影响。赫尔巴特在表面上也是彻底地形而上学的，但是他对于实验心理学的贡献可不是他的形而上学的心理学；而是他的经验主义，他的数学，他的分析和他的活动及意识阈的概念，凡此种种都由他的心理学中取出来，纳入一种新的组织之内。洛采的心理学，对于这种有用的元素贡献较少，在事实上，只有一种生理心理学的基本概念及关于心理学空间的特殊学说。现在可略述其书的内容如下。

《医学心理学》的第一编标题“生理学的一般的基本概念”(“生理心理学”一词，洛采已明白采用了)。有灵魂的存在，心理物理学的机制，及灵魂的本质和命运数章。第二章乃由生理学讨论心体 266
问题、颅相学及灵魂的位置。但由这些题材看来，其全书的性质并非生理学的，盖可想见了。

第二编标题为“精神生活的元素与生理的机制”。第一章论感觉，很少为约翰内斯·缪勒及韦伯所未曾论列的材料，但他能在费希纳赋予韦伯法则以不朽的荣誉之前的八年(虽然在费希纳第一次讨论这个心体问题后的一年)讨论刺激和感觉的比例，也够可引人注意了。第二章论感情，第三章论运动和本能，也少有新鲜的事实和重要的理论。洛采将韦伯的一般感觉归入感情项下。最后一章讨论空间知觉，并及著名的部位记号说，当俟下文再述。

第三编也即其最后一编，反映了洛采对于治疗和病理学的兴趣，因此，使他的书不复为生理心理学，而较近于医学心理学。它的标题是“健康与疾病的心理生活的发展”，分章论述意识的状态，精神生活发展的条件，及精神生活的扰乱。在此数章之中，第一章讨论意识和无意识，注意及观念的过程；第二章讨论动物的心灵和本能及先天的个别能力；最后一章讨论心理病理学。

假使赫尔巴特代表形而上学的心理学进而为生理心理学的过渡，那么洛采便可代表这个过渡的又一时期。赫尔巴特多空论，少事实，更没有生理学。洛采富有生理的事实，因此比赫尔巴特为更合科学的。也许读者不相信吧，赫尔巴特对于事实科学的心理学有较大的影响，因为他的事实根据虽很薄弱，但对于方法及概念的贡献独多；反之，洛采的事实虽很丰富，但无助于理论的结构。设使洛采的事实是新颖的，尚有可说——但是那些事实又都未必新颖。在科学的方面说，洛采只是写一本教科书，但不是大著。

然而他的**空间知觉**说则为一重要而很有权威的贡献。洛采先主张心灵可以有空间的观念，而且因此观念乃不得不将感觉内容
267 作空间的排列，虽然那种内容本身原非为空间的。这个学说就含有两个要点。

第一，我们要知道洛采相信知觉的空间起源于本非属于空间的意识资料。他攻击他人的空间知觉说，以为有窃取论点（begging the question）之弊。有一说以为事物的小副本以变化的形式进入心灵，排列在空间内，所以，我们直接知觉其为空间的；他深以此说现仍留存为憾。甚至约翰内斯·缪勒虽曾在他的神经特殊能说内攻击这个学说，但是他也不能完全消除它的错误，因为他也以为客观的影像作空间的投射于神经物质之上，心灵在觉知神经状态的时候便直接觉知这个影像之空间的关系。由洛采看，这不是一个空间的学说，因为它开头假定了空间，末尾自然出现了空间。一个真正的空间说，应深入空间的背后，证明它如何起源于非空间的资料。我们可以反对洛采的结论，以为它似不能证实"空间之原始资料是非空间的"那个假定。他有权利可以说旧的理论都不免窃取论点，所以不能算做学说。但是这个结论可不能证实有一种空间学说的需要。在事实上也许没有这种需要。也许洛采根据经验的直觉，以为经验的原始资料只有强度和性质，因此，空间性必须由这些更原始的其他资料派生出来的。

第二，我们要知道，洛采也不企图由非空间的资料变化出空间来；他说，心灵有一种固有能力，好将它的内容排列在空间之内。此外，有没有他种原则好用以将空间装入本非空间的资料之内呢？很明显，这样一个原则是需要的。但也很明显，承认了这种原则的需要，便不免使他对于旧说窃取论点的攻击失去了说服力。洛采于此乃与其他学者相同，深知他须将空间装入心灵之内，然后才可以创造出空间来。然而可以说，洛采避免了论点的窃取，因为他虽半以空间知觉派生于空间知觉的能力，但空间和空间知觉的能力究竟还是两回事。洛采说明了其一如何起源于其他的经过。所以，据他自己的标准，他是有一种学说的。

到了十年之后，赫尔姆霍茨攻击先天说时，空间学说中才发生 268
先天说和经验说的问题。然而我们仍可问洛采的观点究竟属于哪一种。他主张以心灵的先天能力解释空间知觉，因此，似和先天说者同一论调，但是我们要知道他的学说的主旨在证明空间知觉，在经验内，产生于非空间的资料。因此，他属于经验主义派是毋容置疑的。

洛采以为经验的原始资料是性质和强度，他的学说主张空间系由强度演化而来的。让我们先论触觉的空间，再论视觉的空间以为例。

（据洛采的见解）每一触觉皆有其部位记号，这个记号不是一种新的属性，但为强度的一种特殊的集合。皮肤上受有触压，因为各组织的松弛和弹性，引起了一种散布的影响，结果产生一种强度的模型。这个模型随皮肤上可受触压的各部分而异，因为组织各不相同；有些部分坚实，有些部分柔软，有些部分有腱，有些部分含有静脉管。这个强度的模型就是部位记号：其所以为部位的，因为它有恃于身体的位置，也因为它在心理的机能中则为一种记号；但是因为它只是一种部位记号，所以它的本身为非空间的，乃仅为一种强度的模型。

但是身体是相对称的，这就是洛采此说的致命伤。身体的两半既甚相似：我们便可问为什么右手不和左手相混呢？但事实上，两手比身体中构造不同而较相邻接的许多部分更易区别。洛采对于这个抗议的答复，以为身体不完全对称，而两手也并不完全相似——这个答辩，仍旧是不能使我们满意的。

因此，部位记号使我们随不同的位置而有不同的经验，然而决不能予我们以空间，因为空间是连续的复型。那么空间的意识究竟如何引起呢？据洛采的学说，空间系来自经验和运动。当身体运动，而使一个刺激改变其受刺激的区域时，其部位记号便也随之而变，而连续的部位记号就是邻接的部位记号。假使我们有大多数的部位记号，又知道哪些记号是邻接的，那么我们便可以解决立体空间的问题，除非心灵将一切内容作空间的排列，否则就没有理由可使我们有此结果。洛采相信心灵有此倾向，并使一切部位记 269
号因运动而连成关系，便可从而产生一种心理学的空间。冯特和其他经验论者也都主张类似于此的学说，但创始此说的人则是洛采。

就视觉说，比就触觉说，稍欠明了，因为一种光的刺激不能机械地造成一种强度的模型。但洛采主张有一种先天的机制，可对引起注意的事物加以注视。但要注视位在视野边缘之上的客体，就需要眼的运动，而且边缘的每一不同的点都须有一不同的运动。在经验上，这些运动就是强度的模型，从而供应视觉的部位记号。当然，这个学说不能说明眼球第一次如何“知道”往哪里转动，但是洛采也许以为此事可移交生理学去解决，心理学不必加以论列。无论如何，这种运动是本能的，所以一有经验，便可在经验中占一地位。

但视觉问题也尚未完全解决。我们不必转动眼睛，也能说出一个物体的位置。这又如何解释呢，假使部位记号的产生必有恃于运动？洛采对于这个疑问的答复，以为我们不必发生运动，也可经验着一种运动的倾向。因此，视觉的部位记号实仅为一种运动的倾向，虽然它的空间的意义过去曾起源于实际的运动。假使这个答辩似觉牵强，我们便须记得它反映着一个实际的困难。据反复内省的结果，有时虽没有表现于外的运动，但仍可有类似于运动的经验。心理学者遇到这个难题，多借口“运动的倾向”，“将发未发的运动”(incipient movements)，“隐匿的运动”(covert movements)，或“潜伏的运动”(implicit movements)，以为逃避之助。

最后，我们要知道洛采认“知觉的退化”为一事实，以至主张部位记号可以随经验的进展变为无意识的。就视觉说，不仅因既有多次的经验以致不复有实际运动的需要，甚至连经验都不必要。这个无意识的部位记号的补充，使洛采的学说失去了美妙的素朴性，但据平常内省的结果，“知觉的退化”也属显而易见的事实。洛采意识到这些事实的存在时，就决不否认这些事实了。

洛采的空间说可约述如下。每一视觉或触觉的刺激引起，或
270 容易引起一种经验的强度模型，而这个模型则随受刺激之点而异。这些部位记号因运动而产生空间的关系，而在空间的整个系统中意味着位置；因为心灵每易将它的内容排列在空间之内，所以利用这些部位记号而为一切特殊的感觉定出空间和位置。物理的位置自然是出发点，产生了强度模型，而这些模型除存在于空间之外，其本身并不含有空间。这个解释可没有论点窃取的误谬。我们应以物理的空间开始，而以心理的位置觉告终，这并不是窃取论点，而只是实事求是地处理实质上的客体的知觉而已。

附　注

康　德

康德不仅代表一个人和一个思想体系，实际上他代表一门学科，一个领域。读者可查阅鲍德温的《哲学和心理学词典》的兰德的书目，1905 年，第 3

卷，280—320 页，载有那时学者对于康德的评论。除了康德的选集和八十一种单行本著作的许多版本外，其中有许多是连续的修订版。兰德提供了一个表，包括十五种有关康德的传记书籍和文章，以及一千四百多篇评论他的哲学的论文。

关于康德的生平，见 J. H. W. 斯图肯伯格的《康德的生平》，1882 年；或者 A. 霍夫曼的德文版的《康德传》，1902 年，书中同时叙述了三位早期作家的贡献；或一些由兰德提供的其他参考文献。

关于康德哲学的简要叙述，见 J. 罗伊斯，《近代哲学的精神》（The Spirit of Modern Philosophy），1892 年，101—134 页；A. K. 罗杰斯，《学生用哲学史》（Student's History of Philosophy），第 3 版，1932 年，376—400 页，或一个较早的版本；布雷特，《心理学史》，1921 年，第 2 卷，337—350 页（与本书关系不大）；罗素，《西方哲学史》，1945 年，701—718 页（与本书关系密切）。关于康德重刊的重要章节，见兰德，《近代经典哲学家》（Modern Classical Philosophers），1908 年，376—485 页。

赫尔巴特

赫尔巴特的集辑计有两种版本。人们比较习见的为 G. 哈腾斯坦的版本。赫尔巴特的《心理学教科书》，1816 年，第 2 版，1834 年，由 M. K. 史密斯译成英文，1891 年。兰德，《心理学家文选》，1912 年，395—415 页，即节录此译本。他的《科学心理学》，1824—1825 年，尚未译成英文。他又于 1839—1840 年间，刊布《心理学的研究》（Psychologische Untersuchungen）。在他死前不久，关于他的其他著作，见鲍德温的《哲学与心理学词典》，兰德条（前引书），第 3 卷，253—257 页。

关于赫尔巴特的心理学，在心理学史方面，见李播，《现代德国心理学》，由法文译成英文，1886 年，24—48 页；德索尔，《心理学史纲要》，由德文译成英文，1912 年，210—221 页；克列姆，《心理学史》，由德文译成英文，1914 年，尤须读 103—111 页；鲍德温《心理学史》，1913 年，第 2 卷，76—82 页；布雷特，《心理学史》，1921 年，第 3 卷，76—82 页；墨菲，《近代心理学历史导引》，第 2 版 1949 年，49—54 页。并参看 O. 夫吕革尔，《赫尔巴特传》（Herbarts 271
Lehren und Leben），1912 年；约翰·亚当斯，《赫尔巴特的心理学与教育》

(Herbartian Psychology Applied to Education),1897 年;又见 W.T.哈里斯为史密斯所翻译的《心理学教科书》而作的序言。(前引书),5—19 页。

关于赫尔巴特的生平,见夫吕革尔,前引书;A.M.威廉斯,《赫尔巴特传》,1911 年,8—22 页。B.C.米利纳译赫尔巴特的《心理学与教育科学》(Application of Psychology to the Science of Education,1898),上有传记图表,比本书较为有用。

冯特对于康德和赫尔巴特的心理学的批评,见他的《生理心理学原理》六种版本中的任何一种,第一部分的结束处。最后三版中的讨论则各不相同。

赫尔巴特的心理学的说明常涉及 Vorstellung 一词,这个词很难译成适当的英文。史密斯将它译成 concept(概念)。鲍德温在翻译李播时,曾用 representation(表象)。这两个词都不能传达其意义。另有人译赫尔巴特的书信和讲演(不具引于此)时,曾用 presentation(呈现)一词。在文字上尚属正确,但这个英文字从未具有 Vorstellung 的内涵。书内倘保留德国字,则又异常笨拙。因此,只得采用 idea(观念)一词,虽然这个词只具有洛克的原意,即兼括知觉和观念时才算不错。

赫尔巴特遇有一困难之字 Hemmung,史密斯将它译成 resistence(抵抗),arrest(阻止),及 suppression(压抑);鲍德温译以 arrest(阻止)。本书作者以为 Hemmung 最好予以现代的涵义而将它译为 inhibition(抑制)。

赫尔巴特关于两个不相等的观念不能互相制止的法则的由来,见他的《科学心理学》,第 44 节。这个得自数学的法则最常为学者所征引(参看上文所举的注释);但是,李播前引书第 35 页,将某一等式完全弄错了。

在本文内,我们还没有谈到赫尔巴特和联想学派的关系。赫尔巴特不能称联想主义者,因为此词的意义已太特殊了。然而他的理论的基础虽和英国学派根本不同,但是他对于事实的论述几乎完全相同(如詹姆士所指出)。并参看赫尔巴特对于那时心理学近代史(笛卡尔,莱布尼兹,沃尔夫及洛克)的讨论,《科学心理学》第 17 至 22 节。

关于赫尔巴特学派,尤须参看李播,前引书,49—67 页。

关于赫尔巴特和生理的实验心理学的关系及关于他的心理学的绝好的说明,见 Th.齐亨,《赫尔巴特的心理学与生理的实验心理学的关系》,1900 年,载于席勒和齐亨,《教育心理学与生理学论文集辑》,第 3 卷,第 5 编。较欠满意的为 F. 威勒的博士论文，《赫尔巴特的心理学与现代生理心理学的关系》(Die psychologische Denkweise Herbarts im Verhältnis zu der modernen physiologischen Psychologie)，1913 年。

洛　采

洛采除《医学心理学》(Medicinische Psychologie，1852)外，还著有《心理学大纲》(Grundzüge der Psychologie)，1881 年，内载 1880—1881 年的冬季的心理学讲演的节要，刊为遗著，这些节要是他在每一演讲结束时口述而成。英译本有两种，称 Outlines of Psychology(《心理学大纲》)，其一为 1886 年赖德所译(关于部位记号的节录，见兰德，《西方心理学家文选》，545—556)页，其一为 1885 年 L. 赫里克所译。德文的《心理学大纲》附有 E. 莱尼希所撰的洛采的著作书目。关于书目，并参看鲍德温的《词典》的兰德条，第 3 卷，347—350 页。

关于洛采的心理学，尤须看李播，前引书，68—95 页。关于传记及其著作的讨论，见莱尼希，《哲学评论》(Rev. philos.)，1881 年，第 12 卷，321—336 页；法尔肯伯格，《赫尔曼·洛采传》(Hermann Lotze，因为晚年洛采把自己的 272
教名取消了)，1901 年；荷尔，《近代心理学的奠基人》(Founders of Modern Psychology)，1912 年，65—121 页；M. 温彻尔，《洛采传》，1913 年；较简短的，为《费希纳与洛采》，1925 年，73—201 页。次要的为 T. M. 林德塞的文章，见《心灵杂志》(Mind)，1876 年，第 1 卷，363—382 页；L. 贝尔瓦尔德，《洛采心理学的演变》(Die Entwicklung der Lotzeschen Psychologie)，1905 年(博士论文)。

在心理学史内，除李播外，可参阅鲍德温，前引书，第 2 卷，82—86 页；布雷特，前引书，139—151 页。墨菲，前引书，145—148 页。

关于韦伯及福尔克曼，见 100—102 页。关于费希纳，见 275—296 页。哥廷根讲座的历史如下：赫尔巴特，1833—1841 年，共八年；洛采，1844—1881 年，共三十七年，G. E. 缪勒 1881—1921 年共四十年。缪勒约在 1921 年停止讲授，阿赫到了哥廷根。

法尔肯伯格，前引书，193—203 页，为洛采的书简作索引，内有致费希纳及斯顿夫的信件。

洛采的哲学为一种理想的实在论(Ideal-Realismus)。他欲调和理想主义和实在主义,以及唯灵主义和唯物主义之间。因此,他和费希纳颇多相同之处,读下章自当明白。

他对于心体问题的主张,本书未加论列,因为这会把我们引入了思想史,注重他的哲学,更多于注重他对实验心理学的影响。我们只须指出他虽有意于生理学,但在心理学内是反对唯物论的。见荷尔,前引书;温彻尔,《费希纳与洛采》,引见前;更须看西蒙,《费希纳与洛采对于心体问题的主张》(Leib und Seele bei Fechner und Lotze),1894 年,A. 利希腾斯坦,《洛采与冯特》,1900 年(博士论文),50—80 页。

作者以为洛采的心理学为形而上学的,甚于其为科学的,关于此意的引证,见李播,前引书,69—75 页;铁钦纳,《实验心理学》,第 2 卷,第 2 编,111 页以下,又 159 页,心理学史的作家不大提及洛采之名,也证明了同样的事实。我们在本文内,曾说到洛采举出生理学的事实,而使他的心理学变为生理学的,但赤裸裸的事实,不大能够引起洛采的兴趣。他区别了物的本质的直觉的知识,与物的较属明显的外表关系的知识。前者为形而上学家的真理,后者为科学家的事实,就这个意义说来,洛采显然是重真理而轻事实,以为物之科学的知识不能深入其真实的本质,所以是肤浅的。见洛采,《医学心理学》,3—6 页,尤须读 55 页以下;并见李播,前引书。

实验心理学的建立

第十四章　古斯塔夫·特奥多尔·费希纳 275

讲到这里才算是实验心理学的正式开始。我们从费希纳出发，而不从小于费希纳三十一岁的冯特出发，因为冯特在费希纳的划时代的杰作刊行两年之后，才发表他的第一次重要而尚未成熟的心理学的研究；我们也不从小于费希纳二十岁的赫尔姆霍茨出发，因为赫尔姆霍茨本来是一个生理学家和物理学家，但是他的伟大的天才并涉及心理学的范围；我们不从冯特和赫尔姆霍茨出发，而从费希纳出发，因为费希纳首创科学的实验，为新心理学及其方法奠定基础。我们已知道在费希纳之前，曾有一种心理学的生理学，其代表为约翰内斯·缪勒和 E. H. 韦伯。我们又知道，在费希纳之前，对于科学心理学或生理学，曾产生一种哲学的信仰，其代表为赫尔巴特、洛采；哈特莱和培因。所以实验心理学在诞生时不是一个新事物。它的胚胎已经成熟，在一切实质上，都已经取得了后来的形式。到了费希纳手里，这个小孩诞生了，既老练而又娇嫩。

费希纳的思想的发展

古斯塔夫·特奥多尔·费希纳（1801—1887）的学问是多方面

的。他初为莱比锡物理学教授略有声誉，但是到后来，他之得为物理学家，只因他以自然哲学者的精神，贯串于他的一切著作之中。他有成哲学家的志向和野心，尤其是他的最后四十年。这方面的努力虽可用以了解他的其他活动，但是他从未因此成名，且也从未因此有所成就。他在随笔中为一人文主义者，又为一讥讽家，又为一诗人，有十年且为一美学家。然而他的成名则由于心理物理学，这个令名可非他所乐受。他决不愿以心理物理学家传名于后世。276 他也不欲像冯特那样去建设实验心理学。他若能成立其宇宙之精神的光明说（Tagesansicht）以代替当世流行的物质的黑暗说（Nachtansicht），那么实验心理学之为一独立的科学，即暂缓降生，他也不介意了。然而后世仍以他为心理物理学家，费希纳原仅欲以心理物理学的实验为他的哲学的帮助，后世却以这些实验创立一种实验心理学。我们若研究心理学家如何造成，那么费希纳的叙传，便最可寻味了。

费希纳于1801年诞生于德国东南区萨克森和西里西亚之间的边境小村中的一个牧师家内。他的父亲继其祖父之后而为一乡村牧师。他的父亲富有独创的见解，并能接受新的思想。那时若有人用避雷针，便算是对于上帝缺乏信仰，他置避雷针于教堂的塔顶之上，复于传教时，不御假发，以为耶稣当时也必如此，这都使村民吃惊。我们知道费希纳用科学的唯物主义的粗浅事实去拥护一种较高深的唯灵主义，可是他这种天才在其父身上已有预兆了，不过父子之间，没有直接的影响。因为费希纳才五岁，他的父亲便已逝世了。费希纳此后九年，和其母及哥哥往依其叔，其叔也为一牧师。他先入文科中学，不久便改入医学院学外科，肄业半年。十六岁考入莱比锡大学的医科，后来终身寓居于此至七十年之久。

我们一向习惯于以费希纳之名与1860年《心理物理学纲要》(Elemente der Psychophysik)刊布的年代，以及其后数年，他在莱比锡居住而冯特的实验室行将成立的年代连在一起，以致我们每易忘记他究竟有多少岁数，或竟在何时开始其学术的生命。1817年，当费希纳入莱比锡时，洛采尚未诞生。赫尔巴特那时才刊印其《心理学教科书》，但是他的《科学心理学》的刊行则尚待七年之后。在英国，詹姆士·穆勒的《印度史》尚未脱稿，恐怕还没有想到要写一本心理学。约翰·穆勒那时才十一岁；培因尚未诞生。颅相学才经过了第一次的高潮，加尔仍在著书讨论脑的机能。弗卢龙尚未开始他对于脑的研究。贝尔，可不是马戎第，那时已发现贝尔、马戎第定律。所以据心理学史看来，费希纳入莱比锡当学生，可算是多年前的事情了。

同年，韦伯入莱比锡为医学院的讲师，次年转任比较解剖学的“额外教授”，这个韦伯就是费希纳所称的韦伯定律的韦伯。费希 277
纳修业五年，1822年得医科学位。但是他的人文主义的倾向，那时已逐渐表现于外了。其第一次发表(1821年)的《碘素的功效》(Beweiss, dass der Mond aus Jodine bestehe)系讥讽人们之以碘素为万应膏。次年，他复著一颂词，以讥刺近代的医学和博物学。这两篇文章都以米赛斯博士(Dr. Mises)署名，他自1821至1876年的讽刺文章有十四次采用米赛斯博士的笔名。同时，费希纳已开始与福尔克曼交往。福尔克曼于1821年入莱比锡医学院肄业，后任讲师及教授，留寓莱比锡十六年。

费希纳得了学位后，他的兴趣乃由生物的科学转向物理学和数学。他本未接受正式的委任，但欲研究这些学科，乃定居于莱比锡。他的收入甚微,为了补助收入乃将法文的物理学及化学教科书译成德文。他译书一定是很努力的,因为到了1830年,他已译了十二本以上的书籍,共约九千页;这个工作乃使他成名而为一物理学家。1824年,他复受大学的任命讲授物理学,且兼作物理学的研究。这是他非常多产的时期。到了1830年,连译带著共发表了四十篇以上关于物理科学的论文。那时电流的性质开始为世所知晓。欧姆在1826年,为电流、电阻和电动力在电路中的关系规定一个著名的法则,这个法则现仍以欧姆为名。费希纳对于这个问题甚为注意,1831年,发表一篇很重要的论文,以讨论直流电之量的计算(Massbestimmungen über die galvanische Kette),这篇论文使他成为有名的物理学家。

年轻的费希纳在三十余岁时,是莱比锡大学令人欣羡的学术团体中的一个成员。福尔克曼在1837年前往多尔巴特以前,也是这个团体的成员之一。1833年,费希纳和福尔克曼的姊妹结婚。结婚后一年,就是洛采考入莱比锡的一年,费希纳受任为物理学教授。那时他似已决定其终身的计划了。他年仅三十三岁,任物理
278 学教授,有一个工作计划引他前进,而他生活在一个最重要大学的团结一致的社会环境之中。可是我们不久便可知道这个预定的计划是非常错误的。那时,在他年富力强的三十多岁时,继续从事于物理学的研究。他有六次以上,以米赛斯博士署名,发表文章,米赛斯博士盖即代表人文主义的费希纳。到了这个时期的末了,费希纳的研究开始显露出类似心理学的兴趣:1838年有两篇论文讨论补色和主观色,1840年复有一篇著名的论文讨论主观的后像。但是概括地说,费希纳是一个有希望的年轻物理学家,具有德国学

者的多方面的学术兴趣。

但是费希纳可操劳过度了。他病了，据詹姆士的诊断，他的病就是一种习惯性神经病。他又因研究后象，用有色镜注视太阳，以致伤害他的眼睛。他既精疲力竭，乃于1839年辞去物理学讲席。病中备尝苦痛，三年不和任何人来往。这个病似乎突然来临，结束了他开始时朝气勃勃的事业前途，但费希纳后来忽又恢复健康，他的病既不可解，他之所以恢复，也似为一奇迹。社会上称这个时期为费希纳一生中的紧要关头，对于他的思想及其后来的生活都有深刻的影响。

这个病的主要结果使费希纳的宗教意识及其对于灵魂问题的兴趣，都比前更加浓厚。他既深喜理智的生活，当然转向哲学，加重其人文主义的色彩，而这个色彩本来就是他的人格特性的一种。自四十岁以后的十年之间，是他的著作贫乏的时期。他以米赛斯博士的名义，于1841年刊行一部诗集，后来又发表几篇论文。至于表现费希纳的新趋势的著作，当首推《南娜或论植物的心灵生活》(Nanna oder das Seelenleben der Pflanzen)，刊布于1848年(Nanna是挪威的花神)。费希纳在科学唯物主义的时期之内，在达尔文尚未提出动物心灵的问题之前，主张植物的心灵生活，就未免在科学界内大失人心了，但是他现在自觉负有一种哲学的使命，决不应默尔而息。他受了唯物主义的干扰，那是看他的1836年所发表的《死后生命论》(Büchlein vom Leben nach dem Tode)可推想而知的。他对于灵学问题的哲学解释，在于承认心物的一致，且
主张整个宇宙可视为有意识的，这个观点，他称之为光明说，至于 279
把宇宙看成无生物质的观点则被称为黑暗说。植物意识的证明，

只是这个计划中的第一步。

三年后(1851年),费希纳发表一部较重要的著作:《天堂与下世》(Zend-Avesta, oder über die Dinge des Himmels und des Jenseits)。奇怪得很,此书载有费希纳的心理物理学的计划,因此,与实验心理学有一种亲子的关系。我们不久便可再讨论这个问题。费希纳的用意,欲使此书为一新"福音"。书名的意义实即"上帝的启示"。在他看来,意识弥漫于宇宙之内。地球为"我们的母亲",与我们相似,但较我们为更完善。灵魂是不死不灭的,而且万物既皆有意识,唯物主义者便不能排斥灵魂了。费希纳的论点是不合理的,他渴望说服他人,却借助于似是而非的比拟以发挥其主题。这种推论,除了他的态度认真严肃以外,就有几分像"米赛斯博士"的讥讽文章:《天使的比较解剖学》(Vergleichende Anatomie der Engel,1825)。费希纳在这篇文章里,以为天使作为最完善的人,便应为一球体,因为球体是最完善的形式。但是费希纳在《天堂与下世》一文中,则是十分严肃的。他后来在《灵魂问题》(Ueber die Seelenfrage,1861)中,说自己曾四次呼唤沉睡的社会。现在他又作第五次的大声疾呼了,将来或须有第六次及第七次呼唤的必要。

我们不必再讨论费希纳的哲学。他确已作了第六次及第七次的呼唤,至少铁钦纳是这么想的,且看下面这七部书发表的日期,可见费希纳对于自己的"福音"有耐久及扩大的信仰:《死后生命论》,1836年;《植物的心灵生活》,1848年;《天堂与下世》,1851年;《施赖顿教授和他的月亮》(Professor Schleiden und der Mond),1856年;《灵魂问题》1861年;《三个动机与信仰的基础》

(Die drei Motive und Gründe des Glaubens),1863 年;《光明说与黑暗说》(Die Tagesansicht gegenüber der Nachtansicht),1879 年。可是社会即在费希纳呼唤到第七次之后,也依旧不醒。他的哲学颇为人所注意;这些著作近年也多数再版行世;然而费希纳仍以心理物理学者,而不以负有使命的哲学家,名留后世。

费希纳能列名于本书之内,是以他的心理物理学为唯一的原因,而他的心理物理学则是他的哲学的副产物。现在可论述如下。

以心物为解释宇宙万物的两种方法,这是一回事;以观念为有具体的经验的形式,可用以证明当时唯物的理智主义,或竟满足前 280
曾一度成为物理学家的费希纳,那又是一回事。费希纳以为他的新哲学要有一种坚实的科学基础。据他的自述,1850 年 10 月 22 日早晨,他方静卧于床上,考虑这个问题,忽然想到一个解决的办法。他了解到要使身体能量的相对的增加量成为相应的心理强度增加量的量度,他复以为关于这个关系,已有充分的事实,可以想见心理强度的算术级数也许相当于物理能量的几何级数,而强度的指定的绝对增加量则可随身体力量的增加对于全部力量的比例而异。费希纳自称他得到这个观念,不是因为他知道韦伯的研究。这个声明似乎是可以令人惊异的,因为韦伯那时正在莱比锡,1846 年刊行其《触觉与一般感觉》,这部著作非常重要,所以 1851 年分两部分重印。然而我们要记得韦伯自己未曾指出他的法则的重要,也许他只是模糊地看到它的最一般的意义。他在谈及比例时,似乎认为这些比例是刺激的增加。他又将他的触觉的研究,推广到视觉和声觉。由这两点看来,他似乎暗示他的结果有普遍性,但他没有建立特殊的法则。后来费希纳知道他自己的原则,在实质

上，就是韦伯研究的结论，因此，乃以数学的公式表示这个经验关系，并称之为“韦伯律”。近人对于费希纳的谦逊，已有加以更正的趋势，把费希纳所称的“韦伯律”改称为**费希纳律**，而保留韦伯律这个名称应用于韦伯的这个简单的陈述：就是刺激的最小可觉差与原来刺激的比例是一个常数。（参看下文公式 1 和 6，边码 287，289 页）

费希纳这个观念的直接结果，规定了他后来所称的心理物理学的计划。这个计划在 1851 年的《天堂与下世》中已具概略，那是我们知道的。但是这个计划尚须求其实现，费希纳便开始工作了。他创立了测量的方法，也就是心理学研究中现仍为基本的心理物理学的三种方法。他又求得其测量方法和问题说明数学公式。他又完成其关于举重及视觉光度和触觉及视觉距离的经典性的实
281 验。因此，哲学家费希纳，没有丧失了物理学家费希纳的对实验的关心。他的朋友兼内弟福尔克曼，那时方在哈雷，对于他的实验颇多帮助。其他内容，尤其是星的大小的分类，也都可用以证明其中心论点。这种研究，历七年而仍不发表。其后于 1858 年和 1859 年，先刊布两篇论文，到了 1860 年，已臻成熟的《心理物理学纲要》乃刊印行世，其标题为“身心函数的关系或其互相依存的关系的精密科学”。

如果说这本书震动了沉睡的世界，那也是不公允的。费希纳是不为世所欢迎的。他的《植物的心灵生活》，《天堂与下世》及其他类似的著作已引起科学家的歧视，他也从未以哲学家见称于世。当时谁也没有想到他的书后来会重要起来的，也没有引起热烈的称赞。然而他的研究是有学术价值的，并有实验和数学的良好基

础，虽不免有哲学的偏见，但对这些问题感有兴趣的其他重要的科学家也都予以注意。即在此书尚未发表之前，1858年的论文即已为赫尔姆霍茨及马赫所注目。赫尔姆霍茨于1859年对于费希纳的基本公式有所修正。马赫于1859年开始在时间感觉方面测验韦伯的定律，1863年刊布其结果。冯特于1862年及1863年的心理学著作内，力称费希纳的研究的重要。费希纳的朋友福尔克曼于1863年发表其关于心理物理学的论文。奥贝特于1864年对于韦伯的定律表示怀疑。德尔柏夫于1865年受到费希纳的鼓舞，开始其对于光觉的实验，后来对于心理物理学的发展颇多贡献。维洛特于1868年进行他的对光的成分的时间感觉的研究。伯恩斯坦那时方在哈雷大学和福尔克曼分任解剖学及生理学讲席，于1868年刊布其放射说（the irradiationtheory）。此说远据赫尔巴特的阈限律（law of the limen），而直接根据是费希纳的讨论。所以这部《心理物理学纲要》虽未足使当世震惊，但其所已引起的注意，已足使它在新心理学中占一重要地位了。

然而，费希纳已达到了他的目的。他已为他的哲学奠定科学的基础，往后便欲转向其他问题了，可是又常将其哲学的中心题旨记在心里。那时他已有六十多岁了，人们到了这个年纪，自然要受兴趣的支配较大，而受事业的支配较小。于是引起他的注意的第二种题材即为美学，从前他曾以十年时间研究心理物理学，现在乃 282
复以十年光阴（1865—1876）研究美学，这十年一结束，费希纳已七十五岁了。

假使费希纳“建立了”心理物理学，那么他也“建立了”实验的美学。他在美学方面的第一篇论文刊行于1865年。自1866至

1872年,又发表了十二篇论文,多以两幅霍尔拜因的圣母马利亚为讨论的问题。德累斯顿和达姆施塔特两地都存有圣母像,传说为霍尔拜因所绘,虽详略不同,但大致极相类似。这两幅画引起了不少争论,费希纳也参加进去。其争论之点如下。达姆施塔特的圣母有一孩子,即基督。德累斯顿的圣母有一病孩,也许是霍尔拜因应某一家庭的请求,将一已经夭折的孩子的肖像画在上面。因此,乃引起这两幅画的意义及真假的问题。究竟那一幅是霍尔拜因的手笔,那一幅不是霍尔拜因的手笔呢?专家的意见不相一致。费希纳采取公正的态度,以为它们也许都是真的,假使霍尔拜因要画出两种相似而又不同的观念,他便可以画成两幅相似而又不同的画像。最后,还有这两幅画究竟是哪一幅更为美丽的问题。这后面的两个问题,都和人们的判断有关,因为无论何人几乎都以为真的圣母像必较美丽。费希纳要用实验法解决这些问题,将这两幅圣母像同时展览,进行民意调查。他于画旁置一簿册,请参观者在其上写下评语;然而这个实验遭到了失败。参观者超过一万一千人以上,但只有一百一十三人表示意见,而这些意见或因未遵从实验者的指示,或因为是美术批评家或对两幅画都已经看见过并曾下过了判断的其他人员,所以他们的评语多不可用。然而这个试验的方法是值得赞许的,可被视为感情及美学的实验研究的印象法的起源。

费希纳于1876年刊行《美学初探》(Vorschule der Aesthetik),为他的美学兴趣作一结束,且为实验美学奠一基础。此书对于各种问题、方法及原则的讨论,与心理物理学同样彻底,但离题太远,本书不拟再详述了。

费希纳于刊布其心理物理学及美学的主要著作后，假使当世不予以相当的注意，他也决不再来研究这些问题了。但是心理物 283 理学立即引起研究和批评，当费希纳方从事于美学时，心理物理学在新心理学中已逐渐重要。1874 年，即冯特刊行其《生理心理学原理》的那一年，费希纳对于德尔柏夫的《心理物理学研究》(Étude psychophysique，1873)作一短评。次年，冯特进莱比锡。第三年，费希纳结束了美学的研究，而复注意于心理物理学，1877 年刊行《论心理物理学》(In Sachen der Psychophysik)。此书对于《心理物理学纲要》中的理论无所增补。那时费希纳已在暮年，却不忘哲学的使命。1879 年，即冯特的心理实验室创立的一年，费希纳发表其《光明说与黑暗说》，对于醉梦的世人，作第七次即最后一次的呼唤。那时他已经七十八岁了。1882 年他又发表《心理物理学要义》(Revision der Hauptpunkte der Psychophysik)。此书甚为重要，他在书内一方面答复学者的批评，一方面复求适应实验心理学的意外的需要。此后几年，他又刊布五、六篇关于心理物理学的论文，但实际上，他的工作已早完成了。1887 年，逝世于莱比锡，终年八十六岁，共计在莱比锡度过七十年学者的安逸生活，料理家务，考虑学术上各种新奇的问题。

这就是费希纳：他当了七年的生理学家(1817—1824)；十五年的物理学家(1824—1839)；卧病十二年(1839 约至 1851)；十四年的心理物理学家(1851—1865)；十一年的实验美学家(1865—1876)；若断若续地至少当了四十多年的哲学家(1836—1879)；最后十一年，由于公众对他的心理物理学的赞赏和批评，他复以老年人的注意，集中于心理物理学(1876—1887)——总之，共有七十年

的各种学术的兴趣和努力。假使他建立了实验心理学，那也不是他有意的，然而 1860 年，若没有他的《心理物理学纲要》，则新心理学究竟发展到如何地步，也颇不易说。因此，我们须再将此书加以讨论如下。

284 心理物理学

费希纳于开始其心理物理学的研究时，除了他的哲学问题，物理学研究的经验，及其细心实验的习惯之外，还有赫尔巴特的心理学作为背景。他从赫尔巴特那里得到了心理学应为科学的这个概念，心理测量和数学在心理研究方面的应用的概念，阈限的概念（这个概念，赫尔巴特又得自莱布尼兹），和用觉阈事实作心理分析的观念，以及他所有著作中的一种类似于赫尔巴特的理智主义的感觉主义的色彩。当费希纳著《天堂与下世》时，洛采尚未刊布其心理学。那时只有赫尔巴特的心理学最占势力，其次就是约翰内斯•缪勒和 E. H. 韦伯的心理的生理学了。但是费希纳很重视实验，所以不接受赫尔巴特的形而上学的方法，并驳斥赫尔巴特否认实验的有效。他以心灵的一种实验的测量，纠正了赫尔巴特的见解。可是我们要记得他这一切工作的目的，都在欲从哲学方面对唯物主义进行攻击。

我们也须指出费希纳的数学的背景。我们要记得费希纳得了博士学位后，即以一部分时间作数学的研究。费希纳承认他自己曾受“贝努利（拉普拉斯，普瓦松），欧勒（赫尔巴特，德洛比希），斯坦海尔（波革孙）”等人之赐。但是他尤欲对韦伯律作数学和实验的证明。斯坦海尔以为星体的大小遵守这个法则；欧勒以为声的高低也遵守这个法则。但是费希纳首列丹尼尔·贝努利（1700—1782）之名，显然也有其理由。贝努利既有意于研究概率论在赌博上的应用，曾因此讨论心理的财产和物理的财产（fortune morale and fortune physique），或心理的价值和物理的价值，他主张（1738 年）这两种价值互相关联，心理的财产的总量的变化常随物理财产的改变与占有者的总财产的比例而异。（譬如赌博时押注相等，我们也所失较多而所得较少，因为损失对于减少的总财产的比例大于其所得数对于增加的总财产的比例——这是一个含有深意的结论！）由此看来，贝努利的心理的财产和物理的财产实即心 285
理的数量和物理的数量，这两种数量在数学上互相关联，而在种类和关系上，一般地说完全相当于心和体，或特殊地说，便完全相当于感觉和身体能量，费希纳为了哲学的兴趣，所以要借韦伯律说明这两个名词的关系。

就纯粹的数学方面说，费希纳对于他的背景是不大清楚的，然而很明白，贝努利、拉普拉斯、普瓦松是重要的。我们现在特别想到费希纳对常态的误差律（law of error）的应用，借以代表他的数学的兴趣。费希纳的常定刺激法（method of constant stimuli）利用此律，这个方法有它的重要性，因它与生物学和心理学采用常态分配的统计法有密切的关系。然而常定刺激法仅为费希纳的三大基本方法中的一个唯一的方法。

但是，关于费希纳应用常态律所引起的问题，也有解答的需要。所有原理都已详载入从前数学家讨论概率论的著作之内，贝努利就是其中的一个代表。费希纳特别提到的拉普拉斯，发展了这个通则。高斯更予它以更寻常的公式，所以此律常以高斯为名。费希纳用此律时，曾提起高斯，然而高斯似不若拉普拉斯的重要。以概率论作实际的应用，这也不是第一次。从 1662 年以来，便已有人企图应用此说于生命的展望(expectation of life)，人证和无罪的估计，出生率及性别比例(sex - ratio)，天文的观察，婚姻，天花和种牛痘的事例，气候的预测，年俸，选举，及一般的科学观察的误差(拉普拉斯和高斯)。1835 年，刻特雷首先想到要用误差律描写人类特性的分配，好似大自然要造成一个“理想的中人”(l’homme moyen)，可是没有击中目标，在平均数两旁产生了偏差。高尔顿对于天才遗传的数学处理(1869 年)实得之于刻特雷，然而费希纳可没有想到这种事实。不过前代的传统，他至少也必知道了一部分，因此他把常态的误差律当作常定刺激法，而这个误差律现在对心理学家却有如此巨大的重要性。那时同现在相比起来，会更易设想常态律诚如它的名称所意味着的，是一条自然的定律，可以应用于任何种不受控制的离差。

除了这个一般的背景和知识以外，费希纳对于心理物理学的问题，还引进了下列几个很明确的事实。第一为觉阈的事实，这些
286 事实，因赫尔巴特的研究及他种事例(例如白天不能看见星光)，大家已很熟悉了。第二为韦伯律，这是一个事实的原则，虽未证实，但仍可以修改的形式继续存在。第三为实验法，此法有同等的重要性，为费希纳与赫尔巴特的气质相反的产物。第四费希纳明白认定心理物理学为“一讨论心体的函数关系或相互关系的精密的科学。”这个概念就是他的整个研究的目的。第五为费希纳的最聪明的结论，以为自己决不能实现心理物理学的整个研究的计划，因

此，不仅以感觉为限，且更以感觉的强度为限，以期他的学说若在这方面有了最后的证明，便可有推广到其他方面的力量了。

我们要于此指出费希纳对于**心体**关系的观点，不是心物平行说，而是**同一说**（identity hypothesis），也是**泛灵论**（panpsychism）。由他看来，以韦伯律写成的心和体的方程式，似乎表明心体的一致性及其基本的心灵特性。其实，费希纳的心理物理学，在心物平行论的历史内占一重要地位，因为心和体，感觉和刺激须被视为两种实体，以便分别测量，而决定二者的关系。所以，费希纳的心理学和继其后而发展的心理学相同，似都为二元论的。可是我们要记得他从二元论出发，证明了二元论不是真实的，并可因心体的正确方程式的求得而消灭。

我们现在每易以为韦伯、费希纳律表示由测量而得的刺激的大小和感觉的大小之间的函数的关系，以致不易了解费希纳在这个问题上所遇到的困难。但是他似也明白感觉的大小为心理的，不能直接测量，因此，他的问题是要作间接的测量。他先注意感受性。

费希纳以为感觉，我们可不能测量；我们所能观察的，就是某一感觉是否存在，或某一感觉究竟是大于，等于，或小于另一感觉。一个感觉之绝对的大小，非直接所可知。但是侥幸得很，我们可以 287
测量刺激，因此，刺激究竟大到如何程度，才能引起一个特殊的感觉或两个感觉之间的差别，那是我们可以测量的；换句话说，我们可以测量刺激的阈值。测量阈值，便也测量了感受性，因为感受性就是阈值的反面。费希纳区别了绝对的和差别的感受性，这绝对的和差别的感受性便相当于绝对的和差别的觉阈。他认识这个题材中的离差的重要，和研究平均数，极值（extreme values），平均数的法则及离开平均数的离差法则的必要——总之，就是有引用统计法的必要。

因为费希纳相信刺激及感受性可以直接测量，而感觉则否，所以他知道必须用间接法测量感觉，他想借助于感觉差别的增加来完成这个测量。在测定差别阈的时候，我们有最小可觉差的两种感觉，我们可以用最小可觉差(jnd)为感觉的单位，而计算 jnd 的数目便可测定一个感觉的大小。至于感觉的每一觉阈的增加(δS)是否都各相等，后来引起了长期的争论。但是费希纳则假定 δS = the jnd，而觉得的差别，既都是最小可觉差，当各相等。因此，构成了一个适当的单位。

我们在实际上不总计大数量的计算单位。我们在普通事例中求普通的函数，而这个函数后来便或可为测量之用。费希纳研究的手续可如下述。在说明他的时候，我们可不用费希纳的符号，而用英文通常的缩写体：S 代表感觉的大小，R 代表刺激(Reiz)的大小。

韦伯实验的结果可如下式：

$$\frac{\delta R}{R} = \text{常数，就 jnd 说。} \qquad \text{韦伯律(1)}$$

这个事实应被称为“韦伯律”，因为这是韦伯求得的。但是费希纳则用“韦伯律”以称他自己的最后的结果。

他以为(1)若可用以求 jnd，也必可用以求 S 的任何种小量的增加，δS，因此，他可用下式表示 S 和 R 的函数的关系。

$$\delta S = c\,\frac{\delta R}{R} \qquad \text{基本公式(2)}$$

此式中的 c 为比例的一个常数。这就是费希纳的基本公式(Fundamentalformal)，我们要知道 δS 放在这个方程式里，便可

见费希纳认定一切 δS 是相等的，都可视为单位。我们只须求积分，便可计算单位的总数，以完成一种测量。我们若记得这个基本公式，便可测量感觉。因此费希纳求其方程式的积分，得到了下列结果：

$$S = c\ \log_e R + C \tag{3}$$

C = 求积分的常数，e = 自然对数的底。在公式(3)里，我们确可有欲求而得的结果，因为这两个常数若属已知，我们便可由此式而为 R 的任何种数量求 S 的大小。费希纳因此已足证明其哲学的要点了。然而这个公式，因为有未知的常数，所以仍难令人满意，费希纳于是乃根据其他已知的事实以消去 C。他定 r 等于刺激的阈值，R 为 $S=0$ 时的一种价值。因此，

$$R = r \text{ 时}, S = 0$$

现在若于(3)式内代入 S 和 R 所有的这些数值，便成：

$$0 = c\ \log_e r + C$$

$$C = -c\ \log_e r$$

现在再在(3)式内代入 C 的等值：

$$\begin{aligned} S &= c\ \log_e R - c\ \log_e r \\ &= c(\log_e R - \log_e r) \\ &= c\ \log_e \frac{R}{r} \end{aligned} \tag{4}$$

现在若将常数由 C 而变为 K，便可由自然对数而变成普通对数：

$$S = k \log \frac{R}{r} \qquad \text{测量公式} \tag{5}$$

这便为测量公式。感觉在阈限的价值为零，S 的量表就是感

觉在零以上的 jnd 的数目。费希纳于此更进一步，以为我们可用
289 R 对于它的阈值的关系测量 R；这就是说，我们可用 r 为 R 的单位。假使 r 为 R 的单位，那么：

$$S = k \log R.$$ **费希纳律**(6)

这最后的一个公式，费希纳称之为“韦伯律”。只是我们细察其经过以后，才知道公式(1)为韦伯律，公式(6)须得称费希纳律。我们须记得，只是 R 的单位为刺激的阈值时，又只是我们可以求 S 的积分而假定 S 在阈限上等于零时，$S = k\log R$ 才算正确。又，这整个的结论是否可靠，依存于韦伯的结果，公式(1)，而据后来的实验，这个公式就某些事例而言，只是得到近似的证明，而就刺激的全范围而言，则是未被证实的。

费希纳自称已严格地测量感觉，关于这一层，学者纷纷争辩，至四十余年之久，有两个基本的异议值得我们略述如下：

第一种异议认为费希纳没有充分的证据去假定一切 jnd 都各相等，同时又认为他窃取论点，因为除非 S 是可以测量的，否则这一 δS 等于另一 δS 的话便未免毫无意义了。这个批判原很有力，但可有两种方法予以答复：

(1)德尔柏夫的觉距(sense - distance)的观念和关于阈限上的觉距的实验，可答复这个异议的一部分。据德尔柏夫指出，我们对于两个感觉之间的距离的大小，可立即或直接加以判断。例如在 A，B，C 三种感觉之中，我们可以说 AB 的距离大于，等于或小于 BC 的距离。因此，我们可立即完成一种心理测量，而不必窃取论点。现在假定在心理上 $AB = BC$，又假定我们求得引起 B 的刺激为引起 A 和 C 的刺激的几何均数。那么，我们便已证明那**基本的公式**适用于一大刺

激 S 例如 AB。假使同样的法则就判定相等的大距离及许多 jnd 而言，也都可信赖，那么我们便可假定一切 jnd 应都相等。

在实际上，实验证明，韦伯律还不是普遍有效或完全有效的。它随我们所采用的刺激单位究竟是何种随心所欲的量表而定，任何便于测量的低值刺激强度就易于造成错误。现代的结果表明，jnd 强度的等值的假定往往与阈上强度差异的直接判断的比较是
有分歧的。例如音高的 jnd 在这个意义上是相等的，至于音响的 290
jnd 则是不相等的。

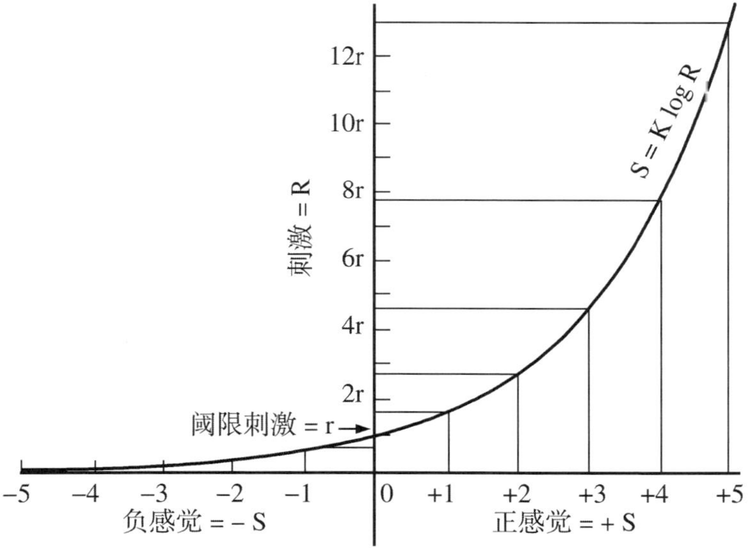

第三图。费希纳律：$S = k \log R$。纵坐标上距离相等的位置代表 S 的算术级数；其垂直线的连续的高度代表其相当的 R 的几何级数。因此，曲线表示一个对数的函数如何可代表一个算术级数和几何级数的相关。又表示此函数在理论上何以需要负感觉的存在，因为 $S = 0$ 时，R = 有限值，r 为阈限；R 变异于 r 和 0 之间时，S 将通过负值的无限数。在此图上，R 绘成以 r 为单位，而 K 被任意选定为普通对数的 4.5。

(2)对于所有 jnd 不皆相等的异议还可以坦率承认:单位的相等,只应是一种假定。既然都是 jnd,那么这个 jnd 必等于另一 jnd。因此,解释这个问题可纯用逻辑解决,虽说 jnd 的相等,实际上有什么意义,尚未可因这个解决而解决。所有一切单位都属如此,甚至德尔柏夫的觉距也未必在这方面更加令人满意。但是很明显,费希纳律说的是两个不相同的实体之间的关系。*S* 必定不是 *R* 的某些其他东西。因此,刺激之外已另有一些东西给我们测量了。

对于费希纳的第二种重要的批评,叫做数量的异议(quantity objection),以为内省发现,感觉不能有大小之别。詹姆士说:“粉
291 红色的感觉显然不是深红色的感觉的一部分;电灯光的感觉似也不包含蜡烛光于其内。”屈尔佩说:“这个‘灰色’的感觉非二倍于或三倍于那个‘灰色’的感觉。”费希纳以数目字证明一个谁都知道不是真确的东西,就未免欺骗人了。这个批评虽不大中肯,但这是费希纳的咎由自取。我们知道费希纳说过,刺激可直接测量,而感觉则否,感觉须根据刺激及感受性,作间接的测量。无怪批评者责备费希纳测量刺激而称之为感觉。更无怪他们以为费希纳的“感觉不能直接测量”的一句话,便等于说它没有测量的可能。

在实际上,对“数量的抗议”的答复是置之不理。反对者尽管反对,实验者却继续测量感觉,或至少测量费希纳的 *S*。然而,关于这个问题,我们可提出两点意见:(1)感觉同刺激一样是可被直接测量的。你可以在判断时直接比较两个感觉的差异。当 *A*,*B* 和 *C* 是一系列的强度、范围或时间的久暂,你可以说,*AB* 的差异大于,小于,或等于 *BC* 的差异。这种判断可简化为相等或无差异

的决定性判断。这种比较对感觉和对刺激一样都是直接的。同样，为了比较重量，你利用天平，当天平盘的高度相等时，你就作出相等的判断。又如为了比较长度，你记下了卷尺上与被测量的物体的末端位置上毫无差别的标记。(2)相反，我们可以说，刺激同感觉正好是一样地单一的和简单的。一米不是由 100 厘米组成，也不是由 1000 毫米组成，也不是由 39.37 英寸组成的。一米本身正同深红色一样是单一的。这种大小并不意味着复杂性，只是简单地表示了一种与其他客体的关系而这种关系则是由传统的方法测量出来的。

我们现在必须转论与费希纳之名有关的某些问题，如：内部心理物理学(Inner psychophysics)，意识阈，负感觉，及心理物理学的方法。

费希纳以为**内部心理物理学**有别于外部的心理物理学。他说，外部心理物理学讨论心灵和刺激之间的关系，实际的实验隶属于外部心理物理学。但是内部心理物理学是心灵与对心灵最直接 292
的兴奋之间的关系，因为乃最直接地讨论费希纳所最感兴趣的关系。$S=k\log R$ 是外部心理物理学内的一种关系。介于 S 和 R 之间，尚有兴奋 E。这个对数的关系的轨迹究竟位置于哪里呢，R 和 E 之间，或 E 和 S 之间呢？也许 S 仅对 E 成比例，而真确的法则为 $E=k\ \log\ R$。这个话的意思，就是说，韦伯律没有解决心和体的问题，如费希纳之所希望的。但是费希纳主张 E 或对 R 成比例，而韦柏律为内部心理物理学的基本律，$S=k\ \log E$。

费希纳以五点证明此说：(1)他在《心理物理学纲要》里以为 R 和 E 之间决不能有一种对数的关系。此点颇难成立，所以费希纳在修订版内，将它撤回。(2)他以为感受性减弱的时候，S 的大小不随之而变；反之，假使 $S=kE$，而感受性的变化中又有 E 的成分，那么 S 必也将随之而变。(3)他复以为音调的高低也受韦伯律的支配，而 E 的震动只能对于 R 的震动有一种比例的关系(他认定神经的兴奋为震动的，那自然是他的错误)。(4)他以为觉阈下的 S 可能也有一 E，白天里不可见的星光或可引起意识阈之下的兴奋。只是 $S=k\ \log E$ 的时候，这个事实才属可信。(5)最后，他引睡眠和醒觉，不注意和注意之间的区别，以证明一种意识阈，而非兴奋阈的存在。这最后一个论点，最有力量。即由意识的选择这个事实看来，便可见兴奋的数目甚多，大家都有成意识的可能，可只有少数成为意识的。但是费希纳的整个论点，我们现在不必很重视。我们只须知道费希纳于研究外部心理物理学时，为什么自以为在解决内部心理物理学中重要的问题。

由这个讨论看来，可见费希纳很看重意识阈这个事实。费希纳所称的韦伯律系以觉阈为基础，因为假使 $S=k\ \log R$，那么 $S=$
293 0 时，R 便为一个有限量(finite quantity)。因此赫尔巴特的意识阈，只是韦伯律的一个系论。在事实上，费希纳将觉阈和注意联系起来，就更与赫尔巴特互相符合了：意识若已为他种感觉所占领，则新感觉若没有战胜那“混合的觉阈”(the “mixture limen”)就不能插足进去了。

依赖这个定律而存在的心理学，还要有“负的感觉”的存在。第三图绘成对数的曲线，表示“韦伯律”中 S 和 R 的关系。这个函数要求，$S=0$ 的时候，$R=r$，r 就是觉阈，因此，R 的阈下值，就有负的感觉，因为在理论上，$R=0$ 的时候，S 是负的而无限的。费希纳相信“以负的数量表示无意识的心理的价值，那便为心理物理学的一个基本点”，他于是因数学的对数而主张一种和其前人莱布尼兹及赫尔巴特互相类似的无意识说。

但是费希纳在心理学史中的伟大，不是因为他提倡这些心理学的概念，也不是因为他的著名定律的规定。他之所以伟大，乃因建设了一种新的**测量的方法**。批评家也许怀疑他所测量的究竟是什么；但是在事实上，他总算设计，发展和创立了新的**测量法**，无论我们对于测量的结果作什么解释，这些方法要不失为心理测量的第一种方法，因此，为数量的实验心理学开一先河。还有一层，这些方法已受了时间的考验。它们已证明可以应用于费希纳所梦想不到的种种心理学的问题和情境，而且今日心理学实验室中的大部分的研究，都采用这些方法，但仅有微小修改而已。

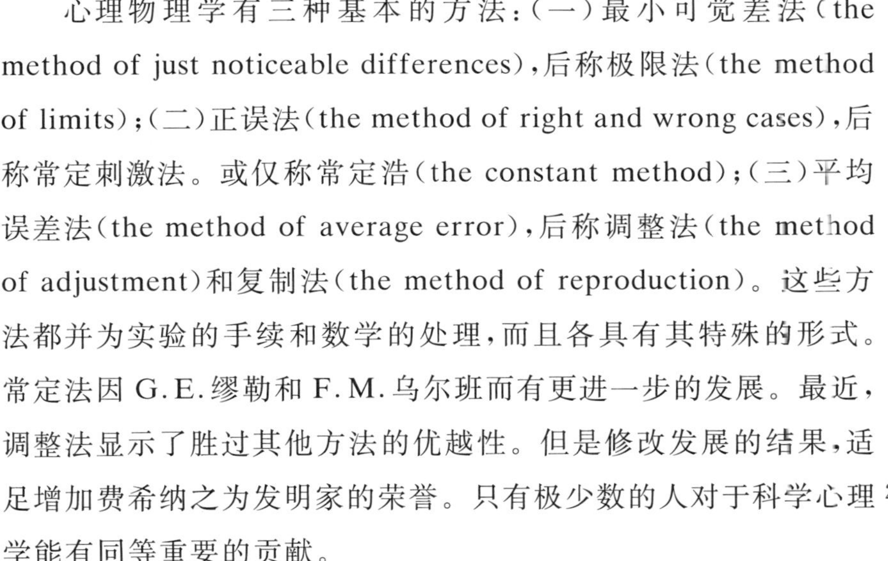

心理物理学有三种基本的方法：（一）最小可觉差法（the method of just noticeable differences），后称极限法（the method of limits）；（二）正误法（the method of right and wrong cases），后称常定刺激法。或仅称常定浩（the constant method）；（三）平均误差法（the method of average error），后称调整法（the method of adjustment）和复制法（the method of reproduction）。这些方法都并为实验的手续和数学的处理，而且各具有其特殊的形式。常定法因 G.E.缪勒和 F.M.乌尔班而有更进一步的发展。最近，调整法显示了胜过其他方法的优越性。但是修改发展的结果，适足增加费希纳之为发明家的荣誉。只有极少数的人对于科学心理 294
学能有同等重要的贡献。

费希纳的研究所引起的批评大都是赞许的话，但也有许多心理学者，不能在心理物理学中看出任何种的价值。费希纳逝世后，只有三年，詹姆士说："费希纳的书是新心理学著作的起点，在正确和技巧上，或可说是世无其匹，但据作者鄙陋之见，其结果实无足称。"在他处他又批评费希纳及其心理物理学如下：

"世如有所谓'洞穴的偶像'(idol of the den)，那么费希纳的测量公式及以此公式为最后的心理物理律的一个概念，将永为这样的一种偶像。费希纳本身确为德国的一个理想的学者，既简朴，又灵敏，既为一玄秘者，又为一实验家，既谦逊，又勇敢，既忠于事实，而又忠于理论。但是像他那种老年的人若永远用他有耐性的幻想支配我们的科学，更强迫将来的青年，置那些较有出息的问题于不论之列，而专注意于他的枯燥的著作及他人之更枯燥的批评，那就无聊得可怕了。若有人要读这可怕的文学便可求而得之；它虽有一种'训练的价值'；但我即在附注中加以列举，也非所愿。最可笑的，批评费希纳的学者，对于他的学说，力加攻击，务使他体无完肤，其后，却又常回头来说他成立了那些学说，使心理学变成一个精密的科学，这就是他的不朽的荣誉。"

"'谁都赞美这个公爵，
这场伟大战斗的取胜者。
但是最后又有什么好结果？'
小彼得金说道。
'至于为什么，我不能讲，'
'但无论如何这是一个著名的胜利！'"

读者要知道本书的作者不能附和詹姆士的意见。没有费希纳或类似于费希纳的人物，固仍可以有实验心理学；仍可以有冯特——和赫尔姆霍茨。但在实验里头，可决没有科学的气息，因为一个学科，若没有测量以为其工具之一，则必不能成为科学的。费希纳因为他的研究及其为此研究的时间，使他建立了数量的实验心理学，而离开其原来所遵循的轨道。我们称费希纳或冯特为实验心理学的“创始者”，这是毫无问题的。费希纳有一种丰富的思 295
想，这种思想日趋成熟，并结出了丰硕的果实。

附 注

费希纳的较重要的著作已在本文内举出。《心理物理学纲要》于1889年不改一字重新付印。冯特附加R.缪勒所辑集的费希纳的著作一百七十五种，篇名在这个版本的第一卷之后。这个书目后复为J.E.孔茨所重印行(见后)，并参看兰德所编的关于费希纳的书目，见鲍德温《哲学与心理学词典》1905年，第3卷199页以下。

关于费希纳的传记，见孔茨，《费希纳传》，1892年，K.拉斯威茨《费希纳传》，1896年及其后；荷尔《近代心理学的创始人》1912年，123—177页，屈尔佩："纪念费希纳"《哲学科学杂志》1901年，第25卷，191—217页，最简短的，见冯特和铁钦纳(引见后)。

关于费希纳的著作和思想，见孔茨、拉斯威茨和荷尔，引书见前。李播，《现代德国心理学》，英译本，1886，134—187页；冯特，《费希纳传》，1901年；铁钦纳，《实验心理学》，1905年，第2卷，第2编20—116页。关于他的哲学的概要，见詹姆士《多元的宇宙》(A Pluralistic Universe)，1909年，133—177页；最简短的讨论，见屈尔佩，《现代德国哲学》(Die Philosophie der Gegenwart in Deutschland)，1905年，72—78页(或较早的版本)；至于詹姆士对于费希纳及心理物理学的评价，可参看他的《心理学原理》，1890年，第1卷，533—549页。关于费希纳的哲学，并参看佩里《近代哲学》(Philosophy of the Recent Past)，1927年，81—86页。并参看克列姆《心理学史》译本，1914年，242—257页；布雷特《心理学史》，1921年，第3卷，127—239页；墨菲《近代心理学历史导引》第 2 版,1949 年,82—94 页。

最小可觉差 jnd 的单位是否相等的问题曾引起很大的争论。这里不能详述这个问题的性质及较重要的参考书。铁钦纳,前引书,68—89 页,对这整个问题详加讨论,并列举参考书。由最小可觉差升至阈限之上的觉距所引起的测量的一般的问题,见铁钦纳,前引书,第 2 卷,第 1 编,21—27 页,第 2 编,116—144 页。铁钦纳的觉距等于德尔柏夫的觉比(contraste sensible),所以德尔柏夫有创始之功,铁钦纳负推行之劳。G. E. 缪勒则改用 Kohärenzgrad(连贯度)的概念。

关于《量的抗议》的争论及答复,见铁钦纳,前引书,第 2 卷,第 2 编,48—68 页;波林,"刺激错误"《美国心理学杂志》,1921 年,第 32 卷,451—460 页。这两篇文章都曾举出多种参考书。本文所引见詹姆士《心理学原理》第 1 卷,546 页;屈尔佩《心理学大纲》(Outlines of Psychology),45 页。

关于费希纳的《纲要》(1889 年重刊)的主要参考篇幅如下:韦伯律的由来,如基本公式及测量公式,第 2 卷,9—29 页;三个基本方法,第 1 卷,69—133 页;尤其是 71—76 页内部的心理物理学,一般的,第 2 卷 377—547 页。关于韦伯律,则见 428—437 页;意识阈,第 2 卷,437—464 页;负的感觉,第 2 卷,39—46 页。

关于费希纳的基本公式和测量公式的十页,译成英文重刊于兰德的《西方心理学家文选》,1912 年,562—572 页,和 W. 丹尼斯,《心理学史读本》,
296 1948 年,206—213 页。

到 1940 年为止的心理物理学史和一般的感觉测量史,见波林的《实验心理学史中的感觉与知觉》,1942 年,34—45 页,50—52 页,其中所引的许多参考书目,詹姆士认为沉闷而不胜叹息。

第十五章　赫尔曼·冯·赫尔姆霍茨

297

赫尔曼·冯·赫尔姆霍茨(1821—1894)是十九世纪的一个极伟大的科学家。可以说最伟大的科学家之一。就他的兴趣及气质而言,他是一个物理学家,虽然他的处境使他先从事于生理学的研究。我们若据科学的正式门类,而为他正名定分,那么在他的科学的贡献之中,心理学只能排列在第三位;然而赫尔姆霍茨在实验心理学的建设史里,与费希纳及冯特有同等的重要。他有广博的兴趣,惊人的精力,和精致的工艺及机械上的技巧。无论在物理学、生理学或心理学方面,他的方法和观点总是以物理学家为主。他与约翰内斯·缪勒接触,始有志于心理学,但即无此接触,也未必不与心理学发生关系。像他那样多方面的天才和努力的研究,而又生逢十九世纪五十年代和六十年代,生理心理学问题大得足以引人注意的时候,决不至于在德国作生理学的研究而能避免这些问题的。在生理学的光学方面和生理学的声学方面,赫尔姆霍茨的天才得到了迅速的发挥。在科学的一般的问题内,他乃不得不讨论心理学。他的时代迫使他注意心理学,虽然赫尔姆霍茨也有助于决定时代。提出问题的是时代,但是看清问题而提出解决的,则为赫尔姆霍茨的天才。赫尔姆霍茨不像冯特,没有支持心理学建

立为一个独立的科学；然而他的重要的研究和他的威望的影响都足以使他和冯特及费希纳并列而为新科学的“创始者”。

本书的读者当已熟知赫尔姆霍茨之名了。我们已经知道他在约翰内斯·缪勒宣称神经冲动的速率不能测量之后（见边码41—43页），究如何完成此测量的工作。我们又知道他扩大了缪勒的神经特殊能说（见边码91—95页）。我们还描绘过十九世纪上半
298 叶的感觉的生理心理学，一直到赫尔姆霍茨的研究增加了视觉和听觉的知识的时候。我们现在要进而叙述科学家的赫尔姆霍茨，并记载他对于心理学的直接贡献的范围和性质。

赫尔姆霍茨于1821年生于柏林附近的波茨坦。他的父亲先服军役，后乃在一文科中学内教授语言学和哲学，他的母亲卡罗琳·彭妮为一军官的女儿，并为威廉·彭恩的后嗣。赫尔姆霍茨幼时体弱，所受教育也很平凡。他在学校里的功课不很优异，而其所以凡庸的缘故则似由于思想的不受拘束，而不是由于才能的缺乏。他在家里有大堆积木以为玩具，因此，乃于未入学校研究几何之前，已先知道许多几何的原理。他尽读其父的书房内所有科学藏书，有时在学校内不读枯燥的西塞罗或维吉尔，而私自在教师目力所不能见的桌下研究光学的问题。他没有学习语言的天才。他的父亲想使他有志于诗，且训练他作诗，但都没有多大的成就。家庭的环境和学校的课程都不宜于发展赫尔姆霍茨的早熟的数学和科学的能力。他在家内屡闻其父和其父的朋友讨论哲学，而其所讨论的问题则多以康德和费希特为中心。赫尔姆霍茨后来倾向科学的经验主义而反对康德的直觉主义，也许以那时为始。

赫尔姆霍茨至十七岁，乃深知自己有为物理学家的雄心。在

事实上，这些兴趣起源已早。但是那时他的前途尚很渺茫，似难望以纯粹的科学为生。他的父亲那时已服军役。因此，赫尔姆霍茨乃在柏林进一医药学校，而这个学校对于那些愿意培养自己任普鲁士军医的有志青年，则免收学费。

赫尔姆霍茨在该校研究，自1838年起至1842年止，此后，在柏林任军医七年，至二十八岁。但是他对于科学的热情，不因此而稍减。他虽名为医生，但仍希望过学术生活。他虽从未在柏林大学当学生，但设法和柏林大学的教授及学生保持亲密的关系。他认识物理学教授H.G.马格纳斯及生理学教授约翰内斯·缪勒，后便在1871年继承马格纳斯的教职。他和马格纳斯接近，因为他对 299
于物理学本有兴趣，他与缪勒接近，乃因他受医学的训练，致不得不兼习生理。那时，缪勒方享盛名：他的《生理学纲要》已刊行于1833年至1838年间。赫尔姆霍茨与缪勒的学生也有很亲密的友谊，例如布吕克，后为维也纳大学生理学教授，微耳和，后为柏林大学病理学教授，路德维希后为莱比锡大学生理学教授，最重要的是杜布瓦-莱蒙，他后来继缪勒之后而为柏林大学生理学教授。他和赫尔姆霍茨的友谊常很密切；他帮助赫尔姆霍茨说明而刊布其关于神经冲动的传导速率的测量的结果，这都是我们已经知道的。

1842年，赫尔姆霍茨刊布其第一篇论文，即医学的论文。此文说明神经节的神经细胞都各和不同的神经纤维相连，这个发现为神经原说的先驱。那时，混合的显微镜已在前十年发明，这是组织学上多种发现的时期。但是赫尔姆霍茨只有一架粗陋的显微镜以为研究之助。这篇论文是他的一系列的科学报告的起点；此后五十二年直至他去世，他共著有二百多种论文及书籍。

1847 年，赫尔姆霍茨年方二十四岁（牛顿二十四岁时，已有了三个伟大的科学上的真知灼见，见边码 10 页以下）仍任军医，在柏林物理学会内宣读其著名的论文，讨论能量守恒（《论能量守恒》）。那时尚未有人发现能量守恒的法则。这个观念自从牛顿以来，已逐渐发展。几年前，焦耳，已证明热有一种机械的当量。赫尔姆霍茨搜集多种已往的研究，予其说以数学的说明。那时，他仍为生理学领域内的物理学家，因为他要证明这个原则适用于身体机器，而有生命的机体也得遵守物理学的法则。那篇论文引起热烈的讨论。马格纳斯不愿表示意见，但较老年的物理学家多以为其说不
300 很新奇，因此也不大重要，反之，较年轻的物理学家都热烈地恭誉那篇论文，以为是人类对于宇宙知识的一个大进步。这两方面都是正确的。这个观念原非创见；自从笛卡尔以来，固早已有人认为身体是一部机器。但是这个学说尚须有人加以规定，说明和重视。（赫尔姆霍茨，杜布瓦-莱蒙，布吕克和路德维希订立战胜生机论的盟约，见边码 708 页。）

到了这个时候，这个以军医为业的青年，乃不得不改入学术界。1849 年，赫尔姆霍茨二十八岁，应柯尼斯堡大学之召，任生理学和普通病理学教授，他任此职计共七年。他在柯尼斯堡的第一次科学的重要的贡献系关于神经冲动的传导速率的测量。我们已说过这个研究的重要和它被接受前所必须驳复的反对意见（见边码 41 页以下）。柯尼斯堡是康德的大学，赫尔姆霍茨在那里乃开始注意感觉的问题，而他的思想也才倾向科学的经验主义，后便用以反对康德的直觉主义。他先研究生理光学，1851 年发明检眼镜（the ophthalmoscope），稍后又发明检眼计（the ophthalmometer)。当时认为检眼镜是一台奇妙的仪器,可使研究者直接看入眼球,似乎对于“身体机器”的内部也可作直接的观察。也就在这个时期,赫尔姆霍茨注意了托马斯·扬的色觉说,虽然直至1860年左右以后,才可以说采用了它。这个研究的结果使他从事于《生理光学纲要》(Handbuch der physiologischen Optik)一书的写作。此书第一卷刊行于1856年。就此卷以观,可见赫尔姆霍茨系以物理学家的方法研究感觉的生理学,他的知觉说则发表稍后。

那时赫尔姆霍茨的名望已日高一日。他到英国去的次数不少,1854年是第一次。他与英国思想的接触远较德国的一般学者为更密切,就某几点而言,赫尔姆霍茨属于英国的思想传统,较甚于其属于德国的思想传统。

1856年,赫尔姆霍茨进波恩大学为生理学教授,连任二年。在那里他对于感觉的兴趣,包括生理声学在内。

1858年,他又改应海德尔堡大学之召,任生理学教授至1871年。他对于感觉的物理生理学的研究以此数年为最有成绩。光学的第二卷刊行于1860年。这部经典著作似尚不足尽其所长,他的 301
全部《声学》(Tonempfindungen)又刊行于1863年,赫尔姆霍茨的听觉的共鸣说也详载于此。《光学》的最后一卷出版于1866年,次年全书乃合印行世。赫尔姆霍茨从三十岁至四十六岁的十六年之间,所设计完成和刊布的著作,现仍为视觉及听觉的实验心理学中的经典著作。

马格纳斯于1870年去世,1871年赫尔姆霍茨转任柏林大学物理学教授,因此,终于实现其少年时得到优异任命的期望。他既为医生,便又欲为生理学家;既为生理学家便又欲为物理学家;结果都如愿以偿。此时，他的天才已为世所公认。他年已五十，仍留在柏林，至二十三年后去世。

他于 1887 年，被任为夏洛腾堡新创的物理学院的第一任院长。1893 年游历美国，参观芝加哥的“世界博览会”。坐海船回欧往英国去的时候，在船中楼梯上失足受伤。因此于 1894 年去世。

赫尔姆霍茨在柏林从事于能量守恒说及水动力学(hydrodynamics)，电动力学和物理光学等问题的研究。他的学生赫兹首先对无线电及无线电报的物理基础作出了贡献。但是赫尔姆霍茨终身致力于心理学及通俗的认识论。他将其《光学》修订一次，《声学》修订三次。1878 年刊布其《知觉的事实》(Die Thatsachen in der Wahrnehmung)。他在 1878 年以前，曾著一系列论文讨论几何公理，以拥护心理学的经验论而反对心理学的先验论。他以为公理不是天赋观念，乃是由个体经验而派生的。

赫尔姆霍茨是一位动人的讲演者，他在柏林讲演，令人深受影响。他曾四次刊布其通俗的科学讲演，讲述他的许多一般性的观点。

以下我们可略述这位物理学家对心理学的贡献，他也是建立新的实验心理学的一个伟大的先驱。

302

感觉生理学

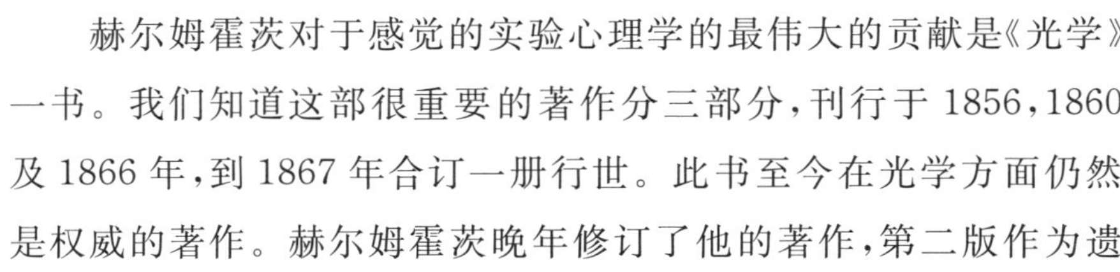

赫尔姆霍茨对于感觉的实验心理学的最伟大的贡献是《光学》一书。我们知道这部很重要的著作分三部分，刊行于 1856，1860 及 1866 年，到 1867 年合订一册行世。此书至今在光学方面仍然是权威的著作。赫尔姆霍茨晚年修订了他的著作，第二版作为遗著刊行于1896年。编辑者柯尼希附一很长的书目于其后，内共七千八百三十三种题目。十年以后，当第三版行将刊印时，经过编者的慎重考虑，认为第一版的内容虽受了时代的大可注意的考验，但第二版的增订就没有那么好了。老年物理学家的赫尔姆霍茨在这个题材中似不如年轻的生理学家而兼心理学家的赫尔姆霍茨的那么专心。可能编者在附录中要说出这个领域内所有新近的变化。无论如何，他们于1909—1911年重印了第一版，增加了补充的材料。稍后，当美国庆祝赫尔姆霍茨百年诞辰时，有将第三版或第一版译成英文的决议，而英文本又略加增订，刊行于1924—1925年之间，这部名著经过六十余年以后，仍然是心理生理学的光学之一基本的教科书，因为它翻译刊行，不仅为一历史上的纪录，且足供应实际的需要。

此书内容，范围甚广，我们这里不能尽括无遗。三卷在讨论视觉中各有物理学的，生理学的，心理学的特点，但是心理学家或较易以此三卷的题材为生理学的、感觉的及知觉的，全书都用物理学的方法。初学心理学者都知道赫尔姆霍茨的视觉说，或“扬-赫尔姆霍茨”说，然而此说只是五十万字的《光学》的小部分，那是用《光学》为教科书的研究家所知道的。其最后一卷载赫尔姆霍茨的普通心理学，如经验论及无意识的推理，后文当即加以论列。

1863年的《声学》，其范围虽略较小于《光学》，但在科学上所占的地位约略相似。它是声音心理学中的经典著作。赫尔姆霍茨于1865，1870及1877年，一再加以修订，1875年，其第一部英译 303
本刊印行世，A.J.埃利斯复大加注释。现在治心理学和音乐者，都采用这本书。它的英文的译本较《光学》为早，故较为英美人所熟知。

《声学》三部分的第一部,由心理学者看来最为重要。载有赫尔姆霍茨对于听觉刺激,欧姆的听觉分析律(Ohm's law of auditory analysis),耳官的解剖及听觉的共鸣说(此说现已与赫尔姆霍茨之名连成一起)的讨论,和赫尔姆霍茨对于合音(combination tones)及母音性质的研究的报告,还有两部分,则用以讨论谐音及其他音乐的问题。

这两部书刊布于十九世纪六十年代,它在历史上的重要,殊不易言过其实。五十年前,生理学家对于视觉,听觉,及牛顿所曾论列的感觉,有许多材料可以说,而对于其他感觉则几乎讲得很少。其后乃有韦伯首先记述肤觉及其他身体感觉的心理生理学(1834,1846)。赫尔姆霍茨用物理学家的观点与牛顿相似,但是他生在心理学的意义渐更鲜明的时代,乃复以视听二觉为各种感觉之首,关于这些感觉,则所知已多,可用以写成科学的教科书了。费希纳曾证明心理学可用科学的测量法。赫尔姆霍茨曾证明视听两觉的研究及事实的搜集的可能。心理学走向科学的运动那时业已开始。有了可用的测量法复有了一般的观念,而实验者研究的成绩又为众目所共见,因此,只须有一冯特乘机奋起,心理学便成一独立的科学了。在赫尔姆霍茨和费希纳开辟这条道路后,冯特确是这样做的。

赫尔姆霍茨虽未曾创立实验心理学,因为由他看来,心理学要不外为生理的,而生理学要不外为物理的。这个问题那时若已提出,他或许要反对“心灵主义”(mentalism),正如他之反对生机主义(vitalism)一样。由他看,心理学是一个精密的科学,有赖于数学的应用，这是赫尔巴特所曾欲证明的，也有赖于实验，这是赫尔巴特所否认的。约翰内斯·缪勒对于赫尔姆霍茨的心理学的思想，有一很重大的影响，赫尔姆霍茨很看重神经的特殊能说。他曾以 304
缪勒此说比拟牛顿的地心吸力说，以为有很伟大而普遍的价值。然而质(quality)似为经验之基本的因次(fundamental dimension)，你若说质的区别意即神经系统中的位置或构造的区别，便未免作出一个重大的概括了。不幸，历史尚未完全实现赫尔姆霍茨的期望。

赫尔姆霍茨扩充特殊能说，使应用于一个感觉器中的不同的性质之内，——他的神经纤维特殊能说——对于后来的思想有很重要的影响。也许他作此扩充出于无意，也许他假定托马斯·扬远在缪勒或贝尔之前曾创始此说。但赫尔姆霍茨的视觉说和听觉说，之所以有其基本的方式实出于缪勒学说之赐。关于这些学说的争论现仍时作时息。虽然，这些学说纵使都被放弃，我们也得要知道视觉和听觉的心理学的知识，多起源于赫尔姆霍茨的学说或其结果所积极或消极引起的研究。

经验主义

赫尔姆霍茨不是系统的心理学家，但是他在视觉上的研究，使他注意视觉知觉，及一般知觉的问题。知觉常为系统心理学的中心问题，因此，赫尔姆霍茨在系统心理学的思想史内，占一重要的地位。赫尔姆霍茨原为一实验者，由此看来，可见系统化和实验在心理学史内，或在科学史内是不能分而为二的。

赫尔姆霍茨主张心理学的经验主义。因此，他在系统上，继承了英国的思想，甚于其继承德国的思想，继承约翰·洛克至穆勒的传统，而非继承莱布尼兹，康德及费希特的传统。德国的哲学的心理学侧重直觉主义——所谓直觉主义意即天赋观念、先验判断及
305 悟性的先天范畴说。英国的心理学建筑于经验主义之上，——所谓经验主义即心灵起源于个体的经验说。赫尔姆霍茨附和后说而反对德国康德及费希特的哲学。这个问题后来在心理学内形成知觉的发生说和先天说的对立，洛采、赫尔姆霍茨和冯特主张发生说，而缪勒、海林和斯顿夫则主张先天说。

康德为悟性或心灵判断的形式，规定了十二种范畴，证明判断可为先验的(即为悟性所固有的)，也可为后验的(即有赖于经验)(见边码 246—249 页)。先验的判断可用几何的公理，物理学的公理如因果，物质不灭，时间和空间的性质，及空间的三度性为例。费希特的哲学系以“时间和空间为先验的直觉”这个观念作中心。赫尔姆霍茨所欲驳斥的就是这个学说。他于 1855 年，执教于康德的大学柯尼斯堡的时候，约在洛采 1852 年发表其空间的发生说之后，即已成立其经验说。他于其《光学》第三卷(1866)的绪论中对于此说力加拥护。他的关于几何公理的论文，则发表较后(1866—1894)。《知觉的事实》(1878)乃细述其经验说。现可引其言如下：

“经验说要证明我们的心灵，除了已知的官能之外，便不必需要他种力量以说明其起源，尽管这些力量的本身完全没有解释的可能。已知的事实既足为解释之助，便不必另提新的假设，这是科学研究中的一个有用的规律，因此，我想我们应采取经验说。先天说对于我们的知觉意象的起源更缺少相当的解释，因为它只是假定某种神经纤维若受刺

激，则空间的某种知觉意象便直接因先天的机制而产生。此说就其较早期的形式而言，本假定我们的网膜可作某种自我观察，据说我们对于网膜的形式及网膜中各神经根的位置有一种先天的知识。此说若就其近来的或 E. 海林所发挥的形式而言，则以为我们有一种观念的、主观的、视觉的空间，使各神经纤维的感觉都据某种先天的法则而记载于其内。因此，这个学说，不仅采取康德的‘空间的一般知觉为我们的观念作用的初型’之说，且更以某种特殊的空间知觉为先天的。”

赫尔姆霍茨不相信先天说有被证明不确的可能。他的主张与 306
洛采相同，以为此说不配以学说称于世，因为它仅以为空间不产生于经验，因此，乃不得不为先天的。大概地说，他相信先天说是不必要的，是无济于事的，他又相信知觉在经验内的发展是可以证明的，因此，他又相信我们不必再设想知觉另有一个基础，除非它有积极的证据。

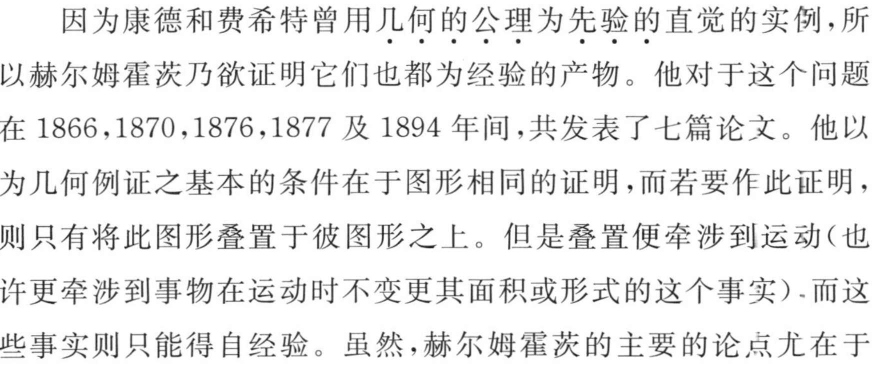

因为康德和费希特曾用几何的公理为先验的直觉的实例，所以赫尔姆霍茨乃欲证明它们也都为经验的产物。他对于这个问题在 1866，1870，1876，1877 及 1894 年间，共发表了七篇论文。他以为几何例证之基本的条件在于图形相同的证明，而若要作此证明，则只有将此图形叠置于彼图形之上。但是叠置便牵涉到运动（也许更牵涉到事物在运动时不变更其面积或形式的这个事实），而这些事实则只能得自经验。虽然，赫尔姆霍茨的主要的论点尤在于非欧几里得的空间的图画。

他提出了这样一个问题：就是，跟我们的空间远不相同的一种空间之内的人们，将可有何种几何学？试举例以明之，也许有“球体内的住民”（sphere-dwellers），他们全住在球体的平面之内；由他们看，平行线的公理将难成立，因为任何两条直线，若充分地引长，便将交叉于两点之上。住在椭圆形的平面之内的人们，必以为不同地位之上的同半径的圆将可有不同的圆周。住在似球体而非球体(pseudosphere)或其他非欧几里得的空间之内的人们将更有不同的公理和不同的几何学。因此，我们可知有四度或四度以上的“超空间”(hyper-spaces)，例如有一种形状，其和球体的关系正犹球体之于圆一样。

这些想像颇足动人，所以当时有一部分学者力为宣传。莱比
锡的天文学家佐尔纳主张空间应为弧形的，有限的(其说颇带有现
代的色彩)，否则，假使时间是无限的，那么一切物质都已消散了。
此说颇有趣味，但其后佐尔纳更由此讨论美国大魔术家斯莱德的
魔术。佐尔纳——半系受韦伯及费希纳的援助——以为斯莱德的
307 现象多系应用第四度而致；在第四度之内，从关闭的箱子内取出物
件，正与在三度之内从一方形体中提取物件同样容易。结果乃引
起一种热烈的争论，这是灵学研究讨论时所常见的情况。学者因
此乃讥评赫尔姆霍茨，以为他为神秘说及伪科学奠一基础。有一
人讥评太过而为柏林大学所辞退。赫尔姆霍茨完成了他的任务完
成得这样好，以致他的关于经验主义的论点竟被用为一种向来未
为人所经验的空间的证明。

在结束这个问题之前，若将赫尔姆霍茨和约翰内斯·缪勒互相对比，也是一个有趣味的研究。我们已知道缪勒对于赫尔姆霍茨有深刻的影响，赫尔姆霍茨也承认缪勒的伟大，尤其是**神经的特殊能说**的重要。但是缪勒是一个先天论者。他的特殊能说，曾被称为素朴的康德的生理学。由他看，空间是心灵所固有的，因此，心灵乃据空间以领会网膜上的影像。赫尔姆霍茨虽承认特殊能说为

一很伟大的发现，但对于空间则主张相反的学说。他于此采取了洛采的学说而加以扩充。他承认各神经纤维有与非空间的部位记号相等的特性，然后进而证明这些特性仅能由经验而产生成人所经验而得的空间。总之，赫尔姆霍茨接受缪勒的学说，而用于相反的观点：这是科学思想史所表现的特例之一。这个变化是随一般思想的发展而一同产生的。在十九世纪三十年代中，脑为心灵的中枢，所以如果有刺激物在与脑相近的网膜之上造成影像，便足使心灵直接觉知它。到了十九世纪六十年代，科学不复以心灵为有不确定的能力为足；它要对于心灵如何知觉一事作积极的说明。

赫尔姆霍茨于此也讨论两眼视觉中的单像知觉的事实。他主张左右网膜有相应点，这是和特殊的神经能说互相符合的一个学说。但是相应点说只适用于视限（the horopter）：其他各位置上的一点都现而为二。赫尔姆霍茨不愿承认海林的网膜的不相称性的感觉；这些感觉，由他看来，就是先天的神秘性的又一种。他以为有些双像通过经验而知其为一，这是一种发生的历程，而“无意识 308
的推理”则在这种历程内占一重要的地位。至于“无意识的推理”在赫尔姆霍茨的心理学内的位置，后文便欲加以论列了。这是一个还没有失去重要性的课题。

应当指出，赫尔姆霍茨承认本能的存在，本能作为一个神秘现象，乃是他不准备加以解释的。他也深觉自己不得不承认有些动物在出生时便有许多特殊的知识，而这种知识则不能得自个体的经验。这点是他对论敌的让步，赫尔姆霍茨可不再加以阐述了。他也知道达尔文和拉马克的学说，而深表同情。斯宾塞那时还没有证明先天说若变成一种种系说（a phylogeneticism）便可成为一个积极的学说。

无意识推理

无意识推理(unbewusster Schluss)说，在历史上，为赫尔姆霍茨的知觉说及其系统的心理学的一个很重要的部分。这个学说实即经验论项下的一个系论。心理学家熟知此说与赫尔姆霍茨的颜色对比说的关系。例如红和铜绿互为补色，互成对比。一个灰色的刺激呈现于红色的背景之上，它便与红色形成对比，我们乃因无意识推理而将它看成相反的颜色，即绿色。这个无意识推理说从未得到普遍的承认，而且直言不津，反似足以破坏赫尔姆霍茨所用以驳斥先天说的种种妥适的原则，它又似仅以文字掩饰科学的无知。一个较好的实例见于实体视觉，虽然赫尔姆霍茨没有明白举出这个例子。一个几何学家在有了网膜不相应点和两眼视差的一切资料以后，就能理解远距物体的深度，但是知觉者通过“无意识推理”立即知道了结果。

赫尔姆霍茨以为：第一，知觉可含有许多不直接见于刺激的经验的资料，这个学说应当得到研究过错觉的每一心理学家的支持。第二，他以为知觉中所有不直接见于刺激的部分是根据已往的经验而附加于知觉之上的。他决定把这个无意识决定的现象叫做推理，企图用一字规定它们的性质，甚至采用一个意义矛盾的短语
309 “无意识推理”，既肯定而又否定它们的推理的性质。这个名词虽可引起怀疑，但是我们可仍须对于此伟大的经验论者的学说，作认真的讨论。

赫尔姆霍茨在柯尼斯堡时采用这个学说,因为这个学说,就是他的经验论的一个要点。1855 年他刊布一篇演讲词,以说明其说的主要意义。1860 年《光学》第二卷复利用此说。1866 年在第三卷内又加以充分的诠释,本章也即以此为根据。1878 年,他刊行了《知觉的事实》,略将此说重加修订。同时,冯特方在海德尔堡为赫尔姆霍茨的助手,在 1858 至 1862 年间著《对于感官知觉说的贡献》(Beiträge zur Theorie der Sinneswahrnehmung),阐明此说,使它得到进一步的支持。但是,此说仍应属于赫尔姆霍茨所有,冯特也认为如此。赫尔姆霍茨是前辈,既首倡此说,而复力加维持;冯特是后辈,虽曾拥护此说,但不久便抛弃它了。虽然,赫尔姆霍茨和冯特之间可仍有交互的影响:赫尔姆霍茨 1866 年对于此说的充分的推论,系在冯特发表了《贡献》的四年之后。

赫尔姆霍茨对于无意识推理的概论,我们可先在他的《光学》中引一段如下:

> “譬如说,有某一属性的某物存在于我们面前的某处,我们用以成立这个判断的精神的活动,大都不是意识的活动,而为无意识的活动。就其结果而言,这些活动似若为一种推理,因为由感官之上所可得而观察的影响,可以推测这个影响的原因,虽然在事实上,我们所可直接知觉的,常仅为神经的激动,而非外界的事物。但是这些活动又似有别于推理,因为在这个词的通常意义上,推理是一种意识的思想的动作。譬如一个天文学家观察星于不同的时间及地球的轨道的不同点之上,而得有星的远近的意象,借以估计它们在空间上的位置,及和地球相隔的距离,这就是实际的意识的推理。天文学家以其结论造基于光学法则的知识之上。就平常的观看的动作而言,这种光学的知识是缺乏的;但是我们仍可称平常知觉的精神的活动为无意识的推理,因为这个名词可使它们充分有别于平常所谓意识的推理。这两种推理的精神的活动,果否相

似，虽属可疑，但这种无意识的推理和意识的推理的结果之相似，那是无可置疑的。”

关于这些无意识推理，赫尔姆霍茨曾有三项积极的声明。

310 (1)无意识推理在正常的情况中是无可反抗的。就典型的例子而言，这种推理似常如此，但据赫尔姆霍茨的说明，也有许多实例不尽如此，所以他的概括的断定似须略加修改。他的意思自然是以为颜色的对比及两眼视觉的单像的经验，在某种条件之下，是直接的，普遍的，决不能因思想而改变的——至少是不能轻易改变的。他说，它们是“无可反抗的”，因为它们是无意识的，决不能因意识的推理而更正。他之所谓不能反抗的精确的程度，待讨论第二点时，便可更易明白。这里，我们只须注意这个不能反抗性就是赫尔姆霍茨用以证明无意识推理是一个合于科学规律的十分正确的事实。

(2)无意识的推理成于经验。于是无意识推理说成为经验主义的工具。赫尔姆霍茨以为这些推理初本为意识的(惟本能为例外)，后因联想及反复演习(repetition)而转化为无意识的推理。赫尔姆霍茨因此直接赞同了英国的联想主义，而联想主义则常以联想为经验主义的工具，有时且以它为唯一的工具。这个理论由现代心理学家看来，不存在任何困难。内省心理学也常以为意识的状态因反复呈现而受习惯律的支配，乃逐渐缩减以致就内省所能发现者而言，这个历程的大部分或全部分变成为无意识的，与其初在逻辑上所不可缺的要素相比起来大有差别。所以赫尔姆霍茨的学说只是意识因习惯化而衰退的一个原则。

赫尔姆霍茨称无意识推理为无可反抗的，这个话究竟具有何种意义，现在当更可明白了。他的意思以为稳固的联想在实际上是无可抗拒的，但是因为它们是联想，所以其无可抗拒的程度至不一致，又因为它们是因学习而得的，所以也可因学习而去的。应当说，一个字必然地引起它的意义，除非是意义已经改变，或意义在某种情形之下，受牵制而不能呈现。迟延的知觉也可说明这个问题。例如由立体画的各线而形成的结晶形的立体知觉也许不立即产生一个立体结晶的知觉，但是观察者若产生结晶的观念，则立体知觉便成为无可抗拒的了。他种初难看懂的怪模型的知觉也莫不如此；刚才看成甲物，忽又看成乙物，最后乃引起一种稳定的知觉，
以代表其真确的意义。在某种意义上，知觉的每种错误的补充或 311
完成，在那时也可视为“无可抗拒的”，假使我们记得这个字的意义。

赫尔姆霍茨尤其引视觉的错觉以拥护其经验论。视觉的错觉多半是不可抗拒的。但是我们对于那些错觉，若取一种特殊的观点，如分析的态度，却也可使许多错觉减弱或破灭，关于这些，我们现在所知道的要较明确于赫尔姆霍茨了。赫尔姆霍茨以为我们可因学习而更正其错觉，且复为此立一通则：以为感觉有别于知觉，感觉前于无意识推理，知觉则依存于无意识推理。

> “在感官的知觉之内凡是在知觉的意象内因经验的成分而破灭，而转变为相反之物的都不能视为感觉。”

凡是因经验而改变的，皆必起源于经验。因此，严格地说，只有感觉才是无可抗拒的。知觉的附加物不因意识历程而介入的，所以都常为直接的。要证明它们是否为知觉的而非感觉的，只须

看它们能否因间接的方法而予以“抗拒”。

(3)无意识的推理就其结果而言，与意识的类比推理相似，所以为归纳的。赫尔姆霍茨以此为其讨论的起点，无意识的推理一词因而得到了说明；然而这一层显然是最不重要而最可引起争论的。赫尔姆霍茨参考了约翰·穆勒有关三段论法的循环性的讨论，他与穆勒相同，断言我们这里所涉及的是类比的归纳，而无意识的推理如同意识推理一样，能借助于类比，确实导致一个新的事例的结论。例如凡人皆有死；揆雅斯是人，所以揆雅斯也有死。这里的困难是，假如你已知道所有的人，则你一定已经知道揆雅斯了，因为他是一个人。这种类比的归纳推理是：因为所有的人在我的经验中都是要死的，又因为依据一个新的经验揆雅斯是人，我就可以推论他也是要死的。这种归纳是大脑在知觉中迅速而自动地进行的，因此，赫尔姆霍茨称它为无意识推理，他完全明白他是有矛盾的，因为习惯上认为推理是有意识的。

知　觉

赫尔姆霍茨对于知觉的基本理论至为简单。他称那些直接有
312 赖于刺激物的赤裸裸的感觉模型为感知(Perzeption)。但是纯粹的 Perzeption 较为少见；因为 Perzeption 几常因想象的附加物而有所补充和变化，而这种附加物则有赖于记忆而成于无意识的推理，结果乃将 Perzeption 化成一种 Anschauung〔见解〕，Anschauungen 实即 Wahrnehmung〔知觉〕，因为物体之被认识无误(wahr 意即真确)，也就是由于 Anschauungen。假使感觉的印象

完全缺乏，只有想象的 Anschauungen，那时的经验便可称为 Vorstellung，与“观念”一词约略相当。Perzeption 是不常有的。Vorstellungen 不在讨论的范围之内。知觉的关键在于 Anschauungen，它涉及感觉和意象，或刺激和无意识的推理。这个关于知觉的见解，在历史上，系介于处理知觉复杂性问题的英国联想学派与冯特所创始的德国传统之间。

赫尔姆霍茨和穆勒及穆勒之前、洛克之后的那些人相同，也想要解释物体（the object）的性质。若说明经验如何分化而成各种物体，那便是以历史上较旧的不同方法，解决知觉的问题。由赫尔姆霍茨看来，物体只是感觉的集合，而这个集合之所以见于经验，乃因为感觉常相集合而至，除非用特殊的注意，否则决不能把它分析而为感觉的成分。这是我们现在已经熟悉的物体的经验论。但是赫尔姆霍茨更进一步，以为物体在经验内建立起来，乃由于一种“心理的实验作用”；我们因尝试和错误发现哪些感觉是可因意志而变化的，而将那些不能变化的，归属于物体。

因此，物体的性质只是它们作用于感官之上的结果，也即为物体对于感觉器官的关系。洛克的副性说（doctrine of secondary qualities）缪勒的神经特殊能说导致了这个观点，它预言了现代所称的适宜刺激和不适宜刺激的区别。

据赫尔姆霍茨的论述，物体的永久性是由于心理实验作用的结果。它们只能因意志作用而挥之使去，可不能因意志作用而加以变化。可是消失之后，我们只须使物体和感官重复发生关系，便又可因意志作用而招之使来。譬如转头他向，物已不见；头转回来，物也回来了。所以物体必永久在那里。赫尔姆霍茨在这些方 313

面，系受了约翰·穆勒的影响，而就其客观的永久性说而言，和穆勒的客观性系于感觉的永久的可能性说的互相一致之处，似仅有不甚完全的论述。（见边码231页以下）

科学的观察

关于知觉的法则的探究，使赫尔姆霍茨对于科学观察的性质和限制，作一种很有趣味的讨论，这个讨论和一切心理学的观察，尤其是与1880—1910的内省的观察及1910—1940年的现象学的观察有关。他以为我们在科学的观察之内，常研究Anschauungen（知觉）而非Perzeptionen（赤裸裸的感觉）换句话说，观察系有恃于观察者的过去的经验，他的无意识的推理，及改造过的感觉核心。因为这个缘故，所以同一情境的两种不同的观察，也许全是对的，因为它们都是经验的真确的报告。无论那种观察，都可有人差的关系，赫尔姆霍茨甚且以为其关于生理的光学的观察，因为是他个人的，也许有此个人的误差。他似乎写了一部书描述他自己。然而只要知道他那些观察受得起后人不断的检验，就可见赫尔姆霍茨为了证明一个论点，未免过于小心了。而且他的生理的光学的事实，基于Perzeptionen者之多，而基于Anschauungen者之少，都超出他自己的假定。对于这个结论，赫尔姆霍茨十分清楚是含有一个经验教训的。"实验室气氛"对于观察的结果是有影响的，这就是说，研究家往往观察其所曾受观察训练的事件，但是也有一个相反的事实，优秀的观察者是需要训练的。

这样说来，心理学的观察家究竟如何训练呢？赫尔姆霍茨以

为注意所及的常为物体，而非感觉，而客观的 Anschauunger 的更正则甚为困难。由他看来，有些观察家，如普金耶，特别善于观察感觉，而抽出无意识的推理所附加于其上的想像的补充物。但是，在进行观察之前，注意更常须针对现象。注意的正确方向也许偶然而致；也许受已往的观察或学理的讨论的指示；也许需要特殊的条件。赫尔姆霍茨举例甚多。他举出了有着特殊方向的注意的事 314
例如普金耶的优异的观察力，两眼视觉中的双象的知觉，及眼内光尘（the luminous dust）的知觉，这种知觉虽为各人所常有，但有眼疾者每先感受到，而以之归因于眼疾。他为证明辅助物的需要起见，征引了马里奥特及盲点的发现，而盲点的存在则仅可以实验证明之。他又征引钟鼓音和二重音中的谐音和某些合音的知觉，而这些音则只当预先特别加以注意时，才可觉知；又如通过两腿之间而观察到的景象（那时颜色的呈现较为鲜明，而不至于因习惯的知觉中的无意识的改造而化为黯淡了）。

关于训练优秀的实验观察者的问题曾引起了十九世纪九十年代的一场激烈的争论。而美国机能主义者认为冯特学派训练他们的被试者给予莱比锡说所要求的反应时间。冯特学派认为他们训练其被试不带成见，而这个理论则建立在这个发现之上，就是，熟练的观察者常要给我们一个特殊的结果。

总之赫尔姆霍茨这个生理学的物理学家对新的科学心理学有大量的重要的论述。

附　注

关于赫尔姆霍茨及神经冲动速率的测量，见边码 41 页以下。关于赫尔姆霍茨及神经的特殊能说，见边码 91—95 页。关于十九世纪直至赫尔姆霍茨的视觉听觉问题的划时代的研究时为止的生理心理学，见边码 96—114 页。

赫尔姆霍茨的最优越的传记为哥尼斯贝格尔，《赫尔姆霍茨传》，共二卷，1902—1903 年，英译本，J. G. 麦克肯德力克译，较原著为短，但也很好。又荷尔，《近代心理学的创始人》1912 年，247—308 页。J. 赖纳，《赫尔姆霍茨》1905 年。

赫尔姆霍茨的两部纲要为《生理的光学》(Handbuch der physiologischen Optik)(1856—1866)，1867 年；第 2 版(1885—1894)，1896 年，第 3 版，即第 1 版附以格尔斯特兰，冯·克黎斯，纳格尔的增辑，1909—1911 年；第 1 版的法译本，1867 年；第 3 版的英译本，再有所增辑，1924—1925 年；《听觉与音乐学说的生理的基础》(Die Lehre von den Tonempfindungen als physiologischer Grundlage für die Theorie der Musik)，1863 年，后来的版本，1865，1870，1877 年，英译本有埃利斯的增辑，1875，1885 年及其后。

与本章尤有关系的为《知觉的资料》(Die Thatsachen in der Wahrnehmung)，1878 年(较常见的为 1879)，是 1878 年在柏林的一篇演说词，重刊于《演讲集》(Vorträge und Reden)内，1884 年，第 2 卷，217—271 页。

赫尔姆霍茨的著作很丰富。比较通俗的著作曾重刊为《通俗科学讲话》(Populäre wissenschaftliche Vorträge)(英译本，1881)，1865—1871 年，1876
315 年，又《演讲集》，1884 年。其专门的及较难了解的著作重刊为《科学论丛》(Wissenschaftliche Abhandalungen)共三卷，1882—1883，1895 年。其最后的一卷刊为遗著，内载柯尼希的 217 种著作目录，607—636 页，这个书目曾分别印行。

除了赫尔姆霍茨的心理学在传记内的讨论之外，并见 V. 海费尔德，《赫尔姆霍茨的经验论》(Ueber den Begriff bei Erfahrung der Helmholtz)，1897 年；F. 康拉特，《赫尔姆霍茨与心理学的关系》(Helmholtz' Verhältnis zur

Psychologie),1903 年,《赫尔姆霍茨的心理学说》(Hermann von Helmholtz' psychologische Anschauungen),1904 年;赫兹和施里克,《赫尔姆霍茨的认识论著作》(Hermann v. Helmholtz' Schriften zur Erkenntnistheorie),1921 年,此书复刊印为知觉的资料。关于简要的评论,见墨菲,《近代心理学历史导引》第 2 版,1949 年,137—143 页。

赫尔姆霍茨的医学论文及其关于神经细胞和神经节纤维的第一篇著作为《论神经系统的构造》(De fabrica systematis nervosi evertebratorum),1842 年重刊于《科学论丛》,第 2 卷,663—679 页。

赫尔姆霍茨的名文《论能量守恒》(Ueber die Erhaltung der Kraft),1847 年,只是他的第六种著作。此文也重刊于《科学论丛》,第 1 卷,12—75 页。

1852 年赫尔姆霍茨首次讨论托马斯·扬的色觉说的可能正确性时,他一定被认为已将缪勒的神经特殊能说扩充到个别的神经纤维了。这篇早期的文章题为《复色说》(Ueber die Theorie der zusammengesetzen Farben),后重载于《科学论丛》,第 2 卷,3—23 页,他在此文内提出他的色觉说,讨论了缪勒的学说,仿佛它适用于个别的视觉性质,且将其整个学说归功于托马斯·扬(1802)。

本书论赫尔姆霍茨的经验主义的一节,以及其后各节,主要取材于《光学》第 3 卷的引论,"论一般知觉"(Von den Wahrnehmungen im allgemeinen,1866)。《知觉的资料》(Die Thatsachen im der Wahrnehmung)实际上与其说是心理学,不如说是认识论。关于赫尔姆霍茨及几何公理的通俗记载,见荷尔,前引书,256—269 页;麦克肯德力克,前引书,250—267 页。赫尔姆霍茨当然自己可未曾想到非欧几里德几何学。他的几何学只是回复到 N. I. 洛巴切夫斯基(1835)和 G. F. B. 黎曼(1854)。他认为,如果经验与引起兴奋的这些几何相一致,而这种兴奋又引起整个讨论和激动,那末,这些几何学大概就会是真实的。

关于赫尔姆霍茨仍在柯尼斯堡时对经验主义的辩护,见他的《论人类的知觉》(Ueber das Sehen des Menschen)1855 年,复刊于《演讲集》,1884 年,第 1 卷 365—396 页。关于先天论和经验论的一般讨论,见波林,《实验心理学史中的感觉与知觉》,1942 年,28—34 页,49 页以下。

无意识推理说隐含于上引的论文内,但还没有这个名称,1860 年视觉对比的讨论也没有应用它。那时所用的名称为“判断的错觉”(illusion of jndgment:):见《光学》,第2卷,第24节,最后的一段。冯特于1856年首用“无意识推理”一词,(《对于感官知觉说的贡献》65页)至1862年尤重视此词(同书,422—451页)。关于冯特和赫尔姆霍茨的关系,见冯特《经验与知识》(Erlebtes und Erkanntes),1920年,155—169页。关于此点,荷尔是不精确的。

无意识推理,为unbewusster Schluss的最妥适的译名。英译本《光学》称“无意识结论”。鲍德温在翻译李播时,称“无意识推论”。另有些人用“推理”一词,作者以为这个词最宜于表示一种历程的归纳的性质(作者在此及他处,为了求得文字上更确切的翻译,有意离开了《光学》的英译文)。

关于赫尔姆霍茨的色觉说的简明英文摘录,见兰德《心理学家文选》1912年,582—596页,或丹尼斯《心理学史读本》,1948年,109—205页;关于赫尔姆霍茨论知觉,丹尼斯,前引书,214—230页。

第十六章　威廉·冯特

冯特在心理学史中是前辈心理学家。学者而配称心理学家的 316
以他为第一人。在他之前，有心理学，可是没有心理学家。约翰内斯·缪勒是生理学家。约翰·斯图尔特·穆勒是逻辑学家和经济学家。洛采是形而上学家。赫尔姆霍茨是生理学家兼物理学家。培因虽确为心理学家，但在名义上是逻辑学家。费希纳虽可称心理学家，但是他先是物理学家，后来很想当哲学家。冯特的职位是哲学教授，与现代德国的心理学家相同，而且在哲学上的著作很多；但在他的眼光及学术界的眼光看来，他首先是心理学家。我们称他为实验心理学的建立者，却含有两层意思：第一他促成心理学为独立学科的观念，第二，他在心理学家中总算是一位老前辈。

威廉·冯特在1832 年生于巴登的内卡拉，是曼海姆的郊区。他的父亲为一路德派的牧师。冯特虽曾有三个兄弟和姊妹，但过着独子的生活；有两个兄弟姊妹死得很早，冯特已不记得了；还有一个兄弟八岁时离家就学，那时冯特还很年幼。六岁时，冯特和他的父母移居于海登海姆，是巴登中部的一个乡村。他在国民小学读了两年书以后，就有一个牧师名叫弗里德里希·米勒管教着他，这个牧师或许是冯特的父亲的助理员，与冯特同住一个房间。冯特敬爱米勒，超过敬爱他的父母；当米勒不久调任于邻村蒙士歇姆的时候，冯特依依不舍，他的父母只好允许他去与米勒同住，而继续其个人的教育。年轻的冯特似缺乏少年的朋友，也没有游戏的习惯。除了星期日之外，倘米勒因公出去，他总是在米勒牧师的房间内，伏案工作，有时任意幻想，而常悬望着牧师的回家。

317 十三岁时，他乃入布鲁沙尔城内的文科中学，是一个受天主教支配的学校。也许半由于此，所以他的父母决定将他送至他处就学，第二年改入海德尔堡的文科中学。自此以后，他乃交结朋友，养成专心读书的习惯，而开始共后所特擅长的学术生活。他在十九岁时，即预备入大学了。

他的儿童期是静穆的，青少年期是严肃的，不分心于游戏和娱乐，这便使年轻的冯特准备无休止地写大册书，使他终于在历史上赢得地位。他从来没有学会游戏。他在童年时没有朋友，青年期内仅有好学的伴侣。他没有得到父母的爱，用对牧师辅导人的深情厚谊取代了较幸福的关系。我们可以看到这个未来的人已正在形成了——那就是严肃的，不知疲倦的，不怕困难险阻的冯特。但是我们不应当忘记他还有优越的才能，足够解释他的广博的百科全书式的学问。我们尤其要考虑他要立即成为心理学家的动机模式，而这个模式甚至在冯特接受大学训练以前就已经形成了。

1851 年，冯特升入杜平根大学。他的父母在巴登附近的几个大学之中如海德尔堡，弗赖堡，杜平根等选取了杜平根。但是他在杜平根一年，次年秋即改入海德尔堡，肄业三年半。在杜平根时，他曾决定要做生理学家。那时他的父亲已死，而母亲的财产有限。冯特怀疑自己也许不配行医，但是他一方面欲为医生以维持其生活，一方面又欲专治科学以满足其学问欲，医学的训练勉强于此二者之间得一调和。因此，冯特和前人洛采及赫尔姆霍茨相同，因谋生的需要而习医。于是，一方面因为少年势须自给，一方面因为德国大学的医科给学生以纯粹学术的训练以便为他日行医之助，现代的心理学就作为生理心理学而开始了。

冯特在海德尔堡，第一年专治解剖学，生理学，物理学，化学及实用医学。结果乃发表其处女作，论述尿内的盐化钠(1853)。第二年，他更进为行医的实习，而其对于柏林的约翰内斯·缪勒和莱比锡的路德维希的生理学的研究的注意逐渐加强。第三年，乃为 318
海德尔堡的一个医院中的助理医生，又发表一篇论文，讨论迷走神经区对于呼吸的影响(1855)。此时他已于医术上受了一种实际的训练，且复领悟其纯粹科学的意义。研究的工作也托始于此。

他在四年前无论有过如何的怀疑，此时可已十分明了他自己不喜行医了。在缪勒之死的两年之前，1856年的春天，冯特乃赴柏林入约翰内斯·缪勒的生理学学院，从缪勒专治生理学。那时缪勒已成为最伟大的生理学家，博得“实验生理学之父”的尊号，与冯特在实验心理学史上的地位正复相似。冯特说，“德国科学之在柏林，其性质都较在南方德国大学为更精深而广博。”海德尔堡的训练太重实用，不合他的学术的脾胃。他在柏林不仅获见当时最优秀的科学，且复亲自遇见当时最伟大的学者。除了生理学家缪勒和物理学家马格纳斯之外，他曾屡见杜布瓦-莱蒙，杜布瓦那时方欲将爱德华·F.韦伯(是莱比锡韦伯三兄弟中最小的一位，恩斯特·海因里希·韦伯最大)在莱比锡和福尔克曼(费希纳的朋友)在哈雷所引起的关于肌肉收缩的争论求一解决。假使冯特还需要什么刺激才决定他过学术的生活，那么在柏林时的那种兴奋的经验也就很够了。

冯特仍于1856年复回海德尔堡，考取医学博士学位，升任生理学讲师，自1857年起连任至1864年。他的后来的著作的宏富，此时已稍示征兆。在1856至1857年间，他发表纯生理学的论文三篇，然后于1858年，刊行其第一部书：《肌肉运动学说》（Lehre von den Muskelbewegungen）。他在早期对于病理解剖学的兴趣此时已成过去；对于生理学的兴趣很浓；而对于心理学的兴趣也已肇始。至1858年，他乃刊行其《对于感官知觉学说的贡献》（Beiträge zur Theorie der Sinneswahrnehmung）的第一编，是讨论触觉的一编，大半取材于E. H. 韦伯，约翰内斯·缪勒和洛采。冯特那时已认为知觉在心理学上不仅为生理学家的感觉。此编的
319 最后一段对于作为知觉机制的无意识推理（unbewusste Schluss：是当时应用的短语）作简短的讨论，此段想系著作或刊布于赫尔姆霍茨来到海德尔堡之前。

这是1858年的秋天——是冯特重要的一年——赫尔姆霍茨由波恩来到生理学院。赫尔姆霍茨的到来，与课程上的改革，同时，规定所有想在巴登受国家医学考试的人，都须在生理学实验室内受一个学期的训练，于是冯特帮同训练那些踊跃而来的学生，对于肌肉的痉挛及神经冲动的传导，作标准的实验。冯特继续一段时间，从事于这个无聊的工作，可不相信它对于未来的医生有何价值，过了几年之后，乃辞去本职而又任讲师。据某书所载，他的辞职乃因他于数学涉猎太浅，不能满足赫尔姆霍茨的要求，可是此说与事实不符，因为冯特也曾说过，赫尔姆霍茨用不着他的数学的帮助。赫尔姆霍茨比冯特大十一岁，二人似曾互相敬慕，可不曾有亲密的私交。或者如铁钦纳所称，他们俩的气质太悬殊了。然而在事实上，他们

在同一实验室任职十一年之久，至 1871 年赫尔姆霍茨到柏林时为止。

此十七年在海德尔堡（1857—1874）的结果，冯特乃由生理学家而进为心理学家，——我们曾称之为第一位心理学家。他任生理学讲师或生理实验的助教，至 1864 年，升任额外教授。1871 年，赫尔姆霍茨改应柏林之召，冯特理应继任，但不见任命。赫尔姆霍茨的讲座由屈内继任，冯特留任原职至 1874 年，乃改受苏黎世归纳哲学讲座的任命，他在学术上的兴趣的转移，于此可见。他前在海德尔堡时曾更迭演讲实验生理学和医学的物理学，辞职时已开始将这些演讲刊行成书，结果编成下列两部书《人类生理学》（Lehrbuch der Physiologie des Menschen，1864，新版发行于 1868 及 1873）和《医学物理学手册》（Handbuch der medicinischen Physik，1867）。

我们要注意，冯特侧重医学的物理学，可见从前虽曾有过约翰内斯·缪勒的努力，那时可仍须称生理学为物理的科学。冯特以为心理学作为生理心理学也是一门科学，他对于这个事实的侧重，那也是很合理的。就是到了现在，心理学家对于心理学的科学的性质，也不免有自卑感。在 1858 至 1859 年间，冯特乃开始讲演自然科 320
学入门以建立其关于认识论的观念。次年讲人类学，而定其界说为人类的自然史。他又引入其他生理学的问题以代替旧的演讲。

同时他正在著作他的《对于感官知觉学说的贡献》一书。继 1858 年的第一编之后，次年便另有两编，1861 年复加一编，最后两编刊行于 1862 年。全书也刊行于 1862 年，附一引论，铁钦纳以为冯特一生的计划已略载于此。但是这个计划和其后事迹的符合却不足以证明冯特对于未来，甚至在志愿上，已经了如指掌。他如何能有此先见之明呢？他那时仍为生理学讲师，有生理学研究的方案；而且当时还没有实验的心理学家，可示人以这种计划的完成的可能。虽然，冯特也已有一个蓝图；后来就利用这个蓝图，证明它的价值。

我们现在须稍停片刻以讨论冯特的《对于感官知觉学说的贡献》。这是一部促进实验心理学诞生的书，一部分因为它在内容上是实验心理学；一部分因为它正式提出实验心理学；又一部分因为它虽有缺点，但究竟是冯特关于实验心理学的第一部著作。

可是，这部书也不是当时第一部的实验心理学，也不是当时最伟大的著作。费希纳的《纲要》的刊行，虽在《对于感官知觉学说的贡献》的第一部分刊行两年之后，但在其全书刊行两年之前。而且费希纳比冯特大三十一岁，当冯特还在作生理学的学生时，费希纳已早开始其研究工作了。《贡献》的实验的内容是崭新的，但是在心理学上，没有韦伯对于触觉研究的那样的创造性。此书的实验内容在心理学上仍有它的基本的重要性，只是因为它证明冯特那时虽仍治生理学，但已开始考虑并研究实验心理学及知觉的重要领域了。

但是此书仍可称实验心理学。冯特曾说起一种实验心理学(experimentelle Psycholgie)。那时他的见解没有后来那样明确，他只是说："凡心理学都始于内省(Selbstbeobachtung)"，而方法
321 则有两种：即实验法和历史法。他以为心理学家用这两种方法作归纳的研究。因此，铁钦纳说冯特一生实现《贡献》中的三个阶段的心理学计划，即实验心理学，社会心理学(历史法)及科学的形而上学(这里是就冯特的归纳法的讨论而言)。这个三阶段计划有什么预卜未来的意义，我们可不必关怀；重要的是要知道冯特虽不以

实验为心理学的唯一方法，但仍很重视实验，倡导实验心理学。冯特在其他著作内更详述其个人的思想。大约在1858年间，他方开始演讲自然科学的通则时，对于赫尔巴特的《科学心理学》特加注意。那时他断定心理学应为科学，但作为科学就必须有赖于实验，而赫尔巴特则所见不同。冯特乃不得不以多年的时间反对赫尔巴特的传统，然而冯特和费希纳的关于科学心理学的观念则得自赫尔巴特，虽然由他们看来，科学之意即为实验的。冯特在1858年刊行其《贡献》的第一部分时，对于这些问题还没有弄明白，但是当他于1862年为全书作引论的时候，他已得到多次考虑、讲演和费希纳的《纲要》的教益，而不难提倡一种“实验心理学”了。

当撰著《贡献》的时候，冯特在心理学上的他种兴趣也加速扩大其范围。1861年在施佩耶尔的博物学会的天文学组内演讲其对于人差律的心理物理的解释。1862年，他复在海德尔堡讲演“自然科学的心理学”，次年讲演稿刊行，定名为《论人与动物的心灵》(Vorlesungen über die Menschen-und Thierseele)，这是一部很重要的书，三十年后还校订出版，英国有校订版的译本，直至冯特死后，还继续重印发行。有人说，此书被宣称为生理学家的素朴的心理学。但实际上，无论其结构如何，总曾为多年来的实验心理学的主要部分提出许多问题。有人差方程式及反应实验；《贡献》中的知觉问题有较通俗的讨论；出世已经三年的心理物理法，有约略的叙述；此外还有许多系统的材料都是冯特后来的解释法的先 322
河。海德尔堡的演讲仍以原有的名称持续至1867年；1867年后乃改名为生理心理学：我们或者可以说生理心理学之为正式的学科，可以说开始于1867年。但在十九世纪六十年代后期，冯特则

从事于生理学的研究和著述，而这个工作，在他辞去生理实验的助理的时候，即已开始了。心理的研究间接为 1873 至 1874 年间的《生理心理学》的准备，但是冯特是否在十九世纪六十年代著作此书，实属可疑。他的专心研究和大量著述的能力很大，似不必有如此长期的准备。

冯特一生的思想和著述都很敏速，有人笑话以为卡特尔在 1883 年送一架美国打字机给冯特，也许和冯特所刊行的著作的分量之多不无关系。然而，这与事实未免相去太远。1857 年他才升任生理学讲师。六年之后，他已作过许多实验，编撰《贡献》及其有系统的引论；他已写成心理学的演讲稿，刊布于第二部书内。他复已明白了各种基本的观念，如实验心理学及历史心理学的概念，又知道了人差的实验可为时间心理学及联想开辟研究的途径。凡此种种都仅就心理学而言。同时他又刊布其关于生理学问题的研究；利用演示讲述显微的解剖，医学物理学，发生和发展的生理学及人类学等，他演讲的问题常相更迭；此外还为生理实验室内的医生作麻烦的集体指导。我们现在既没有好传记，但大可研究他这些年来的书目和演讲节目，而领略其能力的伟大。

冯特对于生理心理学的讲演，以 1867 年为始，其后刊行成书，定名为《生理心理学原理》(Grundzüge der physiologischen Psychcrlogie)，是近代心理学史上一部很重要的书。前半部刊行于
323 1873 年，后半部刊行于 1874 年，都在冯特任教于海德尔堡的时候。此书一方面是冯特在海德尔堡时的学问发展的具体成果，也是他由生理学家进为心理学家的标记，他方面就是新的独立科学的创始。无论就那一方面说，都是一部有系统的书；建立一种心理

学系统，并企图有计划地包举心理学的事实而无遗，比先前所著的两部心理学的书更为精深。无意识推理说已被放弃，统觉说代之而起，虽然到了后来的数版才更臻充实。善于批评的读者不难强调《生理心理学》的连续六版的变化；然而这些变化如统觉说和感情说的修改及本文的增补，只是当我们知道这个系统的重要结构已预定于 1874 年，而且其后也坚守不变时，才可领会其重要性。冯特不曾另造一个更成熟的心理学系统：他只是对于原有的加以修改和补充。这就叫做一种"生理心理学"，也就是他主张实验心理学的重大理由。

冯特在苏黎世仅有一年（1874—1875）。1875 年，改应莱比锡哲学教授的任命。这个变动很是重要，冯特因此乃正式由生理学进入心理学所隶属的领域。而且有了这个先例，心理学实验室在德国大学中，开始附属于哲学讲席，这当然是一个怪现象，但直至现在依然不变。与冯特竞争莱比锡的讲席的还有霍威赤，结果任命冯特的，可不是莱比锡大学的赫尔巴特派，而是佐尔纳，佐尔纳想要以原属一人独占的讲席，分由二人担任，因此乃邀请冯特。然而这些人能否知道冯特是如何的一个实验家，尚属可疑。他们也许以为冯特是向哲学转化的一个不适宜的科学家——就向哲学转化而言，却也有几分真确性。但是他们在冯特身上却也得到了一个实验家。冯特于是以其新得的讲座，对于其已刊布的系统力图扩充，一方面通过了它的内部的逻辑，另一方面通过了外部的实验。

实验的研究不久便与世见面了。冯特于 1875 年来到了莱比锡，便有了房子给他的讲演提供实验的证明。1879 年，在他入莱

比锡的四年之后，冯特乃创立了世界上第一个心理学实验室，这几
324 乎是心理学家谁都知道的一回事。它刊布的第一篇的研究报告是马克斯·弗里德里希论混合反应的统觉时间。然而我们曾再三说过，凡是第一的在实际上未必就是第一；总不免有先例在前。1875年间，詹姆士在哈佛大学，也曾另辟一室以为心理实验之用，斯顿夫更于1875年以前设一听觉“实验室”置音叉于雪茄烟盒内。然而这些实验室不是“创立”起来的；只是有过这么一个罢了。而且德文心理学实验室叫做“心理学院”（Psychologisches Institut），实验室只是工作的场所，至于学院则为公认的行政的单位。这第一个莱比锡的心理学院开始时仅有几间屋子，不久即增为十一间，在一个现在已经破坏了的老房子里面。1897年乃舍此而另辟远较完善的屋子，但即在这个第一所房子里，实验心理学取得了独立的合法存在。这里比任何其他地方，培养出更多的实验心理学史中的重要人物，不仅有德国人如克勒佩林，勒曼，屈尔佩，墨伊曼，还有美国第一代的实验家如荷尔，卡特尔，斯克里普彻，弗兰克·安吉尔，铁钦纳，威特默，华伦，斯特拉顿，贾德等。荷尔的接触较少。卡特尔是冯特的第一名助手。他以美国人的豪爽之气自荐于冯特。据冯特所述，卡特尔来看他，说：“先生，你需要一个助手，我便愿意做你的助手！”我们于此还得补述一句；冯特向来任意给学生以研究的问题，但也有少数学生自带问题往见冯特，卡特尔应为这些少数学生中的一个，他的问题就是个别差异问题，且也能作出成绩，虽然冯特称之为十足的美国气——在事实上也确如此。

冯特从1885至1909年共有十五名助理，名单如下：J. McK. 卡特尔、L. 朗格、O. 屈尔佩、A. 基希曼、E. 墨伊曼、F. 基苏、P. 门

茨、E.莫希、R.缪勒、W.默比乌斯、W.沃思、E.杜尔、F.克鲁格、O.克列姆、和P.塞洛。这个名单包括至少有十位实验心理学史中的著名人物。

新实验室既富有成绩，乃不得不有刊物。1887年，冯特乃发刊《哲学研究》(the Philosophische Studien)，为实验室及新实验心理学的机关报。第一种心理学杂志应为培因在1876年所创刊的《心灵》杂志，然而新心理学不即盛行于英格兰，而且这个杂志也从来不曾为它所专有。因此《哲学研究》可算实验心理学的第一种 325
杂志，而冯特的实验室的收获，就是它的稿件的主要来源。这个杂志的名称，在现在看来，也许奇特，但是我们要记得冯特不仅是哲学教授，他还相信哲学应得为心理学的，而且他的一生有十年是哲学期，而在此十年之内，他的重要的著作为逻辑、伦理学及哲学体系。总之，冯特应莱比锡的哲学家之请，也满足了他们的要求。

十九世纪八十年代，为冯特的哲学期。在1880至1883年间，刊行了他的《逻辑学》两大卷，刊载了他对于心理学及心理学方法的许多见解。1886年，他的《伦理学》出版了。1889年，他刊行其《哲学体系》(System der Philosophie)，铁钦纳称之为科学哲学的大全，也就是冯特二十七年前在《贡献》内所计划的一种科学形而上学的产物(据铁钦纳的意见)。这三部书本文合共二千五百页，一个学者或许花了十年光阴才可写成。但是冯特的精力尚未竭于此。1880年，他又刊印其《生理心理学》的第二版，大加修订，增为两卷。1887年，第三版又行世。此外除了小文章不算，尚为《哲学研究》时常撰稿，同时复指导莱比锡实验室的这个新的有成效的、高度多产的研究。在如此短时间内而能有如此伟大成就的人，世上恐不易多见了。

在冯特的余年中，心理学已广泛传播于德国及美国。至1890年，冯特已足使实验心理学永远立足于科学界内。他称此新心理学为“生理心理学”。他主张一种科学的心理学，而创设了实验心理学，他又建立了第一所心理学实验室或心理学院，并作出了成绩。研究工作日益繁荣，事实也日益累积起来。他复发刊了一种理论心理学及实验心理学的杂志，并继续出版。于是德国美国乃由受训练于莱比锡的学者创设其他实验室而以莱比锡为榜样。德国新心理学的性质已决定于冯特。美国心理学，至少就实验室而
326 论，也在某种程度上预定于冯特，虽然除了铁钦纳之外，美国从头便有它自己所特有的心理学。

1889年，冯特荣任莱比锡大学校校长。但是他的功绩都表见于著作。他的著作，凡曾发表于前的，都莫不继续修订于后。《生理心理学》第四版刊行于1893年；第五版增为三卷，刊行于1902至1903年，将那些因采用感情的三度说（the tri-dimensional theory of feeling）而需要的修订，都包含在内；第六版发行于1908至1911年，大致和第五版无异。关于感情的新学说初见于1896年的《心理学大纲》（Grnndriss der Psychologie），无论赞成或反对都引起了大量的实验研究。至1911年，这一部通俗的书已经过第十次的修订，再继以五次的重刊。冯特在1892年复修订其1863年的《论人与动物的心灵》，后复校订两次，而刊印其最后的校订本于1919年。1911年他复著一本小册子《心理学引论》（Einführung in die Psychologie）。凡此种种刊物都纯为心理学的，但是冯特也继续修订而印行其哲学的著作。在1892至1912年间，他的《伦理学》有三次的修订本；他的《逻辑学》在1893至1921年间（因为其

最后版发印于冯特死后）也前后修订三次，增为三大卷；他的《哲学体系》在 1897 至 1919 年间，也有三次的修订本。

然而我们还没有叙述其全史。在十九世纪九十年代内，他修订其心理学体系，使和他的关于感情的新见解几乎完全相合。但是一到了二十世纪，他复有余暇以重返于 1862 年《贡献》所提出而未付诸实践的工作，即关于民族心理学或人类自然史的著作，冯特以为只有这种心理学才可对于高等的心理历程的问题作合于科学的解答。此书第一卷刊印于 1900 年，并作了修订，在第二次修订时增为两卷。第二卷刊印于 1905 至 1906 年间，也因增订而成两卷。至 1914 和 1920 年间，复刊印六卷，共计有十卷之多。读者若已了解这部著作的巨大，可更参考冯特的书目以见冯特究如何于著书之外，复努力于论文的写作。1857 至 1862 年间的那么大量的著述，连续至六十三年之久，而以 1920 年冯特之死为止。即就 327
他之死而言，也似和他作事井井有条的习惯全相符合。凡是他所校订的，那时都已告完成。《民族心理学》也终于脱稿了。他复于 1920 年叙述其一生中关于心理学的回忆，写成之后不久，即于八月三十一日去世，终年八十八岁。

这个新心理学初似以冯特和莱比锡为中心，其后便超出冯特的范围了。他种实验学派和争论盛见于德国及美国的境内。冯特在其《生理心理学》最后二版内，更侧重其心理学的体系，不复欲以之为心理知识的大全。《哲学研究》停刊于 1903 年，只出了一个纪念号以纪念冯特，冯特只得利用他种刊物，尤其是代替《哲学研究》的《心理学文献》(the Archiv für die gesamte Psychologie)。但是他向来是独立的，不愿乞助于他人，因此乃复创办《心理学研究》

(the Psychologische Studien),作为莱比锡学派的喉舌。

冯特既博学而复重体系。他具有无与伦比的能力,集合许多事实,造成一个系统的结构。这个结构的各部分都成为论文,以致这种系统的著作都具有引证说明的性质。因此,冯特也为一个有力的论辩家,他的方法,就此点而言,与其说是科学家的方法,不如说是哲学家的方法。归根结底,他的气质似也为哲学的。这不是因为他所担任的是哲学教授而非生理学教授,所以他才著述哲学而作哲学家的笔调;他被任为哲学教授是因为他做生理学家的时候,对于科学的理论,即已具有哲学的倾向。

冯特究竟是不是实验者而兼哲学家呢?这个问题可很难答复。我们知道冯特由唯理的哲学家的方法而信仰实验心理学,我们也知道他创立一个实验室,发刊一种实验的杂志,领导实验的研究,而常以其学说求证于可能的实验的事实,且不惜以新实验的根据而加以修订;但是我们也知道他之为此,不是因为他本来是一个实验家,而因为这是一个哲学的信仰的结果。他固然是实验家;然而他的实验主义乃是他的哲学见解的副产物。冯特从未主张实验
328 法可用以治整个心理学:他以为要明白高级的心理历程,须研究人类的自然史,或他的民族心理学。因为这个缘故,所以他能在未有实验的支持或辩难之前,提出并宣传一种对他的整个系统有重要影响的复杂细致的感情学说,复因为这个缘故,所以在他的心理学之内,分析说,统觉说等理论,由他人看来,似乎是他的重要的贡献。假使他的生命力不甚丰富,他也许相信实验法对于心理学的重要,而不从事于实验;然而冯特究竟是冯特:他能于写作其逻辑,伦理学,及科学的形而上学的三巨著的那十年之内,创立了一个实

验室，领导着多量的实验的研究，而复刊行一种新的实验的杂志。

冯特的体系

冯特的心理学体系究竟有多少属于实验心理学史，那是不易估定的。他的《生理心理学》初看起来，似乎压根儿是实验的。就它是一本手册来说，这是一本实验的手册，体系和手册虽有相同的封面和相同的页数，但体系不等于手册。冯特立论常求助于实验。而论点内所有不大明确之处，也常在莱比锡实验室内化为实验的问题。然而这些都是体系内的细节，可不就是体系。在事实上，体系在广义的纲要上，是属于分类的规划的，既非实验所可证明，也非实验所可推翻。即就下列这个主张而言：“感情是统觉对于感觉内容的反应的标志”，其为真为伪也未可示以实验。虽然，冯特的体系也非完全脱离实验。就其心理学的定义而言，他以内省为心理学实验室的主要方法。感情的三度说曾引起大量的实验的研究，也许为实验所推翻——至少也未为实验所证实。总之，我们也许可以认为实验和冯特的重要的系统概念的关系是例示之于原则的关系，多于其为实证之于结论的关系。原则似乎可以成立了，且 329
复与私人的经验相符合，实验则更精确地予以例示。其实这同样的实验也许可适合于另一体系。

为便于说明起见，我们可将冯特的心理学体系的发展分为四期，我们记清这四个时期也不无用处，因为它们一方面可指示冯特心理学对于实验的影响的变化，他方面又可代表当时的心理学。

（1）十九世纪六十年代为冯特的心理学体系尚未成立而方将

成立的时期，那是我们已经知道的。他的知觉的学说及其感情和感觉的区别都基于无意识的推理说。

(2)到了著作其《生理心理学》的时候，冯特体系中的主要原则已逐渐明了，而其心理学的混合说(the doctrine of psyshological compounding)也为读者所共见了。无意识的推理说已被放弃，虽然“认知的符号”(cognitive signs)那时已加入知觉的学说之内，而使客观的成分和主观的成分互相分离。总之，他释心灵为正式的元素例如感觉，而这些元素则各有其特殊的属性，因联想作用而连成一起——联想则系取自英国学派的一个基本的心理学原则，在历史上看来，凡是意识的分析的心理学体系都莫不以它为综合的原则。统觉也跟我们见面了，但尚不大重要。感情只是感觉的一个属性。凡此种种都见于其《生理心理学》的前后三版(1874—1887)之内，因此也包括实验室和《哲学研究》的建立。

心理学因联想而混合的元素主义对于心理学的研究有很大的影响，虽然我们将来会知道冯特的机械观似乎还没有像批评家所想象的那样严重。在现象的观察还没有盛行于实验室内以前，几乎所有内省都是分析的；而内省的分析意即将经验归结为感觉或类似元素的混合。屈尔佩派主张无像思想，虽否认意识的感觉性，然其所以得到这个结论，还是由于在思想中寻求新元素的结果。即就现代格式塔心理学的运动而言，它虽努力实验，但是说来可
330 怪，它也应感谢冯特的元素主义，因为要反对冯特的分析和混合，乃是推动这个运动进行大量著作的有力动机。

(3)冯特在1896年出版的《大纲》之内，力倡感情的三度说。这个观点认为感情不仅依照愉快和不愉快的维度而变化，同时也

各自独立地依照紧张和松弛、兴奋和安静的两个其他维度而变化。这个理论有无比的体系的重要性。它于那些已经可供混合之用的元素之外，复大胆地加上许多元素。第一，感情从前本仅为感觉的一个属性，含有强度不同的快感和不快感而已；现在则于快感和不快感，紧张感和松弛感，兴奋感和安静感的三度之内，不仅有与已有元素相等的新的简单的感情，且复因感情一再混合为总感情的可能，于是其数目更增加很多。这个演变似半属承认单凭感觉主义和联想主义就不足以尽解释心灵的能事。同时，这个对于感情的种类之多的承认，乃是经验的，而非实验的——假使我们可用经验的这个名词以称心理哲学家之仅参考自己的经验和他人的偶有的经验而不加以严格的实验的控制者所用的方法。因此，冯特乃于旧的较有限制的概念不够应用的时候，便自由利用那些新创的感情。冯特原来没有像后来的屈尔佩那样，要使这些新元素变成思想的历程；然而我们总觉得这些感情只是由这位大师的意志创造出来的，结果乃足使许多问题不那么明了，象意义问题一样，冯特在较早的时期，曾假定认知的符号以求这个问题的部分的解决。

感情的种类之多，虽半由于杜撰而成，但是冯特仍想为它们求实验的根据。假使实验不曾导致感情，感情却至少导致了实验——就冯特说便常如此。冯特在勒曼所刊布的关于脉搏、呼吸的曲线之内，自以为已能为其三度体系中的六种感情，各求出其身体方面的相应物。自此而后，乃为大量实验研究的时期，对于那些相应物作了许多试验，尤以德国为甚。美国方面也略有几科研究。
在德国，冯特那时在心理学上的权威，和约翰内斯·缪勒从前在生 331
理学上的权威相等，所以实验的结果纵不足以证明其说或且和其说相反,然而实验者的一般的趋势则似都加以拥护。在美国,铁钦纳利用印象法(the method of impression),先根据他自己的实验,次根据其康乃耳大学实验室的报告,证明那两对新加的感情和因袭的一对快和不快的感情实同为一物,因此驳斥了这个三度说。这里可不能详述冯特所引起的关于感情的实验的经过;我们只须知道心理学到了前世纪末和本世纪初的时期之内,往往使这种纯属体系的假设,在领导新心理学的德美两国的心理学实验室之内,引起无休止的探究。

(4)冯特体系的最后一期约始于本世纪的初年。他的《生理心理学》第五版(1902—1903),对于感情的新学说论述甚详,而统觉之为一体系的概念也愈增加其重要。感情和统觉也不无关系,因为感情就是统觉在经验中的征兆。"感情是统觉对于感觉内容的反应的标志。"其困难处乃因统觉是一种活动,不易应用冯特的实验主义所要求的观察法。感情的新学说可用以解决这个困难,而旧的限于快和不快的感情说则否。又我们已知道二十世纪的前二十年正是冯特写作其十卷本《民族心理学》的时候,而他所以写这部书的缘故,部分由于他以为此书为"高级心理历程。"提供适当的研究。假使冯特的年龄较轻,也许他的《生理心理学》能出第七版,并慎重地使这个研究的结果能与其体系的其余部分协调一致。

体系的基本原则

冯特主张心理学是经验的科学。心理学不是形而上学,所以不应借形而上学以谋求发展。赫尔巴特认心理学为科学,但是这个科

学是以经验、形而上学和数学为基础，而不以实验为基础的。费希
纳不仅承认实验，且复以实验为基础。冯特将形而上学除外，费希 332
纳深嗜哲学，所以不避形而上学，洛采在其《灵魂的生理学》内则更
加培养形而上学。德国的心理学一向常为形而上学的。冯特虽也
几乎是一哲学家，但现仍存在的反形而上学的风气则创始于冯特。

因此，冯特乃主张心理学不是"内在经验"的科学，因为内外经验的区别是没有根据的。譬如感情属于内，因为它在意识上是属于主观的，知觉属于外，因为它是涉及外物的，至于心理学则兼取二者而研究之。据冯特的意见，"内觉"（an"inner sense"）也不能存在。经验的资料只是它们本身；知觉不必为我们所知才算知觉；它只要来了就是。他承认物理学和心理学有别，但是这个区别系就察看经验的观点而言，可不存在于经验之内。

心理学有一特点和物理学有别。心理学所研究的不为内的经验，而为**直接的经验**，它的资料是 anschaulich，此词在本文内可译为"现象的"，虽然它实际上更表示经验素材的可捉摸性。物理学以间接法研究经验，它的资料是概念的。其实正由于它的资料是概念的，所以它的方法是间接的，它的元素是推知的，不直接呈现为经验内的现象。经验就其本身而言，决不是永久的，所以物质的永久性是属于概念的。

心理学的对象和方法不能分开来讨论。对象倘为直接的经验，那么方法显然为直接经验法。因为没有较妥切的名词，我们可称此法为自我观察（Selbstbeobachtung）而不牵连到自我，或内省而不涉及一个返察于己的"灵眼"（mental eye）。这些字只是名称而已；意思就是说有着一个经验，与观察它是同义的。我们不久可

知道阿芬那留斯和马赫将如何使屈尔佩和铁钦纳稍微修改这个概念。现在我们要记得冯特在1862年的《贡献》内称自我观察为心理学方法的时候，他便已立定一个法则，就是心理学是内省的，这个法则却也能抵御客观心理学的猛烈攻击，到行为主义风行于美国时才抵挡不住了（约在1913年）。

物理学固然可以为概念的；但其所代表的为一很实在的宇宙。
333 据冯特看来，心和物或心和体不能相比。它们是完全不同的宇宙。因此，冯特是一个二元论者，就二元论而言，他又是一个心物平行论者。他否认心体交感论，因为自然科学构成了这样一个封闭的因果系统，这个系统不影响心灵而也不为心灵所影响。就感觉而言，神经的刺激似曾引起感觉的经验，我们或可有交感的表面现象，然而这仅为一种表面现象而已。实际上，同样的条件一方面引起物质历程，他方面引起心理历程，所以这些历程只是起于同时，却不是互相一致，也不是互相因果。而且感觉只是一个特例。心物平行不是普遍的，也不是一个一般的形而上学的原则。只是确有同时发生的现象，才可援用此律。因此，冯特虽曾建立“生理心理学”，撰著数章以讨论神经系统，但实际上使身体退出于心理学之外。只是在他的学术生命的后半期，才有其他心理学家力求身体的复辟，把身体的行为看作正当的资料。

最后，我们要记得冯特将心理学的问题分列如下：(1)意识历程分析而为元素，(2)决定这些元素的联合的情形，(3)规定它们的联合的法则。物理学要提炼出物的属性；心理学要孤立心理内容的各部分，然而这些部分仍保持其现象的真实性（Phenomenal actuality）。心理学的目的在将心灵分析而为简单的属性，且复决定其依次复合的形式。由冯特看来，除了高级历程之外，他的方法足够为解决问题之助；就较高级的历程而言，分析即不复可用，我们对于社会现象须作比较的观察，例如研究语言以为思想心理学的入门。

所可憾者，复合(multiplicity)一词的意义是模糊的。冯特为心理学立下了元素主义的原则，那是我们已经知道的。然而我们还要知道冯特对于分析及元素的兴趣，没有超过他对于综合及复合物的兴趣。元素和复合物究竟哪个是意识的真实呢？冯特似乎说复合物乃现象的真实，但是元素也为真实，而非方法的伪制品。这就令人把捉不定了。我们若一念及冯特的“真实论”，可就不易相信他能以元素不仅为便于描写的分析的抽象物。然而他又显然
以元素为由经验而得的，他的内省说也确不得缺少这个见解。假 334
定内省只是直接的经验，那么它决不是抽象的推理作用，而元素也必一加注意，而即可辨认了。可是为求对于冯特作公允的批评起见，我们要知道，元素概念的性质，在十九世纪还不及它在二十世纪那么明白。譬如在化学内，原子是很实在的东西，因为是实在的，所以也似乎确实是现象的。

心理历程

对心理学的元素主义的有力的批驳以为现象的经验是不断变化的。它甚至不是各部分的万花筒式的变化，因为它根本没有个别的部分。詹姆士说得很清楚，它类似于溪流，不能视为元素的集合。冯特要强调这个事实，乃称元素为一种“心理历程”。这个名称的力量就在它能指出经验是活动的，是变化的历程，虽然是不需

要一个代理人的活动。

这个观点导致了冯特的**真实论**。本来这个理论只是说心灵是直接地现象的，因此不是实体的。然而心灵在本质上是活动的，因此，我们乃有真实一词的原来的意义和新近的意义，兼应用于心灵一词之内。我们或许可以说，人有一个“真实而活动的心灵”。

我们也许可以希望**心理历程**一词使心理学不至以心灵为实体，然而一个名词可不能常保持原义。到了内省心理学家手内，心理历程如感觉，意象及简单的感情常被视为意识的静止的小成分，因此乃产生一种错误的元素主义，而这个元素主义，冯特是要负责的，格式塔心理学及行为主义的新运动都对此加以攻击。冯特对于这个主义自然要负有一半责任，因为主张一个元素是一个历程就算是提出一个困难而模糊的概念了。

冯特以相反的名词发展其关于心理内容的概念。心灵是实在的；因此它不是实体的。它是一种活动，而非被动的状态。它是历程，而非实物。因此，它的进行不由于停顿而由于有规律的发展。这些话可为整个的心理真实论的摘要。

335

心理的法则

冯特的基本法则为**心理的因果律**。凡是关于意识资料的交互作用的种种法则都置于此律之下。它是属于纯粹现象方面的一个原则，不得与心体因果律混为一谈，因为心体因果便不免以心灵为有赖于身体了。

有人说因果是物理的概念，不能应用于心灵之内。冯特的答辩以为心理的因果和物理的因果不同;但是原因一词也可应用于心理的事件,假使我们能了解其在心理方面的意义。第一,物理的因果这个概念系和那些发生交互作用的实体的性质有密切的关系;然而我们已知道心理的实体是没有的,因为心灵只有活动。因此,我们可不能以为心理的因果系说明个别的,实体的,有永久性的心理的东西的交互作用。第二,我们知道物理的因果,意即谓因力和果力在数量上相等,二者不仅为互相关联的事件,因在前而果在后,而且它们二者的相关更可还原为能量的定量的转移而化因为果。这是十九世纪的一个流行的因果观,虽然是错误的。至于心理的能量那是没有的,也没有他种普遍的概念,好将一切心理的东西还原而为这个概念。因此,我们说到心理因果的时候,决没有表示它们相等的意思。心理的因果只是心灵生长或发展的原则,其规律的变化乃是一个活动的心灵的自然的历程。读者若参读休谟对于因果律的讨论,便可知道冯特的学说跟它相合,而就物理学而言,因为能量守恒说渐次发展,原因的概念就得有等量的原则。冯特不仅以为现象的心灵常在变动,而且这些变动都有规律。心理的因果只是说那常在流动的意识流的过程和模式系视序列先后的法则而定,而且"此"常随"彼"而至,纵使"彼""此"本身都是历程而非固定的实体。

这个心理因果律的通则还包括其他法则。最重要的为心理合成(psychic resultants)的法则或创造综合(creative synthesis)的原则。我们在这个原则之内,便可见冯特的"心理化学"。而冯特的心理化学则和约翰·穆勒的心理化学不大相差。综合的理论所有重要的变化系发生于詹姆士·穆勒和约翰·穆勒之间。詹姆士·穆勒 336

以为许多观念可因联想而造成一个复杂的观念，而在此混合物之内，各个成分依旧存在。约翰·穆勒则应用化学的比喻，以为元素混合物的性质非即各元素的性质。此说即创造的综合说，而创造的综合则可视为受规律及因果的支配。近来有人讥讽冯特的联想主义为“心理化学”，其实他们所想到的常为詹姆士·穆勒的严格的原子分子的心理化学，而非约翰·穆勒及冯特的较合理的心理化学。这个争论常混淆不清，因为正是这个约翰·穆勒，他用“心理化学”以反抗近日学者所谓“心理化学”的学说。

其次则为冯特的**心理关系**(psychic relations)律：一个心理内容的意义是由跟它相关联的他种内容而得到的。此说显然包括了我们已经详细论述过的意义和物体的联想说（边码 184—186 页，225 页以下；又 415 页以下）。

但是冯特的思想还可作更具体和特殊的说明，因为他用这个原则解释韦伯—费希纳律的事实。费希纳曾经说过此律是心理物理的，是表示心理历程和身体历程之间的数量的关系。其他学者以为此律纯为生理学的，是某些外围的神经历程和某些较属于中枢的神经历程的关系。冯特则以为此律是纯属于心理的。感觉，神经兴奋，及刺激都在强度上互成比例，然而对于两种感觉的差异量的判断则跟这些感觉的大小成比例。这等于说，判断的差异直接跟被判断的感觉大小的对数成比例。因此，心理关系律显然在起作用了。感觉差异的重要依存于其绝对大小的关系而定。冯特的心理学的相对律，即以这个论点为出发点。

冯特还有一个心灵对比律。此律似为心理关系律的一个特
337 例。相反之物互相增加彼此的势力。冯特此律系根据于感情对比

的事实，在这里，各对感情的相反的现象最为明显。

由冯特看，联想乃为心灵合成律的最重要的特例之一。冯特既多取材于英国心理学，所以他来发挥联想这个原则，是不足为奇的。联想是连接的一个基本原则。就其原始的方式而言是同时的，虽然很容易变为连续的。联想又复为被动的，因为主动的联想乃为统觉。冯特将联想分为下列数种：

(1)第一为混合(fusion)。混合可为各音或各感情的强度的混合，也可为视觉或触觉的广度的混合。他以为各种元素混合之后，常失其独立性，有一元素统驭着其余元素，于是其余元素处于附属的地位，但是无论那一元素也可因统觉的分离而回复其独立性。例如声调的铿锵可被分析为和音，视觉的位置觉可被分析为视觉内容及运动位置觉，和复杂的感情。

(2)第二为同化作用，类似的或对比的。例如视觉的错觉。一条线在现象上的延伸若因几何的延伸的增加而增加，那便是类似的同化作用，反之，其延伸若因一延伸的动机而减小，那便是对比的同化作用。大多数的错觉都隶属于此，因为只要增加的动机的效果和动机同其性质，则“类似和对比”的两分法就把这个问题说得透彻了。

(3)最后为复合作用，是不同的感觉部分之间的联想。这个名词系取自赫尔巴特(见边码 258 页)，那是我们已经知道的。它的重要乃部分地由于所谓“复合的实验”(complication experiment)，而这个实验的起源则由于天文学家因“眼耳”合用的观察法而有人差的发见(见边码 142 页以下)。但是复合一词，由冯特用来，则几尽包括一切复杂的知觉：例如觉得物体坚硬或冷的视知觉，对于乐音而有乐器的视觉的影像，位置觉的多数机构及各观念间的多数有关语文的联想，如字的声音或字的视觉。

(4)除了这些知觉的联想之外，还有记忆的联想，这一门类自338 从艾宾浩斯创造了联想和记忆的实验法(1885 年)之后，已愈加重要了。

统 觉

冯特对于统觉的学说在心理学的著作中引起了许多讨论和对冯特的一些批评，但是冯特对于这个学说，似没有像他的弟子们及批评家的那么重视。因此，我们只须将这个学说举出三点：即现象的统觉，认知的统觉，活动的统觉。

(1)冯特的信仰要求他只讨论那些系统的术语，而这些术语却能说明现象的经验。统觉虽非元素，也非元素的集合，但有其现象的意义。就现象说，意识确有两种不同的程度，凡在意识范围之内的历程都存在于意识野之内(Blickfeld)，但在这些历程之中，只有少数引入意识的焦点之上(Blickpunkt)。焦点内的历程才引起了统觉，这就有了统觉的定义。焦点的范围就是注意的范围，常较小于意识的全范围，因此，可用以测量统觉。于是统觉的现象也可受试验。焦点的范围，在不同的情形之下，约可定为六个项目或六组。这是冯特信以为真的。所谓“肌肉的反应时间”比感觉的反应时间，约较少十分之一秒。这个发见就是说后者涉及感觉印象的统觉时间，而前者则否，所以统觉所需要的时间约为十分之一秒。(见边码 148 页以下)这种实验的结果似可证实统觉在科学上的地位。

冯特的学说还有统觉对于感情的现象的关系。冯特说，联想是被动的，统觉是主动的。这个统觉的活动是否见于直接的经验之内呢？冯特似也以为是，因为统觉常伴有一种活动之感，而这个活动之感乃足使它在现象上有活动的特征。

冯特既发展他的感情三度说，感情与统觉的关系就更加重要了。冯特以为感情来于统觉活动的时候；感情照例是统觉对于感觉内容的反应的标志。因此感情是统觉的信号，也是它的现象的 339
代表。但是这个理论的方面是较欠重要的，因为冯特的扩充的感情三度说没有得到实验的证明。

(2)冯特又区别了统觉和联想，以为统觉使心理内容有逻辑的衔接，至于联想的衔接则为非逻辑的。所以统觉可为分析的，也可为综合的。判断使一种内容分离，所以是分析的统觉。综合的统觉，其密切的程度种类不一，由单纯的**连合**，通过特殊的**统觉的综合**，而一直达到了**概念**。

很明显，冯特以为统觉有一种**认知的**功能。这个功能是否表现于现象的平面之上呢？无疑地冯特信以为然。他对于心理学的主要的贡献系屏除逻辑的概念的东西于现象之外。他放弃了无意识的推理。冯特的弟子(例如铁钦纳，他实现冯特所定的计划，比冯特更为彻底)从未以概念为现象的。屈尔佩放弃之于先，承认之于后。我们要注意的就是冯特没有遍历由知识而至现象的经验的途径，而统觉的这个认知的功能也从未因实验的布置而有充分的界说，以便明确其科学的意义。

(3)最后，我们要知道冯特以统觉为**主动的**。这是与他的真实论互相协调的一个学说；统觉是意识流内的一个恒流。而且统觉如果有流动和变化的意义，它便没有和与冯特的系统互相抵触之处。困难的发生只是在于以活动为有一活动的代办者的时候。冯特受了他的体系的束缚，也许要假定一个外在的自由的主动的统觉，他可要否认这个假定。但是他会不会把这个概念偷运进去呢，也许会的。可是，即使一个狂热者也不能太远地走在**时代精神**的前面。

莱比锡实验室的工作

冯特的实验室不仅为新心理学树立了榜样；它还同时规定了实验心理学的意义，因为这第一个实验室的工作，实际上昭示大家有一种实验心理学的可能，因此，并可为实验心理学示范。因为这
340 个缘故，所以我们须研究莱比锡实验室在最初期中的工作的性质，以便知道那组成新的科学心理学的基础的，究竟是何种有效的方法和实验的对象。

莱比锡实验室的研究几乎都刊布于《哲学研究》（1881—1903），这个杂志内的文章如果不直接来自莱比锡，也就来自莱比锡刚毕业不久而可代表冯特的意愿的学生；假使我们姑置理论的文章（这些文章多出自冯特的手笔）及关于仪器和方法，尤其是心理物理法的初步实验于不论之列，我们可还剩有一百种左右的实验的研究可代表实验室头二十年间的工作。

这些研究所涉及的问题约有三分之一可称“感觉”。有二分之一以上纯系以感觉及知觉为对象。这些题材的论文常占大多数，而其数量的比例则与时并进，随总产量的增加而增加。我们称冯特为“感觉主义者”，可不仅根据其系统的主张，且复根据其实验的主要的性质。他的实验室的产量有六分之一系研究动作的问题，反应实验及应用于反应时间的“减除法”(the“subtractive procedure”)所得到的心理时间的测量(the mental chronometry)。这个研究，虽位在感觉及知觉之次，但为1881至1895年间的最重要的题材，而在其中间的五年(1885—1890)中尤占首要的地位。到了反应实验的兴趣开始减退的时候，注意及感情的研究便渐臻重要。九十年代以后，这两个问题更受最大的注意，在这二十多年间的工作之中，各占十分之一。此全时期内还屡有关于联想的研究，到了1885年，艾宾浩斯对于记忆作实验的探索之后，这个研究的次数更增加不少。然而冯特和莱比锡对于记忆心理学的发展从未有重要的贡献；冯特有他自己的路线，他的实验室跟着他走，外界的发见没有改变他的方向。

关于**感觉**和**知觉**的研究多集中于**视觉**。由牛顿到赫尔姆霍茨，视觉的知识比任何其他感觉的知识都较为丰富。冯特则于此种知识之外，又加以他对于实验心理学的新信仰和他规定重要问 341
题及费希纳的新测量法的才能。关于光觉和网膜刺激的心理物理学有论文六篇(1884—1902)。关于色觉的心理物理学有论文三篇(1891—1898)。基希曼和赫尔柏赫研究外周的视觉(1889—1900)。基希曼复研究视觉的对比(1890)及色盲(1892)。此外又有关于普金耶现象(Purkinje phenomenon)及负后像的研究。就视觉的知觉而言，铁钦纳、基希曼、阿里等人有六种关于两眼视觉的著名研究(1892—1901)。除了两种不重要的关于形的知觉研究

之外，还有马修斯的对于形似的视觉大小(apparent visual size)的研究(1889)及蒂里的对于视觉错觉的研究(1895)。马尔比和杜尔在符茨堡跟屈尔佩研究七种视见的运动(1898—1899)。这些视觉的研究约可代表冯特学派的头二十年的总研究的四分之一。

就听觉而言，蒂舍尔，洛伦茨，默克尔，勒夫特及弗兰克·安吉尔发表其关于心理物理学的论文(1883—1891)斯克里普彻及克鲁格研究拍子及混合的音(1892—1901)，还有些较欠知名的学者研究响乐的混合和分析。洛伦茨对于音程的论文(1890)引起了争论，所以也著闻于世。

从韦伯的《触觉和一般感觉》刊行以来，触觉已成心理学家的第三种最重要的感觉。基苏，斯特拉顿，和P.巴德发表他们在莱比锡的关于触觉的研究(1895—1902)。触觉位置及两点觉阈的知觉问题也见于《哲学研究》杂志的篇幅之内，虽然这些研究有几种
416 不完成于莱比锡(1895—1902)，例如华许本的研究。

基苏对于味觉的著名研究(1894—1898)系始于莱比锡，但是嗅觉问题还没有直接的研究。

此外J.科勒特埃斯特尔及墨伊曼诸人对于时间觉或时距的知觉或估计的研究(1881—1896)也须附述于此。由这个研究的日期看来，与前举各项研究相同，都可见一个问题提出之后，决不至一时完结，因为后来受批判及知识进步之赐，自然有人重复加以研究的。

反应实验的问题，虽位在感觉及知觉之次，但也大大引起莱比锡实验室的注意。这个研究似若可产生心灵的时间测量法，一时
342 成为“新”心理学的一个大发见。我们已经讨论过混合的反应和减

除法。如果先把统觉加在肌肉反应所已具有的他种历程之上就可得到"感觉的"反应,然后从"感觉的"反应减去肌肉反应的时间就可知统觉大约需要十分之一秒——这应该是当时惊人的发现了,虽然后来终于引起了怀疑。通过适当的混合和减除,似乎可以测量出认知、辨别、意志和联想的时间。可能性似乎是无限的。赫尔巴特曾说过心灵是不能实验的,这个结果就是给他以有力的回答。不幸,这个方法的期望还是无法实现的,因为测量出的时间还不能保持不变,而其变动也不仅是由于链条中加入了另一环节。

但是以冯特实验室完全研究这个方法,决非冯特实验室的羞耻,因为结果是可能有所不同的。弗里德里希,默克尔,卡特尔,L.朗格,马修斯,铁钦纳,克勒佩林等人对于不同种的心理历程的时间都有重要的论文(1881—1894)。朗格的文章以为感觉反应和肌肉反应的差异(因此,绝对人差的老问题的解释),应求之于预定的注意(the predisposing attention,1888),因此,大有助于促进这个运动,使学者由反应而研究注意。五十年后,大家承认它是有关态度的实验的动力心理学研究的先驱。当然也有人研究反应时间如何随不同的感觉器官及感觉的强度而变化。

就注意方面而言,有关于复合实验(the complication experiment),注意范围,注意变动的研究,由此种种经典的题材看来,可见那些不可捉摸的心理机能也都可受严格的实验。复合实验是最古老的;我们知道这个名称来自赫尔巴特,而实验则起始于天文学家要解决人差纠纷的时候。关于注意的调节及"先入"(prior entry)的事实都为冯·戚希,弗拉姆及盖格等人研究的结果(1885—1902)。迪茨对于听觉的注意范围的研究(1884)也颇重要,冯特的

注意二度说以为注意不仅包括同时的事件，且兼包括前后的事件，
343 就以迪茨的研究为基础。其后，埃克纳，佩斯，墨伊曼，及马尔比等人复描写柔弱刺激的波动(1892—1896)，冯特解释他们的结果，以为注意是波动的。

莱比锡对于**感情**的实验研究全是九十年代的工作。这十年正是冯特倡导其三度说而欲求实验室拥护的时候。就内省方面而言，最重要的研究是科思发展费希纳的印象法为对偶比较法(mothod of paired comparisons，1894)。其后又有六种表情法的研究，求脉搏，呼吸，肌肉强度等的变动和相关的感情的关系(1895—1903)。这些论文都欲拥护冯特的新学说，结果则与其说同归于失败。

莱比锡对于**联想**的研究，就数量说，虽与它对于感情或注意的研究差不多相等，但其结果则较欠重要。莱比锡的联想研究不是经典的，它既未为后人的研究立一规模，也不能代表心理学的一个重要节目的最早研究。特劳特施科德对于联想的统计的研究(1882)或许最为世所称许，因为后来既有许多种联想的分类，而冯特在《哲学研究》的后来四版内复征引其结果。此外对于音的记忆，认识，练习，间接联想，及联想过程的探索(1886—1901)，若以视同时期的艾宾浩斯及G.E.缪勒的关于记忆的实验，便绝无足称了。

现在的心理学家往往好指摘冯特心理学的褊狭，有时且深以冯特留给我们的遗产为憾。新学派的设立几都用以驳斥冯特心理学的这一特征或那一特征，然而我们虽欢迎这些新学派，但于其抱怨则不敢赞同。无论何时，一个科学总只是它的研究的产物，而研

究的问题则只是有效的方法可供探索而又为时代所准备提出的那些问题。科学发展的每一步都有赖于前一步,这个进展不是由愿望促进的。可是进展也有赖于真知灼见。我们要公正地指出,关于如何研究学习的光辉的天才不是冯特而是艾宾浩斯。其他大问题如情绪、思想、意志、智慧和人格也是这样,这些问题有时进行了有效的研究,但冯特实验还没有这个准备。可是我们也不必轻视 344
我们的遗产,因为有了它的帮助,我们才能及时前进。

虽然,我们仍可证明冯特心理学由于它的优先性,其在历史上的重要影响远在其所发见的事实之上。数年前的一般心理学教科书的分章大约都与《哲学研究》所报告的研究范围相差不远。只是到了近时,心理学教科书的编写才渐有变化。假使这位"实验心理学的始祖"不明确划分正统和异端的界线,心理学教科书也许变化得更为迅速了。

附　注

关于冯特的生平,见 E.B.铁钦纳"论冯特"《美国心理学杂志》1921 年,第 32 卷,161—178 页,575—580 页。冯特《经验与知识》,1920 年。除了头两页之外,铁钦纳以为冯特的学问的发展,就是 1862 年他的《贡献》所规定的计划的实践。冯特本人也曾略述心理学的回忆,讨论他的生平的心理学尤较多于客观的事实;但是我们若加以细读,也可推知其到十九世纪末年为止的事略。冯特的一生是安闲无事的学者的生活,不分心于世事俗务。他所有一切引人注意的事情都属于心理的。此外尚有荷尔的记载,见《近代心理学的创始人》,1912 年,311—458 页。这一传记显有不很精确之处,冯特本人也贬斥为"从头至尾为杜撰的";《经验与知识》,155 页。冯特的美国学生十七人对于冯特的回忆,见《心理学评论》,1921 年,第 28 卷,153—188 页。

冯特于1861年在施佩耶尔和天文学家讨论人差方程式，这个讨论的重要尚未写出。见铁钦纳，《美国心理学杂志》，1923年，第34卷，34页，311页。铁钦纳曾提起冯特《贡献》第21页上的两行附注（引见下），以为非常重要，但关系却不明显。铁钦纳尚未提起冯特本人在1874年《生理心理学》第1版序言第5页中也曾自述此事的重要。

冯特称实验心理学杂志为《哲学研究》，原因何在，可参阅该杂志，1883年，第1卷，615—617页。

冯特的著作太丰富了，即较重要的著作也不能尽列于此。他的女儿(Eleonore Wundt)曾替他编撰一完全书目，名《冯特的著作》(Wilhelm Wundts Werk)，1927年，刊为“心理学研究院”(“Forschungsinstitut für Psychologie”)丛书的第二十八种。这个书目对于不著名的次要的论文，也概不遗漏，总计五百余种。又列举冯特自1857—1917年每一学期演讲的标题。较为易见而略欠完备的为铁钦纳所撰的书目，《美国心理学杂志》，1908年，第19卷，541—556页。此外还有七种补充的书目，见同杂志，第20卷至第25卷，又第33卷。

345 本书所述的重要的心理学和哲学的书籍（非生理学的）的各种版本列举如下：

《对于感官知觉学说的贡献》(1858—1862)，1862年。

《论人与动物的心灵》，1863年；第2版至第6版，除第5版外都有修订，第2版更大加修订，1892，1897，1906，1911，1919年。J. E. 克赖顿和铁钦纳将第2版译成英文，1894年。

《生理心理学原理》(1873—1874)，1874年；第2版，1880年；第3版，1887年；第4版，1893年；第5版，1902—1903年；第6版，1908—1911年。各版都有增订。第1版独有一卷；第2、第3、第4版各两卷；第5、第6、两版各三卷。

《逻辑学》，1880—1883年；修订版，1893—1895年，1906—1908年，1919—1921年。

《伦理学》，1886年；修订版，1892年，1903年，1912年。

《哲学系统》，1889年；修订版，1897年，1917年，1919年。

《心理学大纲》，1896年；修订版，1897年，1898年，1901年，1902年，

1904年,1905年,1907年,1909年,1911年。后又有不改动的五版。贾德将第1版译成英文,1896年,后也略有修订。

《民族心理学》(Völkerpsychologie),卷一,1900年;修订版,1904年,增订为一二两卷;1911年及1912年;卷二,1905—1906年;增订为三四两种,1908年及1910年;卷五至卷十,依次为1914,1915,1917,1917,1918,1920年。

《哲学引论》(Einleitung in die Philosophie),1901;到1922年止,重印八次。

《心理学引论》,1911—1918重印三次。有R.品特纳的英译本,1912年。

我们可用统计法,研究冯特著作的倾向,虽然我们对此不应太认真。他的女儿列举的书目491项,每项代表任一种著作,由少仅一页起,至《生理心理学》最后版的2353页的巨著。我们若将仅属重印的版本除外,而将每一修订版的页数包括在内,由加法机的计算,可见冯特自1853至1920的六十八年间,在491项中约共写作53,735页。冯特虽有许多只有一页的篇目,但付印的平均页数约当110页,每年约有七次。假如六十八年合共24,836天,那么冯特由1853至1920年,每天约写作或校订2.2页。这相当于整整六十八年,日夜不停,每两分钟一个字。

关于冯特的心理学及哲学的系统观点的评论也很不少。每一大图书馆总可有十二种以上的关于冯特的德文专题论述。最有用的书为E.柯尼希,《冯特,他的哲学与心理学》,(W. Wundt, seine Philosophie und Psychologie),1901年,艾斯勒,《冯特的哲学与心理学》,1902年,O.帕斯柯尼希,《冯特的心理学》(Die Psychologie Wilhelm Wundts),1912年,也节述冯特的心理学,但较前两书稍差。李播,《现代德国心理学》,1886年,虽曾论述冯特,但那时心理学家冯特的生涯尚未过半。荷尔,前引书,曾详述冯特的观点,心理学史也常述及冯特,此外尚有H.霍夫丁,《现代哲学家》(Moderne Philosophen),1905年;英译本,1915年,3—37页。墨菲,《近代心理学历史导引》第2版,1949年,149—160页,略及冯特。以上所述没有一种是完满的。冯特的著作分量既很丰富,他的综合能力又很伟大,所以对他的任何一个概念的完全了解只能得自多种书籍,更多种的篇章,换句话说,即得自冯特所视为与该概念有关的各个轨迹之内。因为这个缘故,所以摘要不易。而且丢开论文

不说，上举各种重要书籍的最后版本也共有13,000页以上。这些书的日期
346 又不相同，摘要者如想追述冯特的思想的发展，就得读前后各版，而不仅以最后版为限。所以冯特的心理学和哲学至今尚无妥适总结，是不足为怪的。

冯特的无懈可击，在于他的著作数量之多，速度之快。批评家正在捉摸冯特的一个论点，可冯特在新版中已改变了。他的论敌在冯特许多著作中也不知道究竟攻击哪一本书。詹姆士虽然称赞他的学术探究的能力和范围，但也抱怨他的过于自信以及下述这个事实：就是他如果有一个中心的哲学主题，却也淹没在大量的详尽的论述之中。詹姆士在1887年给斯顿夫的信中谈到冯特时写道：冯特想充当知识界的拿破仑。可惜他决不会有一个滑铁卢，因为他是一个没有天才的拿破仑，而且没有这样一个中心观念，这个观念假如受到挫败，就会使整个建筑物倒塌的。詹姆士在谈到冯特和他的批评者时说："正当他们对冯特的若干观点进行条分缕析时，他在同时却写一本完全不同题材的书去了。你把他像蚯蚓那样切碎，每一节却仍旧爬行，他的精神的细长的延髓没有生命的要害之处，因此你不能立即杀死他。"见佩里，《詹姆士的思想和性格》，1935年，第2卷，68页，谈到詹姆士论冯特的这方面和许多其他方面。

关于冯特的系统的性质及其一生可视为《贡献》内所规定的计划的实践，见铁钦纳，《美国心理学杂志》，1921年，第32卷，161—178页。冯特的系统和布伦塔诺的系统的对比，见铁钦纳，同杂志，108—120页。

关于心理系统的要素，心灵的性质，心理学和物理学的区别，尤其是真实论（theory of actuality），见冯特，《生理心理学》，第6版，1911年，第3卷，733—738页。《逻辑学》，第4版，1921年，第3卷，257—265页。关于真实论并参看艾斯勒，前引书，40—49页。屈尔佩，《哲学引论》，1895年，或英译本，第23节。一般的，见冯特《哲学研究》，1887年，第4卷，292—309页；1894年，第12卷，149—182页。艾斯勒，29—35页。关于冯特的分析及元素的学说，见冯特，《哲学研究》，1883年，第1卷，473—494页；E. H. 霍兰斯，《美国心理学杂志》1905年，第16卷，499—518页；1906年，第17卷，206—226页。

关于心体平行论，见冯特，《生理心理学》，1911年，第3卷，739—754页。《逻辑学》，1921年，第3卷，249—257页；并参阅艾斯勒，前引书，46—51页；

柯尼希，前引书，110—119页。

冯特和他的同时代人选择身心平行论而不采取身心交感论，乃是由于十九世纪的物理学家，通过热工当量的发见已获得了能量守恒的新学说，以为原因和结果的能量是等值的，好像原因能把它的能量转换为结果。今天，已经很清楚，最好以休谟的术语来下定义；原因对结果来说是必需的，或足够的，或既属必需，又是足够的，多因作用是自然事件的法则；手持一支实弹的枪，手指拨动扳机是必要的，也是足够的，并不把任何能量传给子弹。由于释放机制而引起的身心交感，不涉及能量的守恒；无疑，现代的身心哲学多数就是这样解释的。

关于心理的因果观及特殊的法则，见冯特，《哲学研究》，1894年，第10卷，1—124页。《生理心理学》，1911年，卷三，755—770页。《伦理学》，1921年，卷三，266—288页。并参看艾斯勒，前引书，51—58页。柯尼希，前引书，103—107页，120—127页，156—160页。读者于此最好复习休谟对于因果性质的讨论（边码109页以下）。关于穆勒及心理化学，边码225页以下，229—231页。

关于联想和统觉，见冯特，《生理心理学》，1911年，卷三，492—554页；参看艾斯勒，前引书，58—69页。关于联想的学说，并参看冯特，《哲学研究》1891年，第7卷，329—361页。关于统觉的学说，并见柯尼希，前引书，127—134页；匹尔斯柏里，《美国心理学杂志》，1897年，第8卷，315—392页。 347

冯特的感情说的发展见《生理心理学》，前四版的第10章，第5第6两版的第11章。最后两版提倡新的感情三度说，此说先发表于《心理学大纲》，1896年；或英译本，第12至第13节。关于冯特的感情说及其发展，见铁钦纳，《美国心理学杂志》，1908年，第19卷，213—31页。关于三度说，霍兰斯，前引杂志，1906年，第17卷，206—226页。

本书关于莱比锡实验室的工作的评论，系以《哲学研究》上所发表的109篇论文的分析为根据。这些研究几乎全在冯特的亲身指导之下，完成于莱比锡实验室之内。有少数研究成于冯特的学生之手，在他们已由莱比锡转赴其他大学之后，但是这些论文显然受了莱比锡空气的影响。还有少数例外可列举如下：马修斯身在波恩，但是他的研究和莱比锡相合作。华许本为铁钦纳由莱比锡至康乃耳后的第一个博士学位的候选人。屈尔佩由莱比锡转赴符茨堡，杜耳是他那里的学生；马尔比后来也由莱比锡转赴符茨堡。

由本书的名单看来，可见在莱比锡实验室的初年，受过冯特的训练的重要心理学家为数很多。我不知道冯特的一切学生是否都有记录，但下列名单可将1900年为止所有欧洲和冯特相处的重要心理学家的大多数人名都包括在内。其名姓的先后几都依据他们和冯特第一次相见的时间为序：克勒佩林（慕尼黑），闵斯特伯格（哈佛），勒曼（哥本哈根），朗格（杜平根），屈尔佩（慕尼黑），基希曼（莱比锡），墨伊曼（汉堡），马尔比（符茨堡），基苏（都灵），立普斯（苏黎世），斯托林（波恩），克鲁格（莱比锡），沃思（莱比锡），杜尔（伯尔尼），他结束了十九世纪。

关于莱比锡实验室的建立和历史，见冯特的“实验心理学实验室”《庆祝莱比锡大学成立500周年节日演讲集》，1909年，第四部分，第1卷，118—133页 。

美国采取新心理学，紧靠德国之后，且也溯源于冯特。荷尔访莱比锡于冯特的新实验室成立的第一年，且在冯特创办《哲学研究》的六年之后，创设《美国心理学杂志》，是实验心理学史上的第二种杂志。冯特的美国学生为数不少。卡特尔是他的第一个助理员。下列名单，其次序的先后，和前一名单相同，几尽列1900年前的冯特的美国学生：荷尔（克拉克），卡特尔（哥伦比亚），武尔夫（内布拉斯加），佩斯（天主教大学），斯克里普彻（耶鲁），安吉尔斯（丹福），铁钦纳（康乃耳），威特默（宾夕法尼亚），华伦（普林斯顿），盖耳（明尼苏达），帕特里克（衣阿华），斯特拉顿（加利福尼亚），贾德（芝加哥），陶奈伊（贝洛伊特）。也许读者因美国的名单较无遗漏，而欧洲的名单经过严格的选择，或不免误会，以为比例不正确，所以我们最好提出，向《哲学研究》投登创作论文的122位作家之中，美国只有十三人。